# HISTOIRE
DE LA DÉCADENCE ET DE LA CHUTE
DE
# L'EMPIRE ROMAIN,

TRADUITE DE L'ANGLAIS
## D'ÉDOUARD GIBBON;

NOUVELLE ÉDITION,

ENTIÈREMENT REVUE ET CORRIGÉE;

PRÉCÉDÉE D'UNE NOTICE SUR LA VIE ET LE CARACTÈRE DE GIBBON,
ET ACCOMPAGNÉE DE NOTES CRITIQUES ET HISTORIQUES
RELATIVES, POUR LA PLUPART, A L'HISTOIRE
DE LA PROPAGATION DU CHRISTIANISME,

PAR M. F. GUIZOT.

Tome Septième.

---

A PARIS,
CHEZ LEDENTU, LIBRAIRE,
QUAI DES AUGUSTINS, N° 31.

1828.

# HISTOIRE

DE LA DÉCADENCE ET DE LA CHUTE

# DE L'EMPIRE ROMAIN.

VII.

PARIS.—IMPRIMERIE DE CASIMIR,
Rue de la Vieille-Monnaie, no 12.

# HISTOIRE

## DE LA DÉCADENCE ET DE LA CHUTE

DE

# L'EMPIRE ROMAIN,

TRADUITE DE L'ANGLAIS

## D'ÉDOUARD GIBBON.

NOUVELLE ÉDITION,

ENTIÈREMENT REVUE ET CORRIGÉE, PRÉCÉDÉE D'UNE NOTICE SUR LA VIE
ET LE CARACTÈRE DE GIBBON, ET ACCOMPAGNÉE DE NOTES CRITIQUES
ET HISTORIQUES RELATIVES, POUR LA PLUPART, A L'HISTOIRE DE LA
PROPAGATION DU CHRISTIANISME,

## PAR M. F. GUIZOT.

## TOME SEPTIÈME.

## A PARIS,

CHEZ LEDENTU, LIBRAIRE,

QUAI DES AUGUSTINS, N° 31.

MDCCCXXVIII.

# HISTOIRE

## DE LA DÉCADENCE ET DE LA CHUTE

## DE L'EMPIRE ROMAIN.

### CHAPITRE XXXVIII.

Règne et conversion de Clovis. Ses victoires sur les Allemands, les Bourguignons et les Visigoths. Établissement de la monarchie française dans la Gaule. Lois des Barbares. Situation des Romains. Les Visigoths d'Espagne. Conquête de la Grande-Bretagne par les Saxons.

Les Gaulois (1), qui supportaient impatiemment le joug des Romains, reçurent une leçon mémorable d'un des lieutenans de Vespasien, dont nous trouvons dans Tacite (2) les sages idées rendues avec le talent

*Révolution de la Gaule.*

---

(1) Dans ce chapitre je tirerai mes citations du recueil des *Historiens des Gaules et de la France*. Paris, 1738-1767, en onze volumes in-folio. Dom Bouquet et d'autres bénédictins ont placé tous les témoignages authentiques et originaux en ordre chronologique jusqu'à l'année 1060, et y ont ajouté des notes savantes. Cet ouvrage national doit se continuer jusqu'à l'année 1500, et devrait bien exciter notre émulation.

(2) Tacite, *Hist.*, IV, 73, 74, tome I, p. 445. Ce serait une grande présomption que de vouloir abréger Tacite;

propre à cet historien. « La protection de la république a délivré la Gaule des discordes civiles et des invasions étrangères. En perdant votre indépendance nationale, vous avez acquis le nom et les priviléges de citoyens romains; vous jouissez en commun avec nous des avantages durables du gouvernement civil; et votre éloignement vous met à l'abri des maux accidentels de la tyrannie. Au lieu d'exercer les droits de la conquête, nous ne vous avons imposé que les tributs indispensables pour suffire aux dépenses qu'exige votre sûreté. La paix ne se maintient que par le secours des armées, et il faut que le peuple paie les armées qui le protégent. C'est pour vous, et non pas pour nous, que nous défendons les barrières du Rhin contre les féroces Germains, qui ont si souvent tenté et qui désirent toujours de quitter leurs bois et leurs marais solitaires pour le riche et fertile territoire de la Gaule. La chûte de Rome serait fatale à vos provinces; vous seriez ensevelis sous les débris de ce grand édifice élevé par la sagesse et la valeur de huit siècles. Un maître sauvage insulterait et opprimerait cette liberté que vous auriez imaginé obtenir, et l'expulsion des Romains vous exposerait aux hostilités continuelles des conquérans barbares (1). » Les Gaulois reçurent favorablement cet

---

mais on peut choisir les idées générales qu'il applique aux révolutions présentes et futures de la Gaule.

(1) *Eadem semper causa Germanis transcendendi in Gallias, libido atque avaritia, et mutandæ sedis amor; ut relictis pa-*

avis salutaire, et virent dans la suite s'accomplir l'étrange prédiction sur laquelle il était fondé. Dans l'espace de quatre cents ans, les Gaulois, qui avaient combattu courageusement contre César, se confondirent insensiblement dans la masse générale des citoyens et des sujets; l'empire d'Occident fut anéanti, les Germains passèrent le Rhin, entrèrent en vainqueurs dans la Gaule, et excitèrent le mépris ou l'horreur de ses habitans policés et pacifiques. Pleins de cet orgueil que manque rarement d'inspirer la supériorité des lumières et des richesses, ceux-ci tournaient en dérision les sauvages géans du Nord, leur épaisse chevelure, leurs manières grossières, leur joie bruyante, leur appétit vorace, leur aspect dégoûtant, et leur odeur insupportable. On cultivait encore les belles-lettres dans les écoles d'Autun et de Bordeaux, et la jeunesse gauloise parlait familièrement la langue de Cicéron et de Virgile; le dialecte des Germains frappait désagréablement leurs oreilles, et ils disaient ingénieusement que le son d'une lyre bourguignonne faisait fuir les muses épouvantées. Les Gaulois possédaient tous les dons de la nature et de l'art; mais ils manquaient de courage pour se défendre contre les Barbares; ils furent justement condamnés à leur obéir, et se virent même obligés de

---

*ludibus et solitudinibus suis, fecundissimum hoc solum vosque ipsos possiderent...... Nam pulsis Romanis, quid aliud quam bella omnium inter se gentium existent?*

flatter les vainqueurs de la clémence desquels dépendaient leur fortune et leur vie (1).

Euric, roi des Visigoths. A. D. 476-485.

Dès qu'Odoacre eut renversé l'empire d'Occident, il rechercha l'amitié des plus puissans d'entre les Barbares. Le nouveau souverain de l'Italie fit à Euric, roi des Visigoths, l'abandon de toutes les conquêtes des Romains au-delà des Alpes jusqu'au Rhin et à l'Océan (2). En ratifiant ce don magnifique, le sénat pouvait satisfaire sa vanité sans diminuer la puissance ou le revenu de l'État. Les succès d'Euric légitimèrent ses prétentions, et les Goths purent aspirer, sous son commandement, à la domination de l'Espagne et de la Gaule. Arles et Marseille se soumirent; il se rendit maître de l'Auvergne, et l'évêque exilé consentit à mériter son rappel par un tribut de louanges justes, mais forcées. Sidonius attendit le monarque devant la porte de son palais, parmi une foule d'ambassadeurs et de supplians, dont les différentes affaires à la cour de Bordeaux attestaient la puissance et la renommée du roi des Visigoths. Les Hérules situés sur les côtes de l'Océan, dont ils imitaient la teinte azurée dans les peintures dont ils ornaient leur nudité, venaient implorer sa protection, et les Saxons respec-

---

(1) Sidonius-Apollinaris plaisante avec affectation sur les désagrémens de sa situation. Carm. XII, t. 1, p. 811.

(2) *Voyez* Procope, *de Bell. goth.*, l. 1, c. 12, t. II, p. 31. La réputation de Grotius me fait penser qu'il n'a pas substitué le *Rhin* au *Rhône* (*Hist. Goth.*, p. 175), sans l'autorité de quelque manuscrit.

taient les provinces maritimes d'un prince dépourvu de vaisseaux. Les Bourguignons, à la haute stature, se soumirent à l'autorité d'Euric, et il ne rendit la liberté aux Francs qu'il tenait captifs, qu'après avoir forcé cette belliqueuse nation à recevoir de lui une paix onéreuse. Les Vandales de l'Afrique cultivaient son utile amitié, et son alliance protégeait les Ostrogoths de la Pannonie contre l'ambition des Huns leurs voisins. D'un signe, dit pompeusement le poëte qui l'a chanté, Euric agitait ou apaisait le Nord; le puissant monarque de la Perse consultait l'oracle de l'Occident, et l'antique divinité du Tibre était protégée par le naissant génie de la Garonne (1). Le hasard a souvent décidé du sort des nations; et la France peut attribuer sa gloire à la mort prématurée du roi des Goths, qui laissait pour successeur son fils Alaric alors dans l'enfance, et pour adversaire Clovis (2), jeune prince rempli de valeur et d'ambition.

Childéric, père de Clovis, durant le temps qu'il avait passé en exil dans la Germanie, avait été traité de la manière la plus hospitalière non-seulement par le roi, mais aussi par la reine des Thuringiens. Lors- *Clovis, roi des Francs. A. D. 481-511.*

---

(1) Sidon., l. VIII; *epist.* 3, 9, t. 1, p. 800. Jornandès (*de Reb. get.*, c. 47, p. 680) confirme en quelque façon ce portrait du héros de la nation des Goths.

(2) Je fais usage du nom de Clovis adopté généralement, et tiré du latin *Chlodoveccus* ou *Chlodovæus*; mais le *ch* n'exprime que l'aspiration des Germains, et le véritable nom diffère peu de celui de *Luduin* ou *Louis*. *Mém. de l'Acad. des Inscript.*, t. XX, p. 68.

qu'il fut rétabli sur son trône, Basine quitta le lit de son époux pour voler dans les bras de son amant, déclarant que si elle eût rencontré un homme plus sage, plus fort ou plus beau que Childéric, elle lui aurait accordé la préférence (1). Clovis dut la naissance à cette union volontaire, et la mort de son père le mit, dès l'âge de quinze ans, à la tête de la tribu des Francs saliens. Son royaume n'était composé (2) que de l'île des Bataves et de l'ancien diocèse d'Arras et de Tournay (3). Au moment où Clovis reçut le baptême, le nombre de ses guerriers n'excédait pas celui de cinq mille. Les autres tribus des Francs, qui habitaient les bords de l'Escaut, de la Meuse, de la Moselle et du Rhin, obéissaient à des rois indépendans, de race mérovingienne, les égaux, les alliés,

---

(1) Saint Grégoire de Tours, l. II, c. 12, t. 1, p. 168. Basine parle le langage de la nature : les Francs qui l'avaient vue dans leur jeunesse, purent connaître saint Grégoire dans leur vieillesse, et le lui raconter. L'évêque de Tours n'avait aucun intérêt à entacher la mémoire de la mère du premier roi catholique.

(2) L'abbé Dubos (*Hist. crit. de l'établiss. de la Monarchie française dans les Gaules,* tome 1, p. 630-650) a le mérite de donner la description exacte du royaume de Clovis, tel qu'il le reçut de son père, et le nombre de ses sujets nationaux.

(3) *Ecclesiam incultam, ac negligentiâ civium paganorum prætermissam, veprium densitate oppletam,* etc. (*Vit. sancti Vedasti,* t. III, p. 372.) Cette description suppose que les païens possédaient Arras fort long-temps avant le baptême de Clovis.

et quelquefois les ennemis du prince salien : mais les Germains, soumis en temps de paix à la juridiction de leurs chefs héréditaires, étaient libres de suivre à la guerre le général dont la réputation et les succès leur semblaient mériter la préférence, et le mérite de Clovis entraîna bientôt sous ses drapeaux toute leur confédération. En entrant en campagne, il manquait également d'argent et de subsistances (1); mais Clovis imita l'exemple de César, qui, dans le même pays, s'était procuré des richesses avec son épée, et des soldats avec le fruit de ses victoires. Après chaque bataille ou expédition heureuse, on faisait une masse des dépouilles ; chaque guerrier recevait une part proportionnée à son rang, et le monarque se soumettait comme les autres à la loi militaire. Il apprit aux indociles Barbares à connaître les avantages d'une discipline régulière (2). A la revue générale du mois de mars, on faisait soigneusement l'inspection de leurs armes ; et lorsqu'ils traversaient un pays neutre, il leur était défendu d'arracher une pointe d'herbe.

---

(1) Saint Grégoire de Tours (l. v, c. 1, t. 11, p. 232) fait contraster la pauvreté de Clovis avec l'opulence de ses successeurs. Cependant saint Remi ( t. IV, p. 52) parle de ses *paternas opes* comme suffisantes pour le rachat des captifs.

(2) *Voyez* saint Grégoire, l. 11, c. 27, 37, t. 11, p. 175, 181, 182. La fameuse histoire du vase de Soissons explique le caractère et la puissance de Clovis. Comme point de controverse, elle a été étrangement défigurée par Dubos, Boulainvilliers et d'autres antiquaires.

Inexorable dans sa justice, Clovis faisait périr sur-le-champ les soldats négligens ou indociles. Il serait superflu de parler de la valeur d'un Franc; mais la valeur de Clovis était toujours dirigée par une prudence calme et consommée (1). En traitant avec les hommes, il faisait soigneusement entrer dans la balance leurs passions, leurs intérêts et leurs opinions, et sa conduite était tantôt adaptée à la violence sanguinaire des Germains, tantôt modérée par la politique plus douce de Rome et du christianisme. La mort lui ferma la carrière de la victoire dans la quarante-cinquième année de son âge; mais sous son règne, qui dura trente ans; la monarchie française s'établit solidement dans les Gaules.

*Sa victoire sur Syagrius. A. D. 486.*

La défaite de Syagrius, fils d'Ægidius, fut le premier exploit de Clovis, et il est probable que dans cette guerre, aux motifs d'intérêt général se joignirent ceux du ressentiment particulier. Le souvenir de la gloire du père était un outrage pour la race mérovingienne, et il est possible que le pouvoir du fils ait excité l'ambition jalouse du roi des Francs. Syagrius avait hérité de son père de la ville et du diocèse de Soissons. Il était probable que les restes désolés de la seconde Belgique, Reims, Troyes, Amiens et Beauvais, reconnaîtraient pour maître le

---

(1) Le duc de Nivernais, homme d'État d'un rang élevé, et qui a conduit des négociations importantes et délicates, explique ingénieusement le système politique de Clovis, *Mém. de l'Acad. des Inscript.*, t. xx, p. 147-184.

comte ou patrice (1); et après la chute de l'empire d'Occident, il pouvait régner avec le titre ou au moins avec l'autorité de roi des Romains (2). Comme Romain, l'étude des belles-lettres et de la jurisprudence faisait partie de son éducation ; mais il s'était attaché, par hasard ou par politique, à parler familièrement l'idiome des Germains. Les Barbares indépendans venaient en foule au tribunal d'un étranger qui possédait le rare talent d'expliquer dans leur langue les règles de la raison et de l'équité. L'activité et l'affabilité du juge le rendaient cher aux peuples ; ils se soumettaient sans murmure à la sagesse impartiale de ses ordonnances ; et le règne de Syagrius sur les Francs et sur les Bourguignons semblait les ramener aux institutions primitives de la société civile (3). Au milieu de ces paisibles occupations, il reçut et accepta fièrement le défi de Clovis, qui, à

---

(1) M. Biet, dans une dissertation qui mérita le prix de l'Académie de Soissons (p. 178-226), a soigneusement détaillé l'état et l'étendue du royaume de Syagrius et de son père Ægidius ; mais il s'en rapporte trop légèrement à l'autorité de Dubos (t. II, p. 54-57), lorsqu'il prive le patrice d'Amiens et de Beauvais.

(2) J'observerai que Fredegaire, dans son *Épitome* de saint Grégoire de Tours (t. II, p. 398), a prudemment substitué le nom de *patricius* au titre peu croyable de *rex Romanorum*.

(3) Sidonius, (l. v, *epist.* 5, tome I, page 794), qui le nomme le Solon, l'Amphion des Barbares, emploie, en s'adressant à ce roi imaginaire, le style de l'amitié et de l'égalité. Ce fut ainsi que l'artificieux Déjocès s'éleva au

la manière et à peu près dans le style de la chevalerie, sommait son rival de désigner le jour et le lieu de la bataille (1). Dès le temps de César, Soissons aurait pu fournir cinquante mille cavaliers, et ses trois arsenaux ou manufactures les auraient abondamment fournis de boucliers (2), de cuirasses et de tous les objets d'armement ; mais la jeunesse gauloise, réduite depuis long-temps à un petit nombre, ne possédait plus son ancienne valeur, et les bandes indisciplinées, volontaires ou mercenaires, qui suivirent les drapeaux de Syagrius, étaient incapables de résister au courage national des Francs. Il serait injuste de condamner la fuite de Syagrius, sans connaître ses forces ou ses ressources. Après la perte de la bataille, il courut se réfugier à la cour de Toulouse. La faible minorité d'Alaric ne put ni le secourir ni le protéger. Les pusillanimes Goths (3) se laissè-

---

trône des Mèdes par la sagesse de ses jugemens. Hérodote, l. 1, c. 96-100.

(1) *Campum sibi præparari jussit.* M. Biet (p. 226-251) a marqué avec exactitude le lieu de la bataille ; elle se donna à Nogent, abbaye de bénédictins, éloignée de Soissons d'environ dix milles vers le nord. Le champ de bataille était environné par un cercle de sépultures païennes, et Clovis fit présent à l'église de Reims des terres de Leuilli et de Couci, situées dans le voisinage.

(2) *Voyez* les *Commentaires de César, de Bell. gall.*, II, 4 ; t. 1, p. 220 ; et les *Notitiæ*, t. 1, p. 126. Les trois fabriques de Soissons étaient *Scutaria, Balistaria* et *Clinabaria*. La dernière fournissait l'armure complète des cuirassiers.

(3) Cette épithète ne peut convenir qu'à la circonstance,

rent intimider par les menaces de Clovis, et, après un court emprisonnement, le *roi* romain fut livré à l'exécuteur. Les villes de la Gaule belgique se soumirent au roi des Francs, et Clovis réunit à ses États, du côté de l'orient, le vaste diocèse de Tongres (1), dont il s'empara dans la dixième année de son règne.

On a mal à propos attribué l'origine du nom des Allemands à leur établissement imaginaire sur les bords du lac Léman (2). Cette heureuse terre, depuis le lac jusqu'à Avenche et au mont Jura, était occupée par les Bourguignons (3). Les féroces Allemands

Défaite et soumission des Allemands.
A. D 496.

---

et l'histoire ne peut justifier le préjugé français de saint Grégoire de Tours (l. II, c. 27, t. II, p. 175), *ut Gothorum pavere mos est.*

(1) Dubos me démontre (t. I, p. 277-286) que saint Grégoire de Tours, ses copistes ou ses lecteurs, ont tous confondu le royaume germain de *Thuringia* au-delà du Rhin, et la ville de *Tongria* sur la Meuse, anciennement la patrie des Eburons, et plus récemment le diocèse de Liége.

(2) *Populi habitantes juxta Lemannum lacum, Alemanni dicuntur.* Servius, *ad Virgilium, Georgic.,* IV, 278. Dom Bouquet (t. I, p. 817) n'a cité que le texte plus récent et moins fidèle d'Isidore de Séville.

(3) Saint Grégoire de Tours envoie saint Lupicinus *inter illa Jurensis deserti secreta, quæ, inter Burgundiam Alamanniamque sita, Aventicæ adjacent civitati* (t. I, p. 648). M. de Vatteville (*Hist. de la Confédération helvétique,* t. I, p. 9, 10) a décrit les limites du duché d'Allemagne et de la Bourgogne transjurane; elles comprenaient les diocèses de Constance et d'Avenche ou de Lausanne, et se distinguent encore dans la Suisse moderne par l'usage de la langue française ou allemande.

avaient à la vérité envahi la partie septentrionale de l'Helvétie; et avaient détruit de leurs propres mains le fruit de leur conquête. Une province embellie et civilisée par les Romains redevint déserte et sauvage. On aperçoit encore dans la fertile vallée de l'Aar quelques vestiges de l'importante ville de Vindonisse (1). Depuis les sources du Rhin jusqu'à son confluent avec le Mein et la Moselle, les formidables essaims allemands occupaient les deux bords du fleuve par le droit de possession ancienne ou de victoire récente. Ils s'étaient répandus dans les provinces connues aujourd'hui sous les noms d'Alsace et de Lorraine, et l'invasion du royaume de Cologne appela le prince salien au secours de ses alliés les Francs ripuaires. Clovis attaqua les Allemands dans la plaine de Tolbiac, à vingt-quatre milles environ de Cologne ; et les deux plus belliqueuses nations de la Germanie s'animèrent au combat par la mémoire de leurs exploits passés et par l'espérance de leur grandeur future. Après une résistance opiniâtre, les Francs cédèrent, et les Allemands, poussant des

---

(1) *Voy.* Guillemain, *de Reb. helvet.*, l. 1, c. 3, p. 11, 12. Dans l'enceinte des murs de l'ancienne Vindonisse on a vu s'élever successivement le château de Habsbourg; l'abbaye de Kœnigsfield et la ville de Bruck. Le voyageur philosophe peut comparer les monumens de la conquête des Romains, de la tyrannie féodale ou de celle des Autrichiens, de la superstition monastique, et ceux de l'industrieuse liberté. S'il est réellement philosophe, il sentira le mérite et le bonheur de son siècle.

cris de victoire, les poursuivirent avec impétuosité ; mais le génie, la valeur et peut-être la piété de Clovis, rétablirent le combat, et l'événement de cette sanglante journée décida pour toujours de quel côté serait l'empire ou la servitude. Le dernier roi des Allemands perdit la vie sur le champ de bataille ; ses sujets furent poursuivis et taillés en pièces jusqu'à ce que, mettant bas les armes, ils implorèrent la clémence du vainqueur. Le défaut de discipline leur ôtait les moyens de se rallier ; ils avaient détruit dédaigneusement les murs et les fortifications qui auraient pu leur servir d'asile ; et l'ennemi, qui ne leur cédait ni en valeur ni en activité, les suivit jusqu'au fond de leurs forêts. Le grand Théodoric félicita de ses succès le victorieux Clovis, dont il avait récemment épousé la sœur Alboflède ; mais il intercéda avec douceur auprès de son frère en faveur des supplians et des fugitifs qui avaient imploré sa protection. Le conquérant s'empara des territoires de la Gaule occupés par les Allemands ; et cette fière nation, toujours invincible aux armes des Romains ou rebelle à leur pouvoir, reconnut la souveraineté des rois mérovingiens, dont la bonté lui permit de conserver ses usages et ses institutions particulières sous le gouvernement de ducs d'abord amovibles, et dans la suite héréditaires. Après la conquête des provinces occidentales, les Francs conservèrent seuls leur ancien établissement au-delà du Rhin. Ils conquirent et civilisèrent peu à peu un pays épuisé, jusqu'à l'Elbe et aux montagnes de la Bohême, et la soumission de la Germanie assura la paix de l'Europe (1).

<small>Conversion de Clovis. A. D. 496.</small>

Clovis adora, jusqu'à l'âge de trente ans, les dieux de ses ancêtres (2). Ses doutes ou son indifférence pour le christianisme pouvaient lui permettre de piller avec moins de scrupule les églises d'une nation ennemie; mais ses sujets de la Gaule jouirent du libre exercice de leur religion, et les évêques conçurent un espoir plus favorable de l'idolâtre que des hérétiques. Le prince mérovingien avait trouvé le bonheur dans son union avec la belle Clotilde, nièce du roi de Bourgogne. Élevée dans la foi catholique au milieu d'une cour arienne, son intérêt et son devoir (3) lui ordonnaient également de tra-

---

(1) Saint Grégoire de Tours (l. II, 30, 37, t. II, p. 176, 177, 182); les *Gesta Franc.* (t. II, p. 551); et l'*Épître de Théodoric* (Cassiodore, *Variar.*, l. II, c. 41, t. IV, p. 4), rendent compte de la défaite des Allemands. Quelques-unes de leurs tribus s'établirent dans la Rhétie, sous la protection de Théodoric, dont les successeurs cédèrent la colonie et leur pays au petit-fils de Clovis. On peut s'instruire de la situation des Allemands sous les rois mérovingiens, dans Mascou (*Hist. des anciens Germains*, XI, 8, etc., note 36), et Guillemain (*de Reb. helvet.*, l. II, c. 10, 12, p. 72-80).

(2) Clotilde, ou plutôt saint Grégoire, suppose que Clovis adorait les dieux de la Grèce et de Rome; le fait est incroyable, et cette méprise nous prouve seulement qu'en moins d'un siècle la religion nationale des Francs avait été non-seulement abolie, mais complétement oubliée.

(3) Saint Grégoire de Tours raconte le mariage et la conversion de Clovis, l. II, c. 28, 31, t. II, p. 175-178. Fre-

vailler à la conversion d'un époux païen, et la voix de l'amour disposa peu à peu Clovis à écouter celle de la religion. Il consentit à faire baptiser son fils aîné ; mais cette clause avait été peut-être stipulée avant son mariage. Quoique la mort subite de ce jeune prince eût excité quelques craintes superstitieuses, Clovis se laissa cependant persuader de répéter sur son second fils cette dangereuse expérience. A la bataille de Tolbiac, au moment du péril, il invoqua à haute voix le Dieu de Clotilde et des chrétiens. La victoire le disposa à écouter avec une respectueuse reconnaissance les éloquens discours (1) où saint Rémi (2), évêque de Reims, lui développait

---

degaire ou l'Abréviateur anonyme (t. II, p. 398-400), l'auteur des *Gesta Francorum* (t. II, p. 548-552); et Aimoin lui-même (l. I, c. 13, t. III, p. 37-40), ne sont pas à dédaigner dans cette occasion. La tradition peut avoir conservé long-temps quelques circonstances curieuses de ces événemens importans.

(1) Un voyageur qui retournait de Reims en Auvergne, a dérobé au secrétaire ou au bibliothécaire du modeste archevêque une copie de ces discours. (Sidonius-Apollinar., l. IX, *epist.* 7.) On a conservé quatre épîtres de saint Remi, qui existent encore (t. IV, p. 51, 52, 53). Elles ne répondent point aux louanges ni à l'admiration de Sidonius.

(2) Hincmar, l'un des successeurs de saint Rémi (A. D. 845-882), a composé une histoire de sa vie, t. III, p. 373-380. L'autorité des anciens manuscrits de l'église de Reims pourrait inspirer quelque confiance, mais elle est détruite par les audacieux mensonges et les fictions intéressées d'Hincmar. Ce qu'on peut remarquer, c'est que saint Remi, consacré à

d'une manière évidente les avantages, soit temporels, soit spirituels, qu'il devait retirer de sa conversion. Le roi déclara qu'il était convaincu de la vérité de la religion catholique. Soit conviction, soit fidélité à leur souverain, les Francs se montrèrent disposés à suivre leur magnanime général aux fonts baptismaux comme sur le champ de bataille, et leurs acclamations firent disparaître les motifs qui auraient pu différer la publicité de sa conversion. La cérémonie eut lieu dans la cathédrale de Reims avec toute la magnificence et la solennité capable de frapper l'esprit grossier de ces nouveaux prosélytes d'un profond sentiment de respect pour la religion (1). Le nouveau Constantin fut baptisé sur-le-champ avec trois mille de ses belliqueux sujets. Leur exemple fut imité par le reste des *dociles Barbares*, qui, d'après les ordres du prélat victorieux, adorèrent la croix qu'ils avaient brûlée, et brûlèrent les idoles qu'ils

---

l'âge de vingt-deux ans (A. D. 457), occupa la chaire épiscopale durant soixante-quatorze ans. Pagi, *Critiq., in* Baron., t. 11, p. 384-572.

(1). Une fiole d'huile sainte, ou plutôt céleste, connue sous le nom de *sainte ampoule*, fut apportée par une colombe blanche pour le baptême de Clovis. Elle sert encore, et se renouvelle au couronnement de tous les rois de France. Hincmar, qui aspirait à devenir primat des Gaules, est le premier auteur de cette fable (tome III, p. 377). L'abbé de Vertot (*Mém. de l'Acad. des Inscript.*, t. 11, p. 619-633) en attaque les fragiles fondemens avec un profond respect et une adresse admirable.

avaient adorées (1). L'imagination de Clovis était susceptible d'une ferveur passagère; le récit pathétique de la passion et de la mort de Jésus-Christ excita sa colère; et au lieu de réfléchir aux suites salutaires de ce mystérieux sacrifice, transporté d'une fureur inconvenante : « Que n'étais-je là, s'écria-t-il, à la tête de mes braves Francs ! j'aurais vengé son injure (2). » Mais le conquérant sauvage des Gaules était incapable d'examiner une religion dont les preuves exigeaient une recherche longue et pénible de faits historiques et de théologie spéculative. Il pouvait encore moins goûter la modération des préceptes de l'Évangile, qui persuadent et purifient l'âme d'un prosélyte sincèrement converti. Son règne fut une violation continuelle des lois du christianisme et de l'humanité. Il fit couler le sang durant la paix comme durant la guerre; et Clovis, au moment où il venait de congédier un synode de l'Église gallicane, fit assassiner de sang-froid tous les princes mérovin-

---

(1) *Mitis depone colla, Sicamber : adora quod incendisti, incende quod adorasti.* Saint Grégoire de Tours, l. II, c. 31, t. II, p. 177.

(2) *Si ego ibidem cum Francis meis fuissem, injurias ejus vindicassem.* Saint Grégoire de Tours a gardé prudemment le silence sur cette imprudente exclamation; mais elle est citée comme une admirable effusion de zèle et de piété par Frédégaire (*Epitome*, c. 21, t. II, p. 400), par Aimoin (l. I, c. 16, t. III, p. 40), et par les *Chroniques de Saint-Denis* (l. I, c. 20, t. III, p. 171).

giens (1). Cependant le roi des Francs pouvait adorer sincèrement le Dieu des chrétiens comme un être plus excellent et plus puissant que ses divinités nationales; la délivrance signalée et la victoire de Tolbiac avaient confirmé sa confiance dans le Dieu des armées. Saint Martin avait acquis un grand crédit dans l'Occident par la renommée des miracles que son sépulcre opérait continuellement à Tours; il accorda visiblement ou invisiblement sa protection à un prince orthodoxe et libéral; et quoique Clovis ait dit lui-même que saint Martin était un allié un peu cher (2), cette observation ne venait d'aucun doute durable ou raisonné. La terre se félicita, comme le ciel, de la conversion des Francs. En sortant des fonts baptismaux, Clovis se trouva le seul des rois chrétiens qui méritât le nom et les prérogatives de catholique. L'empereur Anastase avait adopté quelques dangereuses erreurs relatives à la nature de la divine In-

---

(1) Saint Grégoire (l. II, c. 40-43, t. II, p. 183-185), après avoir raconté froidement les crimes de Clovis et ses remords affectés, termine, peut-être sans intention, par une leçon que l'ambition n'écoutera jamais: « *His ita transactis...... obiit.* »

(2) Après la victoire remportée sur les Goths, Clovis fit de riches offrandes à saint Martin de Tours. Il voulut racheter son cheval de bataille par le don de cent pièces d'or; mais un enchantement retint le coursier dans l'écurie, et il ne put en sortir que lorsque le roi eut doublé le prix de sa rançon. C'est à l'occasion de ce *miracle* que le roi s'écria: *Verè B. Martinus est bonus in auxilio, sed carus in negotio.* Gesta Francorum, t. II, p. 554-555.

carnation, et les Barbares de l'Italie, de l'Espagne, de l'Afrique et de la Gaule, étaient imbus de l'hérésie d'Arius. Le fils aîné, ou plutôt le fils unique de l'Église, fut reconnu par le clergé comme son souverain légitime et son glorieux libérateur; et l'ambition de Clovis trouva de grands secours dans le zèle et l'attachement du parti catholique (1).

Sous l'empire des Romains, l'opulence et la juridiction des évêques, leur caractère sacré, leur office inamovible, leurs nombreux subordonnés, leur éloquence populaire et leurs assemblées provinciales, les rendaient toujours très-considérables et souvent dangereux. Les progrès de la superstition augmentèrent leur influence, et l'on peut attribuer en quelque façon l'établissement de la monarchie française à l'alliance de cent prélats qui commandaient dans les villes révoltées ou indépendantes de la Gaule. Les fragiles fondemens de la république armoricaine avaient été ébranlés à plusieurs reprises ou plutôt renversés; mais les peuples conservaient encore leur liberté domestique : ils soutenaient la dignité du nom romain, et repoussaient courageusement les incursions et les attaques régulières de Clovis, qui tâchait d'étendre ses conquêtes depuis la Seine jusqu'à la Loire. Le

*Soumission des provinces armoriques et des troupes romaines. A. D. 497, etc.*

---

(1) *Voyez* l'Épître du pape Anastase au monarque converti (t. IV, p. 50, 51). Avitus, évêque de Vienne, félicite Clovis à la même occasion (p. 49); et la plupart des évêques latins s'empressèrent de lui témoigner leur joie et leur attachement.

succès de leur résistance leur obtint une alliance honorable. Les Francs apprirent à estimer la valeur des Armoricains (1), qui se réconcilièrent avec les Francs aussitôt après la conversion de ces derniers au christianisme. Les forces militaires qui protégeaient les Gaules étaient composées de cent différentes bandes d'infanterie ou de cavalerie; et quoiqu'elles prétendissent au nom et aux priviléges de soldats romains, la jeunesse barbare servait depuis long-temps à les recruter. Leur courage défendait encore, mais sans espoir, les dernières fortifications et les débris de l'empire; mais leur retraite était interceptée, et leur jonction devenait impraticable. Abandonnés des princes grecs de Constantinople, ces soldats rejetaient pieusement toute communication avec les usurpateurs ariens de la Gaule; mais ils acceptèrent sans honte et sans répugnance la capitulation avantageuse offerte par un héros catholique; et cette postérité, soit légitime ou illégitime, des légions romaines, se distinguait encore dans la génération suivante par ses armes, ses enseignes, ses habillemens et ses institutions particulières; mais ces réunions volontaires

---

(1) Au lieu de Αρβορυχοι, peuple inconnu, dont le nom se trouve dans le texte de Procope, Adrien de Valois a replacé le nom véritable Αρμορυχοι, et cette correction si simple a été approuvée presque universellement. Cependant un lecteur sans prévention serait naturellement porté à supposer que Procope parle d'une tribu de Germains alliés de Rome, et non pas d'une confédération des villes de la Gaule qui avaient secoué le joug de l'empire.

n'en augmentaient pas moins les forces nationales, et les peuples voisins des Francs redoutaient leur nombre autant que leur intrépidité. Il paraît que la réduction des provinces septentrionales de la Gaule ne fut pas le résultat d'une seule bataille, mais qu'elle s'opéra lentement, tantôt par des victoires et tantôt par des traités. Clovis n'obtint les différens objets de son ambition que par des efforts ou par des concessions proportionnées à leur valeur. Son caractère féroce et les vertus de Henri IV présentent la nature humaine sous les deux points de vue opposés ; on aperçoit cependant quelque ressemblance dans la situation de deux princes qui conquirent la France par leur valeur, par leur politique, et par une utile conversion (1).

Le royaume de Bourgogne, borné par la Saône et le Rhône, s'étendait depuis la forêt des Vosges jusqu'aux Alpes et à la mer de Marseille (2). Gundobald

*Guerre des Bourguignons.*
A. D. 499.

---

(1) Cette digression de Procope (*de Bell. gothic.*, l. 1, c. 12, t. II, p. 29-36) éclaircit l'origine de la monarchie française ; cependant je dois observer, 1° que l'historien grec montre une ignorance inexcusable de la géographie de l'Occident ; 2° que ces traités et ces priviléges dont il devrait rester quelques traces, ne se trouvent ni dans saint Grégoire de Tours, ni dans les lois saliques, etc.

(2) *Regnum circa Rhodanum aut Ararim cum provinciâ Massiliensi retinebant.* (Saint Grégoire de Tours, l. II, c. 32 ; t. II, p. 178.) La province de Marseille, jusqu'à la Durance, fut cédée par la suite aux Ostrogoths ; et la signature de vingt-cinq évêques est supposée représenter le royaume de Bourgogne, A. D. 519. (*Concil. Epaon.*; tome IV, page 104, 105.) Cependant j'en voudrais excepter Vindo-

ou Gondebaut occupait le trône; ce prince guerrier et ambitieux s'en était frayé le chemin par le meurtre de deux de ses frères, dont l'un était le père de Clotilde (1). Godégésil, le plus jeune, vivait encore, et la prudence imparfaite de Gondebaut lui abandonnait le gouvernement subordonné de la principauté de Genève. Le monarque arien fut justement alarmé de la joie et des espérances dont la conversion de Clovis semblait animer ses peuples et son clergé; et Gondebaut convoqua, dans la ville de Lyon, une assemblée de ses évêques pour concilier, s'il était possible, les querelles politiques et religieuses. Les chefs des deux factions se réunirent dans une inutile conférence. Les ariens reprochèrent aux catholiques qu'ils adoraient trois dieux, et les catholiques se défendirent par des distinctions théologiques. Les demandes, les objections et les réponses accoutumées furent rejetées de l'un à l'autre parti avec des clameurs opiniâtres, jusqu'au moment où le monarque révéla ses craintes par une question inopinée, mais

---

nisse. L'évêque qui vivait sous le gouvernement d'Allemands païens, devait naturellement se rendre aux synodes des royaumes chrétiens et voisins. Mascou, dans ses quatre premières notes, a expliqué plusieurs circonstances relatives au royaume de Bourgogne.

(1). Mascou (*Hist. des Germains*, XI, 10), qui se méfie avec raison de Grégoire de Tours, produit un passage d'Avitus (*epist.* 5) pour prouver que Gondebaut affectait de déplorer l'événement tragique que ses sujets feignaient d'approuver.

positive, qu'il adressa aux évêques orthodoxes. « Si vous professez véritablement la religion chrétienne, pourquoi ne retenez-vous pas le roi des Francs ? Il m'a déclaré la guerre, il fait des alliances avec mes ennemis, et médite avec eux ma destruction. Une âme avide et sanguinaire n'annonce point une pieuse conversion. Qu'il prouve la sincérité de sa foi par l'équité de sa conduite. » Avitus, évêque de Vienne, du ton et de l'air d'un ange, répondit au nom de ses confrères : « Nous ignorons les motifs et les intentions du roi des Francs; mais l'Écriture nous apprend que les royaumes qui abandonnent la loi divine ne tardent pas à être détruits, et que ceux qui se déclarent les ennemis de Dieu trouvent de toutes parts des ennemis à combattre. Retourne avec tes peuples à la loi de Dieu, et il te donnera la paix et la tranquillité. » Le roi de Bourgogne, n'étant point disposé à accepter cette condition, que les catholiques considéraient comme essentielle au traité, prolongea et enfin congédia l'assemblée ecclésiastique, après avoir reproché à ses évêques que Clovis, leur ami et leur prosélyte, avait tâché secrètement de faire révolter son frère (1).

*Victoire de Clovis. A. D. 500.*

La fidélité de son frère était déjà séduite, et l'obéis-

---

(1) *Voyez* l'original de la Conférence, t. IV, p. 99-102. Avitus, le principal acteur, et probablement le secrétaire de l'assemblée, était évêque de Vienne. On peut trouver quelques détails sur sa personne et sur ses ouvrages dans Dupin, *Biblioth. ecclés.*, t. V, p. 5-10.

sance que Godégésil fit paraître en joignant l'étendard royal avec les troupes de Genève, contribua au succès de la conspiration. Tandis que les Francs et les Bourguignons combattaient avec une valeur égale, sa désertion décida l'événement de la journée; et, comme Gondebaut était faiblement soutenu par les Gaulois peu affectionnés, il céda la victoire à Clovis, et se retira précipitamment du champ de la bataille qui semble s'être donnée entre Langres et Dijon. Cette dernière forteresse ne lui parut point assez sûre, quoique environnée de deux rivières, d'un mur quadrangulaire de trente pieds de hauteur et de quinze pieds d'épaisseur, fermé par quatre portes, et garni de trente-trois tours (1). Gondebaut laissa Clovis maître d'attaquer Lyon et Vienne, et s'enfuit jusqu'à Avignon, éloigné d'environ deux cent cinquante milles du champ de bataille. Un long siége et une négociation habilement conduite firent sentir au roi des Francs le danger et la difficulté de cette entreprise. Il imposa un tribut au prince bourguignon, l'obligea de pardonner à son frère et de récompenser sa perfidie, et retourna glorieusement dans ses États avec

---

(1) Saint Grégoire de Tours (l. III, c. 19, t. II, p. 197) se livre à son génie, où copie quelque écrivain plus éloquent dans la description qu'il fait de Dijon, château qui méritait déjà le nom de cité. Il dépendit des évêques de Langres jusqu'au douzième siècle, et devint ensuite la capitale des ducs de Bourgogne. Longuerue, *Descript. de la France*, part. 1, p. 280.

les dépouilles et les captifs des provinces méridionales. Son triomphe fut bientôt troublé par la nouvelle que Gondebaut, oubliant ses nouveaux engagemens, avait assiégé, surpris et massacré son frère, l'infortuné Godégésil, dans la ville de Vienne, où il était resté avec une garnison de cinq mille Francs (1). Un pareil affront aurait enflammé la colère du souverain le plus pacifique; cependant le conquérant des Gaules dissimula cette injure, remit le tribut, et accepta l'alliance et le service militaire du roi de Bourgogne. Clovis ne possédait plus les avantages qui avaient assuré le succès de la guerre précédente; et son rival, instruit par l'adversité, s'était fait de nouvelles ressources, en gagnant l'affection de ses peuples. Les Romains et les Gaulois chérissaient la douceur et l'impartialité des lois de Gondebaut; qui leur procurait un sort presque égal à celui des conquérans. L'adroit monarque gagna les évêques, en les flattant de l'espoir prochain de sa conversion; et quoiqu'il en ait différé l'accomplissement jusqu'à sa mort (2), sa modération maintint la paix, et différa la ruine du royaume de Bourgogne.

(1) L'abréviateur de saint Grégoire de Tours (tome ii, page 401) a suppléé à son auteur en fixant le nombre des Francs; mais il suppose légèrement que Gondebaut les tailla en pièces. Le prudent Bourguignon épargna les soldats de Clovis, et les envoya captifs au roi des Visigoths, qui leur donna un établissement dans le territoire de Toulouse.

(2) J'ai suivi dans cette guerre de Bourgogne l'autorité

Conquête définitive de la Bourgogne par les Francs. A. D. 532.

Je suis impatient d'achever l'histoire de ce royaume, qui fut détruit sous le règne de Sigismond, fils de Gondebaut. Le catholique Sigismond a obtenu les honneurs de saint et de martyr (1); mais cet auguste saint teignit ses mains du sang d'un fils innocent, qu'il sacrifia inhumainement au ressentiment et à l'orgueil d'une belle-mère. Il découvrit bientôt son erreur, et déplora sa perte irréparable. Tandis que Sigismond pleurait sur le corps inanimé de son malheureux fils, il reçut un avertissement sévère d'un de ses officiers : « O roi! lui dit-il, ce n'est point l'état de ton fils, mais le tien, qui doit inspirer de la douleur et de la compassion! » Le monarque coupable apaisa cependant le cri de sa conscience par les libéralités qu'il fit au monastère d'Agaunum ou Saint-Maurice, dans le Valais, qu'il avait fondé lui-même en l'honneur des martyrs imaginaires de la légion thébaine (2). Sigismond y institua une psalmodie de

---

de saint Grégoire de Tours, l. II, c. 32, 33; t. II, p. 178, 179. Son récit paraît si incompatible avec celui de Procope (de Bell. goth., l. I, c. 12, t. II, p. 31, 32), que quelques critiques ont supposé deux guerres différentes. L'abbé Dubos (Hist. crit., etc., t. II, p. 126-162) a présenté les causes et les événemens avec clarté.

(1) Voyez sa Vie ou sa Légende, t. III, p. 402. Un martyr! On a changé bien étrangement le sens de ce mot, qui signifiait dans son origine un simple témoin. Saint Sigismond était connu pour son habileté à guérir de la fièvre.

(2) Avant la fin du cinquième siècle, l'église de Saint-Maurice et sa légion thébaine avaient fait d'Agaunum un lieu de pélerinage. L'établissement du monastère régulier

prières continuelles ; il pratiquait les dévotions austères des moines, et suppliait le maître du monde de le punir de ses péchés avant sa mort. Sa prière fut exaucée, les ministres de vengeance n'étaient pas loin. Une armée de Francs envahit ses provinces. Après la perte d'une bataille, Sigismond, qui voulait conserver sa vie pour prolonger sa pénitence, se cacha dans le désert sous un habit religieux ; mais ses sujets découvrirent sa retraite, et le livrèrent à leurs nouveaux maîtres, dont ils espéraient par là obtenir la faveur. On transporta à Orléans le monarque captif avec sa femme et deux enfans. Les fils de Clovis, dont la cruauté peut tirer quelque excuse des maximes et des exemples de ce siècle barbare, firent enterrer Sigismond tout vif dans un puits. Empressés d'assurer la conquête de la Bourgogne, ils avaient, pour enflammer ou déguiser leur ambition, le motif de la piété filiale ; et Clotilde, dont la sainteté ne consistait pas dans le pardon des injures, les pressa de venger la mort de son père sur la famille de son assassin. Quoique les Bourguignons eussent essayé de rompre leur chaîne, on leur laissa leurs lois nationales sous

---

de Sigismond (A. D. 515) fit cesser quelques œuvres de ténèbres auxquelles donnait lieu une ancienne communauté des deux sexes. Cinquante ans après, les moines que Sigismond appelait ses *anges de lumière*, firent une sortie nocturne, dans le dessein de massacrer l'évêque et son clergé. *Voyez* dans la *Bibliothèque raisonnée* (t. XXXVI, p. 435-438) les curieuses remarques d'un savant bibliothécaire de Genève.

la redevance d'un tribut et du service militaire ; et les princes mérovingiens régnèrent paisiblement sur un royaume dont les armes de Clovis avaient déjà détruit la gloire et la grandeur (1).

<small>Guerre contre les Goths.
A. D. 507.</small>

La première victoire de Clovis avait humilié l'orgueil des Goths. Ses succès rapides leur inspirèrent un sentiment de terreur et de jalousie ; et la renommée du jeune Alaric se trouva obscurcie par la supériorité de son rival. Quelques contestations inévitables s'élevèrent au sujet des limites des deux royaumes ; et, après de longues et inutiles négociations, les deux rois proposèrent et acceptèrent une entrevue. Clovis et Alaric se virent dans une petite île de la Loire, près d'Amboise. Ils s'embrassèrent, conversèrent familièrement, mangèrent ensemble, et se séparèrent avec les plus vives démonstrations d'union et d'amitié fraternelle ; mais cette réconciliation apparente cachait, sous l'air de la confiance, des soupçons réciproques d'ambition et de perfidie, et les plaintes des deux monarques sollicitèrent, éludèrent et rejetèrent également une convention définitive. De retour à Paris, dont il faisait déjà le siége de son gouverne-

---

(1) Marius, évêque d'Avenche (*Chroniq.*, t. II, p. 15), a marqué les dates authentiques, et saint Grégoire de Tours (l. III, c. 5, 6, t. II, p. 188, 189) a expliqué les faits principaux de la vie de Sigismond et de la conquête de la Bourgogne. Procope (t. II, p. 34) et Agathias (t. II, p. 49) montrent l'imperfection des lumières indirectes qu'ils avaient sur cet événement.

ment, Clovis annonça, devant une assemblée de princes et de guerriers, ses motifs et ses prétextes de guerre contre les Goths. « Je ne puis souffrir, leur dit-il, de voir des ariens posséder la plus belle partie de la Gaule. Marchons contre eux avec l'aide de Dieu; et, quand nous aurons vaincu les hérétiques, nous partagerons et possèderons leurs fertiles provinces (1). » Les Francs, toujours pleins de leur ancienne valeur, et animés par le zèle d'une religion nouvelle, applaudirent au généreux dessein de leur monarque, déclarèrent qu'ils voulaient vaincre ou mourir, la victoire et la mort devant leur être également avantageuses, et jurèrent solennellement de laisser croître leur barbe jusqu'à ce que le succès de leurs armes vînt les absoudre d'un vœu si incommode. C'était Clotilde dont les exhortations, soit en public, soit en particulier, avaient déterminé cette entreprise. Elle avertit son époux de l'efficacité que pourrait avoir une fondation pieuse pour obtenir la bénédiction de Dieu et le secours des fidèles. Le héros chrétien, lançant d'un bras nerveux sa hache de bataille : « Je promets, dit-il, d'élever dans l'endroit où tombera ma *francisca* (2), une église en l'honneur des saints

---

(1) Saint Grégoire de Tours (l. ii, c. 37, t. ii, p. 181) insère le discours concis, mais persuasif, de Clovis. *Valdè molestè fero, quòd hi ariani partem teneant Galliarum.* L'auteur des *Gesta Francorum* (t. ii, p. 553.) ajoute l'importante épithète d'*optimam. Eamus cum Dei adjutorio; et, superatis eis, redigamus terram in ditionem nostram.*

(2) *Tunc rex projecit à se in directum bipennem suam*

apôtres. » Cette éclatante marque de piété affermit l'attachement et confirma la bonne opinion des catholiques, avec lesquels il entretenait secrètement une correspondance ; et le zèle des dévots se convertit insensiblement en une conspiration formidable. Les peuples de l'Aquitaine étaient justement alarmés des reproches indiscrets des Goths, leurs oppresseurs, qui les accusaient, avec raison, de préférer le gouvernement des Francs ; et l'exil de leur zélé partisan, Quintianus, évêque de Rodez (1), plaida plus fortement en leur faveur qu'il n'aurait pu le faire en restant dans son diocèse. Pour résister à ces ennemis domestiques et étrangers, fortifiés de l'alliance des Bourguignons, Alaric rassembla ses forces militaires, infiniment supérieures en nombre à celles de Clovis. Les Visigoths reprirent l'exercice des armes, qu'ils avaient négligé durant une longue et heureuse paix (2). Une troupe choisie d'esclaves robustes et

---

quòd est francisca, etc. (Gesta Francorum, t. II, p. 554.) La forme et l'usage de cette arme ont été décrits par Procope ( t. II, p. 37 ). On peut trouver dans le Glossaire de Ducange, et dans le volumineux dictionnaire de Trévoux, des exemples de sa dénomination nationale en latin et en français.

(1) Il est assez singulier que plusieurs faits importans et authentiques se trouvent dans une vie de Quintianus, composée en vieux patois du Rouergue et en rimes. Dubos, Hist. crit., t. II, p. 179.

(2) Quamvis fortitudini vestræ confidentiam tribuat parentum vestrorum innumerabilis multitudo; quamvis Attilam

courageux se mit en campagne à la suite de leurs maîtres (1), et les villes de la Gaule fournirent avec répugnance leur contingent de troupes d'une fidélité douteuse. Théodoric, roi des Ostrogoths, qui régnait en Italie, avait travaillé à maintenir la tranquillité dans les Gaules ; et, tant qu'il avait espéré y réussir, il s'en était tenu avec soin au personnage impartial de médiateur ; mais cependant, alarmé du pouvoir naissant de Clovis, ce prudent monarque était fermement déterminé à soutenir les Goths dans leur guerre nationale et religieuse.

Les prodiges accidentels ou artificiels qui illustrèrent l'expédition de Clovis passèrent, dans un siècle de superstition, pour une preuve évidente de la faveur divine. Il partit de Paris, traversa avec dévotion le saint diocèse de Tours, et voulut en passant consulter, sur l'événement de la guerre, la châsse de saint Martin, l'objet de la vénération et l'oracle de la Gaule. Ses envoyés eurent ordre d'être attentifs aux paroles du psaume que l'on chanterait lorsqu'ils

Victoire de Clovis. A. D. 507.

---

*potentem, reminiscamini Visigotharum viribus inclinatum ; tamen, quia populorum ferocia corda longâ pace mollescunt, cavete subito in aleam mittere, quos constat tantis temporibus exercitia non habere.* Tel fut le salutaire avis que lui donnèrent inutilement Théodoric et la raison, pour l'engager à la paix. Cassiodore, l. III, epist. 2.

(1) Montesquieu (*Esprit des Lois*, l. XV, c. 14) cite et approuve la loi des Visigoths (l. IX, tit. 2, t. IV, p. 425) qui obligeait tous les maîtres à armer et à envoyer ou conduire à l'armée la dixième partie de leurs esclaves.

entreraient dans l'église ; elles exprimaient heureusement la valeur et la victoire des champions du ciel, et il fut aisé d'en faire l'application au nouveau Josué ou au nouveau Gédéon qui allait combattre les ennemis du Seigneur (1). Orléans assurait aux Francs un pont sur la Loire ; mais environ à quarante milles de Poitiers, la crue extraordinaire des eaux de la Vigenna ou Vienne leur ferma le passage ; l'armée des Visigoths couvrait la rive opposée. Les délais sont toujours funestes pour des Barbares qui saccagent les pays où ils passent ; et quand même Clovis aurait eu le loisir et des matériaux, il paraissait impraticable de construire un pont, et de forcer le passage en présence d'un ennemi supérieur en forces ; mais il était aisé d'obtenir des paysans, empressés de servir leurs libérateurs, la connaissance de quelque gué ignoré ou mal gardé, et l'on employa utilement la fraude ou la fiction à rehausser le mérite de cette découverte. Une biche blanche, remarquable par sa taille

---

(1) Cette manière d'augurer, en acceptant pour présage les premiers mots qui se présentaient à l'œil ou qui frappaient l'ouïe, était tirée de la coutume des païens. On substitua le Psautier ou la Bible aux poëmes d'Homère et de Virgile. Depuis le quatrième jusqu'au quatorzième siècle, ces *sortes sanctorum*, comme on les appelait alors, furent condamnés à plusieurs reprises par les conciles, et pratiqués malgré les défenses par les rois, les évêques et les saints. Voyez une dissertation curieuse de l'abbé du Resnel dans les *Mém. de l'Acad.*, t. XIX, p. 287-310.

et par sa beauté, sembla conduire et animer l'armée des catholiques. Le trouble et l'irrésolution régnaient dans le conseil des Visigoths. Une foule de guerriers impatiens, présomptueux, et dédaignant de fuir devant les brigands de la Germanie, excitèrent Alaric à soutenir la gloire du sang et du nom de l'ancien conquérant de Rome. Les plus prudens de ses chefs l'engageaient à éviter la première impétuosité des Francs, et à attendre, dans les provinces méridionales de la Gaule, les vieilles troupes victorieuses des Ostrogoths, que le roi d'Italie avait fait partir pour joindre son armée. Les momens décisifs se passaient en vaines délibérations. Les Goths abandonnèrent trop précipitamment peut-être une position avantageuse, et perdirent, par leurs manœuvres lentes et incertaines, l'occasion de faire sûrement leur retraite. Lorsque Clovis eut passé le gué, nommé depuis le gué du Cerf, il avança rapidement pour prévenir la fuite de l'ennemi. Un météore enflammé, suspendu au-dessus de la cathédrale de Poitiers, dirigea sa marche pendant la nuit; et ce signal, qui pouvait avoir été concerté avec le successeur orthodoxe de saint Hilaire, fut comparé à la colonne de feu qui guidait les Israélites dans le désert. A la troisième heure du jour, environ à dix milles au-dessus de Poitiers, Clovis atteignit et attaqua sans délai l'armée des Goths, dont la terreur et la confusion préparaient la défaite. Ils se rallièrent cependant au fort du combat; et les jeunes guerriers, dont les clameurs avaient demandé la bataille, ne voulurent point survivre à la honte de la défaite. Les deux rois se rencontrèrent, se combattirent, et Alaric périt de la main de son rival. La bonté de sa cuirasse et la vigueur de son cheval sauvèrent le victorieux Clovis de la poursuite de deux cavaliers des Goths, qui, furieux, voulaient venger la mort de leur souverain. L'expression vague d'une montagne de morts indique un grand carnage sans en déterminer l'étendue ; mais Grégoire de Tours n'oublie pas d'observer que son vaillant compatriote, Apollinaris, le fils de Sidonius, perdit la vie à la tête des nobles de l'Auvergne. Peut-être ces catholiques suspects furent-ils exposés à dessein à la première fureur de l'ennemi (1), et peut-être l'attachement personnel ou l'honneur militaire l'emportèrent-ils sur l'influence de la religion.

Conquête de l'Aquitaine par les Francs. A. D. 508.

Tel est l'empire du hasard, s'il nous est permis de déguiser sous ce nom notre ignorance, qu'il paraît également difficile de prévoir les événemens de la guerre et d'en expliquer les différens effets. Une victoire sanglante et complète n'a souvent fait perdre

---

(1) Après avoir corrigé le texte ou excusé la méprise de Procope, qui place la défaite d'Alaric près de Carcassonne, nous pouvons conclure, sur l'autorité de saint Grégoire de Tours, de Fortunatus et de l'auteur des *Gesta Francorum*, que la bataille se donna *in campo Vocladensi*, sur les bords du Clain, environ à dix milles au sud de Poitiers. Clovis atteignit et attaqua les Visigoths près de Vivonne, et la victoire se décida dans les environs d'un village appelé encore aujourd'hui Champagné-Saint-Hylaire. *Voyez* les *Dissertations* de l'abbé Le Bœuf, t. 1, p. 304-331.

que le champ de bataille, et la perte de dix mille
hommes a quelquefois suffi pour détruire en un jour
l'ouvrage de plusieurs siècles. La conquête de l'Aquitaine fut le prix de la bataille de Poitiers. Alaric
laissait, en mourant, un fils dans l'enfance, un bâtard
ambitieux, une noblesse factieuse et des peuples
perfides. Les forces des Goths étaient ou paralysées
par la consternation générale, ou employées aux
discordes civiles. Le roi des Francs s'avança sans
perdre de temps pour mettre le siége devant Angoulême. Au son de sa trompette, les murs de la ville,
comme ceux de Jéricho, tombèrent de toutes parts.
On pourrait réduire ce pompeux miracle, en supposant que quelques ouvriers ecclésiastiques avaient
secrètement miné les fondemens du rempart (1).
Bordeaux se soumit sans résistance ; Clovis y établit
ses quartiers d'hiver, et y transporta prudemment
de Toulouse le trésor royal qui était déposé dans la
capitale de la monarchie. Le conquérant pénétra
jusqu'aux confins de l'Espagne (2), rétablit les

---

(1) Angoulême est sur la route de Poitiers à Bordeaux ;
et quoique saint Grégoire de Tours diffère le siége, je suis
plus porté à croire qu'il a dérangé l'ordre de l'histoire, qu'à
imaginer que Clovis ait négligé les règles de la guerre.

(2) *Pyrenœos montes usque Perpinianum subjecit*, dit
Rorico, qui trahit sa date récente, puisque Perpignan
n'existait point avant le dixième siècle. (Marca, *Hispan.*,
p. 458.) Ce pompeux et fabuleux écrivain, peut-être moine
d'Amiens (voyez l'abbé Le Bœuf, *Mém. de l'Acad.*, t. xvii,
p. 228-245), raconte, sous le personnage allégorique d'un

honneurs de l'Église catholique, plaça une colonie de Francs (1) dans l'Aquitaine, et remit à ses lieutenans la tâche facile de soumettre ou de détruire les Visigoths; mais le sage et puissant monarque de l'Italie protégeait cette nation vaincue. Tant que la balance avait paru égale, Théodoric avait retardé peut-être la marche de ses Ostrogoths; mais à leur arrivée ils repoussèrent l'ambitieux Clovis; et l'armée des Francs et des Bourguignons fut forcée de lever le siége d'Arles avec perte, dit-on, de trente mille hommes. Ce revers disposa le fier Clovis à accepter un traité de paix avantageux. Les Visigoths conservèrent la Septimanie, dont le territoire étroit s'étendait le long des côtes de la mer, depuis le Rhône jusqu'aux Pyrénées; mais la vaste province d'Aquitaine, depuis ces montagnes jusqu'à la Loire, fut unie indissolublement au royaume de France (2).

*Consulat de Clovis. A. D. 510.*

Après les succès de la guerre des Goths, Clovis

---

berger, l'histoire générale de ses compatriotes les Francs; mais son récit finit à la mort de Clovis.

(1) L'auteur des *Gesta Francorum* affirme positivement que Clovis établit une colonie de Francs dans la Saintonge et dans le Bordelais; et Rorico est, avec raison, de son sentiment : *Electos milites atque fortissimos, cum parvulis atque mulieribus.* Cependant il paraît qu'ils se mêlèrent bientôt avec les Romains de l'Aquitaine, qui en demeurèrent les principaux habitans jusqu'au temps où Charlemagne y conduisit une seconde colonie plus nombreuse. Dubos, *Hist. crit.*; t. II, p. 215.

(2) En écrivant la guerre des Goths, je me suis servi des

accepta les honneurs du consulat romain. L'empereur Anastase décora politiquement de cette dignité le plus puissant rival de Théodoric; cependant, par quelque raison inconnue, le nom de Clovis ne se trouve inscrit ni dans les fastes de l'Orient, ni dans ceux de l'Occident.(1). Au jour fixé pour cette solennité, le monarque de la Gaule plaça dans l'église de Saint-Martin son diadême sur sa tête, et se revêtit d'une tunique et d'un manteau de pourpre. Après cette cérémonie, il se rendit à cheval à la cathédrale

---

matériaux suivans, avec plus ou moins de confiance, eu égard à leurs différens degrés d'autorité. Quatre épîtres de Théodoric, roi d'Italie (Cassiodore, l. III, epist. 1-4, p. 3-5); Procop., de Bell. goth., l. I, c. 12, t. II, p. 32, 33; saint Grégoire de Tours, l. II, c. 35, 36, 37, t. II, p. 181, 183; Jornandès, de Reb. get., c. 58, t. II, p. 28; Fortunatus, in Vit. S. Hilarii, t. III, p. 380; Isidore, in Chron. goth., t. II, p. 702; l'*Abrégé de saint Grégoire de Tours*, t. II, p. 401; l'auteur des *Gesta Francorum*, t. II, p. 553-555; les *Fragm. de Fredeg.*, t. II, p. 463; Aimoin, l. I, c. 20, t. III, p. 41, 42; et Rorico, l. IV, t. III, p. 14-19.

(1) Les fastes de l'Italie pouvaient rejeter le nom d'un consul ennemi de leur souverain; mais toutes les raisons ingénieuses qui pourraient expliquer le silence de Constantinople et de l'Egypte (dans les *Chroniques* de Marcellin et de Paschal) sont détruites par le même silence de Marius, évêque d'Avenche, qui composa ses Fastes dans le royaume de Bourgogne. Si l'autorité de saint Grégoire de Tours était moins respectable ou moins positive (l. II, c. 38, t. II, page 183), je croirais que Clovis reçut, comme Odoacre, le titre et les honneurs permanens de patrice. Pagi, *Critica*, t. II, p. 474-492.

de Tours, semant de sa propre main, dans les rues, des poignées d'or et d'argent, que la populace joyeuse ramassait en répétant à grands cris les noms de *consul* et d'*Auguste*. La dignité consulaire ne pouvait rien ajouter à l'autorité légale ou réelle de Clovis. Ce n'était qu'un titre, une ombre de dignité, une pompe vaine ; et ce brillant office, si le conquérant en eût connu et prétendu exercer les anciennes prérogatives, aurait cessé pour lui à la fin d'une année : mais les Romains aimaient à révérer dans la personne de leur maître ce titre antique que les empereurs ne dédaignaient pas de porter ; le Barbare, en l'acceptant, sembla contracter l'obligation de respecter la majesté de la république, et les successeurs de Théodose, en recherchant son amitié, pardonnèrent tacitement et ratifièrent en quelque façon l'usurpation de la Gaule.

*Établissement de la monarchie française dans la Gaule.*
*A. D. 536.*

Vingt-cinq ans après la mort de Clovis, cette importante concession fut déclarée plus formellement dans un traité entre ses fils et l'empereur Justinien. Les Ostrogoths de l'Italie, ne pouvant défendre leurs acquisitions éloignées, cédèrent aux Francs les villes d'Arles et de Marseille ; d'Arles qui était encore le siége d'un préfet du prétoire, et de Marseille qui jouissait des avantages de la navigation (1) et d'un

---

(1) Sous les rois mérovingiens, Marseille tirait encore de l'Orient du papier, du vin, de l'huile, de la toile, des soieries, des pierres précieuses, des épices, etc. Les Gaulois ou les Francs commerçaient en Syrie, et les Syriens

commerce florissant. L'autorité impériale confirma cette transaction ; et Justinien, en cédant aux Francs la souveraineté des provinces au-delà des Alpes, qu'ils possédaient déjà, dispensa généreusement les provinciaux de leur serment de fidélité, et donna une base plus légitime, mais non pas plus solide, au trône des Mérovingiens (1). Depuis cette époque, ils jouirent du droit de célébrer les jeux du cirque dans la ville d'Arles ; et par un privilége particulier que le roi de Perse lui-même n'avait pû obtenir, la monnaie d'or, frappée à leur coin et à leur image, fût légalement reçue dans toutes les provinces de l'empire (2). Un historien grec de ce temps a loué les

---

s'établissaient dans la Gaule. *Voyez* M. de Guignes, *Mém. de l'Acad.*, t. XXXVII, p. 471-475.

(1) Οὐ γαρ ποτέ ᾤοντο Γαλλιας ξυν τῳ ασφαλει κεκθησθαι φραγγοι, μη του αυτοκρατορος το εργον επισφραγισαντος τουτο γε. Cette déclaration positive de Procope (*de Bell. goth.*, l. III, c. 33, t. II, p. 41) suffirait presque pour justifier l'abbé Dubos.

(2) Les Francs, qui exploitèrent probablement les mines de Trèves, de Lyon et d'Arles, imitèrent la monnaie de l'empire, en faisant d'une livre d'or soixante-douze *solidi* ou pièces. Mais comme les Francs n'établissaient qu'une proportion décuple entre l'or et l'argent, on peut évaluer leur *solidus* d'or à dix schellings : c'était le prix des amendes ordinaires chez les Barbares. Il contenait quarante deniers ou pièces d'argent de dix sous ; douze de ces deniers faisaient un *solidus* ou schelling, la vingtième partie du poids de la livre numérique ou livre d'argent, qui a été si étrangement réduite dans la France moderne. *Voyez* Leblanc, *Traité historique des Monnaies de France*, p. 37-43, etc.

vertus publiques et privées des Francs avec un enthousiasme dont on ne trouve point la justification dans leurs annales (1). Il célèbre leur politesse et leur urbanité, la régularité de leur gouvernement et la pureté de leur religion, et assure hardiment que l'on ne pouvait distinguer ces Barbares des sujets de Rome que par le langage et l'habillement. Peut-être les Francs annonçaient-ils déjà ces dispositions sociales, ces grâces et cette vivacité qui, dans tous les siècles, ont déguisé leurs vices et souvent caché leur mérite réel. Peut-être Agathias et les Grecs furent-ils éblouis par les succès rapides de leurs armes et par l'éclat de leur empire. Depuis la conquête de la Bourgogne, toute la Gaule, en exceptant la province de Septimanie, occupée par les Goths, obéissait aux fils de Clovis. Ils avaient envahi le royaume de Thuringe, et leur puissance indéfinie s'étendait au-delà du Rhin jusque dans le cœur des forêts, leur premier séjour. Les Allemands et les Bavarois, établis dans les provinces romaines de la Rhétie et de la Norique au sud du Danube, se reconnaissaient humblement les vassaux des Francs, et la faible barrière des Alpes était incapable de ré-

---

(1) Agathias, t. II, p. 47. Saint Grégoire de Tours présente un tableau fort différent. Peut-être ne serait-il pas facile de trouver ailleurs, dans l'histoire d'un même espace de temps, plus de vices et moins de vertus; on est continuellement choqué de l'alliage étrange des mœurs sauvages et des mœurs corrompues.

sister à leur ambition. Lorsque celui des fils de Clovis qui survécut à ses frères, réunit l'héritage et les conquêtes des Mérovingiens, son royaume s'étendait de beaucoup par-delà les limites de la France moderne : tels ont été cependant les progrès des arts et de la politique, que la France moderne surpasse de beaucoup en richesse, en puissance et en population, les vastes mais sauvages États de Clotaire et de Dagobert (1).

Les Francs ou Français sont le seul peuple de l'Europe dont l'origine remonte, par une succession suivie, jusqu'aux conquérans de l'empire d'Occident; mais la conquête de la Gaule fut suivie de dix siècles d'ignorance et d'anarchie. A la renaissance des lettres, les étudians qui avaient été formés dans les écoles de Rome ou d'Athènes dédaignèrent leurs ancêtres barbares, et il fallut de grands travaux et beaucoup de temps pour rassembler des matériaux, qui pussent satisfaire ou exciter la curiosité des siècles les plus éclairés (2). Enfin l'œil de la critique et

<small>Controverse politique.</small>

---

(1) M. de Foncemagne a tracé, dans une dissertation correcte et élégante (*Mém. de l'Acad.*, tome VIII, p. 505-528), l'étendue et les limites de la monarchie française.

(2) L'abbé Dubos (*Hist. crit.*, t. 1, p. 29-36) a représenté agréablement et avec vérité le progrès lent de ces études; et il observe que saint Grégoire de Tours ne fut imprimé que vers l'an 1560. Heineccius (*Opéra*, tome III, *Sylloge* 3, p. 248, etc.) se plaint que l'Allemagne recevait avec mépris les codes de lois barbares qui furent publiés par Heroldus et Lindenbrog, etc. Ces mêmes lois, c'est-à-dire celles qui

de la philosophie se dirigea sur les antiquités de la France; mais les philosophes eux-mêmes n'ont pas été exempts de passions et de préjugés. On a témérairement inventé et défendu avec opiniâtreté les systèmes les plus opposés et les plus exclusifs sur la servitude personnelle des Gaulois, ou leur alliance égale et volontaire avec les Francs. Les deux partis se sont accusés mutuellement de conspirer contre les prérogatives de la couronne et la dignité des nobles, ou contre la liberté des peuples. Cependant cette controverse a exercé utilement le génie et l'érudition, et chaque antagoniste, alternativement vainqueur ou vaincu, dissipait quelques anciennes erreurs et établissait quelques vérités intéressantes. Un étranger impartial, instruit par leurs découvertes, par leurs disputes, et même par leurs fautes, peut, avec le secours de ces matériaux, présenter l'état des habitans romains de la Gaule après la conquête de cette contrée par les rois mérovingiens (1).

---

sont relatives à la Gaule, à l'histoire de saint Grégoire de Tours et aux monumens de la race mérovingienne, se trouvent aujourd'hui dans les quatre premiers volumes des *Historiens de France*.

(1) Dans l'espace de trente ans (1728-1765) ce sujet intéressant a exercé l'esprit indépendant du comte de Boulainvilliers (*Mém. histor. sur l'état de la France*, particulièrement t. 1, p. 15-49); l'ingénieuse érudition de l'abbé Dubos (*Hist. crit. de l'établ. de la Monarch. franç. dans les Gaules*, 2 vol. in-4°); le vaste génie du président de Montesquieu (*Esprit des Lois*, particulièrement les 28, 30, 31ᵉ chapitres),

La société humaine, même dans l'état le plus servile où le plus grossier, ne peut subsister sans quelques règles générales et positives. Tacite, dans la simplicité primitive des Germains, avait découvert quelques maximes ou coutumes permanentes relatives à la vie publique et privée, qui se conservèrent par tradition jusqu'au temps où ils acquirent l'usage de l'écriture et de la langue romaine (1). Avant l'élection des rois mérovingiens, la plus puissante nation ou tribu des Francs nomma quatre de ses chefs les plus âgés pour composer les lois saliques (2). Le peuple revit et approuva leurs travaux dans trois assemblées successives. Après avoir reçu le baptême, Clovis réforma différens articles qui paraissaient incompatibles avec le christianisme : ses fils corri-

*Lois des Barbares.*

---

et le bon sens et l'activité soigneuse de l'abbé de Mably (*Observ. sur l'Hist. de France.* 2 vol. in-12).

(1) J'ai tiré de grandes instructions de deux savans ouvrages d'Heineccius, l'*Histoire* et les *Élémens* de la loi germanique. Dans sa judicieuse préface aux Élémens, il examine et tâche d'excuser les défauts de cette jurisprudence barbare.

(2) Il paraît que la loi salique fut originairement rédigée en latin, et composée probablement au commencement du cinquième siècle (A. D. 421.), avant l'époque du règne réel ou fabuleux de Pharamond. La préface cite les quatre cantons qui fournirent les quatre législateurs; et plusieurs provinces, la Franconie, la Saxe, le Hanovre et le Brabant, les ont réclamés comme leur appartenant. *Voyez* une excellente Dissertation d'Heineccius *de Lege Salicâ*, t. III; *sylloge* 3, p. 247-267.

gèrent encore la loi salique; et Dagobert en fit réviser et publier le code dans sa forme actuelle; cent ans après l'établissement de la monarchie française. Vers la même époque, les Ripuaires écrivirent et promulguèrent leurs coutumes. Charlemagne lui-même, le législateur de son pays et de son siècle, avait étudié avec attention les *deux* lois nationales toujours en vigueur parmi les Francs (1). La sollicitude des rois mérovingiens s'étendit aussi sur les peuples tributaires. Ce fut par leurs soins que furent rédigées les institutions grossières des Allemands et des Bavarois, et ce fut leur autorité qui les ratifia. Les Visigoths et les Bourguignons, dont les conquêtes dans la Gaule précédèrent celles des Francs, se montrèrent moins empressés de jouir de l'avantage le plus important que procure la civilisation. Euric fut le premier roi des Goths qui fixa par écrit les lois et les usages de son peuple, et la composition du code des Bourguignons fut une mesure de politique plutôt que de justice. Ils sentirent la nécessité d'adoucir la situation de leurs sujets gaulois et de regagner leur affection (2). Ainsi, par un con-

---

(1) Éginhard, *in Vit. Caroli magni*, c. 29, t. v, p. 100. Par ces deux lois, la plupart des critiques entendent la salique et la ripuaire; la première s'étendait à tout le pays depuis la forêt Carbonaire jusqu'à la Loire (t. IV, p. 151), et l'autre était en vigueur depuis cette même forêt jusqu'au Rhin (t. IV, p. 222).

(2) Consultez les préfaces anciennes et modernes des

cours de circonstances extraordinaires, les Germains formèrent leurs simples institutions dans un temps où le système compliqué de la jurisprudence romaine était arrivé à sa dernière perfection. On peut, dans les lois saliques et les Pandectes de Justinien, comparer ensemble les premiers élémens de la vie sociale et la pleine maturité de la sagesse civile; et quels que soient les préjugés en faveur des Barbares, la réflexion accordera toujours aux Romains les avantages, non-seulement de la science et de la raison, mais aussi de la justice et de l'humanité. Cependant les lois des Barbares étaient adaptées à leurs besoins et à leurs désirs, à leurs occupations et à leur intelligence; elles tendaient toutes à maintenir la paix, et à perfectionner la société à l'usage de laquelle on les avait originairement destinées. Au lieu d'imposer une règle de conduite uniforme à tous leurs sujets, les princes mérovingiens permettaient à chaque peuple, à chaque famille de leur empire, de conserver librement ses institutions domestiques (1); et les

---

différens codes, dans le quatrième volume des *Historiens de France*. Le prologue à la loi salique, quoique dans un idiome étranger, peint plus fortement le caractère des Francs que les dix livres de saint Grégoire de Tours.

(1) La loi ripuaire déclare et explique cette indulgence en faveur du plaignant, tit. 31; t. IV, p. 240; et la même tolérance est exprimée ou sous-entendue dans tous les codes, excepté dans celui des Visigoths d'Espagne. *Tanta diversitas legum*, dit Agobard dans le neuvième siècle, *quanta non solum in regionibus aut civitatibus, sed etiam in multis*

Romains n'étaient point exclus de cette tolérance légale (1). Les enfans suivaient la *loi* de leurs parens ; la femme, celle de son mari ; l'affranchi, celle de son patron ; et dans toutes les causes où les parties appartenaient à une nation différente, le plaignant ou accusateur était forcé de plaider devant le tribunal du défendeur, qui avait toujours pour lui la présomption du droit et de l'innocence. On poussa plus loin l'indulgence, s'il est vrai que chaque citoyen fut libre de déclarer, en présence du juge, la loi sous laquelle il préférait de vivre et la société nationale à laquelle il désirait appartenir. Cette liberté aurait anéanti les avantages de la victoire ; et les habitans romains devaient supporter patiemment les désagrémens de leur situation, puisqu'il dépendait d'eux de jouir des priviléges des Barbares, s'ils avaient le courage d'en adopter les habitudes guerrières (2).

---

*domibus habetur. Nam plerumque contingit ut simul eant aut sedeant quinque homines, et nullus eorum communem legem cum altero habeat.* (T. VI, p. 356.) Il fait la proposition insensée d'introduire l'uniformité de loi comme de religion.

(1) *Inter Romanos negotia causarum romanis legibus præcipimus terminari.* Telles sont les expressions de la constitution générale promulguée par Clotaire, fils de Clovis, et seul monarque des Francs (t. IV, p. 116), vers l'an 560.

(2) M. de Montesquieu (*Esprit des Lois*, l. XXVIII, 2) s'est habilement fondé sur une constitution de Lothaire 1er, pour prouver cette liberté du choix. (*Leg. Longobard.* l. II, tit. 57, du *Code de Lindenbrog*, p. 664.) Mais cet exemple est trop récent ou trop partiel. D'après une variante de la loi salique (tit. 44, n° 45), l'abbé de Mably a conjecturé que

Lorsque la loi condamne irrémissiblement le meurtrier à la mort, chaque citoyen considère la loi, le magistrat et le gouvernement, comme les garans de sa sûreté personnelle; mais dans la société licencieuse des Germains, la vengeance était toujours honorable et souvent méritoire. Chaque guerrier indépendant châtiait de sa propre main celui dont il avait à se plaindre ou qu'il avait lui-même offensé, sans craindre d'autre danger que le ressentiment des fils ou des parens de l'ennemi qu'il avait sacrifié à son intérêt ou à son inimitié. Le magistrat sans autorité, n'osant entreprendre de punir, tâchait de réconcilier, et se trouvait heureux lorsqu'il pouvait obtenir du meurtrier et faire accepter à l'offensé la somme modérée qui avait été fixée pour le prix du sang (1). Le caractère fougueux et indocile des Francs ne se

*L'homicide expié par une amende pécuniaire.*

---

les Barbares eurent d'abord seuls le droit de suivre la loi salique, et qu'insensiblement il devint commun à tous; et par conséquent aux Romains. Je suis fâché de contrarier cette ingénieuse conjecture, en observant que le sens est exprimé strictement dans la copie corrigée du temps de Charlemagne par le mot *Barbarum*, et qu'il est confirmé par le manuscrit royal, et celui de Wolfenbuttel. L'interprétation plus vague d'*hominem* n'est autorisée que par le manuscrit de Fulde, d'après lequel Heroldus publia son édition. *Voyez* les quatre textes originaux de la loi salique, t. IV, p. 147, 173, 196, 200.

(1) Dans les temps héroïques de la Grèce, le meurtre s'expiait par une satisfaction pécuniaire offerte aux parens du mort. (Feithius; *Antiquit. Homeric.*, l. II, c. 8.) Heineccius, dans sa Préface aux Élémens de la loi germanique, observe,

ne se serait point soumis à une sentence plus rigoureuse ; et, par une suite de ce même caractère, de si légères punitions n'étaient pas susceptibles de les arrêter. Lorsque le luxe de la Gaule eut corrompu la simplicité de leurs mœurs, la tranquillité publique fut continuellement troublée par des actes de violence et par des crimes prémédités. Dans tous les gouvernemens équitables, la même peine est infligée ou du moins imposée pour le meurtre d'un prince et celui d'un paysan ; mais l'inégalité établie par les Francs dans leur procédure criminelle fut la dernière insulte et le plus cruel abus de la victoire (1). Ils prononcèrent dans le calme de la réflexion et arrêtèrent légalement que la vie d'un Romain était moins précieuse que celle d'un Barbare. L'*antrustion* (2), dont le nom annonçait la naissance ou la

---

en faveur de cette loi, qu'à Rome et à Athènes l'homicide n'était puni que de l'exil. Le fait est vrai ; mais l'exil était une peine capitale pour un citoyen de Rome et d'Athènes.

(1) Cette proportion est fixée dans la loi salique, tit. 44, t. IV, p. 147; et dans la ripuaire, tit. 7, 11, 36; t. IV, p. 237; mais la dernière n'observe aucune différence entre les Romains de toutes les classes. Cependant l'ordre du clergé est placé au-dessus des Francs eux-mêmes, et les Bourguignons, conjointement avec les Allemands, entre les Francs et les Romains.

(2) Les *Antrustiones, qui in truste dominicâ sunt, leudi, fideles*, représentent évidemment la première classe des Francs ; mais on ne sait si leur dignité était personnelle ou héréditaire. L'abbé de Mably (tome 1, p. 334-347) paraît prendre plaisir à mortifier l'orgueil des nobles (*Esprit*,

dignité la plus illustre parmi les Francs, était apprécié à la somme de six cents pièces d'or ; tandis que la somme de trois cents pièces était la compensation légale du meurtre d'un noble romain que les rois admettaient à leur table; deux cents pièces expiaient le meurtre d'un simple Franc; mais la vie d'un Romain des dernières classes, estimée au prix de cent ou même de cinquante pièces, était peu garantie par cette déshonorante compensation. Si l'équité ou la raison avaient pu se faire entendre dans la composition de ces lois, la protection publique aurait augmenté en proportion de la faiblesse et du danger des citoyens; mais le législateur pesait dans la balance de la politique, et non de la justice, la perte d'un guerrier et celle d'un esclave. La tête d'un Barbare avide et arrogant était assurée par une amende considérable, tandis que la vie d'un sujet faible et pacifique n'obtenait qu'une faible protection. Après un certain temps, les vaincus devinrent moins dociles et les vainqueurs moins orgueilleux. L'expérience apprit aux plus fiers d'entre eux que l'impunité dont ils profitaient quelquefois, les exposait à plus de dangers qu'ils n'en pouvaient faire courir aux autres. A mesure que les Francs devinrent moins féroces, leurs lois devinrent plus sévères, et les rois mérovingiens essayèrent d'introduire dans leurs États la rigueur impartiale des Visigoths et des Bourgui-

---

1. xxx, c. 25), en datant l'origine de la noblesse française du règne de Clotaire II, A. D. 615.

gnons (1). Sous le règne de Charlemagne, le meurtre fut universellement puni de mort, et les peines capitales se multiplièrent depuis plus que suffisamment dans la jurisprudence de l'Europe moderne (2).

<small>Jugemens de Dieu.</small>

Les Francs réunirent les professions civiles et militaires que Constantin avait séparées. On substitua les titres latins de ducs, de comtes et de préfets, aux dénominations barbares de la langue teutonique; et le même officier fut chargé, dans son district, du commandement des troupes et de l'administration de la justice (3); mais l'office de juge, qui demande

---

(1) *Voyez* les *Lois bourguignonnes*, tit. 2, t. IV, p. 257; le *Code des Visigoths*, l. VI, tit. 5, t. IV, p. 384; et la *Constitution de Childebert*, non pas de Paris, mais très-évidemment d'Austrasie, t. IV, p. 112. Leur sévérité prématurée fut quelquefois imprudente et excessive. Childebert condamnait non-seulement les assassins, mais les voleurs: *Quomodo sine lege involavit, sine lege moriatur*; et le juge négligent se trouvait enveloppé dans la même sentence. Les Visigoths abandonnaient un chirurgien qui n'avait pu guérir son malade, aux parens du défunt, *ut quod de eo facere voluerint habeant potestatem* (l. XI, tit. 1, t. IV, p. 435).

(2) *Voyez*, dans le sixième volume des OEuvres d'Heineccius, *Elementa juris german.*, l. II, p. 2, n$^{os}$ 261, 262, 280, 283. Cependant l'on trouve dans la Germanie, jusqu'au seizième siècle, des traces de la composition pécuniaire pour le meurtre.

(3) Heineccius (*Elementa jur. germanic.*) a traité fort en détail des juges de la Germanie et de leur juridiction (l. III, n$^{os}$ 1-72). Je n'ai trouvé aucune preuve qui m'autorise à

toutes les lumières d'un esprit philosophique cultivé avec soin par l'étude et l'expérience, se trouvait rarement bien placé entre les mains de ces chefs ignorans et barbares, et leur ignorance les força de recourir à quelque méthode simple qui pût leur faire distinguer visiblement le bon droit. Dans tous les temps et dans toutes les religions, on a eu recours à la Divinité pour confirmer la vérité et punir les témoignages mensongers; mais la simplicité des législateurs germains abusa de ce puissant moyen. L'accusé passait pour justifié, lorsqu'un certain nombre de témoins assuraient devant le tribunal qu'ils étaient sûrs ou même persuadés de son innocence. Plus l'accusation était grave, et plus il fallait, pour s'en laver, de témoins à décharge. Il fallait soixante-douze voix pour disculper un incendiaire ou un assassin; et, dans une circonstance où la chasteté d'une reine de France parut suspecte, trois cents nobles jurèrent galamment, sans hésiter, que l'enfant dont elle était accouchée appartenait légitimement au défunt Chilpéric (1). La fréquence et le scandale des parjures manifestes qu'occasionait cette sorte de

---

croire que, sous les rois mérovingiens, les *scabini* ou assesseurs fussent choisis par le peuple.

(1) Saint Grégoire de Tours, l. VIII, c. 9; t. II; p. 316. Montesquieu observe (*Esprit des Lois*, l. XXVIII, c. 13) que la loi salique n'admettait point les preuves négatives si universellement établies dans les codes des Barbares : cependant cette concubine obscure, Frédégonde, qui devint la femme du petit-fils de Clovis, suivait sans doute la loi salique.

jugement, déterminèrent les magistrats à éloigner une tentation si dangereuse, et à suppléer à l'incertitude des témoignages par les fameuses épreuves du feu et de l'eau. Ces étranges procédures étaient si arbitrairement combinées, que, dans beaucoup d'occasions, le crime, et dans d'autres, l'innocence, ne pouvait se découvrir sans le secours d'un miracle. La fraude et la crédulité y pourvurent bientôt. Les causes les plus obscures se décidaient par cette méthode facile et jugée infaillible; et les Barbares indociles, qui auraient dédaigné la sentence d'un magistrat, se soumettaient sans murmure au jugement du ciel (1).

Combats singuliers. Mais les épreuves du combat singulier obtinrent bientôt une confiance et une autorité supérieures chez un peuple qui ne croyait pas que l'homme vaillant pût mériter une punition, et que le lâche méritât de vivre (2). En matières civiles et criminelles, le plaignant ou accusateur, le défendeur et même le

---

(1) Muratori, dans les *Antiquités d'Italie*, a donné deux dissertations (38, 39) sur les *jugemens de Dieu*. On supposait que le *feu* ne brûlerait point l'innocent, et que la pureté de l'*eau* ne lui permettrait point d'admettre un coupable dans son sein.

(2) Montesquieu (*Esprit des Lois*, l. xxviii, c. 17) a entrepris d'expliquer et d'excuser *la manière de penser de nos pères* au sujet des combats judiciaires. Il suit cette étrange institution depuis le siècle de Gondebaut jusqu'à celui de saint Louis, et l'antiquaire jurisconsulte oublie quelquefois la philosophie.

témoin, étaient exposés à recevoir un défi à mort de l'adversaire qui n'avait point de preuves légales à offrir; et ils étaient forcés ou d'abandonner leur cause, ou de soutenir publiquement leur honneur en champ clos. Ils combattaient à pied ou à cheval, selon l'usage de leur nation (1). La lance ou l'épée décidait la question, et l'événement du combat entraînait la sanction du ciel, du magistrat et du peuple. Les Bourguignons introduisirent dans la Gaule cette loi sanguinaire; et Gondebaut (2), leur législateur, daigna répondre aux plaintes et aux objections d'Avitus, son sujet. « N'est-il pas vrai, dit le roi de Bourgogne au prélat, que Dieu dirige l'événement des guerres nationales et des combats particuliers; et qu'il accorde la victoire au parti le plus juste? » A l'aide de ces argumens spécieux, l'usage absurde

---

(1) Dans un duel mémorable à Aix-la-Chapelle, A. D. 820, en présence de l'empereur Louis le Débonnaire, son biographe observe, *secundum legem propriam, utpote quia uterque Gothus erat, equestri pugnâ congressus est*. (Vit. Lud. Pii, c. 33, t. VI, p. 103.) Ermoldus-Nigellus (l. III, 543-628, t. VI, p. 48-50), qui décrit le duel, admire *ars nova* de combattre à cheval, inconnue jusqu'alors aux Francs.

(2) Dans son édit publié à Lyon, A. D. 501, et qui subsiste en original, Gondebaut établit et justifie l'usage du combat judiciaire. (*Leg. Burgund.*, tit. 45, t. II, p. 267, 268.) Trois cents ans après, Agobard, évêque de Lyon, sollicita Louis le Débonnaire d'abolir la loi du tyran arien (t. VI, p. 356-358). Il raconte la conversation de Gondebaut et d'Avitus.

et barbare des duels judiciaires, pratiqués originairement par quelques tribus sauvages de la Germanie, s'introduisit et s'établit dans toutes les monarchies de l'Europe depuis la Sicile jusqu'à la mer Baltique. Après un intervalle de dix siècles, le règne de la violence légale n'était pas encore totalement anéanti ; et les censures inutiles des saints, des papes et des synodes, semblent prouver que l'influence de la superstition s'affaiblit lorsque, contre les lois de la nature, elle s'associe à la raison et à l'humanité. Les tribunaux furent teints du sang de citoyens peut-être innocens et même respectables ; la loi, qui favorise aujourd'hui l'opulence, cédait alors à la force ; les vieillards, les faibles et les infirmes, étaient contraints d'abandonner leurs droits évidens et leurs possessions, ou de s'exposer aux dangers d'un combat inégal (1), ou bien de confier la défense de leur fortune, de leur honneur et de leur vie, au zèle suspect d'un champion mercenaire. Ceux des anciens habitans de la Gaule, qui se plaignaient d'avoir été lésés dans leur personne ou dans leur fortune, furent soumis à cette tyrannique jurisprudence. Quels que fussent en général la force et le courage des par-

---

(1). *Accidit*, dit Agobard, *ut non solum valentes viribus, sed etiam infirmi et senes lacessantur ad pugnam, etiam pro vilissimis rebus. Quibus foralibus certaminibus contingunt homicidia injusta, et crudeles ac perversi eventus judiciorum.* Il supprime adroitement le privilége de louer ou de payer un champion.

ticuliers, les conquérans barbares excellaient dans l'exercice des armes, dont ils faisaient leur plaisir et leur unique occupation ; et il était injuste de faire répéter au Romain une épreuve personnelle et sanglante, suffisamment décidée par le sort de toute la nation (1).

Une armée de cent vingt mille Germains avait anciennement passé le Rhin sous la conduite d'Arioviste ; ils s'étaient partagé le tiers des terres fertiles occupées par les Séquanais, et le conquérant exigea bientôt l'abandon d'un second tiers, pour le distribuer à une nouvelle colonie composée de vingt-quatre mille Barbares qui venaient, à sa sollicitation, partager les richesses de la Gaule (2). Cinq cents ans après, les Visigoths et les Bourguignons, qui vengèrent la défaite d'Arioviste, exigèrent aussi la concession des deux tiers des terres de leur conquête ; mais cette distribution, au lieu de s'étendre à toute

Partage des terres entre les Barbares.

---

(1) Montesquieu (*Esprit des Lois*, XXVIII, c. 14), qui comprend pourquoi le duel judiciaire fut admis par les Bourguignons, les Ripuaires, les Allemands, les Bavarois, les Lombards, les Thuringiens, les Frisons et les Saxons, assure, et Agobard semble confirmer cette assertion, que le combat n'était point autorisé par la loi salique. Cependant cet usage, au moins dans le cas de trahison, est cité par Ermoldus-Nigellus (l. III, 543, t. VI, p. 48); et par le biographe anonyme de Louis le Débonnaire (c. 46, t. VI, p. 112), comme *mos antiquus Francorum, more Francis solito*. Ces expressions sont trop générales pour exclure la plus noble de leurs tribus.

(2) César, *de Bell. gall.*, l. I, c. 31, t. I, p. 213.

la province, n'eût lieu probablement que dans les districts particuliers qui furent choisis par le peuple victorieux ou par la politique de son général. Dans ces districts, chaque Barbare était attaché par les liens de l'hospitalité à quelque Romain obligé d'abandonner à cet hôte fâcheux les deux tiers de son patrimoine; mais le Germain pâtre ou chasseur pouvait se contenter d'un grand bois ou d'une vaste pâture, et céder la portion la moins étendue, mais la plus précieuse, à l'industrie du laboureur (1). Le défaut de titres anciens et authentiques autorise à croire que les Francs ne modérèrent ni ne déguisèrent leurs usurpations par aucune formalité légale de partage; qu'ils se répandirent dans les provinces de la Gaule au gré de leur caprice, et que chacun de ces brigands victorieux mesurait ses nouvelles possessions avec son épée, à raison de ses besoins, de ses forces ou de son avidité. Les Barbares qui se trouvaient éloignés de leur maître pouvaient exercer ces vexations arbi-

---

(1) Le président de Montesquieu a expliqué savamment (*Esprit des Lois*, l. xxx, c. 7, 8, 9) les allusions obscures qui se trouvent dans les lois des Bourguignons (tit. 54, n°s 1, 2; t. IV, p. 271, 272), et des Visigoths (l. x, tit. 1, n°s 8, 9, 16; t. IV, p. 428, 429, 430), relativement au partage des terres. J'ajouterai seulement que parmi les Goths le partage semble avoir été constaté par le jugement des voisins; que les Barbares s'emparaient souvent du tiers restant, et que les Romains alors pouvaient réclamer leur droit en justice, à moins qu'il n'y eût une prescription de cinquante ans.

traires ; mais la politique ferme et habile de Clovis dut réprimer cette licence qui, en aggravant la misère des vaincus, tendait à détruire la discipline et l'union des vainqueurs. Le fameux vase de Soissons est un garant et un monument de la régularité que Clovis observait dans la distribution des dépouilles. Son devoir et son intérêt l'obligeaient de pourvoir aux récompenses d'une armée victorieuse et à l'établissement d'un peuple nombreux, sans exercer une tyrannie atroce et inutile contre les catholiques de la Gaule qui lui étaient affectionnés. L'acquisition légitime du patrimoine impérial, des terres vacantes et des usurpations des Goths, diminuait la nécessité des confiscations, et les humbles habitans devaient supporter plus patiemment leurs pertes lorsqu'ils voyaient distribuer leurs dépouilles avec égalité (1).

La richesse des princes mérovingiens consistait dans l'étendue de leurs domaines. Après avoir conquis la Gaule, ils conservèrent la simplicité rustique de leurs ancêtres. Les villes dépeuplées tombaient en ruines ; et leurs monnaies, leurs chartres et leurs synodes, portent le nom de quelqu'une des maisons

Domaines et bénéfices des Mérovingiens.

(1) Il est assez singulier que le président de Montesquieu (*Esprit des Lois*, l. xxx, c. 7) et l'abbé de Mably (*Observat.*, t. 1, p. 21, 22) adoptent l'un et l'autre l'étrange supposition d'une rapine arbitraire. A travers son ignorance et ses préjugés, le comte de Boulainvilliers (*État de la France*, t. 1, p. 22, 23) laisse entrevoir une grande force de jugement.

de campagne ou des palais agrestes qu'ils habitaient successivement. On comptait dans les différentes provinces qui composaient le royaume, cent soixante de ces habitations appelées *palais*, nom auquel il faut se garder, dans cette occasion, d'attacher aucune idée de luxe ou d'élégance. Quelques-uns pouvaient être honorés du titre de forteresses; mais la plupart n'étaient que de riches fermes environnées de basses-cours et d'étables pour nourrir des volailles et enclore des troupeaux. Les jardins ne contenaient que des végétaux utiles; et des mains serviles exerçaient divers commerces, les travaux de l'agriculture et même la pêche et la chasse, au profit du souverain. Leurs magasins étaient remplis de blés et de vins; ils vendaient le surplus de leur consommation; et toute l'administration se conduisait d'après les plus sévères maximes de l'économie domestique (1). Ces vastes domaines fournissaient à l'abondance de la table hospitalière de Clovis et de ses successeurs, et leur donnaient les moyens de récompenser la fidélité des braves compagnons attachés, en paix comme

---

(1) *Voyez* l'édit ou plutôt le code rustique de Charlemagne, qui contient soixante-dix réglemens (t. v, p. 652–657). Il exige le compte des cornes et des peaux de ses chèvres; il permet que l'on vende son poisson, et ordonne soigneusement qu'on nourrisse dans chacun de ses plus grands manoirs, *capitaneæ*, cent poules et trente oies, et dans les plus petits, *mansionales*, cinquante poules et douze oies. Mabillon (*de Re diplomaticâ*) a fait connaître les noms, le nombre et la situation des manoirs mérovingiens.

en guerre, à leur service personnel. Au lieu d'un cheval ou d'une armure, chaque compagnon recevait, à raison de son rang, de son mérite ou de la faveur du prince, un *bénéfice*, nom primitif des possessions féodales, et qui désignait leur forme la plus simple. Le souverain pouvait toujours le reprendre, et ses faibles prérogatives tiraient leur plus grande force de l'influence que lui donnait sa libéralité ; mais les nobles indépendans et avides abolirent insensiblement cette sorte de vassalité, et usurpèrent la propriété héréditaire des bénéfices (1). Cette révolution fut avantageuse à l'agriculture, qui avait été négligée par des maîtres incertains de la durée de leur jouissance (2). Indépendamment de ces bénéfices royaux, une grande partie des terres de la Gaule étaient divisées en *saliques* et *allodiales*; les unes et les autres exemptes de tout tribut; les terres saliques se partageaient en portions

---

(1) D'après un passage de la loi des Bourguignons (t. 1.7 n° 4, tome IV, p. 257), il est évident qu'un fils qui s'en montrait digne, pouvait espérer de conserver les terres que son père tenait de la libéralité de Gondebaut. Il y a lieu de croire que les Bourguignons s'attachèrent à maintenir ce privilége, et que leur exemple encouragea les bénéficiers de France.

(2) L'abbé de Mably a soigneusement établi les différentes révolutions des fiefs et des bénéfices, et sa distinction des temps lui donne à cet égard une supériorité à laquelle Montesquieu lui-même n'a point atteint.

égales entre les descendans mâles des Francs (1).

<small>Usurpations particulières.</small>

Durant les discordes sanglantes et ensuite dans le tranquille déclin de la race mérovingienne, un nouvel ordre de tyrans parut dans les provinces : sous la dénomination de *seniores* ou seigneurs, ils usurpèrent le droit de gouverner les habitans de leur territoire particulier, et en abusèrent pour les opprimer. La résistance d'un égal pouvait restreindre quelquefois leur ambition ; mais les lois étaient sans vigueur, et les Barbares impies, qui ne craignaient point de provoquer la vengeance d'un saint ou d'un évêque (2), respectaient rarement les bornes territoriales d'un voisin laïque et sans défense. Les droits de la nature, que la jurisprudence romaine (3) avait toujours considérés comme étant communs à tous les hommes, perdirent beaucoup de leur extension sous les conquérans germains, tyranniquement jaloux de la chasse qu'ils aimaient avec passion. L'empire général

---

(1) *Voyez* la loi salique, tit. 62, t. IV, p. 156. L'origine et la nature de ces terres saliques, parfaitement connues dans les temps d'ignorance, embarrassent aujourd'hui nos critiques les plus instruits et les plus intelligens.

(2) Une grande partie des deux cent six miracles de saint Martin de Tours furent destinés à punir les sacriléges (saint Grégoire de Tours, *in maximâ Bibliothecâ Patrum*, t. XI, p. 896-932). *Audite hæc omnes*, s'écrie l'évêque de Tours, *potestatem habentes*, après avoir raconté comment quelques chevaux qu'on avait fait entrer dans une prairie appartenant à l'église, étaient devenus enragés.

(3) Heineccius, *Elem. jur. Germ.*, l. II, p. 1, n° 8.

que l'homme s'est arrogé sur les sauvages habitans de la terre, de l'air et des eaux, n'appartenait qu'à quelques individus fortunés de l'espèce humaine. De vastes forêts reparurent sur la surface de la Gaule, et les animaux, réservés pour l'usage ou le plaisir du seigneur oisif, pouvaient ravager impunément les champs de ses industrieux vassaux. La chasse devint le privilége sacré des nobles et de leurs domestiques. La loi les autorisait à punir d'un certain nombre de coups de bâton ou à emprisonner les plébéiens assez hardis pour partager leurs plaisirs (1); et, dans un siècle qui admettait une faible rétribution pécuniaire comme une compensation pour le meurtre d'un citoyen, c'était un crime capital de tuer un cerf ou un taureau sauvage dans l'enceinte des forêts royales. (2).

Selon les anciennes lois de la guerre, le vain-

*Servitude personnelle.*

---

(1) Jonas, évêque d'Orléans, A. D. 821-826. Cave (*Hist. litteraria*, p. 443) blâme la tyrannie légale des nobles. *Pro feris, quas cura hominum non aluit, sed Deus in commune mortalibus ad utendum concessit, pauperes à potentioribus spoliantur, flagellantur, ergastulis detruduntur et multa alia patiuntur. Hoc enim qui faciunt,* lege mundi *se facere justè posse contendant.* De Instit. laïcorum, l. II, c. 23, ap. Thomassin, *Discipline de l'Église*, t. III, p. 1348.

(2) Sur un simple soupçon, Chundo, chambellan de Gontran, roi de Bourgogne, fut lapidé. (Saint Grégoire de Tours, l. x, c. 10; t. II, p. 369.) Jean de Salisbury (*Polycrat.*, l. 1, c. 4) réclame les droits de la nature, et se récrie contre la pratique cruelle du douzième siècle. *Voyez* Heineccius, *Element. jur. Germ.*, t. II, p. 1, n°s 51-57.

queur devenait le maître légitime et absolu de l'ennemi qu'il avait vaincu et auquel il avait accordé la vie (1). Les hostilités perpétuelles des Barbares indépendans renouvelèrent et multiplièrent les sources lucratives de l'esclavage, qu'avait presque totalement détruites le paisible gouvernement de Rome. Au retour d'une expédition heureuse, le Goth, le Bourguignon ou le Franc, traînait après lui une longue suite de bœufs, de moutons, de femmes et d'hommes, qu'il traitait tous avec le même mépris ou la même brutalité. Il réservait pour son service personnel les jeunes gens des deux sexes qui se faisaient remarquer par leurs agrémens, et qui, dans cette situation douteuse, se trouvaient alternativement exposés au malheur de plaire ou de déplaire à des maîtres impétueux et despotiques. Les ouvriers de toute espèce (forgerons, charpentiers, tailleurs, cordonniers, cuisiniers, jardiniers, teinturiers, ouvriers en or et argent) travaillaient de leur métier pour l'usage ou au profit de leur maître ; et il condamnait, sans égard pour leur rang, les captifs romains qui n'avaient point

---

(1) L'usage de faire esclaves les prisonniers de guerre, fut tout-à-fait aboli dans le treizième siècle par l'influence bienfaisante du christianisme. Mais on peut prouver, par un grand nombre de passages de saint Grégoire de Tours, qu'on le pratiquait sous les rois mérovingiens sans encourir de censure. Grotius lui-même (*de Jure Belli et Pacis*, l. III, c. 7), et Barbeyrac, son commentateur, ont tâché de prouver qu'il ne blessait ni les lois de la raison ni celles de la nature.

d'industrie, à soigner ses troupeaux ou à travailler dans ses terres. De nouvelles recrues augmentaient perpétuellement le nombre des serfs attachés de père en fils à chaque terre, et ces malheureux, selon le caractère ou la situation de leur maître, se trouvaient quelquefois momentanément élevés à une condition meilleure, et le plus souvent accablés sous le poids d'un despotisme capricieux. Les possesseurs de terres avaient sur leurs serfs le droit absolu de vie et de mort (1); et lorsqu'un seigneur mariait sa fille, il lui donnait pour présent de noces un certain nombre d'esclaves utiles qui la suivaient dans un pays éloigné, enchaînés sur ses chariots de peur qu'ils ne s'échappassent (2). La majesté des lois romaines protégeait la liberté du citoyen contre les effets du malheur et de son propre désespoir; mais les sujets des rois mérovingiens pouvaient vendre leur liberté personnelle; les exemples de cette aliénation étaient communs et habituels, et l'acte par lequel se consommait ce suicide légal, est énoncé dans les termes les plus affligeans et les plus

---

(1) On trouve un détail de l'état et des professions des esclaves germains, italiens et gaulois, dans Heineccius, *Elem. jur. Germ.*, l. 1, nos 28-47; Muratori, *Dissertations* 14, 15; Ducange, *Gloss.* sub voce *Servi*; et l'abbé de Mably, *Observat.*, t. II, part. III, etc. ; p. 237, etc.

(2) Saint Grég. de Tours (l. VI, c. 45, t. II, p. 289.) cite un exemple mémorable dans lequel Chilpéric ne fit, selon lui, qu'*abuser* des droits de maître. Il fit transporter de force en Espagne plusieurs familles qui appartenaient à ses *domus fiscales*, situées dans les environs de Paris.

honteux pour la dignité de la nature humaine (1). L'exemple des pauvres qui, pour obtenir le soutien de leur vie, sacrifiaient ce que la vie offre de plus précieux, fut insensiblement imité par les faibles et par les dévots. Dans les temps de troubles, ils couraient lâchement s'enfermer dans la forteresse d'un chef puissant, ou autour de la châsse de quelque saint révéré. Les patrons spirituels ou temporels recevaient leur soumission, et une transaction précipitée fixait irrévocablement leur condition et celle de leur dernière postérité. Depuis le règne de Clovis, les lois et les mœurs de la Gaule tendirent, durant cinq siècles consécutifs, à étendre la servitude personnelle et à en assurer la durée. Le temps et la violence effacèrent presque entièrement tous les rangs intermédiaires de la société, et ne laissèrent entre le noble et l'esclave qu'un espace rempli par un petit nombre d'hommes obscurs. L'orgueil et les préjugés ont converti cette division arbitraire et peu ancienne en une distinction nationale établie universellement par les armes et par les lois des Mérovingiens. Les nobles, qui prétendaient, à tort ou à raison, tirer leur origine des Francs indépendans et victorieux, usèrent et abusè-

---

(1) *Licentiam habeatis mihi qualemcunque volueritis disciplinam ponere, vel venumdare, aut quod vobis placuerit de me facere.* (Marculf., *Formul.*, l. II, 28; t. IV, p. 497.) La formule de Lindenbrog (p. 559) et celle d'Anjou (p. 565) servaient au même objet. Saint Grégoire de Tours (l. VII, c. 45, t. II, p. 311) parle de plusieurs personnes qui se vendirent pour obtenir du pain dans un temps de famine.

rent de l'incontestable droit de la conquête sur une foule d'esclaves et de plébéiens auxquels ils imputaient l'ignominie imaginaire d'une extraction romaine ou gauloise.

L'exemple particulier d'une province, d'un diocèse ou d'une famille sénatoriale, pourra donner une idée de l'état général et des révolutions de la France, qu'on appela ainsi du nom de ses conquérans. L'Auvergne avait anciennement, et à juste titre, tenu un rang distingué parmi les provinces indépendantes de la Gaule; ses braves et nombreux habitans conservaient précieusement, comme un trophée, l'épée de César, échappée de ses mains au moment où il fut repoussé devant les murs de Gergovie (1). Comme descendans des Troyens, ils prétendaient à l'alliance fraternelle des Romains (2); et si toutes les provinces eussent imité le courage et la loyauté de l'Auvergne, elles auraient empêché ou au moins différé la chute de l'empire d'Occident. Les Auvergnats conservèrent fidèle-

Exemple de l'Auvergne.

---

(1) Lorsque César la vit, il se mit à rire. (Plutarque, *in Cæsar.*, t. 1, p. 409.) Cependant il raconte l'événement du siége de Gergovie avec moins de franchise qu'on n'aurait droit d'en attendre d'un héros accoutumé à la victoire; mais il avoue qu'il perdit à une seule attaque sept cents soldats et quarante-six centurions. *De Bell. gallic.*, l. VI, c. 44-53; t. 1, p. 270-272.

(2) *Audebant se quondam fratres Latio dicere, et sanguine ab Iliaco populos computare.* (Sidon.-Apollin., l. VII, épît. 7, t. 1, p. 799.) Je ne suis point instruit des degrés ou des circonstances de cette fabuleuse parenté.

ment aux Visigoths la foi qu'ils leur avaient jurée avec répugnance ; mais leur plus brave jeunesse ayant succombé à la bataille de Poitiers, ils acceptèrent sans résistance un prince catholique pour leur souverain. Théodoric, roi d'Austrasie et fils aîné de Clovis, acheva cette conquête facile et importante, qui devint une partie de ses États ; mais elle s'en trouvait séparée par les royaumes intermédiaires de Paris, d'Orléans et de Soissons, qui composaient, à la mort de son père, l'héritage de ses trois frères. Le voisinage et la beauté de l'Auvergne tentèrent Childebert, roi de Paris (1). La Haute-Auvergne, qui s'étend au sud jusqu'aux montagnes des Cévennes, offrait une riche perspective de bois et de pâturages ; les flancs des montagnes formaient des coteaux de vignes, et chaque coteau était couronné d'un manoir ou château. Dans la Basse-Auvergne, l'Allier traverse la vaste plaine de la Limagne, et la fertilité inépuisable du sol fournissait et fournit encore tous les ans des moissons abondantes sans aucun intervalle de repos (2).

---

(1) Dans le premier ou dans le second partage des fils de Clovis, Childebert avait eu le Berry. (Saint Grégoire de Tours, l. III, c. 12, t. II, p. 192.) *Velim*, dit-il, *Arvernam Lemanem, quæ tantâ jucunditatis graciâ refulgere dicitur, oculis cernere* (l. III, c. 9, p. 191). Un brouillard épais cachait la vue du pays, lorsque le roi de Paris fit son entrée dans Clermont.

(2) *Voyez* Sidonius pour la description de l'Auvergne (l. IV, épît. 21, t. I, p. 793), avec les notes de Savaron et de Sirmond (pag. 279 et 51 de leurs éditions) ; Boulain-

Trompé par un faux rapport qui annonçait que le légitime souverain avait été tué en Germanie, le petit-fils de Sidonius-Apollinaris livra la ville et le diocèse d'Auvergne. Childebert jouit de cette victoire peu glorieuse; et les guerriers indépendans de Théodoric menacèrent de quitter ses drapeaux, s'il s'occupait de sa vengeance particulière avant la fin de la guerre contre les Bourguignons; mais les Francs d'Austrasie cédèrent aisément à l'éloquence persuasive de leur souverain. «Suivez-moi, leur dit Théodoric, suivez-moi en Auvergne; je vous conduirai dans une province où vous trouverez de l'or, de l'argent, des troupeaux, des esclaves et des richesses de toute espèce. Je vous engage ma parole de vous abandonner les peuples et tous leurs biens; vous les transporterez, si vous voulez, dans votre pays.» Par l'exécution de cette promesse, Théodoric perdit tous ses droits sur un peuple qu'il dévouait à la destruction. Ses troupes, secondées d'un corps des plus farouches Barbares de la Germanie, semèrent la désolation dans la fertile Auvergne (1). Une forteresse et une église qui renfermait la châsse d'un saint furent

---

villiers (*État de la France*, tome II, pag. 242 - 268.), et l'abbé de Longuerue. (*Description de la France*, part. 1, pag. 132-139).

(1) *Furorem gentium, quæ de ulteriore Rheni amnis parte venerant, superare non poterat.* (Saint Grégoire de Tours; l. IV, c. 50, t. II, p. 229.) Ce fut l'excuse dont se servit un autre roi d'Austrasie, lorsque les troupes qu'il commandait ravagèrent les environs de Paris.

les seuls édifices sauvés de leur fureur ou arrachés de leurs mains. Le château de Meroliac (1) était situé sur un rocher élevé de cent pieds au-dessus de la plaine. Il renfermait dans l'enceinte de ses fortifications un vaste réservoir d'eau vive, et quelques terres labourables. Les Francs contemplèrent avec dépit la proie à laquelle ils ne pouvaient atteindre ; mais ayant surpris cinquante traîneurs, et se trouvant embarrassés du nombre de leurs prisonniers, ils offrirent de les rendre pour une faible rançon, et se préparèrent à les massacrer, au cas que la garnison refusât de les racheter. Un autre détachement pénétra jusqu'à Brivas ou Brioude, dont les habitans s'étaient réfugiés avec leurs effets dans le sanctuaire de Saint-Julien. Les portes de l'église résistèrent à leurs efforts ; mais un soldat audacieux entra par une fenêtre du chœur, et fit un passage à ses camarades ; le peuple et le clergé, les dépouilles profanes et sacrées, tout fut arraché des autels, et le partage sacrilége de ce butin se fit dans les environs de Brioude : mais le pieux fils de Clovis punit sévèrement cette violence impie ; les plus coupables l'expièrent par leur mort : ceux dont la

---

(1) D'après le nom et la position, les éditeurs bénédictins de saint Grégoire de Tours (t. II, p. 192) placent cette forteresse dans un endroit nommé *Castel-Merliac*, à deux milles de Mauriac dans la Haute-Auvergne. Dans cette description je traduis *infra* comme s'il y avait *intra*. Saint Grégoire ou ses copistes confondent à tout instant ces deux prépositions, et le sens doit toujours décider.

participation au crime ne put être prouvée, furent laissés à la vengeance de saint Julien. Théodoric relâcha les captifs, fit rendre toutes les dépouilles, et étendit le droit de sanctuaire à cinq milles autour du sépulcre du saint martyr (1).

Avant de retirer son armée de l'Auvergne, Théodoric exigea des gages de la fidélité future d'un peuple dont la haine ne pouvait plus être contenue que par la terreur, et emmena les fils des plus illustres sénateurs comme ôtages et garans de la foi de Childebert et de la province. Au premier bruit de guerre ou de conspiration, on condamna ces jeunes infortunés à la plus humiliante servitude; et l'un d'eux, Attale (2), dont les aventures sont plus particulièrement connues, fut réduit à garder les chevaux de son maître dans le diocèse de Trèves. Après l'avoir cherché long-temps, les émissaires de son grand-père

*Histoire d'Attale.*

---

(1) *Voyez* les révolutions et les guerres de l'Auvergne dans saint Grégoire de Tours, l. II, c. 37; t. II, p. 183; et l. III; c. 9, 12, 13, tome II, pages 191, 192; *de Miraculis S. Juliani*, c. 13, t. II, p. 466. Il décèle souvent sa partialité pour son pays.

(2) L'histoire d'Attale se trouve dans saint Grégoire de Tours, l. III, c. 16, t. II, p. 193-195. Son éditeur, le père dom Ruinart, confond cet Attale encore *enfant, puer*, dans l'année 532, avec un ami de Sidonius du même nom, et qui était comte d'Autun cinquante ou soixante ans plus tôt. Cette erreur, qui ne peut être imputée à l'ignorance, est si grossière, qu'elle en devient en quelque sorte moins répréhensible.

Grégoire, évêque de Langres, le découvrirent dans cette vile occupation; et son avide maître, se refusant à toutes les offres raisonnables, exigea dix livres d'or pour le prix de sa rançon. Léon, esclave et cuisinier de l'évêque de Langres (1), se servit d'un stratagème pour le délivrer : un agent inconnu présenta Léon au Barbare, qui l'acheta au prix de douze pièces d'or, et apprit avec joie qu'il s'était formé au service d'un évêque dans l'art de la cuisine. « Dimanche prochain, lui dit le Franc, j'inviterai mes parens et mes amis. Exerce tes talens, et fais-leur avouer qu'ils n'ont jamais vu ni goûté un tel repas, même à la table du roi. » Léon promit que, si on lui fournissait une quantité suffisante de volaille, les désirs de son maître seraient pleinement satisfaits. La vanité du Barbare, flatté de l'honneur qu'il retirait de la réputation d'une table bien servie, s'appropria toutes les louanges prodiguées à son cuisinier par les voraces convives, et l'adroit Léon obtint bientôt sa confiance et l'administration de toute sa maison. Après s'être

---

(1) Ce Grégoire, bisaïeul de saint Grégoire de Tours (tome II, pages 197, 490), vécut quatre-vingt-douze ans; il fut quarante ans comte d'Autun, et trente-deux ans évêque de Langres. Si l'on peut en croire le poëte Fortunatus, Grégoire fit admirer également son mérite dans ces deux postes distingués.

*Nobilis antiquâ decurrens prole parentum,*
 *Nobilior gestis, nunc super astra manet.*
*Arbiter ante ferox, dein pius ipse sacerdos,*
 *Quos domuit judex, fovet amore patris.*

tenu patiemment une année entière dans cette situation, il instruisit en secret Attale de son projet, et lui recommanda de se préparer à partir la nuit suivante. Les convives peu sobres s'étant retirés sur le minuit, Léon porta au gendre de son maître, dans son appartement, la boisson qu'il avait coutume de lui préparer tous les soirs. Le Barbare plaisanta Léon sur la facilité qu'il aurait à trahir la confiance de son maître. L'intrépide esclave, après avoir soutenu, sans se déconcerter, cette dangereuse raillerie, entra doucement dans la chambre à coucher de son maître, cacha sa lance et son bouclier, tira les meilleurs chevaux de l'écurie, ouvrit les pesantes portes de la maison, et pressa Attale de sauver sa liberté et sa vie par une prompte fuite. La crainte les engagea à laisser leurs chevaux sur les bords de la Meuse (1); ils passèrent la rivière à la nage, et errèrent pendant trois jours dans la forêt voisine, où ils n'eurent pour se soutenir que les fruits d'un prunier sauvage qu'ils trouvèrent par hasard. Cachés dans l'épaisseur du bois, ils entendirent un bruit de chevaux; aperçurent avec terreur leur maître furieux qui s'était mis à leur poursuite, et lui entendirent déclarer que s'il parvenait à les atteindre, l'un serait

---

(1) Comme M. de Valois et le père Ruinart veulent obstinément substituer *Mosa* à *Mosella* qui se trouve dans le texte, je dois me conformer à ce changement : cependant, après un examen de la topographie, il m'a semblé que je pourrais justifier le *Mosella* du texte.

haché en morceaux, et l'autre pendu à un gibet. Attale et son fidèle Léon arrivèrent à Reims chez un ecclésiastique de leurs amis, qui leur donna du pain et du vin pour ranimer leurs forces, les déroba aux recherches de leur ennemi, et les conduisit sans accident au-delà des limites du royaume d'Austrasie, jusque dans le palais épiscopal de Langres. Grégoire pleura de joie en embrassant son petit-fils; en reconnaissance d'un si grand service, il affranchit Léon ainsi que toute sa famille, et lui fit présent d'une ferme où il pût finir ses jours dans la paix et dans l'aisance. Peut-être cette aventure extraordinaire, dont les circonstances portent l'empreinte de la vérité, fut-elle racontée par Attale lui-même à son cousin ou son neveu, le premier historien des Francs. Grégoire de Tours (1) naquit environ soixante ans après la mort de Sidonius-Apollinaris, et leurs situations eurent beaucoup de ressemblance; ils prirent tous deux naissance en Auvergne, et furent successivement l'un et l'autre sénateurs et évêques. La différence de leur style et de leurs sentimens peut par conséquent servir à prouver la décadence de la

---

(1) Les parens de saint Grégoire, Gregorius-Florentius-Georgius, étaient nobles d'extraction, *natalibus.... illustres*, et possédaient d'amples patrimoines, *latifundia*, en Auvergne et en Bourgogne. Il naquit en 539, fut consacré évêque de Tours en 573, et mourut en 593 ou 595, peu de temps après qu'il eut fini son histoire. *Voyez* sa Vie, par Odon, abbé de Clugny, t. II, p. 129-135, et une nouvelle Vie dans les *Mém. de l'Acad.*, etc., t. XXVI, p. 598-637.

Gaule, et montrer combien l'esprit humain perdit en peu de temps de son énergie et de son élégance (1).

Nous sommes maintenant assez instruits pour rejeter les faux exposés qui ont, peut-être à dessein, diminué ou exagéré les vexations souffertes par les Romains de la Gaule sous le règne des Mérovingiens. Les conquérans ne publièrent jamais l'édit de servitude ou de confiscation *générale;* mais des peuples dégénérés, qui déguisaient leur faiblesse sous les noms d'humeur pacifique et d'urbanité, se trouvaient naturellement obligés de se soumettre aux armes et aux lois des Barbares féroces qui se jouaient dédaigneusement de leurs propriétés, de leur vie et de leur liberté. Du reste, ces injustices étaient personnelles et illégales, et le corps des Romains survécut à la révolution. Ils conservèrent toujours les propriétés et les priviléges de citoyens. Les Francs envahirent une partie de leurs terres, mais celles qui

Priviléges des Romains dans la Gaule.

---

(1) *Decedente atque immo potius pereunte ab urbibus gallicanis liberalium cultura literarum*, etc. (*In præf.*, t. II, p. 137.) Telles sont les plaintes de saint Grégoire lui-même, qu'il justifie par ses propres ouvrages. Son style manque également d'élégance et de simplicité. Dans un rang distingué, il fut toujours étranger à son siècle et à son pays; et dans un ouvrage prolixe, dont les cinq derniers livres ne contiennent que l'espace de dix années, il a omis presque tout ce qui peut exciter la curiosité des générations suivantes. J'ai acquis, par un jugement long et fastidieux, le droit de prononcer ce jugement défavorable.

leur. restèrent furent exemptes de tributs (1) ; et la violence qui détruisit les arts et les manufactures de la Gaule, anéantit aussi tout le système du despotisme impérial. Les anciens habitans de la Gaule déplorèrent souvent sans doute la jurisprudence sauvage des lois saliques et ripuaires ; mais le code de Théodose régla toujours leurs mariages, leurs testamens et leurs successions. Un Romain mécontent de sa situation pouvait aspirer ou descendre au rang des Barbares, et prétendre encore à toutes les dignités de l'État : le caractère et l'éducation des Romains les rendaient propres surtout aux fonctions du gouvernement civil ; mais dès que l'émulation eut ranimé leur ardeur militaire, on les reçut dans les rangs et même à la tête des victorieux Germains. Je n'essaierai point de calculer le nombre des généraux et des magistrats dont les noms (2) attestent la politique libérale des Mérovingiens ; mais trois Romains exercèrent successivement le commandement en chef

---

(1) L'abbé de Mably (t. 1, p. 247-267) a confirmé avec soin cette opinion du président de Montesquieu, *Esprit des Lois*; l. xxx, c. 13.

(2) *Voyez* Dubos, *Hist. crit. de la Monarch. franç.*, t. II, l. vi, c. 9, 10. Les antiquaires français posent pour principe que les Romains et les Barbares sont faciles à distinguer par leurs noms. Leurs noms sont sans doute une présomption ; cependant, en lisant saint Grégoire de Tours, j'ai observé un Gondulfus d'extraction romaine ou sénatoriale (l. vi, c. 11, tome II, p. 273), et un Claudius, Barbare (l. vii, c. 29, p. 303).

de la Bourgogne avec le titre de patrice : Mummolus, le dernier et le plus puissant (1), tantôt le sauveur et tantôt le perturbateur de la monarchie, avait supplanté son père dans le poste de comte d'Autun, et laissa dans son trésor trente talens en or et deux cent cinquante talens en argent. Les Barbares sauvages et ignorans furent exclus, durant plusieurs générations, des dignités et même des ordres ecclésiastiques (2). Le clergé de la Gaule était presque entièrement composé de natifs. L'orgueil des Francs s'humiliait aux pieds de leurs sujets décorés du caractère épiscopal ; et la dévotion leur restitua peu à peu les richesses et la puissance dont les avait dépouillés le sort des armes (3). Dans les affaires temporelles, le code de Théodose faisait universellement la loi du clergé ; mais la jurisprudence barbare avait libéralement pourvu elle-même à leur sûreté personnelle. Le sous-diacre était évalué comme deux Francs ;

(1) Ennius-Mummolus est cité à différentes fois par saint Grégoire de Tours, depuis le quatrième livre (c. 42, p. 224) jusqu'au septième (c. 40, p. 310). Le calcul par talens est assez extraordinaire ; mais si saint Grégoire attachait un sens à ce mot inusité, les trésors de Mummolus devaient excéder cent mille livres sterling.

(2) *Voyez* Fleury, *Discours* 3 sur l'histoire ecclésiastique.

(3) L'évêque de Tours a consigné lui-même dans ses écrits les plaintes de Chilpéric, petit fils de Clovis. *Ecce pauper remansit fiscus noster; ecce divitiæ nostræ ad ecclesias sunt translatæ : nulli penitus nisi soli episcopi regnant* (l. v i, c. 46, t. II, p. 291).

le prêtre, comme un *antrustion*; et l'on appréciait la vie d'un évêque, comme fort au-dessus de toute autre, à la somme de neuf cents pièces d'or (1). Les Romains communiquèrent aux conquérans la connaissance du christianisme et de la langue latine (2); mais leur langage avait autant dégénéré de l'élégance du siècle d'Auguste que leur religion de la pureté du siècle apostolique. Les progrès de la barbarie et du fanatisme s'étaient étendus avec rapidité. Le culte des saints cacha le Dieu des chrétiens aux yeux du vulgaire; l'idiome et la prononciation teutoniques corrompirent le dialecte grossier des paysans et des soldats. Cependant la communication sociale et religieuse effaça les préjugés de naissance et de conquête, et toutes les nations de la Gaule furent insensiblement confondues sous le nom et le gouvernement des Francs.

---

(1) *Voyez* le *Code Ripuaire*, tit. 36, t. IV, p. 241. La loi salique ne pourvoit point à la sûreté du clergé; et nous pouvons supposer, à l'honneur de la tribu la plus civilisée, qu'elle ne prévoyait pas qu'on pût pousser l'impiété jusqu'au meurtre d'un prêtre. Cependant Prétextat, archevêque de Rouen, fut assassiné au pied des autels par l'ordre de Frédégonde. Saint Grégoire de Tours, l. VIII, c. 31, t. II, p. 326.

(2) M. Bonamy (*Mém. de l'Acad. des Inscript.*, t. XXIV, p. 582-670) a prouvé l'existence de la *lingua romana rustica*, qui fut l'origine de la langue romance, et a été insensiblement portée à l'état de perfection où est aujourd'hui la langue française. Sous la race carlovingienne, les princes et les

En s'unissant aux Gaulois, les Francs auraient pu leur faire un présent bien précieux, l'esprit et le système d'une constitution libre. Sous une monarchie héréditaire, mais limitée, les chefs et les ministres pouvaient tenir leurs conseils à Paris, dans le palais des Césars. La plaine voisine, où les empereurs faisaient la revue de leurs légions mercenaires, aurait pu servir de lieu d'assemblée législative aux citoyens et aux guerriers, et le modèle grossier qui avait été ébauché dans les forêts de la Germanie (1), aurait été perfectionné par la sagesse et l'expérience des Romains; mais les insoucians Barbares, assurés d'une indépendance personnelle, dédaignèrent les travaux du gouvernement; ils oublièrent insensiblement les assemblées annuelles du mois de Mars, et la conquête de la Gaule désunit en quelque façon la nation victorieuse (2). La monarchie resta sans aucun réglement de justice, de finances ou de service militaire. Les successeurs de Clovis manquèrent du courage nécessaire pour s'emparer du pouvoir législatif que le peuple avait abandonné, ou de forces pour l'exercer. Les prérogatives

*Anarchie des Francs.*

---

nobles de France comprenaient encore l'ancien dialecte de leurs ancêtres.

(1) *Ce beau système a été trouvé dans les bois.* Montesquieu, *Esprit des Lois*, l. XI, c. 6.

(2) *Voy.* l'abbé de Mably, *Observat.*, etc., t. I, p. 34-56. Il semblerait que cette institution d'assemblées nationales, dont l'origine en France est aussi ancienne que la nation, n'ait jamais convenu au génie des Français.

royales se bornaient à un privilége plus étendu de meurtre et de rapine; et l'amour de la liberté, si souvent ranimé et déshonoré par l'ambition personnelle, se réduisit, parmi les Francs, au mépris de l'ordre et au désir de l'impunité. Soixante-quinze ans après la mort de Clovis, son petit-fils Gontran, roi de Bourgogne, fit marcher une armée pour envahir les possessions des Goths du Languedoc et de la Septimanie. L'avidité du butin attira les troupes de la Bourgogne, du Berry, de l'Auvergne et des contrées voisines. Elles marchèrent sans discipline sous les ordres de comtes gaulois ou germains, attaquèrent mollement et furent repoussées; mais elles ravagèrent indifféremment les provinces amies et ennemies; les moissons, les villages et même les églises, furent la proie des flammes; les habitans furent ou massacrés ou traînés en esclavage, et cinq mille de ces destructeurs féroces périrent dans leur retraite, victimes de la faim ou de la discorde. Lorsque le pieux Gontran, après avoir reproché aux chefs leur crime ou leur négligence, menaça de les faire punir, non d'après un jugement légal, mais sur-le-champ et sans formalité, ils s'excusèrent sur la corruption générale et incurable du peuple. « Personne, dirent-ils, ne redoute ni ne respecte plus son roi, son duc ou son comte; chacun se plaît à faire le mal et satisfait sans scrupule ses inclinations criminelles. La punition la plus modérée entraîne une sédition; et le magistrat qui veut blâmer ou entreprendre d'arrêter leurs fureurs, soustrait rarement sa vie à leur vengeance (1). » Il était réservé à la même nation de faire connaître par ses désordres jusqu'à quels odieux excès peut se porter l'abus de la liberté, et de suppléer à la perte de la liberté par des sentimens d'honneur et d'humanité qui allégent et honorent aujourd'hui sa soumission à un monarque absolu.

Les Visigoths avaient cédé à Clovis la plus grande partie de leurs possessions dans la Gaule ; mais ils compensèrent amplement cette perte par la conquête aisée et la jouissance tranquille des provinces de l'Espagne. La monarchie des Goths, qui comprit bientôt les Suèves de la Galice, peut être encore pour les Espagnols modernes un objet de vanité nationale ; mais rien ne force ni n'invite l'historien de l'empire romain à fouiller dans la stérile obscurité de leurs annales (2). Les Goths de l'Espagne étaient séparés du reste du genre humain par la chaîne es-

Les Visigoths de l'Espagne.

———

(1) Saint Grégoire de Tours (l. VIII, c. 30, t. II, p. 325, 326) raconte avec beaucoup d'indifférence les crimes, le reproche et l'apologie. *Nullus regem metuit, nullus ducem, nullus comitem reveretur; et si fortassis alicui ista displicent, et ea, pro longævitate vitæ vestræ, emendare conatur, statim seditio in populo, statim tumultus exoritur, et in tantum unusquisque contra seniorem sævâ intentione grassatur; ut vix se credat evadere, si tandem silere nequiverit.*

(2) L'Espagne a été particulièrement malheureuse dans ces siècles d'obscurité. Les Francs avaient un saint Grégoire de Tours, les Saxons ou Angles un Bède, les Lombards un Paul Warnefrid, etc. ; mais on ne trouve l'histoire des Visigoths que dans les Chroniques concises et imparfaites d'Isidore de Séville et de Jean de Biclar.

carpée des Pyrénées. Nous avons déjà fait connaître de leurs mœurs et de leurs institutions, tout ce qui leur était commun avec différentes tribus de la Germanie. J'ai anticipé, dans le chapitre précédent, sur les événemens religieux les plus importans de leur empire, la chute de l'arianisme, et la persécution des Juifs; et il ne me reste à observer que quelques circonstances relatives à la constitution civile et ecclésiastique du royaume d'Espagne.

<small>Assemblée législative de l'Espagne.</small>

Lorsque les Francs et les Visigoths eurent renoncé à l'idolâtrie, et enfin à l'hérésie de l'ariainsme, ils se montrèrent également disposés à subir les inconvéniens inhérens à la superstition, et à profiter des avantages passagers qu'elle peut offrir : mais longtemps avant l'extinction de la race mérovingienne, les prélats de France n'étaient plus que des chasseurs et des guerriers barbares. Ils dédaignaient l'usage antique des synodes, oubliaient les règles de la tempérance et de la chasteté, et préféraient les jouissances du luxe et de l'ambition personnelle à l'intérêt général de la profession ecclésiastique (1). Les évêques d'Espagne se respectèrent, et conservèrent la vénération des peuples. Leur union indissoluble déguisait leurs vices et affermissait leur autorité; et

---

(1) Telles sont les plaintes de saint Boniface, l'apôtre de la Germanie et le réformateur de la Gaule (t. IV, p. 94). Les quatre-vingts ans de licence et de corruption qu'il déplore semblent annoncer que les Barbares furent admis dans le clergé vers l'année 660.

la régularité de la discipline ecclésiastique introduisit la paix, l'ordre et la stabilité dans le gouvernement de l'État. Depuis le règne de Recarède, le premier roi catholique, jusqu'à celui de Witiza, le prédécesseur immédiat de l'infortuné Roderic, seize conciles nationaux furent successivement assemblés. Les six métropolitains de Tolède, Séville, Merida, Braga, Tarragone et Narbonne, présidaient suivant leur rang d'ancienneté ; l'assemblée était composée de leurs évêques suffragans. Ils y paraissaient en personne ou par procureur, et il y avait une place assignée pour les abbés distingués par leur piété ou leur opulence. On agitait les questions de doctrine et de discipline ecclésiastique durant les trois premiers jours de l'assemblée, et les laïques étaient soigneusement exclus de ces débats, qui se passaient cependant avec une solennité décente ; mais dès le matin du quatrième jour on ouvrait les portes, et l'on admettait les grands officiers du palais ; les ducs, les comtes, les nobles, les juges des villes et le consentement du peuple, ratifiaient les jugemens du ciel. Les mêmes règles s'observaient dans les assemblées provinciales, ou conciles annuels chargés de recevoir les plaintes et de redresser les abus ; le gouvernement légal avait pour appui l'influence victorieuse du clergé. Les évêques, dont l'usage était, dans toutes les révolutions, de flatter les vainqueurs et d'insulter les malheureux, travaillèrent avec succès à rallumer les flammes de la persécution, et à élever la mitre au-dessus de la couronne. Cependant les conciles nationaux de Tolède, dans lesquels la politique épiscopale dirigea et tempéra l'esprit indocile des Barbares, établirent quelques lois sages, également avantageuses pour les rois et pour leurs sujets. Lorsque le trône vaquait, le choix d'un monarque appartenait aux évêques et aux palatins; et après l'extinction de la race d'Alaric, ils conservèrent au noble et pur sang des Goths le droit exclusif de succession à la couronne. Le clergé, qui sacrait le prince légitime, recommandait toujours au peuple et pratiquait quelquefois le devoir de la fidélité et de l'obéissance; et les foudres de l'Église menaçaient les sujets impies qui conspiraient contre leur souverain, qui résistaient à son autorité, ou qui violaient la chasteté même de sa veuve par une union indécente; mais en montant sur le trône, le monarque faisait à Dieu et aux peuples le serment de remplir ses devoirs avec exactitude. Une aristocratie redoutable se réservait le droit de contrôler les fautes réelles ou imaginaires de son administration, et une loi fondamentale assurait aux évêques et aux palatins le privilége de n'être ni emprisonnés, ni dégradés, ni mis à la torture, punis de mort ou même d'exil ou de confiscation, sans avoir été jugés publiquement et librement par leurs pairs (1).

---

(1) Les Actes des conciles de Tolède sont encore aujourd'hui les monumens les plus authentiques de l'Église et de la constitution de l'Espagne. Les passages suivans sont particulièrement importans : I. III, 17, 18; IV, 75; V, 2, 3,

Un des conciles législatifs de Tolède examina et ratifia le code de lois composé sous une succession de princes goths, depuis le règne du féroce Euric jusqu'à celui du pieux Égica. Tant que les Visigoths conservèrent les mœurs simples et antiques de leurs ancêtres, ils laissèrent à leurs sujets de l'Espagne et de l'Aquitaine la liberté de suivre les usages des Romains. Le progrès des arts, de la politique et enfin de la religion, les engagea à supprimer ces institutions étrangères, et à composer sur leur modèle un code de jurisprudence civile et criminelle, à l'usage général d'un peuple considérable et uni sous le même gouvernement; toutes les peuplades espagnoles obtinrent les mêmes privilèges, et contractèrent les mêmes obligations. Les conquérans renoncèrent insensiblement à l'idiome teutonique, se soumirent aux gênes salutaires de la justice, et firent partager aux Romains les avantages de la liberté. La situation de l'Espagne sous les Visigoths ajoutait au mérite de cette administration impartiale. Les souverains attachés à l'arianisme avaient été long-temps séparés de leurs sujets par la différence irréconciliable de la religion; et lors même que la conversion de Recarède eut fait cesser les scrupules des catholiques, les empereurs d'Orient, qui possédaient encore les côtes de

*Code des Visigoths.*

---

4; 5, 8; vi, 11, 12, 13, 14, 17, 18; vii, 1; xiii, 2, 3, 6. J'ai trouvé des renseignemens très-utiles dans Mascou, *Histoire des anciens Germains*, xv, 29, et les notes 26 et 33; et dans Ferreras, *Hist. générale de l'Espagne*, t. ii.

l'Océan et de la Méditerranée, encourageaient secrètement les peuples à secouer le joug des Barbares, et à soutenir la dignité du nom romain. La fidélité de sujets suspects n'est sans doute jamais mieux assurée que quand ils craignent de perdre dans une révolte plus qu'ils ne peuvent gagner par une révolution; mais il a toujours paru si naturel d'opprimer ceux qu'on hait ou que l'on redoute, que la maxime contraire doit obtenir le titre de sagesse et de modération (1).

<small>Révolutions de la Bretagne.</small> Tandis que les Francs et les Visigoths assuraient leurs établissemens de la Gaule et de l'Espagne, les Saxons achevèrent la conquête de la Bretagne, la troisième grande division de la préfecture de l'Occident. Comme elle était séparée depuis long-temps de l'empire romain, je pourrais négliger sans scrupule une histoire connue du moins instruit comme du plus savant de mes compatriotes. Les Saxons, habiles à ramer et à combattre, ignoraient l'art qui pouvait seul transmettre leurs exploits à la postérité. Les anciens habitans, retombés dans la barbarie, ne pensèrent point à décrire la révolution qui les y avait replongés, et leurs douteuses traditions étaient pres-

---

(1) Dom Bouquet a publié (t. IV, p. 273-460) le Code correct des Visigoths, divisé en douze livres. Le président de Montesquieu (*Esprit des Lois*, l. XXVIII, c. 1) l'a traité avec une sévérité excessive. Le style m'en déplaît, et je hais l'esprit de superstition qui s'y montre; mais je ne crains point de dire, que cette jurisprudence civile annonce l'état d'une société plus policée et plus éclairée que celle des Bourguignons ou même des Lombards.

que entièrement effacées avant que les missionnaires de Rome y reportassent la lumière des sciences et du christianisme. Les déclamations de saint Gildas, les fragmens ou fables de Nennius, les lambeaux obscurs et tronqués des lois saxonnes et des chroniques, et les contes ecclésiastiques du vénérable Bède (1), ont été recueillis, mis au jour et quelquefois embellis par l'imagination d'une succession d'écrivains postérieurs, que je n'entreprendrai ni de censurer ni de transcrire (2). Cependant l'historien de l'empire peut être tenté de suivre les révolutions d'une province romaine jusqu'à ce qu'elles échappent de sa vue, et un Anglais peut vouloir tracer l'établissement des Barbares dont il tire son nom, ses lois, et peut-être son origine.

Environ quarante ans après la dissolution du gouvernement romain, Vortigern paraît avoir obtenu le commandement suprême, mais précaire, des princes

<small>Descente des Saxons. A. D. 449.</small>

---

(1) *Voyez* saint Gildas, *de Excidio Britanniæ*, c. 11-25; pag. 4-9, édit. Gale; *Hist. Britonum* de Nennius, c. 28, 35-65, p. 105-115, édit Gale; Bède, *Hist. ecclesiast. Gentis Anglorum*, l. 1, c. 12-16, p. 49-53, c. 22, p. 58, édit. Smith; *Chron. Saxonicum*, p. 11-23, etc., édit. Gibson. Les lois des Anglo-Saxons ont été publiées par Wilkins, Londres, 1731, *in-folio*, et les *Leges Wallicæ*, par Wotton et Clarke, Londres, 1730, *in-folio*.

(2) Le laborieux M. Carte et l'ingénieux M. Whitaker sont les deux historiens modernes qui m'ont été le plus utiles dans mes recherches. L'historien particulier de Manchester embrasse sous ce titre obscur un sujet presque aussi étendu que l'histoire générale d'Angleterre.

et des villes de la Bretagne. On a condamné presque unanimement la politique faible et funeste de ce monarque infortuné (1), qui invita des étrangers formidables à venir le défendre contre les entreprises d'un ennemi domestique. Les plus graves historiens racontent qu'il envoya des ambassadeurs sur la côte de Germanie, qu'ils adressèrent un discours pathétique à l'assemblée générale des Saxons, et que ces audacieux Barbares résolurent d'aider d'une flotte et d'une armée les habitans d'une île éloignée et inconnue. Si la Bretagne eût été réellement inconnue aux Saxons, la mesure de ses calamités aurait été moins complète ; mais le gouvernement romain manquait de forces suffisantes pour défendre constamment cette province maritime contre les pirates de la Germanie. Ses différens États indépendans et divisés étaient souvent exposés à leurs attaques, et les Saxons pouvaient former quelquefois avec les Pictes et les Écossais une ligne expresse ou tacite de rapine et de destruction. Vortigern ne pouvait que balancer les différens périls

---

(1) Le fait de cette *invitation*, à laquelle les expressions vagues de saint Gildas et de Bède pourraient faire ajouter quelque foi, a été arrangé par Witikind, moine saxon du dixième siècle, qui en a fait un récit régulier et accompagné de toutes ses circonstances. (*Voyez* Cousin, *Histoire de l'empire d'Occident*, t. II, p. 356.) Rapin et Hume lui-même se sont servis trop légèrement de cette autorité suspecte, sans égard pour le témoignage précis et probable de Nennius. *Interea venerunt tres Chiulæ à Germaniâ in exilio pulsæ, in quibus erant Hors et Hengist.*

qui menaçaient de toutes parts son trône et son pays ; et il est peut-être injuste de blâmer ce prince d'avoir choisi pour alliés ceux de ces Barbares qui, par leurs forces navales, pouvaient être ses plus dangereux ennemis, ou ses amis les plus utiles. Hengist et Horsa, comme ils rangeaient la côte orientale de l'île avec trois vaisseaux, furent invités, par la promesse d'une ample récompense, à entreprendre la défense de la Bretagne ; et leur intrépidité la délivra bientôt des usurpateurs de la Calédonie. Ces Germains auxiliaires obtinrent dans l'île de Thanet une résidence tranquille et un district fertile. On leur fournit, suivant le traité, une abondante provision de vêtemens et de subsistances. Cette réception favorable attira cinq mille nouveaux guerriers avec leurs familles ; ils arrivèrent dans dix-sept vaisseaux, et la puissance naissante d'Hengist se trouva consolidée par ce renfort. Vortigern se laissa persuader par le rusé Barbare, qu'il lui serait avantageux d'établir une colonie d'alliés fidèles dans le voisinage des Pictes ; et une troisième flotte, composée de quarante vaisseaux, partit des côtes de la Germanie, sous la conduite du fils et du neveu d'Hengist, ravagea les Orcades, et débarqua sur la côte de Northumberland ou Lothian, à l'extrémité opposée de la contrée désormais dévouée à leur rapacité. Il était aisé de prévoir, mais impossible de prévenir les malheurs qui devaient en résulter. Des inquiétudes mutuelles divisèrent et aigrirent bientôt les deux nations : les Saxons exagérèrent leurs services, et ce qu'ils avaient souffert pour la défense d'un peuple ingrat; les Bretons regrettèrent des récompenses dont la libéralité n'avait pu satisfaire l'avarice de ces orgueilleux mercenaires. La crainte et la haine allumèrent entre eux une querelle irréconciliable. Les Saxons coururent aux armes; et s'il est vrai qu'ils aient profité de la sécurité d'une fête pour exécuter un massacre, cette perfidie détruisit sans doute irrévocablement la confiance réciproque sans laquelle ne peut subsister aucun rapport entre les nations en paix non plus qu'en guerre (1).

<small>Établissement de l'heptarchie saxonne.
A. D.
455-582.</small>

Hengist, dont l'audace aspirait à la conquête de la Bretagne, exhorta ses compatriotes à saisir cette brillante occasion. Il leur peignit vivement la fertilité du sol, la richesse des villes, la timidité des habitans, et la situation avantageuse d'une île vaste et solitaire, accessible de tous côtés aux flottes des Saxons. Les colonies, qui, dans l'espace d'un siècle, sortirent successivement de l'embouchure de l'Elbe, du Weser et du Rhin, pour s'établir dans la Bretagne, étaient principalement composées des trois plus vaillantes tribus de la Germanie, les Jutes, les Angles et les anciens Saxons. Les Jutes, qui suivaient parti-

---

(1) Nennius accuse les Saxons d'avoir massacré trois cents chefs des Bretons. Ce crime ne paraît pas fort éloigné de leurs mœurs sauvages; mais nous ne sommes pas obligés de croire qu'ils aient eu pour tombeau Stonehenge; que les géans avaient anciennement transporté d'Afrique en Irlande, et qui fut rapporté en Bretagne par l'ordre de saint Ambroise et l'art de Merlin. *Voyez* Geoffroy de Monmouth, l. VIII, c. 9, 12.

culièrement les drapeaux d'Hengist, s'attribuèrent l'honneur d'avoir conduit leurs compatriotes à la gloire, et fondé dans la province de Kent le premier royaume indépendant. Les Saxons primitifs eurent toute la gloire de l'entreprise; et l'on donna aux lois et au langage des conquérans le nom du peuple qui produisit, au bout de quatre siècles, les premiers souverains de la Bretagne méridionale. Les Angles, distingués par leur nombre et par leurs succès, eurent l'honneur de donner leur nom au pays dont ils occupaient la plus vaste partie. Les différens peuples barbares, qui cherchaient également fortune sur terre ou sur mer, se trouvèrent insensiblement compris dans cette triple confédération. Les *Frisons*, tentés par le voisinage de la Bretagne, balancèrent pendant un court intervalle de temps la puissance et la réputation des Saxons. Les *Rugiens*, les *Danois* et les *Prussiens*, sont indiqués d'une manière obscure; et quelques aventuriers huns, qui erraient dans les environs de la mer Baltique, purent aussi s'embarquer sur les vaisseaux des Germains pour conquérir un pays qui leur était inconnu (1); mais cette difficile entreprise ne fut ni préparée ni exécutée par une puissance réunie en corps de nation. Chaque chef rassemblait ses

---

(1) Bède parle clairement de toutes ces tribus (l. 1, c. 15, pag. 52; l. v, c. 9; p. 190); et malgré les remarques de M. Whitaker (*Hist. de Manchester*, vol. 11, p. 538-543), je ne vois point qu'il y ait d'absurdité à supposer que les Frisons, etc., se mêlèrent aux Anglo-Saxons.

compagnons, dont le nombre dépendait de ses moyens et de sa réputation. Il équipait une flotte qui pouvait n'être composée que de trois navires, et qui pouvait en comprendre soixante, choisissait le lieu de l'attaque, et dirigeait ses opérations subséquentes suivant les événemens de la guerre, ou conformément à ses intérêts particuliers. Dans l'invasion de la Bretagne, un grand nombre de héros, alternativement vainqueurs et vaincus, furent enfin victimes de leur ambition. Sept chefs victorieux seulement prirent le titre de rois, et le conservèrent. Les conquérans fondèrent l'heptarchie saxonne, composée de sept trônes indépendans, et de sept familles, dont une s'est perpétuée par les femmes jusqu'au souverain actuel de l'Angleterre, et qui prétendaient toutes tirer leur origine sacrée de Woden, le dieu de la guerre. On a voulu que cette république de rois ait été présidée par un conseil général et un magistrat suprême ; mais ce système de politique compliquée est trop opposé au génie grossier et turbulent des Saxons. Leurs lois n'en parlent point, et leurs annales obscures ne présentent que le spectacle de la discorde et de la violence (1).

---

(1) Bède a compté sept rois; deux Saxons, un Jute et quatre Angles, qui acquirent successivement dans l'heptarchie une supériorité de puissance et de renommée ; mais leur règne était fondé sur la conquête et non sur la loi. Il observe, toujours dans les mêmes termes qu'il a employés pour désigner le genre de leur puissance, que l'un d'eux

Un moine qui, malgré sa profonde ignorance des choses du monde, a entrepris d'écrire l'histoire, défigure d'une étrange manière l'état de la Bretagne au moment où elle se sépara de l'empire d'Occident. Saint Gildas (1) fait en style fleuri un tableau brillant des progrès de l'agriculture, du commerce étranger dont chaque marée venait déposer les tributs dans la Tamise et dans la Saverne, de la construction solide et hardie des édifices publics et particuliers : il blâme le luxe coupable des Bretons, d'un peuple qui, si on veut l'en croire, ne pouvait, sans le secours des Romains, ni élever des murs de pierre, ni fabriquer des armes de fer pour défendre ses foyers (2). Sous la longue domination des empereurs, la Bretagne était insensiblement devenue une province policée et servile, dont la défense dépendait d'une puissance éloignée. Les sujets d'Honorius contemplèrent avec un mélange de surprise et de terreur leur liberté récente. Il les abandonnait dépourvus de toute constitution civile ou militaire ; et leurs chefs incertains manquaient également de courage, d'in-

<small>État des Bretons.</small>

_____

soumit les îles de Man et d'Anglesey, et qu'un autre imposa un tribut aux Pictes et aux Écossais. *Hist. ecclésiast.*, l. II, c. 5, p. 83.

(1) *Voyez* saint Gildas, *de Excidio Britanniæ*, c. 1, p. 1, édit. de Gale.

(2) M. Whitaker (*Hist. de Manchester*, vol. II, p. 503-516) a démontré d'une manière vive et frappante cette absurdité palpable que la plupart des historiens généraux ont négligée pour s'occuper de faits plus intéressans.

telligence et d'autorité pour diriger les forces publiques contre l'ennemi commun. L'arrivée des Saxons décela leur faiblesse, et dégrada le caractère du prince et des sujets. La consternation exagéra le danger, la désunion diminua les ressources, et la fureur des factions civiles se montra plus ardente à déclamer sur les malheurs dont chaque parti accusait la mauvaise conduite de ses adversaires qu'à y porter les remèdes nécessaires. Cependant les Bretons n'ignoraient pas, ne pouvaient même ignorer l'usage des armes et l'art de les fabriquer. Les attaques successives et mal dirigées des Saxons leur donnèrent le temps de revenir de leur frayeur ; et les événemens, soit heureux, soit malheureux, de la guerre, ajoutèrent à leur valeur naturelle les avantages de l'expérience et de la discipline.

*Leur résistance.* Tandis que les continens d'Europe et d'Afrique cédaient sans résistance aux Barbares, la Bretagne, seule et sans secours, soutint long-temps avec vigueur une guerre dans laquelle il fallut à la fin céder à des pirates formidables, qui attaquaient presque au même instant les côtes maritimes de l'orient, du nord et du midi. Les villes avaient été fortifiées avec intelligence et se défendirent avec résolution ; les habitans profitèrent de tous les avantages du terrain, des montagnes, des bois et des marais ; la conquête de chaque district fut achetée par beaucoup de sang, et les défaites des Saxons se trouvent attestées d'une manière peu douteuse par le silence prudent de leurs annalistes. Hengist put espérer d'achever la conquête de la Bretagne ; mais durant un règne actif de trente-cinq ans, tout le succès de ses ambitieuses entreprises se borna à la possession du royaume de Kent, et la nombreuse colonie qu'il avait placée dans le nord fut exterminée par la valeur des Bretons. Les efforts et la persévérance de trois générations martiales fondèrent la monarchie des Saxons occidentaux. Cerdic, un des plus braves descendans de Woden, passa toute sa vie à la conquête du Hampshire et de l'île de Wight ; et les pertes qu'il éprouva à la bataille de Mount-Badon le réduisirent à un repos sans gloire. Le vaillant Kenric, son fils, s'avança dans le Wiltshire, assiégea Salisbury, située alors sur une éminence, et défit une armée qui venait au secours de la ville. Quelque temps après, à la bataille de Marlborough (1), les Bretons déployèrent leurs talens militaires. Leur armée formait trois lignes, chacune composée de trois corps différens ; et la cavalerie, les piquiers et les archers, furent rangés selon les principes de la tactique des Romains. Les Saxons, rassemblés en une seule colonne serrée, fondirent vaillamment avec leurs courtes épées sur les longues lances des Bretons, et soutinrent jusqu'à la nuit

---

(1) A Beran-Birig ou Barbury-Castle près de Marlborough ; la Chronique saxonne cite le nom et la date. Camden (*Britannia*, vol. 1, p. 128) fixe le lieu ; et Henri d'Huntingdon (*Scriptores post Bedam*, p. 314) raconte les circonstances de cette bataille. Elles paraissent probables, et les historiens du douzième siècle ont pu consulter des autorités qui n'existent plus.

l'égalité du combat. Deux batailles décisives, la mort de trois rois bretons et la réduction de Cirencester, Glocester et Bath, assurèrent la gloire et la puissance de Ceaulin, petit-fils de Cerdic, qui porta ses armes victorieuses jusque sur les bords de la Saverne.

*Leur fuite.* Après une guerre de cent ans, les Bretons indépendans possédaient encore toute l'étendue de la côte occidentale, depuis le mur d'Antonin jusqu'à l'extrémité du promontoire de Cornouailles; et les principales villes du pays intérieur résistaient encore aux Barbares; mais la résistance devint plus languissante en proportion du nombre des assaillans qui augmentaient sans cesse. Gagnant insensiblement du terrain par de lents et pénibles efforts, les Saxons, les Angles et leurs divers confédérés s'avancèrent du nord, de l'orient et du midi, jusqu'au moment où ils réunirent leurs armées victorieuses dans le centre de l'île. Au-delà de la Saverne, les Bretons maintenaient toujours leur liberté nationale, qui survécut à l'heptarchie et même à la monarchie des Saxons. Leurs plus braves guerriers, préférant l'exil à l'esclavage, trouvèrent un asile dans les montagnes de Galles: le pays de Cornouailles ne se soumit qu'après plusieurs siècles de résistance (1), et une troupe

---

(1) Le pays de Cornouailles fut totalement soumis (A. D. 927-941) par Athelstan, qui établit une colonie anglaise à Exeter, et repoussa les Bretons au-delà de la rivière de Tamar. (*Voy.* William de Malmsbury, l. II, dans les *Scrip-*

de fugitifs obtint un établissement dans la Gaule, ou de leur épée ou de la libéralité des rois mérovingiens (1). L'angle occidental de l'Armorique prit la nouvelle dénomination de Cornouailles et de Petite-Bretagne ; et les terres vacantes des Osismii se peuplèrent d'étrangers, qui, sous l'autorité de leurs comtes ou de leurs évêques, conservèrent les lois et le langage de leurs ancêtres. Les Bretons de l'Armorique refusèrent aux faibles descendans de Clovis et de Charlemagne de leur payer le tribut accoutumé : ils envahirent les diocèses voisins de Vannes, Rennes et Nantes, et formèrent un État puissant, bien que reconnaissant la suzeraineté de la couronne de France, à laquelle il fut réuni dans la suite (2).

---

*tores post Bedam*, p. 50.) La servitude dégrada l'esprit des chevaliers de Cornouailles ; et il paraîtrait, par le roman de Tristan, que leur lâcheté était passée en proverbe.

(1) L'établissement des Bretons dans la Gaule au sixième siècle est attesté par Procope, saint Grégoire de Tours, le second concile de Tours ( A. D. 567 ), et par la moins suspecte de leurs Chroniques et de leurs Vies des Saints. La signature d'un évêque breton au premier concile de Tours (A. D. 461 ou plutôt 481), l'armée de Riotamus, et les déclamations vagues de saint Gildas (*alii transmarinas petebant regiones*, c. 25 ; p. 8), semblent constater une émigration dès le milieu du cinquième siècle. Avant cette époque, on ne trouve les Bretons de l'Armorique que dans des romans ; et je suis surpris que M. Whitaker (*Hist. des Bretons*, p. 214-221) copie si fidèlement la méprise impardonnable de Carte, dont il a si rigoureusement relevé des erreurs peu importantes.

(2) Les antiquités de la Bretagne, qui ont fourni le sujet

Renommée du prince Arthur.

Dans un siècle de guerre perpétuelle ou au moins implacable, il fallait beaucoup de valeur et d'intelligence pour défendre la Bretagne. Au reste, on regrettera peu que les exploits de ses guerriers soient ensevelis dans l'oubli, si l'on daigne réfléchir que les siècles les plus dépourvus de sciences et de vertus ont produit une foule de héros renommés et sanguinaires. La tombe de Vortimer, fils de Vortigern, fut élevée sur les bords de la mer comme une borne formidable aux Saxons, qu'il avait vaincus trois fois dans les plaines de Kent. Ambroise Aurélien descendait d'une famille noble de Romains (1). Sa modestie égalait sa valeur, que le succès couronna jusqu'à l'action funeste dans laquelle il perdit la vie (2);

---

d'une contestation politique, ont été éclaircies par Adrien de Valois (*Notitia Galliarum*, sub voce *Britannia Cismarina*, p. 98-100), M. d'Anville (*Notice de l'ancienne Gaule*, Corisopiti, Curiosolites, Osismii, Vorganium, p. 248, 258, 508, 720, et *États de l'Europe*, p. 76-80), Longuerue (*Description de la France*, t. 1, p. 84-94), et l'abbé de Vertot (*Hist. critiq. de l'établ. des Bretons dans les Gaules*, 2 vol. in-12. Paris, 1720). Je puis me vanter d'avoir examiné l'original de l'autorité qu'ils ont produite.

(1) Bède; qui dans sa Chronique (p. 28) place Ambroise sous le règne de Zénon (A. D. 474-491), observe que ses parens avaient été *purpurâ induti*, ce qu'il explique dans son Histoire ecclésiastique par *regium nomen et insigne ferentibus* (l. 1, c. 16, p. 53). L'expression de Nennius (c. 44, p. 110, édit. de Gale) est encore plus singulière : *Unus de consulibus gentis romanicæ, est pater meus.*

(2) La conjecture unanime, mais suspecte, de nos anti-

mais l'illustre Arthur (1), prince des Silures, au sud de la province de Galles, et roi ou général élu par la nation, efface les noms les plus célèbres de la Bretagne. Au rapport des écrivains les plus modérés, il vainquit les Angles du nord et les Saxons de l'occident, dans douze batailles successives; mais ce héros éprouva dans sa vieillesse l'ingratitude de ses compatriotes et des malheurs domestiques. Les événemens de sa vie sont moins intéressans que les révolutions singulières de sa renommée. Durant l'espace de cinq cents ans, la tradition de ses exploits fut transmise d'âge en âge et grossièrement embellie par les fictions obscures des bardes du pays de Galles et de l'Armorique: ces espèces de poëtes, abhorrés des Saxons, étaient inconnus au reste du genre humain. L'orgueil et la curiosité des conquérans normands leur firent examiner l'ancienne histoire de la Bretagne. Ils adoptèrent avidement le conte d'Arthur, et prodiguèrent des louanges au mérite d'un prince

---

quaires, confond Ambroise avec Natanleod, qui périt avec cinq mille de ses sujets (A. D. 508), dans une bataille contre Cerdic, le Saxon d'Occident. *Chron. saxon.*, p. 17, 18.

(1) Comme les bardes gallois, Myrdhin, Llomarch et Táliessin, me sont parfaitement inconnus, je fonde ma confiance, relativement à l'existence et aux exploits d'Arthur, sur le témoignage simple et circonstancié de Nennius (*Hist. Brit.*, c. 62, 63, p. 114). M. Whitaker (*Hist. de Manch.*, vol. II, p. 31–71) a composé une histoire intéressante et même probable des guerres d'Arthur; mais il est impossible d'admettre la réalité de la Table ronde.

qui avait triomphé des Saxons, leurs ennemis communs. Son roman, écrit en mauvais latin, par Geoffroy de Monmouth, et traduit ensuite dans la langue familière de ce temps, fut enrichi de tous les ornemens incohérens que pouvaient fournir l'imagination, les lumières et l'érudition du douzième siècle. La fable d'une colonie phrygienne, transportée des bords du Tibre sur ceux de la Tamise, s'ajustait facilement à celle de l'Énéide. Les augustes ancêtres d'Arthur tiraient leur origine de Troie et se trouvaient les alliés des Césars. Ses trophées étaient décorés de noms de provinces conquises et de titres impériaux; et ses victoires sur les Danois vengeaient en quelque façon les injures récentes de son pays. La superstition et la galanterie du héros breton, ses fêtes, ses tournois et l'institution de ses chevaliers de la Table ronde, sont calqués fidèlement sur le modèle de la chevalerie qui florissait alors; et les exploits fabuleux du fils d'Uther paraissent moins incroyables que les entreprises exécutées par la valeur des Normands. Les pèlerinages et les guerres saintes avaient introduit en Europe les contes de magie venus des Arabes : des fées, des géans, des dragons volans et des palais enchantés, se mêlèrent aux fictions plus simples de l'Occident; et l'on fit dépendre le sort de la Bretagne de l'art et des prédictions de Merlin. Toutes les nations reçurent et ornèrent le roman d'Arthur et des chevaliers de la Table ronde : la Grèce et l'Italie célébrèrent leurs noms; et les contes volumineux de Tristan et de

Lancelot devinrent la lecture favorite des princes et des nobles, qui dédaignaient les héros réels et les historiens de l'antiquité. Enfin le flambeau des sciences et de la raison se ralluma, le talisman fut brisé, l'édifice imaginaire qu'il avait élevé se dissipa dans les airs ; et, par un retour aussi injuste qu'ordinaire à l'opinion publique, notre siècle rejette non-seulement l'histoire d'Arthur, mais incline même à douter de son existence (1).

Désolation de la Bretagne.

La résistance, lorsqu'elle n'arrête pas la conquête, ne peut qu'en aggraver les calamités, et jamais la conquête n'offrit un spectacle plus sanglant que dans les mains des Saxons, qui détestaient la valeur de leurs ennemis, dédaignaient la foi des traités, et profanaient sans remords les objets les plus sacrés du culte des chrétiens. Des monceaux d'ossemens indiquaient presque dans chaque district les champs de bataille. Les fragmens des tours abattues étaient souillés de sang ; à la prise d'Anderida (2), tous les Bretons, sans dis-

---

(1) M. Thomas Warton a éclairci avec le goût d'un poëte et l'exactitude active d'un antiquaire, les progrès des romans et l'état des sciences dans le moyen âge. J'ai tiré des instructions qui m'ont été fort utiles, des deux savantes Dissertations qui se trouvent à la tête de son premier volume de l'histoire de la poésie anglaise.

(2) Andredes-Ceaster où Anderida était située, selon Camden (*Britannia*, vol. 1, p. 258), à Newenden, dans les terres marécageuses de Kent, peut-être couvertes jadis des eaux de la mer, et sur le bord de la grande forêt (Anderida) qui couvrait une si grande partie de Sussex et du Hampshire.

tinction de sexe ou d'âge, furent massacrés (1), et ces atrocités se répétèrent fréquemment sous l'heptarchie saxonne. Les arts et la religion, le langage et les lois que les Romains avaient cultivés en Bretagne avec tant de soin, disparurent sous leurs barbares successeurs. Après la destruction des principales églises, les évêques, qui n'ambitionnaient pas la couronne du martyre, se retirèrent avec les saintes reliques dans le pays de Galles ou dans l'Armorique. Les restes de leur troupeau manquèrent de tous les secours spirituels. Les peuples oublièrent insensiblement les pratiques et jusqu'au souvenir du christianisme ; et le clergé breton tira peut-être quelque consolation de la damnation inévitable de ces idolâtres. Les rois de France maintinrent les privilèges de leurs sujets romains ; mais les féroces Saxons anéantirent les lois de Rome et des empereurs. Les formes de la justice civile et criminelle, les titres d'honneur, les attributions des différens emplois, les rangs de la société, et jusqu'aux droits de mariage, de testament et de succession, furent totalement supprimés. La foule des esclaves nobles ou plébéiens se vit gouvernée par les lois grossières conservées par

---

(1). *Hoc anno* (490), *Ælla et Cissa obsederunt Andredes-Ceaster; et interfecerunt omnes qui id incoluerunt; adeo ut ne unus Brito ibi superstes fuerit.* ( Chron. saxon., p. 15.) Cette expression est plus effrayante dans sa simplicité que toutes les vagues et ennuyeuses lamentations du Jérémie de la Bretagne.

tradition chez les pâtres et les pirates de la Germanie. La langue introduite par les Romains pour les sciences, les affaires et la conversation, se perdit dans la désolation générale. Les Germains adoptèrent un petit nombre de mots celtiques ou latins ; suffisans pour exprimer leurs nouvelles idées et leurs nouveaux besoins (1); mais ces païens ignorans conservèrent et établirent l'usage de leur idiome national (2). Presque tous les noms des dignitaires de l'Église ou de l'État annoncent une origine teutonique (3) ; et la géographie d'Angleterre fut universellement chargée de noms et de caractères étrangers. On trouverait difficilement un second exemple d'une révolution si rapide et si complète ; elle peut faire raisonnablement supposer que les arts des Romains n'avaient pas poussé en Bretagne des racines aussi profondes qu'en Espagne ou dans la Gaule, et que l'ignorance et la

---

(1) Le docteur Johnson affirme qu'un très-petit nombre de mots anglais seulement tirent leur origine de la langue bretonne. M. Whitaker, qui entend le breton, en a découvert plus de trois mille, et en a fait un catalogue (vol. II, p. 235-329). Il est possible à la vérité qu'une partie de ces mots aient été transportés de la langue latine ou saxonne dans l'idiome natif de la Bretagne.

(2) Au commencement du septième siècle, les Francs et les Anglo-Saxons entendaient mutuellement leurs langages dérivés de la même racine teutonique. Bède, l. 1, c. 25, p. 60.

(3) Après la première génération de missionnaires écossais ou italiens, les dignités de l'Église furent remplies par des prosélytes saxons.

rudesse de ses habitans n'étaient couvertes que d'un mince vernis des mœurs italiennes.

Servitude.

Cette surprenante métamorphose a persuadé aux historiens, et même à des philosophes, que les habitans de la Bretagne avaient été totalement exterminés, et que les terres vacantes furent repeuplées par la perpétuelle arrivée de nouvelles colonies germaines et par leur rapide accroissement. On fait monter à trois cent mille le nombre des Saxons qui se rendirent aux ordres d'Hengist (1). L'émigration entière des Angles était constatée du temps de Bède par la solitude de leur pays natal (2); et l'expérience a démontré que les hommes se multiplient rapidement sur un sol désert et fertile, où ils jouissent de la liberté et d'une subsistance abondante. Les royaumes saxons présentaient l'aspect d'un pays nouvellement découvert et cultivé; les villes étaient petites, les villages éloignés, la culture languissante et mal dirigée. Le prix de quatre moutons équivalait à celui d'une acre de la meilleure terre (3). Le vaste espace

---

(1) *Histoire d'Angleterre* par Carte, vol. 1, p. 195. Il cite les historiens bretons; mais je soupçonne que Geoffroy de Monmouth est sa seule autorité (l. vi, c. 15).

(2) Bède, *Hist. ecclés.*, l. 1, c. 15, p. 52. Le fait est probable et bien attesté; cependant tel était le mélange confus des tribus germaines, que nous trouvons dans une période suivante la loi des Angles et des Warins de la Germanie. Lindenbrog, *Codex*, p. 479-486.

(3) *Voyez* la savante et utile histoire de la Grande-Bretagne par le docteur Henry, vol. 11, p. 388.

couvert par les bois et par les marais était abandonné à la nature ; et l'évêché moderne de Durham, le territoire entier depuis la Tyne jusqu'à la Tees, revenu à son état primitif, ne présentait plus qu'une vaste forêt (1). D'après cela, en effet, on concevrait aisément que quelques colonies anglaises eussent pu, dans l'espace de quelques générations, produire une population plus florissante ; mais ni le bon sens ni les faits connus ne peuvent autoriser à croire que les Saxons firent un désert du pays qu'ils avaient conquis. Après avoir assuré leur domination et satisfait leur vengeance, l'intérêt personnel engagea sans doute les Barbares à conserver les dociles paysans des campagnes aussi bien que leurs troupeaux. Dans toutes les révolutions, les animaux deviennent la propriété utile de leurs nouveaux maîtres, et les besoins mutuels ratifient tacitement le pacte salutaire des travaux et de la subsistance. Wilfrid, l'apôtre de Sussex (2), reçut en présent du prince qu'il convertit la péninsule de Selsey, près Chichester, avec

---

(1) *Quicquid*, dit Jean de Tinemouth, *inter Tinam et Tesam fluvios extitit sola eremi vastitudo tunc temporis fuit, et idcirco nullius ditioni servivit, eo quod sola indomitorum et sylvestrium animalium spelunca et habitatio fuit*, apud Carte, vol. 1, p. 195. L'évêque Nicholson m'apprend (*Bibl. histor. angl.*, p. 65, 98) que l'on conserve dans les Bibliothèques d'Oxford, Lambeth, etc., de très-belles copies des volumineuses collections de Jean de Tinemouth.

(2) *Voyez* la mission de Wilfrid, etc., dans Bède, *Hist. ecclés.*, l. IV, c. 13, 16, p. 155, 156, 159.

la propriété de quatre-vingt-sept familles qui l'habitaient. Ce saint personnage les affranchit sur-le-champ de toute servitude spirituelle et temporelle, et deux cent cinquante esclaves des deux sexes reçurent le baptême des mains de leur respectable maître. Le royaume de Sussex, qui s'étendait depuis la mer jusqu'à la Tamise, contenait sept mille familles : on en comptait douze cents dans l'île de Wight ; et en suivant ce calcul approximatif, il paraîtra probable que l'Angleterre était cultivée par un million de serfs ou *villains*, attachés aux terres de leurs maîtres absolus. Les Barbares indigens se vendaient souvent, eux et leurs enfans, même à des étrangers, en servitude perpétuelle (1). Cependant les exemptions spéciales accordées aux esclaves nationaux (2), annoncent qu'ils étaient moins nombreux que les étrangers et les captifs qui avaient perdu la liberté ou changé de maître par les hasards de la guerre. Lorsque le temps et la religion eurent adouci la férocité des Anglo-Saxons, les lois encouragèrent la pratique de la manumission ; et leurs sujets, d'extraction galloise ou cambrienne, possédèrent, avec

---

(1) D'après les témoignages conformes de Bède (l. II, c. 1, p. 78) et de Guillaume de Malmsbury (l. III, p. 102), il paraît que les Anglo-Saxons persévérèrent depuis le premier siècle jusqu'au dernier dans cette pratique qui offense la nature. Ils vendaient publiquement leurs enfans dans les marchés de Rome.

(2) Selon les lois d'Ina, ils ne pouvaient pas être vendus légitimement pour passer au-delà des mers.

le titre honorable d'hommes libres d'un rang inférieur, des terres et tous les priviléges de la société civile (1). Cette politique humaine était propre à leur assurer la fidélité du peuple fier et indocile qui habitait les confins du pays de Galles et de Cornouailles, et qu'ils avaient récemment soumis. Le sage Ina, législateur de Wessex, réunit les deux nations par les liens de l'alliance domestique, et l'on remarque quatre seigneurs bretons du Sommersetshire placés honorablement à la cour du monarque saxon (2).

Les Bretons indépendans retombèrent, à ce qu'il paraît, dans l'état de barbarie primitive dont ils étaient imparfaitement sortis. Séparés par leurs ennemis du reste du genre humain, ils devinrent bientôt, pour le monde catholique, un objet de scandale et d'horreur (3). Les montagnards du pays de Galles

*Mœurs des Bretons.*

---

(1) La vie d'un *vallus* ou *cambricus homo*, qui possédait une *hyde* de terre, était appréciée par la même loi d'Ina à cent vingt schellings (tit. XXXII ; *in leg. Anglo-Saxon.*, p. 20). Elle accorde deux cents schellings pour un Saxon libre, et douze cents pour un seigneur saxon. ( *Voyez* aussi *leg. Anglo-Saxon.*, p. 71.) Nous pouvons observer que ces législateurs, les Saxons occidentaux et les Merciens, continuèrent leurs conquêtes dans la Bretagne après qu'ils eurent embrassé le christianisme. Les lois de quatre rois de Kent ne daignent pas même indiquer l'existence de leurs sujets bretons.

(2) *Voyez* Carte, *Hist. d'Anglet.*, vol. 1, p. 278.

(3) A la fin de son histoire (A. D. 731) Bède décrit l'état ecclésiastique de l'île, et blâme la haine implacable, quoi-

professaient encore le christianisme ; mais ces schismatiques indociles rejetaient avec opiniâtreté les mandats du pontife romain relativement à la *forme* de la tonsure de leurs clercs, et au *jour* de la célébration de la fête de Pâques. L'usage de la langue latine fut aboli, et les Bretons furent privés de l'usage des arts et des sciences que l'Italie avait communiqués aux Saxons qu'elle avait convertis : le pays de Galles et l'Armorique conservèrent et propagèrent la langue celtique, ancien idiome de l'Occident ; et les bardes, anciens compagnons des druides, ont encore été protégés, dans le seizième siècle, par les lois d'Élisabeth. Leur chef, officier respectable des cours de Pengwern, d'Aberfraw ou de Caermathaën, accompagnait à la guerre les domestiques du roi ; les droits des Bretons à la monarchie, qu'il chantait à la tête de l'armée, excitaient le courage des soldats et justifiaient leurs rapines ; et le chanteur avait droit, pour récompense, à la plus belle des génisses qui se trouvaient dans le butin. Les bardes inférieurs, dont les uns enseignaient, les autres apprenaient la musique vocale et instrumentale, visitaient successivement dans leur arrondissement les palais des rois, les maisons des nobles et celles des plébéiens, et fatiguaient de leurs demandes importunes des peuples déjà épuisés par les besoins du clergé. Les bardes subissaient des examens ; on fixait leur rang à raison

---

que impuissante, des Bretons contre les Anglais et l'Église catholique (l. v, c. 23, p. 219).

de leur mérite, et l'opinion générale d'une inspiration surnaturelle excitait le génie de ces poëtes et la confiance de leurs auditeurs (1). L'extrémité septentrionale de la Bretagne et de la Gaule, dernier refuge de la liberté celtique, était moins propre à l'agriculture qu'aux pâturages : les richesses des Bretons consistaient en troupeaux. Ils faisaient du lait et de la chair des animaux leur nourriture ordinaire, et recherchaient ou rejetaient le pain comme un luxe étranger. L'amour de la liberté peupla les montagnes du pays de Galles et les marais de l'Armorique; mais la malignité attribua leur population rapide à l'usage de la polygamie, et supposa que chaque Barbare avait dans sa maison dix femmes et peut-être une cinquantaine d'enfans (2). Naturellement impétueux et irascibles, ils montraient leur hardiesse

---

(1) Le voyage de M. Pennant dans le pays de Galles (p. 426-449) m'a fourni une anecdote très-intéressante sur les bardes gallois. Dans l'année 1568, on tint à Caerwys une session par l'ordre spécial de la reine Élisabeth, et cinquante-cinq ménestrels y reçurent régulièrement leurs grades en musique vocale et instrumentale ; la famille de Mostyn, qui présidait, adjugea pour prix une harpe d'argent.

(2) *Regio longê latèque diffusa, milite, magis quàm credibile sit, refertâ. Partibus equidem in illis miles unus quinquaginta generat, sortitus more barbaro denas aut amplius uxores.* Ce reproche de Guillaume de Poitiers, dans les *Historiens de France*, t. II, p. 88, est repoussé par les éditeurs bénédictins.

dans leurs discours comme dans leurs actions (1). Étrangers aux arts de la paix, ils faisaient leur plaisir de la guerre étrangère ou domestique. On redoutait également la cavalerie de l'Armorique, les lanciers de Gwent et les archers de Merioneth; mais leur pauvreté leur permettait rarement de se procurer des casques ou des boucliers; d'ailleurs, ces armes pesantes auraient diminué leur agilité et retardé la rapidité de leurs opérations irrégulières. Un empereur grec pria un des plus grands monarques de l'Angleterre, Henri II, de satisfaire sa curiosité relativement aux mœurs de la Bretagne; et celui-ci put lui affirmer, d'après sa propre expérience, que le pays de Galles était habité par une race d'hommes qui combattaient tout nus et attaquaient hardiment leurs ennemis couverts d'armes défensives (2).

État obscur et fabuleux de la Bretagne.

La révolution de la Bretagne rétrécit l'empire de la science comme celui des Romains. L'épaisse obscurité que les découvertes des Phéniciens avaient un peu éclaircie, et qu'avaient entièrement dissipée les armes de César, s'étendit de nouveau sur les côtes

---

(1) Giraldus Cambrensis n'accorde ce don d'une éloquence prompte et hardie qu'aux Romains, aux Français et aux Bretons. Le malveillant Gallois insinue que la taciturnité des Anglais pourrait bien être l'effet de leur esclavage sous le gouvernement des Normands.

(2) La peinture des mœurs du pays de Galles et de l'Armorique est tirée de Giraldus (*Descript. Cambriæ*, c. 6-15, *inter script. Camden*, p. 886-891) et des auteurs cités par l'abbé de Vertot (*Hist. crit.*, t. II, p. 259-266).

de la mer Atlantique; et une province romaine se trouva encore une fois confondue dans le nombre des îles fabuleuses de l'Océan. Cent cinquante ans après le règne d'Honorius, le plus grave historien de ces temps raconte les prodiges (1) d'une île éloignée, dont la partie orientale est séparée de la partie occidentale par un mur antique, qui sert de borne entre la vie et la mort, ou, pour parler plus proprement, entre la fiction et la vérité. On trouve à l'orient un beau pays, peuplé d'habitans civilisés, un air sain, des eaux pures et abondantes, un sol qui produit régulièrement de fertiles moissons: A l'occident, audelà du mur, l'air est imprégné de vapeurs mortelles, la terre est couverte de serpens. Cette solitude horrible sert d'habitation aux âmes des morts, qui y sont transportées dans des bateaux solides et par des rameurs vivans. Quelques familles de pêcheurs, sujets des Francs, sont exemptes de tribut en considération de l'office mystérieux qu'exécutent ces Carons de l'Océan. Chacun d'eux veille à son tour pendant la nuit, entend la voix et même les noms des ombres, s'aperçoit de leur poids, et se sent entraîné par une puissance inconnue et irrésistible. A la fin de ce rêve de l'imagination, nous lisons avec surprise qu'on

---

(1) *Voy.* Procope, *de Bell. goth.*, l. IV, c. 20, p. 620-625. L'historien grec paraît si confondu des prodiges qu'il raconte, qu'il tente faiblement de distinguer les îles de Brittia et de Bretagne, qu'il a identifiées d'avance par tant de circonstances inséparables.

nomme cette île Brittia ; qu'elle est située dans l'Océan, en face de la bouche du Rhin, et à moins de trente milles du continent ; qu'elle appartient à trois nations différentes : aux Frisons, aux Angles et aux Bretons ; et qu'on a vu quelques Angles à Constantinople parmi la suite des ambassadeurs français. Ce fut peut-être de ces ambassadeurs que Procope apprit une anecdote singulière, mais qui n'a rien d'invraisemblable, et qui fait connaître le courage plus que la délicatesse d'une héroïne anglaise. Elle avait été fiancée à Radiger, roi des Varnes, tribu des Germains qui habitaient les environs du Rhin et de l'Océan ; mais son perfide amant préféra, sans doute par des raisons de politique, d'épouser la veuve de son père, la sœur de Théodebert, roi des Francs (1). La princesse des Angles, au lieu de déplorer son injure, résolut de la venger. Ses sujets, quoique belliqueux, ne connaissaient point, dit-on, la manière de combattre à cheval, et n'avaient même aucune idée d'un pareil animal ; elle embarqua une armée de cent mille

---

(1) Théodebert, roi d'Austrasie, et petit-fils de Clovis, était le prince le plus puissant et le guerrier le plus renommé de son siècle ; et l'on peut placer cette aventure remarquable entre les années 534 et 547, époques du commencement et de la fin de son règne. Sa sœur Theudechilde se retira dans la ville de Sens, où elle fonda des monastères et distribua des aumônes. (*Voyez* les Notes des éditeurs bénédictins, t. II, p. 216.) Si nous en croyons les éloges de Fortunatus (l. VI, *carm.* 5, t. II, p. 507), Radiger perdit la plus estimable des femmes.

hommes sur une flotte de quatre cents vaisseaux, partit hardiment de la Bretagne, et prit terre vers l'embouchure du Rhin. Radiger, après la perte d'une bataille et de sa liberté, implora la clémence de sa victorieuse épouse, qui lui pardonna généreusement, renvoya sa rivale, et fit remplir fidèlement au roi vaincu les conventions et les devoirs du mariage (1). Il paraît que ce brillant exploit fut la dernière entreprise navale des Anglo-Saxons. Ces Barbares indolens négligèrent bientôt l'art de la navigation, qui leur avait valu la possession de la Bretagne et de l'empire des mers, et abandonnèrent insensiblement les avantages du commerce et de leur situation. Sept royaumes indépendans s'élevèrent; ils furent continuellement agités par la discorde; et l'*univers breton* se trouva presque entièrement séparé des nations du continent sans en être rarement rapproché, soit par la paix, soit par la guerre (2).

---

(1) Elle était peut-être sœur d'un des princes ou chefs des Angles, qui descendirent en 527 et dans les années suivantes, entre l'Humber et la Tamise, et qui fondèrent peu à peu les royaumes de Mercie et d'Estanglie. Les écrivains anglais paraissent ignorer leurs noms et leur existence; mais Procope peut avoir suggéré à M. Rowe le caractère et la situation de Rodogune dans la tragédie du *Royal Converti*.

(2) On ne trouve aucune trace dans la volumineuse histoire de saint Grégoire de Tours, d'aucunes relations, soit hostiles, soit amicales, entre la France et l'Angleterre, si l'on en excepte le mariage de la fille de Caribert, roi de

*Chute de l'empire romain d'Occident.*

J'ai enfin terminé le récit pénible du déclin et de la chute de l'empire romain, depuis l'âge heureux de Trajan et des Antonins jusqu'à son extinction totale dans l'Occident, environ cinq cents ans après le commencement de l'ère chrétienne. A cette époque funeste, les Saxons combattaient avec fureur contre les habitans de la Bretagne, pour la possession de cette contrée. La Gaule et l'Espagne étaient partagées entre les deux puissantes monarchies des Francs et des Visigoths, et les royaumes dépendans des Suèves et des Bourguignons. L'Afrique souffrait de la cruelle persécution des Vandales et des sauvages incursions des Maures; Rome, l'Italie et les contrées jusqu'aux bords du Danube, étaient désolées par une armée de Barbares mercenaires, dont la tyrannie sans frein fit place à la domination de Théodoric, roi des Ostrogoths. Tous ceux des sujets de l'empire qui, par l'usage de la langue latine, méritaient de préférence le nom et les priviléges de citoyens romains, subissaient l'humiliation et les calamités qui accablent un peuple conquis; et les nations victorieuses de la Germanie établissaient dans l'Europe occidentale des mœurs nouvelles, et un nouveau système de gouvernement. La majesté de Rome n'était que bien imparfaitement représentée par les princes de Constantinople, faibles

---

Paris, *quam regis* cujusdam *in Cantiâ filius matrimonio copulavit.* (L. ix, c. 26; t. ii, p. 348.) L'évêque de Tours finit son histoire et sa vie presque immédiatement avant la conversion de la province de Kent.

successeurs d'Auguste. Cependant ils régnaient encore sur l'Orient depuis les rives du Danube jusqu'aux bords du Nil et du Tigre. L'empereur Justinien renversa en Italie et en Afrique les trônes des Goths et des Vandales ; et l'histoire de l'empire grec peut encore fournir une longue suite de leçons instructives et de révolutions intérieures.

# OBSERVATIONS GÉNÉRALES

## SUR LA CHUTE DE L'EMPIRE ROMAIN DANS L'OCCIDENT.

Les Grecs, lorsque leur patrie eut été réduite au rang de province romaine, attribuèrent les triomphes de la république à sa FORTUNE plutôt qu'à ses vertus. L'inconstante déesse, qui distribue et reprend si aveuglément ses faveurs, a enfin consenti, disaient d'envieux flatteurs, à abandonner sa roue, à quitter ses ailes, et à établir pour toujours son trône sur les bords du Tibre (1). Un Grec plus judicieux, qui a composé philosophiquement l'histoire mémorable de son siècle, détruisit cette vaine illusion de ses compatriotes, en découvrant à leurs regards les fondemens profonds et solides de la grandeur des Romains (2).

---

(1) Telles sont les expressions figurées de Plutarque (*Opera*, t. II, p. 318, édit. Wechel.), à qui, sur l'autorité de son fils Lamprias (Fabr., *Bibl. græc.*, t. III, p. 341), j'attribuerai hardiment la déclamation malveillante περι της Ρωμαιων τυχης. Les mêmes opinions régnaient chez les Grecs deux cent cinquante ans avant Plutarque; et Polybe (*Hist.*, l. 1, p. 90, édit. Gronov. Amster. 1670.) annonce positivement l'intention de les réfuter.

(2) *Voyez* les restes inestimables du sixième livre de Polybe, et différens autres passages de son Histoire générale, particulièrement une digression de son dix-septième livre, dans laquelle il compare la phalange et la légion.

Les préceptes de l'éducation et les préjugés de la religion confirmaient la fidélité réciproque des citoyens, et leur dévouement à la patrie. La république avait également pour principe le sentiment de l'honneur, et celui de la vertu. Les citoyens brûlaient du désir de mériter les honneurs d'un triomphe, et l'ardeur de la jeunesse romaine se convertissait en une noble émulation à la vue des portraits de ses ancêtres (1). Les débats modérés des patriciens et des plébéiens avaient enfin établi dans la constitution une balance égale, qui réunissait la liberté des assemblées du peuple, la sage autorité d'un sénat, et la puissance exécutrice d'un magistrat suprême. Lorsque le consul déployait l'étendard de la république, chaque citoyen contractait par serment l'obligation de combattre pour sa patrie, jusqu'à ce qu'il eût accompli ses devoirs envers elle par un service militaire de dix années. Cette sage institution amenait continuellement sous les drapeaux les générations naissantes des citoyens et des soldats ; et leur nombre s'augmentait insensiblement des forces guerrières de toutes les nations de la populeuse Italie, qui, après une résistance courageuse, cédant à la valeur des Romains, embrassaient leur alliance. Le sage histo-

---

(1) Salluste (*de Bell. Jugurth.*) prétend avoir entendu ces généreux sentimens exprimés par P. Scipion et Q. Maximus, morts plusieurs années avant sa naissance. Il avait lu et probablement copié Polybe, leur contemporain et leur ami.

rien qui enflamma le courage du dernier des Scipions, et qui contempla les ruines de Carthage (1), a décrit soigneusement leur système militaire, leurs levées, leurs armes, leurs exercices, leur subordination, leurs marches, leurs campemens, et leur invincible légion, si supérieure en force et en activité à la phalange macédonienne de Philippe et d'Alexandre. C'est à ses sages institutions de paix et de guerre que Polybe attribuait le caractère et les succès d'un peuple incapable de crainte et ennemi du repos. Le vaste projet de conquête, que les nations auraient pu déconcerter en se réunissant à temps contre les Romains, fut entrepris et terminé avec succès; et des vertus politiques, la valeur et la prudence, soutinrent le parti qui violait perpétuellement la justice et l'humanité. Les armées de la république, vaincues dans quelques batailles, mais toujours victorieuses à la fin de la guerre, s'avancèrent avec rapidité vers l'Euphrate, le Danube, le Rhin et l'Océan; et l'or, l'argent, le cuivre, images qui ont pu servir à représenter les rois et leurs nations, furent successivement brisés sous le joug de fer de la domination romaine (2).

---

(1) Tandis que les flammes réduisaient Carthage en cendres, Scipion répéta deux vers de l'Iliade qui peignent la destruction de Troie, et avoua à Polybe, son ami et son précepteur (Polybe, *in excerpt. de Virtut. et Vit.*, tome II, pag. 1455-1465), que, frappé des vicissitudes humaines, il les appliquait intérieurement aux calamités futures de Rome.

(2) *Voyez* Daniel, II, 31-40. « Et le quatrième royaume

L'élévation d'une ville qui devint ensuite un empire, mérite, par sa singularité presque miraculeuse, d'exercer les réflexions d'un esprit philosophique : mais la chute de Rome fut l'effet naturel et inévitable de l'excès de sa grandeur. Sa prospérité mûrit, pour ainsi dire, les principes de décadence qu'elle renfermait dans son sein ; les causes de destruction se multiplièrent avec l'étendue de ses conquêtes ; et dès que le temps ou les événemens eurent détruit les supports artificiels qui soutenaient ce prodigieux édifice, il succomba sous son propre poids. L'histoire de sa ruine est simple et facile à concevoir. Ce n'est point la destruction de Rome, mais la durée de son empire, qui a droit de nous étonner. Les légions victorieuses qui contractèrent dans des guerres éloignées les vices des étrangers et des mercenaires, opprimèrent d'abord la liberté de la république, et violèrent ensuite la majesté de la pourpre. Les empereurs, occupés de leur sûreté personnelle et de la tranquillité publique, eurent recours malgré eux au funeste expédient de corrompre la discipline, qui rendait les armées aussi redoutables à leur sou-

---

aura la force et la dureté *du fer*, et le fer vient à bout de tout briser et de tout dompter. » Le reste de la prophétie, le mélange de fer et d'argile, fut accompli, selon saint Jérôme, dans le temps où il vivait. *Sicut enim in principio nihil Romano imperio fortius et durius, ita in fine rerum nihil imbecillius : quùm et in bellis civilibus et adversus diversas nationes, aliarum gentium barbararum auxilio indigemus.* Opera, t. v, p. 572.

verain qu'aux ennemis ; le gouvernement militaire perdit de sa vigueur ; les institutions partiales de Constantin l'anéantirent, et le monde romain devint la proie d'une multitude de Barbares.

On a souvent attribué la chute du gouvernement romain à la translation du siége de l'empire ; mais j'ai déjà démontré dans cette Histoire que la puissance du gouvernement fut divisée plutôt que transférée. Tandis que les empereurs de Constantinople régnaient en Orient, l'Occident eut une suite de souverains qui faisaient leur résidence en Italie, et partageaient également les provinces et les légions. Cette dangereuse innovation diminua les forces et augmenta les vices d'un double règne ; les instrumens d'un système arbitraire et tyrannique se multiplièrent, et une vaine émulation de luxe, et non de mérite, s'introduisit entre les successeurs dégénérés de Théodose. L'excès du péril, qui réunit un peuple vertueux et libre, envenime les factions d'une monarchie qui penche vers sa ruine. L'inimitié des favoris d'Honorius et d'Arcadius livra la république à ses ennemis, et la cour de Constantinople vit avec indifférence, peut-être même avec satisfaction, l'humiliation de Rome ; les malheurs de l'Italie et la perte de l'Occident. Sous les règnes suivans, les deux empires renouvelèrent leur alliance ; mais les secours des Romains orientaux furent tardifs, suspects et inutiles ; et la différence de langage, de mœurs, d'intérêts, et même de religion, confirma le schisme national des Grecs et des Latins. L'événement justifia cependant, en quelque façon, le choix de Constantin. Durant une longue période de faiblesse, l'imprenable Byzance repoussa les armées victorieuses des Barbares, protégea les riches contrées de l'Asie, et défendit avec succès, en temps de paix comme en temps de guerre, le détroit qui joint la mer Noire à la Méditerranée. Constantinople contribua beaucoup plus à la conservation de l'Orient qu'à la ruine de l'Occident.

Comme le principal objet de la religion est le bonheur d'une vie future, on peut remarquer sans surprise et sans scandale que l'introduction, ou au moins l'abus du christianisme, eut quelque influence sur le déclin et sur la chute de l'empire des Romains. Le clergé prêchait avec succès la doctrine de la patience et de la pusillanimité. Les vertus actives qui soutiennent la société étaient découragées, et les derniers débris de l'esprit militaire s'ensevelissaient dans les cloîtres. On consacrait sans scrupule aux usages de la charité ou de la dévotion une grande partie des richesses du public et des particuliers; et la paye des soldats était prodiguée à une multitude oisive des deux sexes, qui n'avait d'autres vertus que celles de l'abstinence et de la chasteté. La foi, le zèle, la curiosité et les passions plus mondaines de l'ambition et de l'envie, enflammaient les discordes théologiques. L'Église et l'État furent déchirés par des factions religieuses, dont les querelles étaient quelquefois sanglantes et toujours implacables. L'attention des empereurs abandonna les camps pour s'occuper des synodes; une nouvelle espèce de tyrannie opprima le monde romain, et les sectes persécutées devinrent en secret ennemies de leur patrie. Cependant l'esprit de parti, quoique absurde et pernicieux, tend à réunir les hommes aussi bien qu'à les diviser : les évêques faisaient retentir dix-huit cents chaires des préceptes d'une soumission passive à l'autorité d'un souverain orthodoxe et légitime; leurs fréquentes assemblées et leur continuelle correspondance maintenaient l'union des Églises éloignées, et l'alliance spirituelle des catholiques soutenait l'influence bienfaisante de l'Évangile, qu'elle resserrait à la vérité dans d'étroites limites. Un siècle servile et efféminé adopta facilement la sainte indolence de la vie monastique; mais si la superstition n'eût pas ouvert cet asile, les lâches Romains auraient déserté l'étendard de la république par des motifs plus condamnables. On obéit sans peine à des préceptes religieux qui encouragent et sanctifient l'inclination des prosélytes; mais on peut suivre et admirer la véritable influence du christianisme dans les effets salutaires, quoique imparfaits, qu'il produisit sur les Barbares du Nord. Si la conversion de Constantin précipita la décadence de l'empire, sa religion victorieuse rompit du moins la violence de la chute en adoucissant la férocité des conquérans.

Cette effrayante révolution peut s'appliquer utilement à l'instruction de notre siècle : un patriote doit sans doute préférer et chercher exclusivement l'intérêt et la gloire de son pays natal ; mais il est permis à un philosophe d'étendre ses vues, et de considérer l'Europe entière comme une grande république, dont tous les habitans ont atteint à peu près au même degré de culture et de perfection. La prépondérance continuera de passer successivement d'une puissance à l'autre, et la prospérité de notre patrie ou des royaumes voisins peut alternativement s'accroître ou diminuer ; mais ces faibles révolutions n'influeront pas à un certain point sur le bonheur général ; elles ne détruiront point le système d'arts, de lois et de mœurs, qui distinguent si avantageusement les Européens et leurs colonies des autres nations de la terre. Les peuples sauvages sont les ennemis communs de toutes les sociétés civilisées ; nous pouvons examiner avec quelque inquiétude et quelque curiosité si l'Europe est exposée à craindre encore une répétition des calamités qui renversèrent l'empire de Rome et anéantirent ses institutions : les mêmes réflexions serviront peut-être à expliquer des causes qui contribuèrent à la ruine de ce puissant empire, et celles qui motivent aujourd'hui notre sécurité.

1. Les Romains ignoraient l'étendue de leur danger et le nombre de leurs ennemis. Au-delà du Danube et du Rhin, les pays septentrionaux de l'Europe et de l'Asie étaient remplis d'innombrables tribus de pâtres et de chasseurs, pauvres, voraces et turbulens, hardis les armes à la main, et avides de s'emparer des fruits de l'industrie. La rapide impulsion de la guerre se fit sentir dans tout le monde.

barbare, et les révolutions de la Chine entraînèrent celles de la Gaule et de l'Italie. Les Huns, fuyant devant un ennemi victorieux, dirigèrent leur marche vers l'Occident, et le torrent s'augmenta de la foule des captifs et des alliés. Les tribus fugitives, qui cédaient aux Huns, furent saisies à leur tour de l'esprit de conquête. Le poids accumulé d'une multitude de Barbares qui se précipitaient les uns sur les autres, fondit avec impétuosité sur l'empire romain; à peine avaient-ils détruit les premiers, que d'autres occupaient leur place et présentaient de nouveaux assaillans. On ne peut plus voir sortir du Nord ces émigrations formidables; et le long repos qui a été attribué au décroissement de la population, est la suite heureuse des progrès des arts et de l'agriculture. Au lieu de quelques villages placés de loin en loin parmi les bois et les marais, l'Allemagne compte aujourd'hui deux mille trois cents villes environnées de murs. Les royaumes chrétiens du Danemarck, de la Suède et de la Pologne, se sont élevés successivement; les négocians anséatiques et les chevaliers teutons ont étendu leurs colonies le long des côtes de la mer Baltique jusqu'au golfe de Finlande. Depuis le golfe de Finlande jusqu'à l'océan Oriental, la Russie prend aujourd'hui la forme d'un empire puissant et civilisé. On voit sur les bords du Volga, de l'Obi et du Lena, le laboureur conduire sa charrue; le tisserand travailler à son métier, et le forgeron battre le fer sur son enclume; les plus féroces des Tartares ont appris à craindre et à obéir. Les Barbares indépendans n'occupent plus qu'un bien petit espace ; et les restes des Kalmouks et des Usbecks, réduits à un si petit nombre, que l'on peut, pour ainsi dire, les compter, n'ont pas le pouvoir d'inquiéter sérieusement la grande république d'Europe (1). Cependant cette sécurité apparente ne doit pas nous faire oublier que du sein de quelque peuple obscur, à peine visible sur la carte du monde, peuvent naître de nouveaux ennemis et des dangers imprévus. Les Arabes ou Sarrasins, qui étendirent leurs conquêtes depuis l'Inde jusqu'en Espagne, languissaient dans l'indigence et dans l'obscurité, lorsque Mahomet anima leurs corps sauvages du souffle de l'enthousiasme.

II. L'empire de Rome était solidement établi sur la singulière et parfaite union de toutes ses parties. Les peuples devenus ses sujets avaient renoncé à l'espoir et même au désir de l'indépendance, et se trouvaient honorés du titre de citoyens romains. Forcées de céder aux Barbares, les provinces de l'Occident se virent avec douleur séparées de leur

---

(1) Les éditeurs français et anglais de l'Histoire généalogique des Tartares y ont joint une description curieuse, mais imparfaite, de l'état de ces peuples. Nous pourrions révoquer en doute l'indépendance des Kalmouks ou Eluths, puisqu'ils ont été vaincus récemment par les Chinois, qui soumirent (en 1759) la petite Bucharie, et avancèrent dans le pays de Badakshán, près des sources de l'Oxus. (*Mém. sur les Chinois*, t. 1, p. 325-400.) Mais ces conquêtes sont précaires, et je ne m'aventurerai point à cautionner la sûreté de l'empire de la Chine.

mère-patrie (1); mais elles avaient acheté cette union par la perte de la liberté nationale et de l'esprit militaire ; et, dénuées de vie et de mouvement, ces provinces asservies attendaient leur salut de troupes mercenaires et de gouverneurs dirigés par les ordres d'une cour éloignée. Le bonheur de cent millions d'individus dépendait du mérite personnel d'un ou deux hommes, peut-être de deux enfans dont l'éducation, le luxe et le despotime, avaient corrompu le caractère et les inclinations. Ce fut sous les minorités des fils et des petits-fils de Théodose, que l'empire reçut les plus profondes blessures ; et lorsque ces princes méprisables parurent avoir atteint l'âge de la virilité, ils abandonnèrent l'Église aux évêques, l'État aux eunuques, et les provinces aux Barbares. Aujourd'hui l'Europe est divisée en douze royaumes puissans, quoique inégaux, trois républiques respectables, et un grand nombre d'autres souverainetés plus petites, mais indépendantes. Les chances de talens dans les princes et les ministres sont au moins multipliées en raison du nombre des souverains : un Julien, une Sémiramis, peuvent régner dans le Nord ; tandis qu'Arcadius et Honorius dorment encore sur les trônes du Midi. L'influence réci-

---

(1) Le lecteur raisonnable jugera à quel degré cette proposition générale peut être affaiblie par la révolte des Isauriens, l'indépendance de la Bretagne et de l'Armorique, les tribus mauresques ou les Bagaudes de la Gaule et de l'Espagne (vol. II, p. 181 ; vol. VI, p. 108, 230, 378).

proque de la crainte et de la honte arrêtèrent l'abus
de la tyrannie. Les républiques ont acquis de l'ordre et de la stabilité; les monarchies ont adopté
des maximes de liberté ou au moins de modération;
et les mœurs générales du siècle ont introduit quelques sentimens d'honneur et de justice dans les constitutions les plus défectueuses. En temps de paix,
l'émulation active de tant de rivaux accélère les
progrès des sciences et de l'industrie; en temps de
guerre, des contestations passagères et peu décisives
exercent les forces militaires de l'Europe. Si un conquérant sauvage sortait des déserts de la Tartarie, il
aurait à vaincre en différens combats les robustes
paysans de la Russie; les nombreuses armées de
l'Allemagne; la vaillante noblesse de France, et les
intrépides citoyens de la Grande-Bretagne; qui peut-être même se réuniraient tous pour la défense commune. En supposant que les Barbares victorieux
portassent l'esclavage et la désolation jusqu'à l'océan
Atlantique, dix mille vaisseaux mettraient les restes
de la société civilisée à l'abri de leurs poursuites, et
l'Europe renaîtrait et fleurirait en Amérique, où elle
a déjà fait passer ses institutions avec ses nombreuses
colonies (1).

---

(1) L'Amérique contient aujourd'hui environ six millions
d'Européens de naissance ou d'origine, et leur nombre, au
moins dans le nord, augmente continuellement. Quelles que
soient les révolutions de leur système politique, ils conserveront les mœurs de l'Europe; et nous pouvons penser avec

III. Le froid, la pauvreté, l'habitude des dangers et de la fatigue, entretiennent les forces et le courage des Barbares. Dans tous les siècles, ils ont fait la loi aux nations paisibles et policées de la Chine, de l'Inde et de la Perse; qui négligeaient et négligent encore de suppléer à ces avantages naturels par les ressources de l'art militaire. Les nations guerrières de l'antiquité, de la Grèce, de la Macédoine et de Rome, élevaient une race de soldats, exerçaient leurs corps, disciplinaient leur courage, multipliaient leurs forces par des évolutions régulières; et convertissaient le fer, production de leurs climats, en armes utiles pour l'attaque et pour la défense; mais la corruption de leurs mœurs et de leurs lois fit insensiblement disparaître cette supériorité. La politique faible de Constantin et de ses successeurs arma et instruisit la valeur indisciplinée des mercenaires barbares qui renversèrent l'empire. L'invention de la poudre a produit une grande révolution dans l'art militaire, en soumettant au pouvoir de l'homme l'air et le feu, les deux plus redoutables agens de la nature. Les mathématiques, la chimie, la mécanique et l'architecture, ont appliqué leurs découvertes au service de la guerre; et les combattans emploient aujourd'hui, pour l'attaque et la défense, les méthodes les plus savantes et les plus compliquées. Les historiens peuvent observer avec indignation que

---

quelque plaisir que la langue anglaise sera probablement répandue sur un continent immense et richement peuplé.

les préparatifs d'un siége établiraient et entretiendraient une colonie florissante (1) ; on n'en regardera pas moins sans doute comme un bonheur, que la destruction d'une ville soit une entreprise difficile et dispendieuse, ou qu'un peuple industrieux fasse servir à sa défense les arts qui survivent et suppléent à la valeur militaire. Le canon et les fortifications forment une barrière impénétrable à la cavalerie des Tartares, et l'Europe n'a plus à redouter une irruption de Barbares, puisqu'il serait indispensable qu'ils se civilisassent avant de pouvoir conquérir. Leurs découvertes dans la science de la guerre seraient nécessairement accompagnées, comme l'exemple de la Russie le démontre, de progrès proportionnés dans les arts paisibles et dans la politique civile ; ils mériteraient alors d'être comptés dans le nombre des nations civilisées qu'ils pourraient soumettre.

---

(1) « On avait fait venir (pour le siége de Turin) cent quarante pièces de canon, et il est à remarquer que chaque gros canon monté revient environ à deux mille écus; il y avait cent dix mille boulets, cent six mille cartouches d'une espèce, et trois cent mille d'une autre ; vingt-un mille bombes, vingt-sept mille sept cents grenades, quinze mille sacs à terre, trente mille instrumens pour le pionnage, et douze cent mille livres de poudre : ajoutez à ces munitions le plomb, le fer, le fer-blanc, les cordages, et tout ce qui sert aux mineurs, le soufre, le salpêtre, les outils de toute espèce. Il est certain que les frais de tous ces préparatifs de destruction suffiraient pour fonder et faire fleurir la plus nombreuse colonie. » Voltaire, *Siècle de Louis* XIV, c. 20.

Si ces réflexions paraissaient insuffisantes, il nous resterait encore une source plus humble d'espoir ou de sécurité : les découvertes des navigateurs anciens et modernes, et l'histoire domestique ou la tradition des nations les plus éclairées, représentent l'homme sauvage comme également dépouillé de vêtement et d'imagination, privé de lois, d'arts, d'idées, et presque d'un langage qui puisse les exprimer (1). De cette situation abjecte, peut-être l'état primitif et universel de l'homme, il est parvenu à dompter les animaux, à fertiliser la terre, à traverser l'Océan, et à mesurer les cieux. Ses progrès, dans le développement et dans l'usage de ses facultés mentales et corporelles (2), ont été irréguliers et divers; très-lents dans le principe, ils se sont étendus par degrés

---

(1) Il serait aussi aisé que fastidieux de produire les autorités des poètes, des philosophes et des historiens; et je me contenterai d'en appeler au témoignage authentique et décisif de Diodore de Sicile (t. 1, l. 1, p. 11, 12; l. III, p. 184, etc., éd. Wesseling). Les Ichthyophages qui erraient de son temps sur les côtes de la mer Rouge, ne peuvent se comparer qu'aux sauvages de la Nouvelle-Hollande. (*Voyage* de Dampierre, vol. 1, p. 464-469.) L'imagination ou peut-être la raison peut supposer un état de pure nature fort inférieur à celui de ces sauvages, qui avaient acquis quelques arts et quelques outils.

(2). *Voyez* le savant et judicieux ouvrage du président Goguet, *de l'Origine des Lois, des Arts et des Sciences*. Il cite quelques faits, et propose des conjectures (t. 1, p. 147-337; édit. in-12) sur les premiers pas de l'invention humaine, qui furent sans doute les plus difficiles.

avec une rapidité toujours croissante ; une chute subite a souvent détruit en un instant les travaux pénibles de plusieurs siècles, et tous les climats de la terre ont éprouvé successivement les vicissitudes de la lumière et de l'obscurité. Cependant l'expérience de quatre mille ans doit diminuer nos craintes et encourager nos espérances. Nous ne saurions déterminer à quelle hauteur le genre humain est capable de s'élever dans la route de la perfection ; mais on peut présumer raisonnablement qu'à moins d'une révolution générale qui bouleverse la face du globe, aucun des peuples qui l'habitent ne retombera dans sa barbarie originelle. Nous envisagerons les progrès de la société sous trois aspects : 1° Le poëte et le philosophe éclairent leur pays et leur siècle par les efforts d'un *seul* génie ; mais ces prodiges de raison ou d'imagination sont des productions libres et rares. Le génie d'Homère, de Cicéron ou de Newton, exciteraient moins d'admiration, s'ils pouvaient être créés par les ordres d'un prince ou par les leçons d'un précepteur. 2° Les avantages des lois, de la politique, du commerce, des manufactures, des sciences et des arts, sont plus solides et plus durables ; l'éducation et l'instruction peuvent rendre *un grand nombre* d'hommes, dans leurs différentes situations, utiles à l'intérêt de la communauté ; mais cet ordre général est l'effet du travail et de l'intelligence. Le temps peut dégrader cette machine compliquée, et la violence peut l'altérer. 3° Mais les arts les plus utiles, ou du moins les plus nécessaires, peuvent, heureusement pour le genre humain, s'exercer sans talens supérieurs et sans subordination nationale; sans le génie d'*un seul* ou l'union d'*un grand nombre*. Un village, une famille, ou même un individu, ont toujours assez d'intelligence et de volonté pour perpétuer l'usage du feu (1) et des métaux, la propagation et le service des animaux domestiques, la chasse, la pêche, les premiers principes de la navigation, la culture imparfaite du blé ou de quelque autre graine nourrissante, et la pratique simple des arts mécaniques et grossiers. L'industrie publique et le génie des particuliers pourront disparaître; mais ces plantes solides et robustes survivront à la tempête, et pousseront des racines profondes dans le sol le plus ingrat. Un nuage épais d'ignorance éclipsa les jours brillans d'Auguste et de Trajan; les Barbares anéantirent les lois et les palais de Rome; mais la faux, invention ou emblême de Saturne (2), continua à abattre les moissons de l'Italie, et ces repas où les Lestrigons se

---

(1) Il est certain, quoique ce fait soit extraordinaire, que plusieurs peuples ont ignoré l'usage du feu. Les ingénieux habitans d'Otahiti, qui manquent de métaux, n'ont inventé aucun ustensile de terre capable de supporter l'action du feu, et de communiquer la chaleur au liquide qu'il contient.

(2) Plutarq., *Quæst. rom.*, t. II, p. 275; Macrob., *Satur.*, l. I, c. 8, p. 152, édit. de Londres. L'arrivée de Saturne dans un vaisseau peut indiquer que la côte sauvage du Latium fut originairement découverte et civilisée par les Phéniciens.

nourrissaient de chair humaine (1) ne se sont jamais renouvelés sur les côtes de la Campanie.

Depuis la première découverte des arts, la guerre, le commerce et le zèle religieux ont répandu ces dons inestimables parmi les sauvages habitans de l'Ancien et du Nouveau-Monde; ils se sont propagés, et ne seront jamais totalement perdus. Nous pouvons donc conclure avec confiance, que depuis le commencement du monde chaque siècle a augmenté et augmente encore les richesses réelles, le bonheur, l'intelligence, et peut-être les vertus de la race humaine (2).

---

(1) Dans les neuvième et dixième livres de l'Odyssée, Homère a embelli les contes de quelques matelots timides et crédules qui transformèrent en géans monstrueux les cannibales de la Sicile et de l'Italie.

(2) L'avarice, le fanatisme et la cruauté ont trop souvent effacé le mérite des découvertes, et le commerce des nations a répandu des maladies et des préjugés. Nous devons faire une juste exception en faveur de notre siècle et de notre patrie. Les cinq grands voyages entrepris successivement par les ordres du roi actuel d'Angleterre, n'avaient d'autre but que l'amour pur et généreux des sciences et de l'humanité. Ce même prince, adaptant ses bienfaits aux différentes classes de la société, a fondé une école de peinture dans sa capitale, et a introduit dans les îles de la mer du Sud les végétaux et les animaux les plus utiles au genre humain.

## AVERTISSEMENT (1).

Je viens de remplir ma promesse; j'ai accompli le dessein que j'avais formé d'écrire l'Histoire de la Décadence et de la Chute de l'empire romain en Occident et en Orient. Elle commence au siècle de Trajan et des Antonins, et finit à la prise de Constantinople par Mahomet II : le lecteur y verra le tableau des croisades et de l'état de Rome au moyen âge. Depuis la publication du premier volume, douze années se sont écoulées; « douze années de santé, de loisir et de persévérance, » telles que je les désirais. C'est avec plaisir que je me trouve débarrassé d'un travail si long et si pénible; et ma satisfaction sera pure et complète, si la faveur du public se prolonge jusqu'à la fin de mon ouvrage.

J'avais d'abord résolu de donner une notice sur la foule d'auteurs de tous les siècles et de toutes les langues, d'où j'ai tiré les matériaux de cette histoire; et je suis encore convaincu qu'une utilité réelle ferait pardonner un si grand étalage d'érudition. Si j'ai

---

(1) Les trois derniers volumes in-4° de l'ouvrage de Gibbon parurent en 1788; ils sont précédés de l'Avertissement qu'on va lire : l'ouvrage entier formait six volumes in-4°. (*Note du Traducteur.*)

renoncé à ce projet, qui avait obtenu l'approbation d'un maître de l'art (1), c'est parce qu'il serait très-difficile de déterminer l'étendue convenable à un pareil catalogue. Une liste pure et simple des auteurs et des éditions ne me contenterait pas, et ne ferait aucun plaisir à mes lecteurs. Les événemens de l'histoire de Rome et de Byzance m'ont donné lieu d'exprimer, en passant, mon jugement sur les écrivains qui les rapportent. Des recherches et une critique plus détaillées mériteraient sans doute le soin qu'elles doivent coûter; mais elles pourraient finir par embrasser peu à peu tous ceux qui ont écrit l'histoire. Je me contenterai de renouveler ici l'assurance bien sincère que je me suis toujours efforcé de puiser dans les sources ; que le désir de m'instruire et le sentiment de mon devoir m'ont toujours excité à l'étude des originaux; et que s'ils ont quelquefois échappé à mes recherches, j'ai indiqué avec soin les témoignages secondaires que j'étais réduit à offrir comme ma seule autorité pour un fait ou une citation.

Bientôt je reverrai Lausanne et les rives de son lac, que je connais et que je chéris dès ma première jeunesse. C'est là que, sous une administration douce, au milieu d'un beau paysage et chez un peuple affable et poli, j'ai mené une vie libre et indépendante; c'est là que j'ai joui et que j'espère jouir

---

(1) *Voyez* la Préface de l'Histoire d'Amérique par le docteur Robertson.

encore des plaisirs de la retraite et de la société : mais le nom et le caractère d'un Anglais ne cesseront de m'inspirer une sorte d'orgueil ; je suis fier d'avoir reçu le jour dans un pays libre et éclairé, et les suffrages de ma patrie me sembleront toujours la récompense la meilleure et la plus honorable de mes travaux. Si je pouvais désirer un autre protecteur que le public, je dédierais cet ouvrage à un homme d'État qui, dans une longue et orageuse administration terminée enfin par des malheurs, a eu beaucoup d'adversaires politiques et à peine un ennemi personnel ; qui a conservé, hors de place, un grand nombre d'amis fidèles et désintéressés, et qui, au milieu des infirmités (1), n'a rien perdu de la vigueur et des charmes de son esprit, ni de l'heureuse tranquillité de son incomparable caractère. Lord North doit me permettre de parler ainsi le langage de l'amitié et de la vérité ; car j'imposerais silence à la vérité et à l'amitié, s'il dispensait encore les grâces de la couronne.

La vanité, se glissant au fond de ma solitude, me persuadera peut-être que mes lecteurs désirent savoir si en terminant mon ouvrage j'ai prétendu leur dire adieu pour toujours. Je vais leur apprendre tout ce que j'en sais, et tout ce que je pourrais répondre à mon plus intime ami. Les raisons de me taire et de parler encore sont actuellement à peu près en équilibre ; et après avoir examiné mes dispositions les

---

(1) Lord North est presque aveugle.

plus secrètes, j'ignore de quel côté penchera la balance. Je ne puis me dissimuler que six gros in-4" ont assez éprouvé et peut-être lassé l'indulgence du public; qu'un auteur heureux a plus à perdre qu'à gagner en suivant la même carrière; que maintenant je n'ai plus qu'à descendre dans le chemin de la vie, et que les plus estimables de mes compatriotes, les hommes que j'ambitionne d'imiter, ont abandonné les pinceaux de l'histoire vers l'âge où je me trouve. Je considère toutefois que les annales des temps anciens et des temps modernes offrent de riches et intéressans sujets; que j'ai encore de la santé et du loisir; que l'habitude d'écrire a pu me donner de la facilité et une sorte de talent, et que mon ardeur pour la vérité et les connaissances n'a point diminué. Un esprit actif se trouve mieux du travail que de l'indolence; et des études dirigées par la curiosité et par le goût occuperont et amuseront les premiers mois de ma liberté. Au milieu du travail rigoureux que je m'étais imposé volontairement, de pareilles tentations m'ont quelquefois entraîné : aujourd'hui mon loisir ne sera plus contrarié, et, dans l'usage ou l'abus de l'indépendance, je n'aurai plus à craindre mes reproches ni ceux de mes amis. J'ai bien droit à une année de repos; le premier été et le premier hiver s'écouleront rapidement, et l'expérience décidera seule si je préférerai toujours la liberté et la variété de mes études à la composition d'un ouvrage régulier, qui emprisonne, il est vrai, mais qui anime l'application journalière d'un auteur. Le hasard ou le caprice peuvent influer sur mon choix; mais telle est la dextérité de l'amour-propre, qu'il saura également donner des éloges à mon activité ou à mon repos philosophique.

Londres, Downing-Street, le 1ᵉʳ mai 1788.

## POST-SCRIPTUM.

Je ferai ici deux remarques, purement de mots, que je n'ai pas eu occasion de placer ailleurs. 1° Lorsque j'emploie ces expressions *au-delà* des Alpes, du Rhin, du Danube, etc., je suppose que je suis à Rome ou à Constantinople, sans examiner si cette géographie relative est d'accord avec la position locale ou mobile du lecteur ou de l'historien. 2° Dans les noms propres étrangers, et surtout d'origine orientale, la version anglaise devrait toujours présenter une copie fidèle de l'original; mais on est contraint, en bien des occasions, de se relâcher sur cette règle, qui a pour base la loi générale de l'uniformité et de la vérité; et les habitudes d'une langue et le goût de l'interprète resserrent ou étendent les exceptions. Nos alphabets sont souvent défectueux : un son désagréable, une orthographe inusitée, blesseraient les oreilles et les yeux de nos compatriotes, et des mots notoirement corrompus se sont introduits et fixés dans nos langues vulgaires. Nous ne pouvons plus dépouiller le prophète *Mohammed* du nom fameux de *Mahomet*, quelque corrompu qu'il puisse être. On ne reconnaîtrait plus les villes si célèbres d'Alep, de Damas et du Caire, si je les appelais *Haleb*, *Damashk* et *al-Cahira*. Une habitude de trois siècles a consacré la dénomination des titres et des emplois de l'empire ottoman. Des trois monosyllabes chinois *Con-fu-tzee*, nous avons voulu faire le respectable nom de Confucius; il nous a même convenu d'adopter le terme de mandarin, qu'ont fabriqué les Portugais; mais je voudrais pouvoir écrire *Zoroastre* ou *Zerdusht*, selon que je tire mes informations de la Grèce ou de la Perse. Depuis nos liaisons avec l'Inde, on a rendu à *Timour* le trône usurpé par Tamerlan; nos écrivains les plus corrects ont retranché du mot *Koran* l'article superflu *al*, et ils ont échappé à une terminaison équivoque en adoptant *Môslem* au lieu de Musulmans au pluriel. Dans ces exemples, et dans mille autres pareils, les nuances sont quelquefois minutieuses, et il m'est arrivé de sentir les raisons de mon choix sans pouvoir les expliquer.

## CHAPITRE XXXIX.

*Zénon et Anastase, empereurs d'Orient. Naissance, éducation et premiers exploits de Théodoric, prince de la nation des Ostrogoths. Invasion et conquête de l'Italie. Royaume des Goths en Italie. État de l'Occident. Gouvernement civil et militaire. Le sénateur Boëce. Dernières actions et mort de Théodoric.*

Après la chute de l'empire romain en Occident, on ne trouve, dans un intervalle d'un demi-siècle, jusqu'au règne mémorable de Justinien, que les noms obscurs et les annales imparfaites de Zénon, d'Anastase et de Justin, qui montèrent les uns après les autres sur le trône de Constantinople. Durant la même période, l'Italie se ranima et devint florissante sous l'administration d'un roi goth qui aurait mérité une statue parmi les meilleurs et les plus braves citoyens de l'ancienne Rome.

A. D. 475-527.

Naissance et éducation de Théodoric. A. D. 455-475.

Théodoric, le quatorzième rejeton de la maison royale des Amali (1), naquit dans les environs de

---

(1) Jornandès (*de Rebus geticis*, c. 13, 14, p. 629, 630, édit. de Grot.) a donné la généalogie de Théodoric, depuis Gapt, l'un des *Ases* ou demi-dieux, qui vécut vers le temps de Domitien. Cassiodore, le premier qui ait célébré la maison royale des *Amali* (*Variar.*, VIII, 5; IX, 25; X, 2; XI, 1), dit que le petit-fils de Théodoric en était le dix-

Vienne (1), deux années après la mort d'Attila. Une victoire venait de rétablir l'indépendance des Ostrogoths ; et les trois frères, Walamir, Théodomir et Widimir, qui de concert gouvernaient cette nation guerrière, habitaient des cantons séparés de la Pannonie, province fertile, mais ravagée. Les Huns, ne pouvant leur pardonner leur rebellion, attaquèrent imprudemment Walamir, qui les repoussa avec ses seules forces, et la nouvelle de leur défaite arriva au camp éloigné de Théodomir au moment où sa concubine favorite accouchait d'un fils qui devait hériter de son père. Théodoric était âgé de huit ans lorsque son père, cédant à l'intérêt de sa nation, le donna avec répugnance à l'empereur Léon, pour ôtage d'une alliance que celui-ci avait bien voulu acheter en payant un subside annuel de trois cents livres d'or. Le jeune prince fut élevé à Constantinople avec soin et avec tendresse. Son corps se forma à tous les exercices de la guerre, et des conversations nobles et spirituelles développèrent son esprit ; il suivit les écoles des plus habiles maîtres, mais il

---

septième rejeton. Peringsciold, le commentateur suédois de Cochlæus (*Vit. Theodor.*, p. 271, etc., Stockholm, 1699), s'efforce d'accorder cette généalogie avec les légendes ou les traditions de la Suède.

(1) S'il faut parler plus exactement, il reçut le jour sur les bords du lac Pelso (Nieusiedler-see), dans le voisinage de *Carnuntum*, presque au lieu où Marc-Antonin composa ses Méditations. Jornandès, c. 52, p. 659; Severin, *Pann. illust.*, p. 22; Cellarius, *Geogr. antiq.*, t. 1, p. 350.

dédaigna ou négligea la pratique des arts de la Grèce, et il demeura toujours si étranger aux premiers élémens du savoir, qu'on imagina une marque grossière pour représenter la signature du roi de l'Italie, qui ne savait pas écrire (1). Dès qu'il eut atteint l'âge de dix-huit ans, l'empereur le rendit au désir des Ostrogoths, qu'il voulait gagner par la générosité et la confiance. Walamir était mort dans une bataille; Widimir, le plus jeune des trois frères, avait conduit une armée de Barbares en Italie et dans la Gaule, et toute la nation reconnaissait pour son roi le père de Théodoric. Ses farouches sujets admiraient la force et la stature du jeune prince (2), et il leur prouva bientôt qu'il ne dégénérait pas de la valeur de ses aïeux. Il quitta secrètement le camp à la tête de six mille volontaires, et alla chercher des aventures; il descendit le Danube jusqu'à *Singidunum*

---

(1) Les quatre premières lettres de son nom (Θ Ε Ο Δ) étaient gravées sur une planche d'or percée à jour. On la posait sur le papier, et le roi conduisait sa plume entre les intervalles. (Anonym. Valois, *ad calcem* Amm. Marcell., p. 722.) Ce fait authentique et le témoignage de Procope, ou du moins des Goths contemporains (*Gothic.*, l. 1, c. 2, p. 311), doivent faire plus d'impression que les vagues éloges d'Ennodius (Sirmond. *Opera*, t. 1, p. 1596) et de Théophane (*Chronograph.*, p. 112).

(2) *Statura est quæ resignet proceritate regnantem*. Ennod., p. 1614. L'évêque de Pavie, ou plutôt l'ecclésiastique qui songeait alors à devenir évêque, fait ensuite l'éloge du teint, des yeux, des mains, etc., de son maître.

ou Belgrade, et revint bientôt vers son père avec les dépouilles d'un roi sarmate qu'il avait vaincu et tué. Mais tous ces triomphes ne produisaient que de la gloire, et le défaut de vêtemens et de nourriture mettait les invincibles Ostrogoths dans un extrême embarras. Ils résolurent unanimement d'abandonner leur camp de la Pannonie, de pénétrer dans les terres plus riches et plus favorisées du ciel, situées aux environs de la cour de Byzance, qui fournissaient déjà à tant de tribus de Goths confédérés les moyens de vivre dans une sorte de luxe. Les Ostrogoths, après avoir montré par plusieurs actes d'hostilité qu'ils pouvaient être des ennemis dangereux, ou du moins incommodes, vendirent cher la paix et leur fidélité; ils acceptèrent des terres et de l'argent, et on leur confia la défense de la partie basse du Danube, sous les ordres de Théodoric, qui, après la mort de son père, monta sur le trône héréditaire des Amali (1).

Règne de Zénon.
A. D. 474-491,
février, avril 9.

Un héros, issu d'un sang royal, dut mépriser le vil Isaurien revêtu de la pourpre sans la mériter par aucune qualité de l'esprit ou du corps, sans aucun des avantages de la naissance, et sans aucun droit au respect des hommes. Après l'extinction de la famille de Théodose, Marcien et Léon justifièrent à quelques

---

(1) On trouve des détails sur la situation des Ostrogoths et sur les premières années de Théodoric, dans Jornandès (c. 52-56, p. 689-696), et dans Malchus (*Excerpt. legat.*, p. 78-80), qui se trompe en le supposant fils de Walamir.

égards, par leur caractère, le choix de Pulchérie et celui du sénat; mais ce dernier prince affermit et déshonora son règne par le meurtre d'Aspar et de sa famille, qui exigeaient de l'empereur trop de soumission et de reconnaissance. Un enfant, fils de sa fille Ariane, hérita sans contestation de l'empire d'Orient, et l'époux Isaurien d'Ariane, l'heureux Trascalisseus, quitta ce nom barbare pour prendre le nom grec de Zénon. Après la mort de Léon son beau-père, il s'approcha du trône de son fils avec un respect affecté. Il accepta humblement, comme une faveur, le second rang dans l'empire; et la mort subite et prématurée de son jeune collègue, dont la vie ne pouvait plus favoriser son ambition, fit naître dans le public des soupçons contre lui. Les femmes et leurs passions gouvernaient et agitaient alors le palais de Constantinople. Verina, veuve de Léon, réclamant l'empire comme sa propriété, osa prononcer une sentence de déposition contre l'ingrat serviteur qui ne devait qu'à elle seule le sceptre de l'Orient (1). Du moment où Zénon fut instruit de la révolte, il s'enfuit avec précipitation dans les montagnes de l'Isaurie, et le servile sénat proclama d'une voix unanime Basiliscus, frère de Verina, déjà in-

---

(1). Théophane (p. 111) donne une copie de ses lettres *sacrées* aux provinces: ιστε οτι βασιλειον ημετερον εστι.... και οτι προχειρησαμεθα βασιλεα τραοκαλλισαιον, etc. De pareilles prétentions de la part d'une femme auraient étonné les esclaves des *premiers* Césars.

fâme par son expédition d'Afrique (1); mais le règne de l'usurpateur fut orageux et de courte durée. Basiliscus ne craignit pas d'assassiner l'amant de sa sœur; il offensa celui de sa femme, le frivole et insolent Harmatius, qui, au milieu de toutes les mollesses de l'Asie, affectait de prendre l'habillement, le maintien et le surnom d'Achille (2). Les mécontens conspirèrent pour rappeler Zénon de l'exil; ils lui livrèrent les armées, la capitale et la personne de Basiliscus, dont la famille entière fut condamnée aux longues douleurs de la faim et du froid par un vainqueur inhumain, qui n'avait pas le courage de combattre ses ennemis, ni de leur pardonner. L'orgueilleuse Verina, incapable de se soumettre ou de vivre en repos, fit agir les ennemis d'un général alors en faveur, embrassa sa cause dès qu'il fut disgracié, créa un nouvel empereur en Syrie et en Égypte, leva une armée de soixante-dix mille hommes, et soutint jusqu'au dernier moment de sa vie une rebellion infructueuse, qui, suivant l'usage du temps, avait été prédite par des ermites chrétiens et des magiciens du paganisme. Tandis que ses intrigues bouleversaient l'Orient, on admirait dans sa fille Ariane la douceur, la fidélité et toutes les vertus qui appartiennent aux femmes : elle suivit son mari en exil, et après son rétablissement, elle implora sa clémence

---

(1) *Voyez* le chapitre xxxvi de cet ouvrage.
(2) Suidas, t. 1, p. 332, 333, édit. Kuster.

en faveur de sa mère. A la mort de Zénon, Ariane, fille, mère et veuve d'un empereur, donna sa main et l'empire à Anastase, vieux domestique du palais, qui demeura plus de vingt-sept ans sur le trône, et dont le mérite est attesté par cette acclamation du peuple : « Régnez comme vous avez vécu (1). »

<small>D'Anastase.
A. D.
491-518,
avril 11,
juillet 8.</small>

Zénon prodigua au roi des Ostrogoths tout ce que pouvaient accorder la crainte ou l'affection, le rang de patrice et celui de consul, le commandement des troupes du palais, une statue équestre, plusieurs milliers de livres d'or et d'argent, le nom de son fils, et la promesse d'une épouse distinguée par sa fortune et par sa naissance. Aussi long-temps que Théodoric voulut bien servir, il défendit avec courage et avec fidélité la cause de son bienfaiteur ; sa marche rapide contribua au rétablissement de Zénon, et lors de la seconde révolte, les Walamirs, c'est ainsi qu'on les nommait, poursuivirent et pressèrent tellement les rebelles d'Asie, que ceux-ci offrirent ensuite aux

<small>Services et révolte de Théodoric.
A. D.
475-488.</small>

---

(1) Les histoires de Malchus et de Candidus, deux contemporains, sont perdues ; mais on en trouve des extraits ou des fragmens dans Photius (l. LXXVIII, LXXIX, p. 100-102), dans Constantin Porphyrogénète (*Excerpt. legat.*, p. 78-97); et dans divers articles du Lexicon de Suidas. La Chronique de Marcellin (*Imago historiæ*) est un morceau original pour les règnes de Zénon et d'Anastase ; et je dois dire ici, presque pour la dernière fois, combien j'ai d'obligations aux recueils exacts et volumineux de Tillemont ; *Hist. des Emper.*, t. VI, p. 472-652.

troupes impériales une victoire aisée (1) ; mais le fidèle serviteur devint tout à coup un ennemi redoutable, qui répandit le feu de la guerre de Constantinople à la mer Adriatique. Plusieurs villes florissantes furent réduites en cendres, et ces farouches Goths, en coupant aux paysans qu'ils réduisaient en captivité, la main droite, nécessaire pour guider la charrue, anéantirent presque entièrement l'agriculture de la Thrace (2). Théodoric encourut alors le reproche de déloyauté, d'ingratitude, et d'une insatiable cupidité qui ne pouvait être excusée que par la cruelle nécessité de sa situation. Il régnait, non comme le monarque, mais comme le ministre d'un peuple féroce, qui n'avait point perdu son courage dans la servitude, et qui ne pouvait souffrir même les apparences de l'insulte. La pauvreté des Ostrogoths était sans remède, puisqu'ils ne tardaient pas à dissiper dans de vaines

---

(1) *In ipsis congressionis tuæ foribus cessit invasor, cùm profugo per te sceptra redderentur de salute dubitanti.* Ennodius transporte ensuite son héros, apparemment sur un dragon volant, en Éthiopie, au-delà du tropique du Cancer (p. 1596, 1597, t. 1, Sirmond). Le témoignage du fragment de Valois (p. 717), de Libératus (*Brev. Eutych.*, c. 25, p. 118), et de Théoph. (p. 112), est plus simple et plus raisonnable.

(2) On impute surtout cet atroce expédient aux Goths *Triariens*, moins barbares, à ce qu'il semble, que les *Walamirs*; mais on accuse le fils de Théodomir d'avoir opéré la ruine de plusieurs villes romaines. Malchus, *Excerpt. leg.*, page 95.

dépenses tout ce qu'ils recevaient de la libéralité des empereurs, et que les terres les plus fertiles devenaient stériles entre leurs mains. Ils méprisaient, mais ils enviaient les laborieux habitans des provinces de l'empire, et lorsqu'ils manquaient de vivres, ils avaient recours à la guerre et au pillage. Théodoric désirait ou du moins montrait l'intention de mener une vie paisible, obscure et soumise, sur les confins de la Scythie, quand la cour de Byzance, par de brillantes et trompeuses promesses, le détermina à attaquer une tribu confédérée de Goths qui s'étaient rangés du parti de Basiliscus. Il partit de la Mœsië, d'après l'assurance solennelle qu'avant d'arriver à Andrinople, il trouverait un grand convoi de munitions, un renfort de huit mille cavaliers et trente mille hommes de pied, et que les légions d'Asie, campées à Héraclée, seconderaient ses opérations. Des jalousies mutuelles empêchèrent l'exécution de ce plan : en avançant dans la Thrace, le fils de Théodomir n'aperçut devant lui qu'un pays désert et désolé. Ses soldats, égarés par la trahison de leurs guides, se trouvèrent, avec les nombreux équipages de chevaux, de mulets et de chariots qui marchaient à leur suite, engagés dans les rochers et les précipices du mont Sondis, où il se vit assaillir par les armes et les invectives de Théodoric, fils de Triarius. D'une hauteur voisine, ce chef artificieux harangua l'armée des Walamirs; il traita le général d'enfant, d'insensé, de parjure, de traître, d'ennemi de sa famille et de sa nation. « Ignorez-vous, s'écria-t-il, que les Romains ont toujours eu pour politique de détruire les Goths les uns par les autres ? Ne sentez-vous pas que dans cette guerre dénaturée le vainqueur sera trop justement la victime de leur implacable vengeance ? Théodoric, où sont ces guerriers, mes alliés et les tiens, qui, en se sacrifiant pour ta folle ambition, ont laissé des veuves éplorées ? Où sont les richesses qu'ils possédaient, lorsque, séduits par toi, ils abandonnèrent leurs foyers pour marcher sous ton étendard ? Chacun d'eux avait alors trois ou quatre chevaux; ils te suivent maintenant au milieu des déserts de la Thrace, à pied comme des esclaves, ces hommes que tu as trompés en leur faisant espérer de mesurer l'or au boisseau, ces braves gens qui sont aussi libres et aussi nobles que toi. » Un discours si analogue au caractère des Goths excita les cris des mécontens (1); et le fils de Théodomir, craignant de se voir abandonné, fut réduit à embrasser la cause des Triariens, et à imiter la perfidie romaine.

Dans toutes les vicissitudes de sa fortune, Théo-

---

(1) Jornandès (c. 56, 57, p. 696) expose les services de Théodoric; il avoue les récompenses que ce prince avait reçues des Romains; mais il dissimule sa révolte, dont Malchus nous a conservé les curieux détails (*Excerpt. leg.*, p. 78-97). Marcellin, domestique de Justinien, sous le quatrième consulat duquel (A. D. 534) il composa sa Chronique (Scaliger, *Thesaur. tempor.*, part. ii, p. 34-57), laisse voir sa partialité et ses préjugés : *In Græciam debacchantem..... Zenonis munificentiâ penè pacatus..... beneficiis nunquàm satiatus*, etc.

doric fit également reconnaître sa prudence et sa fermeté, soit lorsqu'il menaça Constantinople à la tête des Goths confédérés, soit lorsqu'il se retira avec une troupe fidèle sur les montagnes et la côte d'Épire. Enfin la mort inopinée du fils de Triarius (1) dérangea l'équilibre que les Romains avaient mis tant de soin à conserver. Toute la nation reconnut la suprématie des Amali, et la cour de Byzance signa un traité honteux et oppressif (2). Le sénat avait déjà reconnu qu'il fallait se faire un parti parmi les Goths, puisque l'empire ne pouvait soutenir leurs forces réunies. Ils exigeaient, pour fournir la moins considérable de leurs armées, un subside de mille livres d'or et la solde de treize mille hommes (3); et des Isauriens, qui gardaient non pas l'empire, mais l'empereur, reçurent, outre le droit d'un pillage illimité, une pension annuelle de cinq mille livres d'or. L'habile Théodoric s'aperçut bientôt qu'il était odieux aux Romains et suspect aux Barbares. On disait de tous côtés que ses sujets se trouvaient en proie à des maux sans nombre dans leurs cabanes glacées, tandis que leur roi s'amollissait par le luxe de la Grèce. Il

---

(1) Il montait au milieu de son camp un cheval fougueux; il fut jeté sur la pointe d'une pique qui se trouvait suspendue devant une tente, ou fixée sur un chariot. Marcell., *in Chron. Evagr.*, l. III, c. 25.

(2) *Voyez* Malchus, p. 91.; et Evagrius, l. III, c. 35.

(3) Malchus, page 85. Dans une seule action, qui fut décidée par l'habileté de Sabinien, Théodoric perdit cinq mille hommes.

voulut échapper à la cruelle alternative d'attaquer les Goths au nom de l'empereur, ou de les mener au combat en qualité d'ennemis de Zénon. Il forma un projet digne de son courage et de son ambition ; et il dit à l'empereur : « Bien que, grâce à votre générosité, votre serviteur se trouve dans l'abondance, écoutez cependant d'une oreille favorable les vœux de mon cœur. L'Italie, l'héritage de vos prédécesseurs ; et Rome elle-même, la capitale et la maîtresse du monde ; sont aujourd'hui déchirées de troubles par les violences et la tyrannie du mercenaire Odoacre. Ordonnez-moi de marcher contre le tyran, à la tête des troupes de ma nation. Si je perds la vie, vous serez débarrassé d'un allié dispendieux et incommode ; si le ciel permet que j'obtienne des succès, je gouvernerai, en votre nom et d'une manière glorieuse pour vous, le sénat de Rome et la partie de la république qu'auront affranchie mes armes victorieuses. » La cour de Byzance accepta la proposition de Théodoric, que peut-être elle avait suggérée ; mais il paraît que l'on eut soin de mettre dans l'acte d'autorisation ou de concession des mots ambigus qu'on pouvait expliquer selon les événemens ; et on laissa en doute si le vainqueur de l'Italie gouvernerait cette contrée en qualité de lieutenant, de vassal ou d'allié de l'empereur d'Orient (1).

Sa marche. La réputation du général et la nature de la guerre

---

(1) Jornandès (c. 57, p. 696, 697) a abrégé la grande histoire de Cassiodore. Il faut voir, comparer et concilier

répandirent une ardeur universelle. Les Walamirs reçurent sous leurs drapeaux des essaims de Goths déjà engagés au service ou établis dans les provinces de l'empire ; et tous ceux d'entre les Barbares qui avaient de l'audace ou qui avaient entendu parler de la richesse et de la beauté de l'Italie, se montrèrent impatiens de marcher, à travers les aventures les plus périlleuses, à la conquête de ces séduisans objets de leurs espérances. La marche de Théodoric doit être regardée comme l'émigration d'un peuple entier ; les Goths eurent soin d'emmener leurs femmes, leurs enfans, leurs vieillards, et d'emporter leurs effets les plus précieux ; et les deux mille chariots qu'ils perdirent dans une seule action de la guerre d'Épire donneront une idée des bagages qui suivaient leur camp durant la guerre d'Italie. Ils tiraient leur subsistance de leurs magasins de blé, dont leurs femmes elles-mêmes réduisaient le grain en farine dans des moulins portatifs, du lait et de la chair de leurs troupeaux, du produit incertain de la chasse, et des contributions qu'ils exigeaient de quiconque osait leur disputer le passage ou leur refuser des secours. Mais dans le cours d'une marche de sept cents milles, entreprise au milieu d'un hiver rigoureux, ils échappèrent avec peine aux maux de la famine. Depuis la chute de la puissance romaine, la Dacie et la

---

Procope (*Goth.*, l. 1, c. 1) ; le *Fragment* de Valois (p. 718) ; Théophane (p. 113), et Marcellin (*in Chron.*).

Pannonie n'offraient plus ces villes peuplées, ces champs bien cultivés et ces routes commodes qu'on y avait vus autrefois; l'empire de la barbarie et de la désolation avait recommencé; et les tribus de Bulgares, de Gépides et de Sarmates, qui occupaient cette province, excitées par leur farouche valeur ou par les sollicitations d'Odoacre, voulurent arrêter son ennemi. Théodoric livra une foule de combats obscurs, mais sanglans, où il demeura vainqueur; et après avoir enfin, à force d'habileté et de constance, surmonté tous les obstacles, il passa les Alpes Juliennes, et déploya sur les confins de l'Italie (1) ses invincibles drapeaux.

<small>Les trois défaites d'Odoacre. A. D. 489, août 28, sept. 27. A. D. 490, août.</small>

Odoacre, rival digne de ses armes, occupait déjà près des ruines d'Aquilée le poste avantageux et bien connu du Lisonzo : il avait sous ses ordres une grande armée; mais elle était commandée par des *rois* indépendans (2), ou par des chefs qui dédaignaient également les devoirs de la subordination et la sagesse des délais. A peine Théodoric eut-il accordé quelque repos à sa cavalerie fatiguée, qu'il attaqua les retranchemens de l'ennemi. Les Ostrogoths mon-

---

(1) Ennodius expose et éclaircit la marche de Théodoric (p. 1598-1602); mais il faut traduire dans la langue de la raison les expressions ampoulées de cet écrivain.

(2) *Totreges*, etc. (Ennodius, p. 1602.) Il faut se souvenir combien le titre de roi était alors commun et avili, et que les mercenaires de l'Italie appartenaient à un grand nombre de tribus ou de nations.

trèrent plus d'ardeur pour s'emparer des terres de l'Italie que les mercenaires n'en montrèrent pour les défendre ; et la province vénitienne, jusqu'aux murs de Vérone, fut la récompense de leur première victoire. Théodoric rencontra aux environs de cette ville, et sur les bords escarpés de l'impétueux Adige, une nouvelle armée plus forte que la première, dont le courage n'était point abattu par la première défaite ; ce second combat fut plus obstiné que le précédent, mais décisif : Odoacre s'enfuit à Ravenne ; Théodoric s'avança vers Milan, et les troupes vaincues reconnurent son empire par de bruyantes protestations de respect et de fidélité : mais leur inconstance ou leur trahison l'exposa bientôt au plus grand des périls : un déserteur qu'on avait imprudemment choisi pour guide, livra, près de Faenza, l'avant-garde et plusieurs comtes goths qui périrent victimes de sa double perfidie. Odoacre parut de nouveau maître de la campagne ; et Théodoric, retranché dans son camp de Pavie, fut réduit à solliciter le secours des Visigoths de la Gaule, ses alliés. Le cours de cette histoire a fourni assez de récits de guerre pour satisfaire en ce genre le goût des amateurs les plus passionnés ; et je ne puis regretter que des monumens obscurs ou des matériaux imparfaits m'ôtent les moyens de raconter plus en détail les malheurs de l'Italie, et cette guerre terrible qui fut enfin terminée par l'habileté, l'expérience et la valeur du roi des Goths. Immédiatement avant la bataille de Vérone, il se rendit à la tente de sa mère et de sa sœur (1), et leur demanda pour ce jour, qu'il regardait comme le plus beau de sa vie, le riche vêtement qu'elles avaient travaillé de leurs mains. « Notre gloire, dit-il à sa mère, est commune et inséparable. On sait que vous êtes la mère de Théodoric, et c'est à moi à prouver que je suis le véritable rejeton des héros dont je prétends descendre. » La femme ou la concubine de Théodomir était animée du courage de ces matrones germaines qui préféraient pour leur fils l'honneur à la vie, et l'on raconte que dans un combat terrible, Théodoric lui-même se trouvant entraîné par les fuyards, elle se présenta à l'entrée du camp, et que ses reproches généreux renvoyèrent les troupes affronter le fer de l'ennemi (2).

<small>Sa capitulation et sa mort. A. D. 493, mars 5.</small>

Théodoric régna, par droit de conquête, des Alpes à l'extrémité de la Calabre : les ambassadeurs des Vandales lui remirent la Sicile comme une dépendance de son royaume; et le sénat et le peuple de Rome, qui avaient fermé leurs portes à l'usurpateur

---

(1) *Voyez* Ennodius, p. 1603, 1604. Puisque l'orateur osait, en présence du roi, parler de sa mère et lui donner des éloges, il faut en conclure que les reproches vulgaires de concubine et de bâtard ne blessaient point la grande âme de ce prince.

(2) Nous avons inséré cette anecdote d'après l'autorité moderne, mais respectable, de Sigonius (*Opp.*, t. I, p. 580, *de Occident. Imper.*, l. XV). Ses expressions sont curieuses: *Voudriez-vous*, dit-elle, *rentrer*, etc.? et elle lui désigna, lui découvrit presque sa première demeure.

Odoacre (1), le reçurent comme leur libérateur. Ravenne seule, que les fortifications de l'art, unies à celles de la nature, mettaient à l'abri de toute entreprise, soutint un siége d'environ trois années; et les sorties d'Odoacre portèrent souvent la mort et l'effroi dans le camp des Goths. A la fin, cet infortuné monarque manquant de vivres, et n'ayant aucun espoir de délivrance, céda aux murmures de ses sujets et aux clameurs de ses soldats. L'évêque de Ravenne négocia le traité de paix; les Ostrogoths furent reçus dans la ville, et les rois ennemis consentirent, sous la foi du serment, à gouverner les provinces d'Italie en commun et avec une égale autorité. Il était aisé de prévoir les suites de cet arrangement. Après quelques jours consacrés, en apparence, aux plaisirs et à l'amitié, Odoacre fut poignardé au milieu d'un banquet solennel, par la main, ou du moins par l'ordre de son rival. On avait eu soin d'expédier à l'avance des ordres secrets: on égorgea partout, au même moment et presque sans résistance, les infidèles et avides mercenaires, et Théodoric fut proclamé roi par les Goths, avec le consentement tardif, involontaire et équivoque, de l'empereur d'Orient. Pour justifier le meurtre d'Odoacre, on l'accusa, se-

---

(1) *Voy.* l'*Hist. Miscell.*, l. xv, histoire romaine qui conduit depuis Janus jusqu'au neuvième siècle; c'est un abrégé d'Eutrope, de Paul-Diacre et de Théophane, que Muratori a publié d'après un manuscrit de la bibliothèque ambrosienne (*Scriptores rerum italicarum*, t. 1, p. 100).

l'on l'usage, d'avoir conspiré; mais ce traité avantageux, que la force ne pouvait accorder avec le dessein d'en remplir les conditions, et que la faiblesse n'aurait osé enfreindre, prouve assez son innocence et le crime de son vainqueur (1). La jalousie du pouvoir et les suites funestes de la discorde peuvent fournir une excuse plus convenable pour une action que l'on jugera peut-être avec moins de sévérité, si l'on songe qu'elle était nécessaire pour donner à l'Italie la félicité dont elle a joui durant tout le cours d'une génération. L'auteur de cette félicité a été audacieusement loué pendant sa vie et en sa propre présence par tous les orateurs tant sacrés que profanes (2); mais l'histoire, presque muette alors et sans éclat, ne nous a pas transmis avec exactitude le récit des événemens qui firent éclater ses vertus ou ses vices (3). Nous

Règne de Théodoric, roi d'Italie:
A. D. 493, mars 5.
A. D. 526, août 30.

---

(1) Procope (*Gothic.*, l. 1, c. 1) montre du doute et de l'impartialité sur ce fait, φασι.... δολερω τροπω εκτεινε.. Cassiodore (*in Chron.*) et Ennodius (p. 1604) se montrent crédules et sincères; le témoignage du Fragment de Valois peut justifier leur opinion. Marcellin exhale le venin d'un sujet de l'empire grec. *Perjuriis illectus*, dit-il, *interfectusque est*, in Chron.

(2) La pompeuse et servile harangue d'Ennodius fut prononcée à Milan ou à Ravenne „l'an 507 ou 508. (Sirmond, t. 1, p. 1615.) Deux ou trois années après, l'orateur obtint l'évêché de Pavie, qu'il garda jusqu'à sa mort, arrivée en 521. Dupin, *Biblioth. ecclés.*, t. v, p. 11-14. *Voyez* Saxii *Onomasticon*, t. II, p. 12.

(3) Nous sommes réduits ici à des mots que laissent échapper Procope et le Fragment de Valois découvert par Sirmond,

avons les épîtres publiques composées en son nom par Cassiodore, et on ajoute plus de foi à ce recueil qu'il ne paraît en mériter (1). On y trouve les formes plutôt que les principes du gouvernement de Théodoric; et il serait inutile de chercher les mouvemens naturels et spontanés du roi barbare au milieu des déclamations du sophiste et du vain étalage de son savoir, parmi les vœux du sénateur romain, ou dans ces minuties de protocoles et ces expressions vagues, qui, dans toutes les cours et dans toutes les occasions, composent la langue des ministres discrets. La gloire de Théodoric est mieux prouvée par la paix et la prospérité d'un règne de trente-trois ans, par l'estime de tous ses contemporains, par le souvenir que les Goths et les Italiens conservèrent si long-temps de sa sagesse et de son courage, de sa justice et de son humanité.

---

et publié à la fin de l'ouvrage d'Ammien-Marcellin. Le nom de l'auteur est inconnu, et son style est barbare; mais dans le récit des faits qu'il rapporte, il annonce les connaissances d'un auteur contemporain, sans en montrer la partialité. Montesquieu avait formé le plan d'une Histoire de Théodoric, sujet qui, vu de loin, peut paraître riche et intéressant.

(1) La meilleure édition des *Variarum libri* 12, est celle de Garret (*Rotomagi*, 1679, *in Opp. Cassiodori*, 2 v. *in-fol.*); mais ces lettres demandaient un éditeur tel que le marquis Maffei, qui songeait à les publier à Vérone. La *barbara eleganza*, comme Tiraboschi l'appelle ingénieusement, n'est jamais simple et est rarement claire.

<small>Partage des terres.</small>

Le partage des terres de l'Italie, dont le tiers échut à ses soldats, lui a été *honorablement* reproché comme la seule injustice de sa vie ; et même on peut le justifier par l'exemple d'Odoacre ; les droits de conquête, le véritable intérêt des Italiens, l'obligation sacrée de nourrir une peuplade qui, sur la foi de ses promesses, était venue s'établir loin de ses foyers (1). Sous le règne de Théodoric et l'heureux climat de l'Italie, les Goths formèrent bientôt une armée de deux cent mille soldats (2) ; et il est aisé d'évaluer leur population, en calculant ce qu'il faut ajouter pour les femmes et les enfans. On employa le nom généreux, mais impropre, d'*hospitalité*, pour déguiser cette usurpation des terres, dont une partie devait se trouver vacante. On dispersa sans ordre sur la surface de l'Italie ces hôtes fâcheux, et le lot de chaque Barbare fut proportionné à sa naissance et à ses emplois, au nombre des hommes de sa suite, et à celui des esclaves et des têtes de bétail qu'il possédait. On établit les distinctions de nobles et de plébéiens (3) ; mais tout homme libre posséda sa terre

---

(1) Procope, *Gothic.*, l. 1, c. 1, *Variarum*, 11. Maffei (*Verona illustrata*, p. 1, 228) exagère l'injustice des Goths, qu'il haïssait comme noble italien ; Muratori était plébéien, et il ne se récrie pas sur leur oppression.

(2) Procope, *Gothic.*, l. 111, c. 4, 21. Ennodius rend compte (p. 1612, 1613) des connaissances militaires et du nombre toujours croissant des soldats goths.

(3) Lorsque Théodoric donna sa sœur au roi des Vandales, elle fit voile pour l'Afrique avec une garde de mille

franche d'impôt, et jouit de l'inestimable privilége de n'être soumis qu'aux lois de son pays (1). La mode et même la commodité firent bientôt adopter aux vainqueurs l'habit plus élégant des habitans du pays; mais ils continuèrent à se servir de la langue gothique, et Théodoric lui-même, d'après leurs préjugés ou d'après les siens, applaudit à leur mépris pour les écoles latines, en déclarant que l'enfant qui avait tremblé devant une verge n'oserait jamais soutenir la vue d'une épée (2). La misère engagea quelquefois le Romain indigent à adopter les mœurs féroces qu'abandonnaient peu à peu les Barbares enrichis et amollis par le luxe (3); mais ces conversions mutuelles n'étaient pas encouragées par un monarque qui voulait maintenir la séparation des Italiens et des Goths, et réserver les premiers pour les arts de la paix, et les seconds pour le service de la guerre. Afin

*Séparation des Goths et des Italiens.*

---

nobles de race gothique, dont chacun était suivi de cinq hommes armés. (Procope, *Vandal.*, l. 1, c. 8.) Il paraît que la noblesse, chez les Goths, était aussi nombreuse que brave.

(1) Voyez les déclarations de la liberté des Goths. *Var.*, v, 30.

(2) Procope, *Goth.*, l. 1, c. 2. Les enfans des Romains apprirent la langue des Goths (*Variar.*, VIII, 21). On ne peut opposer à ce qu'on sait de leur ignorance l'exemple d'Amalasonthe, qui, comme femme, pouvait se livrer à l'étude sans rougir; et de Théodat, qui excitait par son savoir l'indignation et le mépris de ses compatriotes.

(3) Théodoric disait avec raison : *Romanus miser imitatur Gothum; et utilis* (dives) *Gothus imitatur Romanum.* Voy. le Fragment et les notes de Valois, p. 719.

d'arriver à ce but, il eut soin de protéger l'industrie de ses sujets, et de modérer la violence de ses guerriers, sans énerver leur valeur. Les terres de ceux-ci étaient des bénéfices militaires qui leur tenaient lieu de solde : dès que la trompette les appelait, ils marchaient sous la conduite des officiers qui commandaient dans les provinces; et l'Italie ne formait, dans toute son étendue que divers quartiers d'un camp bien réglé. Les troupes faisaient chacune à leur tour, ou d'après le choix du souverain, le service du palais et celui des frontières; et toutes les fatigues extraordinaires étaient suivies d'un accroissement de solde ou d'une gratification. Théodoric avait fait comprendre à ses braves compagnons qu'ils devaient défendre l'empire par les moyens employés pour le conquérir. Ils tâchèrent, à son exemple, d'exceller dans l'usage non-seulement de la lance et de l'épée, instrumens de leurs victoires, mais des armes de trait qu'ils étaient trop disposés à négliger; l'exercice journalier, et les revues annuelles de la cavalerie des Goths, présentaient le vrai simulacre de la guerre. Une douce mais exacte discipline leur donnait l'habitude de la modestie, de la sobriété et de l'obéissance; on apprenait aux Goths à ne pas fouler le peuple, à respecter les lois, à se soumettre à tous les devoirs de la société civile, et à renoncer à l'usage illégitime et barbare des combats judiciaires et des vengeances particulières (1).

---

(1) Ces détails sur l'établissement militaire des Goths en Ita-

La victoire de Théodoric avait répandu l'alarme chez tous les Barbares de l'Occident; mais lorsqu'ils s'aperçurent que le monarque, satisfait de sa conquête, désirait la paix, ils le respectèrent au lieu de le craindre, et ils se soumirent à la puissante médiation d'un prince qui l'employa toujours à les civiliser et à terminer leurs querelles (1). Les ambassadeurs qui venaient à Ravenne, des pays les plus éloignés, admiraient sa sagesse, sa magnificence (2) et sa courtoisie; et s'il acceptait quelquefois des esclaves ou des armes, des chevaux blancs ou des animaux curieux, les présens qu'il faisait en retour, d'un cadran solaire, d'une horloge d'eau ou d'un musicien, avertissaient les princes de la Gaule de la supériorité de talens et d'industrie de ses sujets d'Italie. Sa femme, ses deux filles, sa sœur et sa nièce, étaient les gages de ses diverses alliances (3) avec les rois des Francs,

Système de Théodoric à l'égard des puissances étrangères.

---

lie, sont tirés des Lettres de Cassiodore (*Variar.*, I, 24-40; III, 3, 24-48; IV, 13, 14; V, 26, 27; VIII, 3, 4-25). Le savant Mascou a jeté du jour sur les lettres du roi des Goths (*Histoire des Germains*, l. XI, 40-44, note 14).

(1) *Voyez* la clarté et la vigueur de ses négociations dans Ennodius, p. 1607; et dans Cassiodore (*Variar.*, III, 1, 2, 3, 4; IV, 13; V, 43, 44), qui emploie au nom du roi le ton de l'amitié, des conseils, de la prière, etc.

(2) Même celle de sa table (*Variar.*, VI, 9) et de son palais (VII, 5). Le désir d'exciter l'admiration des étrangers est présenté comme un motif très-raisonnable pour justifier ces vaines prodigalités et les soins que prenaient des officiers chargés de ces deux objets.

(3) *Voyez* les alliances publiques et particulières du mo-

des Bourguignons, des Visigoths, des Vandales et des habitans de la Thuringe; elles contribuaient à maintenir l'harmonie de la grande république d'Occident, ou du moins à balancer ses forces (1). Il est difficile de suivre, dans les obscures forêts de la Germanie et de la Pologne, les migrations des Hérules, peuple farouche, qui dédaignait de se couvrir d'une armure, et qui condamnait les veuves à ne pas survivre à leurs maris, et les vieillards à ne pas prolonger des jours dévoués à la souffrance (2). Le roi de ces sauvages guerriers sollicita l'amitié de Théodoric; et celui-ci, d'après l'adoption militaire alors en usage, l'éleva au rang de son fils (3). Les Estiens ou les Livoniens vinrent des bords de la Baltique dé-

---

narque des Goths avec les Bourguignons, *Var.*, 1, 45, 46, avec les Francs, II, 40; avec les Thuringiens, IV, 1; et avec les Vandales, V, 1. Chacune de ces épîtres donne des détails curieux sur la politique et les mœurs des Barbares.

(1) Cassiodore (*Variar.*, IV, 1; IX, 1), Jornandès (c. 58, p. 698, 699), et le Fragment de Valois (p. 720, 721), font connaître le système politique de Théodoric : une paix honorable fut le constant objet de ses soins.

(2) Le lecteur curieux peut étudier les Hérules de Procope, *Gothic.*, l. II, c. 14; et ceux qui auront de la patience peuvent suivre les recherches obscures et minutieuses de M. du Buat, *Hist. des peuples anciens*, t. 9, p. 348-396.

(3) *Variar.*, IV, 2. Cassiodore indique l'esprit et les formes de cette institution guerrière; mais il paraît avoir fait passer les sentimens du roi des Goths dans le langage de l'éloquence romaine.

poser l'ambre de leurs rivages (1) aux pieds d'un prince dont la réputation les avait déterminés à entreprendre un voyage de quinze cents milles, sur des terres dangereuses qu'ils ne connaissaient pas. Il entretenait une correspondance amicale et suivie avec la région du Nord (2), d'où la nation des Goths tirait son origine ; les Italiens employaient dans leurs vêtemens les riches martres de la Suède (3) ; et un des souverains de ce pays, après une abdication volontaire ou forcée, trouva dans le palais de Ravenne un asile hospitalier. Il était chef d'une nom-

---

(1) Cassiodore, qui cite Tacite, en parlant aux sauvages estiens qui habitaient les bords de la Baltique (*Var.*, v, 2), dit que l'ambre, qui a toujours rendu leurs rivages célèbres, est la gomme d'un arbre, durcie par le soleil et lavée et purifiée par les vagues de la mer. Cette substance singulière, analysée par les chimistes, donne une huile végétale et un acide minéral.

(2) Jornandès (c. 3, p. 610-613) et Procope (*Gothic.*, l. II, c. 15) décrivent Scanzia ou Thulé. Ils ne l'avaient vue ni l'un ni l'autre, mais ils avaient conversé avec les naturels de cette contrée dans l'exil de ceux-ci, soit à Ravenne, soit à Constantinople.

(3) *Sapherinas pelles*. Au temps de Jornandès, cette belle race d'animaux habitait le *Suethans*, ou la Suède proprement dite ; mais elle a été chassée peu à peu dans les parties orientales de la Sibérie. Voyez Buffon, *Hist. natur.*, t. XIII, p. 309-313, in-4°; Pennant, *System of quadrupeds*, vol. I, p. 322-328; Gmelin, *Hist. gén. des Voyages*, t. XVIII, p. 257, 258; et Lévesque, *Hist. de Russie*, t. v, 165, 166, 514, 515.

breuse tribu qui cultivait une petite portion de la grande île ou de la péninsule de Scandinavie, à laquelle on a donné quelquefois la dénomination vague de Thulé. Cette région du Nord était peuplée, ou avait du moins été reconnue jusqu'au soixante-huitième degré de latitude, où, à l'époque du solstice d'été, les habitans jouissent pendant quarante jours de la présence du soleil, qui disparaît pour eux au solstice d'hiver pendant un même espace de temps (1). La longue nuit que causait son absence ou sa mort amenait une saison de douleur et d'inquiétudes, et on ne se livrait à la joie qu'au moment où des messagers, envoyés au sommet des montagnes, apercevaient les premiers rayons de la lumière, et annonçaient à la plaine la résurrection du jour (2).

---

(1) Dans le système où le roman de M. Bailly (*Lettres sur les sciences et sur l'Atlantide*, t. I, p. 240-256; t. II, p. 114-139), le phénix de l'Edda, et la mort et la résurrection annuelle d'Adonis et d'Osiris, sont les symboles allégoriques de l'absence et du retour du soleil sur les contrées du cercle polaire. Cet ingénieux écrivain est un digne élève du grand Buffon; et la raison la plus froide a peine à résister à la magie dont ces deux écrivains environnent leurs idées.

(2) Αὐτη τε Θυλιταις η μεγιστη των εορτων εστι; dit Procope. Aujourd'hui un manichéisme grossier, mais assez généreux, domine chez les Samoïèdes, dans le Groënland et la Laponie. (*Hist. des Voyages*, t. XVIII, p. 508, 509; t. XIX, p. 105, 106, 527, 528.) Grotius dit: *Samojutæ cœlum atque astra adorant, numina haud aliis iniquiora* (de Rebus belgicis, l. IV, p. 338, édit. in-fol.); idée que Tacite lui-même ne désavouerait pas.

La vie de Théodoric nous offre le rare et ver- *Ses guerres*
tueux exemple d'un Barbare qui renonça aux exploits *défensives.*
guerriers au milieu de l'orgueil de la victoire et dans
la vigueur de l'âge. Un règne de trente-trois ans fut
consacré aux devoirs du gouvernement civil ; et si,
durant cet intervalle, il eut quelquefois des hostilités à soutenir, l'habileté de ses lieutenans, la discipline de ses troupes, les armes de ses alliés, et même
la terreur qu'inspirait son nom, les terminèrent
bientôt. Il soumit à un gouvernement ferme et régulier les contrées peu utiles de la Rhétie, de la
Norique, de la Dalmatie et de la Pannonie, depuis
la source du Danube et le territoire des Bavarois (1),
jusqu'au petit royaume établi par les Gépides sur
les ruines de Sirmium. Sa prudence ne lui permettait pas de confier le boulevard de l'Italie à des voisins si faibles et si turbulens; et sa justice avait droit
de réclamer, comme une partie de son royaume,
ou comme l'héritage de son père, les terres qu'ils
opprimaient. La grandeur d'un sujet que ses succès
faisaient taxer de perfidie, excita la jalousie de l'empereur Anastase, et la protection que le roi des
Goths, dans les vicissitudes des choses humaines,
accorda à l'un des descendans d'Attila, alluma la

---

(1) *Voyez* l'*Histoire des Peuples anciens*, etc., t. ix, p. 255,
273, 396-501. Le comte du Buat était ministre du roi de
France à la cour de Bavière. Une noble curiosité dirigea ses
recherches vers les antiquités de l'Allemagne, et cette curiosité a été le germe de douze volumes estimables.

guerre sur les frontières de la Dacie. Sabinien, général recommandable par lui-même et par les services de son père, s'avança à la tête de dix mille Romains, et distribua aux tribus les plus belliqueuses de la Bulgarie les armes et les munitions portées à sa suite dans un grand nombre de chariots; mais aux champs de Margus, l'armée des Goths et des Huns, inférieure en nombre, battit celle d'Anastase : l'empereur y perdit la fleur et même l'espérance de ses troupes; et Théodoric avait inspiré une telle modération à ses soldats, que le général n'ayant pas donné le signal du pillage, les riches dépouilles de l'ennemi demeurèrent à leurs pieds sans qu'ils y touchassent (1). La cour de Byzance, irritée de cette défaite, arma deux cents vaisseaux et huit mille hommes, qui pillèrent la côte de la Calabre et de la Pouille. Ils assiégèrent l'ancienne ville de Tarente; ils troublèrent le commerce et l'agriculture de ce pays fortuné, et retournèrent au détroit de l'Hellespont, fiers de leurs succès de pirates sur un peuple qu'ils osaient regarder encore comme sujet du même empire (2). L'activité de Théodoric hâta peut-être leur

Son armement naval.
A. D. 509.

---

(1) *Voy.* les opérations sur le Danube et en Illyrie, dans Jornandès, c. 58, p. 699; dans Ennodius, p. 1607-1610; dans Marcellin, *in Chron.*, p. 44, 47, 48; et dans Cassiodore, *in Chron. et Variar.*; III, 23-50; IV, 13; VII, 4-24; VIII, 9, 10, 11-21; IX, 8, 9.

(2) Je ne puis m'empêcher de transcrire ici un passage du comte Marcellin, écrit d'un style noble et classique. *Ro-*

retraite. L'Italie fut protégée par une flotte de mille bâtimens légers qu'il construisit avec une incroyable célérité (1); et une paix solide et honorable devint bientôt la récompense de sa fermeté et de sa modération. Sa main vigoureuse maintint l'équilibre de l'Occident jusqu'au moment où l'ambition de Clovis vint le détruire. Se voyant hors d'état de secourir le roi des Visigoths, son téméraire et malheureux parent, il sauva du moins les restes de sa famille et de ses sujets, et il arrêta les Francs au milieu de leurs victoires. Je ne veux pas donner plus d'étendue ou ajouter de nouveaux détails à ces événemens militaires (2), les moins intéressans du règne de Théodoric; j'ajouterai seulement qu'il protégea les Allemands (3), qu'il punit sévèrement une incursion des

---

*manus comes domesticorum, et Rusticus comes scholariorum, cum centum armatis navibus, totidemque dromonibus, octo millia militum armatorum secum ferentibus, ad devastanda Italiæ littora processerunt, et usque ad Tarentum antiquissimam civitatem aggressi sunt; remensoque mari, inhonestam victoriam quam piratico ausu Romani ex Romanis rapuerunt, Anastasio Cæsari reportarunt.* In Chron., p. 48. Voyez *Variar.*, I, 16; II, 38.

(1) *Voy.* les ordres et les instructions donnés par le roi. (*Variar.*, IV, 15; V, 16-20.) Ces navires armés devaient être encore plus petits que les mille vaisseaux qu'avait Agamemnon au siége de Troie.

(2) *Voy.* le chap. XXXVIII de cet ouvrage.

(3) *Voy.* Ennodius, p. 1610. Cassiodore rappelle au nom du roi (*Variar.*, II, 41) la protection salutaire que Théodoric accorda aux Allemands.

peuples de la Bourgogne, et que la conquête d'Arles et de Marseille ouvrit une communication avec les Visigoths, qui voyaient en lui leur protecteur et le tuteur du jeune fils d'Alaric, dont il était le grand-père. Ce fut à ce titre qu'il rétablit dans les Gaules la préfecture du prétoire, réforma quelques abus dans le gouvernement civil de l'Espagne, et accepta le tribut annuel et la soumission apparente du gouverneur militaire de la province, qui refusa prudemment de se rendre lui-même au palais de Ravenne (1). Le roi des Goths donnait des lois de la Sicile au Danube, et de Sirmium ou Belgrade à l'océan Atlantique; et les Grecs eux-mêmes ont reconnu que Théodoric régnait sur la plus belle portion de l'empire d'Occident (2).

Gouvernement civil de l'Italie, d'après les lois romaines.

L'union des Goths et des Romains pouvait fixer sur l'Italie, pour des siècles peut-être, le bonheur passager dont elle jouissait alors. Du sein de la barbarie on pouvait voir s'élever un peuple nouveau, composé de citoyens libres et de soldats éclairés qui, rivalisant de vertus, se seraient placés au rang de la première des nations; mais le mérite sublime de gui-

---

(1) Les affaires de la Gaule et de l'Espagne sont rapportées, mais avec quelques contradictions, dans Cassiodore, *Var.*, III, 32, 38, 41, 43, 44; V, 39; Jornandès, c. 58, p. 698, 699; et Procope, *Gothic.*, l. 1, c. 12. Je n'entreprendrai pas de concilier les argumens diffus et contradictoires de l'abbé Dubos et du comte du Buat sur les guerres de Bourgogne.

(2) Théophane, p. 113.

der ou de seconder une pareille révolution, n'était pas réservé au règne de Théodoric. Il n'avait pas le talent d'un législateur, et les circonstances n'étaient pas favorables (1). Tandis qu'il laissait aux Goths une liberté grossière, il copiait servilement les institutions et même les abus du système politique établi par Constantin et ses successeurs. Par égard pour un reste des préjugés de Rome, il crut qu'un prince barbare devait refuser le nom, le diadême et la pourpre des empereurs; mais avec le titre de roi héréditaire, il s'arrogea tous les droits et toute l'étendue de la prérogative impériale (2). Ses dépêches au souverain de l'Orient étaient respectueuses et équivoques; il célébrait en style pompeux l'harmonie des deux républiques; il s'applaudissait des maximes de son gouvernement comme offrant par leur similitude avec celles qui régissaient l'empire d'Orient, l'uniformité qui doit régner dans un seul et même empire; et il réclamait sur les rois de la terre cette préémi-

---

(1) Procope affirme que Théodoric et les rois d'Italie ses successeurs ne publièrent aucune espèce de lois. (*Gothic.*, l. II, c. 6.) Il voulait dire sans doute qu'ils n'en publièrent aucune en langue gothique; car nous avons encore, dans la langue des Latins, un édit de Théodoric en cent cinquante-quatre articles.

(2) Le portrait de Théodoric était gravé sur ses monnaies; ses modestes successeurs se contentèrent de mettre leur nom à côté de la tête de l'empereur régnant. Muratori, *Antiq. Italiæ medii ævi*, t. II; *Dissert.*, 27, p. 577-579; Giannone, *Istoria civile di Napoli*, t. 1, p. 166.

nence qu'il accordait modestement à la personne ou à la dignité d'Anastase. Le choix des deux consuls, fait d'accord entre les deux souverains, attestait chaque année l'alliance du royaume de Théodoric et de l'empire d'Orient; mais il paraît que le consul d'Italie, nommé par le roi goth, avait besoin de l'aveu du souverain de Constantinople (1). Le palais de Ravenne offrait la répétition de la cour de Théodose ou de Valentinien. Le préfet du prétoire, le préfet de Rome, le questeur, le maître des offices, le trésorier public et le trésorier privé, dont le rhéteur Cassiodore a pompeusement décrit les fonctions, continuaient à exercer l'autorité des ministres d'État. Le département des tribunaux et celui des finances, qu'on regardait comme subalternes, étaient délégués à sept consulaires, trois correcteurs et cinq présidens, qui gouvernaient les quinze *régions* de l'Italie d'après les principes et même les formes de la jurisprudence romaine (2). Les lenteurs compliquées des procédu-

---

(1) L'alliance de l'empereur et du roi d'Italie est rapportée par Cassiodore (*Variar.*, l. 1; II, 1, 2, 3; VI, 1) et par Procope (*Gothic.*; l. II, c. 6; l. III, c. 21), qui vante l'amitié d'Anastase et de Théodoric; mais à Constantinople et à Ravenne on ne donnait pas la même valeur aux expressions figurées du style des complimens.

(2) Paul Warnefrid, le diacre (*de Reb. Longobard.*, l. II, c. 14-22) a ajouté une dix-huitième province aux dix-sept de la *Notitia*, celle des Apennins. (Muratori; *Script. rerum Italicarum*, t. 1, p. 431-433.) Mais de ces provinces les Vandales possédaient la Sardaigne et la Corse; et il paraît que

res judiciaires réprimaient ou éludaient la violence des conquérans; les honneurs et les émolumens de l'administration civile étaient réservés aux Italiens; le peuple conservait sa langue et sa manière de s'habiller, ses lois et ses coutumes, sa liberté personnelle et les deux tiers des terres du pays. Auguste avait eu pour objet constant de cacher l'introduction de la monarchie; et la politique de Théodoric tendit sans cesse à faire oublier qu'un Barbare était sur le trône (1). Si ses sujets s'éveillaient quelquefois de l'illusion séduisante qu'ils se faisaient de vivre encore sous un gouvernement romain, c'était avec bien plus de fondement qu'ils s'applaudissaient alors de vivre sous un prince goth doué d'assez de pénétration pour voir ce qui convenait à ses intérêts et à ceux de son peuple, et d'assez de fermeté pour arriver à son but. Ce prince aimait les vertus qu'il possédait et les ta-

---

les deux Rhéties et les Alpes Cottiennes étaient abandonnées à un gouvernement militaire. Giannone a recherché avec un soin patriotique dans quel état se trouvaient alors les quatre provinces qui composent aujourd'hui le royaume de Naples (t. 1, p. 172-178):

(1) Voy. l'*Hist. des Goths* de Procope (l. 1, c. 1; l. 11, c. 6); les *Épîtres* de Cassiodore *passim*, mais surtout les cinquième et sixième livres, qui contiennent les *Formulæ* ou protocoles des patentes des emplois; et l'*Ist. civile* de Giannone, t. 1, l. 11, 111. Maffei (*Verona illustr.*, part. 1, l. VIII, p. 227) prouve cependant que les comtés goths, que cet auteur place dans toutes les villes d'Italie, n'existaient pas. Ceux de Syracuse et de Naples (*Variar.*, VI, 22, 23) n'avaient qu'une commission spéciale et temporaire.

lens qu'il n'avait pas; il nomma Liberius préfet du prétoire, en récompense de sa fidélité à la cause malheureuse d'Odoacre. Cassiodore (1) et Boëce ont jeté sur son règne l'éclat de leur génie et de leur savoir. Cassiodore, plus prudent ou plus heureux que son collègue, suivit constamment ses principes sans perdre la faveur du roi; et, après avoir joui trente ans des honneurs du monde, il goûta le repos le même intervalle de temps dans sa pieuse et studieuse retraite de Squillace.

<small>Prospérité de Rome.</small>

Il était du devoir et de l'intérêt du roi des Goths, comme protecteur de la république, de cultiver l'affection du sénat (2) et celle du peuple. Les nobles de Rome étaient flattés de ces pompeuses épithètes et de ces démonstrations de respect qu'on avait accordées avec plus de raison au mérite et à l'autorité de leurs ancêtres. Le peuple jouissait, sans crainte et sans danger des trois avantages qu'offre pour l'ordinaire la capitale d'un empire, l'ordre, l'abondance

---

(1) Deux citoyens d'Italie et du nom de Cassiodore, le père (*Variar.*, I, 24-40), et le fils (IX, 24, 25), furent employés successivement dans l'administration de Théodoric. Le dernier naquit en 479. Ses diverses épîtres en qualité de questeur, de maître des offices et de préfet du prétoire, comprennent l'intervalle de 509 à 539; et il vécut moine environ trente ans. Tiraboschi, *Storia della Litteratura italiana*, t. III, p. 7-24; Fabricius, *Bibl. lat. med. ævi*, t. I, p. 357, 358, édit. Mansi.

(2) *Voyez* dans Cochlæus ses égards pour le sénat, *Vit. Theod.*, VIII, p. 72-80.

et des amusemens publics. La quantité de grains qu'il recevait de la libéralité du roi (1), annonce un décroissement de population : toutefois la Pouille, la Calabre et la Sicile, versaient dans les magasins de Rome le tribut de leurs moissons : une ration de pain et de viande était accordée aux citoyens indigens ; et tous les emplois qui avaient rapport à leur santé et à leur bonheur étaient réputés honorables. Les jeux publics, assez brillans pour que la politesse d'un ambassadeur grec pût leur donner des éloges, présentaient une faible idée de la magnificence des Césars ; mais l'art de la musique, ceux de la gymnastique et de la pantomime, n'étaient pas tombés entièrement dans l'oubli; les bêtes sauvages de l'Afrique exerçaient toujours dans le Colisée le courage et la dextérité des chasseurs ; et l'indulgent Théodoric tolérait avec patience ou réprimait avec douceur les factions des Bleus et des Verts, dont les querelles avaient si souvent rempli le Cirque de clameurs et de sang (2). La septième année de son paisible règne, il voulut

Théodoric va à Rome.
A. D. 500.

---

(1) On ne lui en donnait plus que cent vingt mille *modii* ou quatre mille *quarters*. Anon. Val.; p. 721; et *Variar.*, 1, 35; VI, 18; XI, 5-39.

(2) *Voyez* ses égards et son indulgence pour les jeux du Cirque, du Colisée ou du théâtre, dans la *Chronique* et les *Épîtres* de Cassiodore (*Variar.*, 1, 20, 27, 30, 31, 32; III, 51; IV, 51, éclaircis par la quatorzième note de l'histoire de Mascou). Cassiodore s'est appliqué à orner ce sujet d'une sorte de pompe d'érudition qui ne manque pourtant pas d'agrément.

voir la vieille capitale du monde; le sénat et le peuple allèrent en pompe saluer un prince qu'ils appelaient un second Trajan ou un nouveau Valentinien; et il soutint ce noble caractère en ne craignant pas de prononcer en public et de faire graver sur une table d'airain, un discours où il promettait de gouverner avec justice et selon les lois (1). La gloire expirante de Rome jeta un dernier rayon dans cette auguste cérémonie; et tout ce que put faire la pieuse imagination d'un saint, témoin de ce pompeux spectacle, ce fut de lui permettre d'espérer qu'il serait encore surpassé par la splendeur céleste de la nouvelle Jérusalem (2). Le roi des Goths passa six mois à Rome; sa réputation, sa personne et sa conduite affable excitèrent l'admiration des Romains, et il examina avec autant de curiosité que de surprise les monumens de leur ancienne grandeur. Il imprima sur la colline du Capitole la trace des pas d'un conquérant, et il avoua que le Forum de Trajan et sa haute colonne lui causaient tous les jours un nouvel étonnement. Le théâtre de Pompée, dans sa ruine, offrait encore l'aspect d'une énorme montagne, creusée, polie et ornée par l'industrie des hommes; et

---

(1) Anonym. Valois, p. 721; Marius-Aventicensis, *in Chron.* Comme souverain et comme homme privé, Théodoric paraît au moins aussi supérieur à Valentinien qu'il paraît inférieur à Trajan.

(2) *Vit. Fulgentii, in Baron., Ann. eccles.*, A. D. 500, n° 10.

Théodoric dit un jour qu'il avait fallu tarir un fleuve
d'or pour construire le colossal amphithéâtre de
Titus (1). Quatorze aqueducs versaient dans chaque
partie de la ville des flots d'une eau pure; les eaux
qu'on appelait Claudiennes avaient leurs sources à
trente-huit milles de là, au milieu des montagnes
des Sabins; une file d'arceaux d'une pente insensible
les amenait au sommet du mont Aventin. Les longues
et spacieuses voûtes qui servaient d'égouts subsistaient
en leur entier après douze siècles; et l'on a mis la
structure de ces canaux souterrains au-dessus de
toutes les merveilles dont la ville de Rome frappait
les regards (2). Les rois goths, si injustement accusés
d'avoir hâté la ruine des ouvrages de l'antiquité,
mirent tous leurs soins à conserver les monumens de

---

(1) Cassiodore décrit avec son style pompeux le Forum
de Trajan (*Variar.*, VII, 6); le théâtre de Marcellus (IV,
51), et l'amphithéâtre de Titus (V, 42); et ses descriptions
méritent d'être lues. M. l'abbé Barthélemy a calculé que
d'après le prix moderne de la main-d'œuvre, les ouvrages
en brique et en maçonnerie du Colisée coûteraient seuls
vingt millions tournois (*Mém. de l'Académie des Inscript.*,
t. XXVIII, p. 585, 586); et les ouvrages en brique et en
maçonnerie n'étaient qu'une partie bien petite des dépenses
du Colisée.

(2) *Voyez* sur les aqueducs et les égouts, Strabon, l. V,
pag. 360; Pline, *Hist. nat.*, XXXVI, 24; Cassiodore, *Variar.*, III, 30, 31; VI, 6; Procope, *Goth.*, l. I, c. 19; et
Nardini, *Roma antica*, pag. 514-522. On ne conçoit pas
encore comment un roi de Rome a pu exécuter de pareils
monumens.

la nation qu'ils avaient subjuguée (1). Ils publièrent des édits pour défendre aux citoyens eux-mêmes de les dégrader, pour leur ordonner d'en prendre soin ; ils les mirent sous la garde d'un architecte particulier ; ils donnèrent chaque année deux cents livres d'or et vingt-cinq mille briques pour leur entretien ; et ils employèrent aux réparations ordinaires des murs et des édifices publics, le produit des douanes du port Lucrin. Ils étendirent leurs soins sur les ouvrages de marbre ou de métal, représentant, soit des hommes, soit des animaux. Les Barbares admiraient le feu de ces chevaux qui ont donné au mont Quirinal le nom qu'ils portent aujourd'hui (2); ils réparèrent les éléphans d'airain de la *voie Sacrée* (3); la fameuse vache de Myron continua de tromper les animaux eux-mêmes lorsqu'ils traversaient le *Forum de la paix* (4). Théodoric, enfin, créa un officier

---

(1) *Voyez* les soins que prirent les Goths des édifices et des statues dans Cassiodore (*Variar.*, I, 21-25; II, 34; IV, 30; VII, 6, 13, 15; et le *Fragment* de Valois, 721.

(2) *Var.*, VII, 15. Ces chevaux de Monte-Cavallo avaient été transportés d'Alexandrie aux bains de Constantin. (Nardini, p. 188.) L'abbé Dubos (*Réflexions sur la poésie et sur la peinture*, t. I, sect. 39) en fait peu de cas; et Winckelman (*Hist. de l'Art*, t. II, p. 159) les admire.

(3) *Variar.*, X, 10. C'étaient probablement les restes d'un char de triomphe. Cuper, *de Elephantis*, II, 10.

(4) Procope (*Goth.*; l. IV, c. 21) raconte une histoire ridicule de cette vache de Myron, à laquelle on a prodigué le faux esprit de trente-six épigrammes grecques. *Anthol.*, liv. IV, pag. 302-306, édit. Hen. Steph.; Auson., *epigr.* 58-68.

chargé du soin de ces prodiges de l'industrie humaine, qu'il regardait comme le plus bel ornement de son royaume.

Théodoric, à l'exemple des derniers empereurs, préféra la résidence de Ravenne; il y cultivait un verger de ses propres mains (1). Dès que les Barbares menaçaient la tranquillité de son royaume (car jamais ils n'y firent d'invasion), il établissait sa cour à Vérone (2), sur la frontière du nord, et la représentation de son palais, qui subsiste encore sur une pièce de monnaie, offre le modèle le plus ancien et le plus authentique de l'architecture des Goths. Ravenne et Vérone, ainsi que Pavie, Spolette et Naples, et les autres villes d'Italie, virent sous son règne des églises, des aqueducs, des bains, des portiques et des palais, s'élever dans leur enceinte (3); mais l'augmentation du travail et du luxe, l'accroissement rapide de

*État florissant de l'Italie.*

---

(1) *Voyez* une épigramme d'Ennodius (II, 3, p. 1893, 1894) sur ce jardin et son royal jardinier.

(2) Son affection pour cette ville est prouvée par ces mots, *Verona tua*, et par la légende du héros. Sous le nom barbare de Dietrich de Berne (*voyez* Peringsciold, *ad Cochlæum*, p. 240), Maffei suit avec plaisir et avec érudition les traces de Théodoric à Vérone, patrie de cet auteur (l. IX, p. 230-236).

(3) *Voyez* Maffei, *Verona illustrata*, part. 1, p. 231, 232, 308, etc. Il impute l'architecture gothique, ainsi que la corruption du langage, de l'écriture, etc., non pas aux Barbares, mais aux Italiens eux-mêmes. Comparez ses opinions avec celles de Tiraboschi, t. III, p. 61.

la richesse nationale, et la liberté avec laquelle on en jouissait, montrent bien mieux les heureux effets de son administration. Des ombrages frais de Tivoli et de Préneste, les sénateurs romains allaient à l'entrée de l'hiver chercher le soleil et les eaux salutaires de Baies; et, de leurs maisons de campagne, placées sur des môles qui s'avançaient dans la baie de Naples, ils jouissaient tout à la fois de l'aspect du ciel, de la mer et du continent. Une nouvelle Campanie s'était formée sur la côte orientale de l'Adriatique, dans la belle et fertile province de l'Istrie, qui communiquait avec le palais de Ravenne par une navigation aisée d'environ cent milles. Les riches productions de la Lucanie et des provinces voisines s'échangeaient à la fontaine Marcilienne, dans une foire très en vogue, où tous les ans venaient se traiter des affaires de commerce et se renouveler des scènes de débauche et de superstition. Dans la solitude de Côme, jadis animée par l'aimable génie de Pline, un bassin de plus de soixante milles de longueur réfléchissait encore les maisons champêtres placées autour du lac Larien; et des oliviers, des vignes et des châtaigniers, tapissaient les collines qui s'élevaient en amphithéâtre (1). L'agriculture se ranimait à l'ombre de la paix, et le rachat des captifs

---

(1) Les épîtres de Cassiodore décrivent d'une manière agréable les maisons de campagne, le climat et le paysage de Baies (*Variar.*, IX, 6. *Voyez* Cluvier, *Italiâ antiq.*, l. IV, c. 2, p. 1119, etc.), de l'Istrie (*Variar.*, XII, 22, 26) et

multipliait le nombre des laboureurs (1). On exploitait les mines de fer de la Dalmatie, et une mine d'or au pays des Brutiens : les marais Pontins et ceux de Spolette furent desséchés par des entrepreneurs particuliers, dont les profits éloignés dépendaient de la continuation de la prospérité publique (2). Lorsque l'année était mauvaise, Théodoric avait soin de former des magasins de blé, d'en fixer le prix, et d'en défendre l'exportation; et cette précaution, quoiqu'en elle-même d'un effet bien incertain, attestait du moins les intentions bienveillantes du gouvernement : mais telle était l'abondance qui, dans une terre fertile, devenait la récompense d'un peuple in-

---

de Côme (*Variar.*, xi, 14, comparaison avec les deux maisons de campagne de Pline, ix, 7).

(1) *In Liguriâ numerosa agricolarum progenies.* (Ennod., p. 1678, 1679, 1680.) Saint Épiphane de Pavie racheta des Bourguignons de Lyon et de Savoie six mille captifs, qu'il obtint par ses prières ou en payant une rançon. De telles actions sont les plus beaux miracles d'un saint.

(2) On peut suivre distinctement le système d'économie politique de Théodoric (Anonym. Valois, p. 721, et Cassiodore, *in Chron.*) touchant les mines de fer (*Var.*, iii, 23), touchant les mines d'or (ix, 3); sur les marais Pontins (ii, 32, 33); touchant le régime de Spolette (ii, 21); touchant les grains (i, 34; x, 27, 28; xi, 11, 12); touchant le commerce (vi, 7; vii, 9-23); touchant la foire de Leucothoé ou Saint-Cyprien en Lucanie (viii, 33); touchant les vivres (xii, 4); touchant le *cursus* ou la poste publique (i, 29; ii, 31; iv, 47; v, 5; vi, 6; vii, 33); touchant la voie Flaminienne (xii, 18).

dustrieux ; qu'un *gallon* (une pinte) de vin se vendait quelquefois, en Italie, au-dessous de trois *farthings* (trois liards), et un *quarter* de froment environ cinq schellings et six sous d'Angleterre (1). Un pays qui possédait des articles de commerce si précieux, attira bientôt les négocians; et l'esprit libéral du roi des Goths encourageait et protégeait leurs opérations utiles à ses sujets : il rétablit et étendit la communication par terre et par eau, entre les différentes provinces; les portes de Ravenne n'étaient pas même fermées pendant la nuit, et le proverbe d'alors, qu'on pouvait laisser sans crainte une bourse remplie d'or au milieu des campagnes, annonce le sentiment de sécurité répandu parmi les peuples.

{.sidenote}
Théodoric était arien.

Une différence de religion est toujours pernicieuse et souvent funeste à l'harmonie qui doit régner entre le prince et son peuple. Le roi des Goths avait été élevé dans la secte d'Arius, et l'Italie professait avec zèle le symbole de Nicée; mais la croyance de Théodoric n'était point mêlée de fanatisme, et il suivait, avec soumission, l'hérésie de ses ancêtres sans daigner examiner les subtils argumens des théologiens. Sentant bien qu'il devait se regarder comme le protecteur du culte public, il se contenta d'assurer la

---

(1) *LX modii tritici in solidum ipsius tempore fuerunt, et vinum XXX amphoras in solidum.* (Fragment. Valois.) On a donné dans les magasins publics jusqu'à quinze ou vingt-cinq *modii* pour une pièce d'or, et le prix des grains fut toujours modéré.

tolérance aux ariens; et son respect extérieur pour une superstition qu'il méprisait, dut lui donner sur ces objets la salutaire indifférence d'un homme d'État et d'un philosophe. Les catholiques de ses domaines souscrivirent, peut-être avec répugnance, à la paix de l'Église; leurs prêtres recevaient, selon leur rang et selon leur mérite, un accueil distingué dans le palais du roi des Goths; il estimait la sainteté de Césaire (1) et d'Épiphane (2), évêques orthodoxes d'Arles et de Pavie; et il déposa une offrande convenable sur le tombeau de saint Pierre (3), sans rechercher quelle était la croyance de cet apôtre (4). Il

*Il tolère les catholiques.*

---

(1) *Voyez* la *Vie de saint Césaire* dans Baronius, A. D. 508, n° 12, 13, 14. Le roi lui donna trois cents *solidi* d'or et un disque d'argent du poids de soixante livres.

(2) Ennodius, *in Vit. S. Epiphanii, in* Sirmond. *Opera*, t. 1, p. 1672-1690. Théodoric accorda de grandes faveurs à cet évêque, dont il prenait les conseils dans la paix et dans la guerre.

(3) *Devotissimus ac si catholicus.* (Anonym. Val., p. 720.) Cependant son offrande ne fut que de deux chandeliers d'argent (*cercostrata*) du poids de soixante-dix livres, c'est-à-dire d'une valeur bien inférieure à celle de l'or et des pierreries qu'on voyait dans les églises de Constantinople et de France. Anastase, *in Vit. Pont. in Hormisda*, p. 34, édit. de Paris.

(4) Le système de tolérance suivi par Théodoric (Ennod., p. 1612; Anonym. Valois, p. 719; Procop., *Goth.*, l. 1, c. 1; l. II, c. 6) se trouve développé dans les épîtres de Cassiodore, sous ces différens titres : *des Évêques* (*Variar.*, 1, 9; VIII, 15-24; XI, 23); *des Immunités* (I, 26; II, 29,

permit à ceux de ses compatriotes qu'il favorisait le plus, et même à sa mère, de continuer à suivre ou d'embrasser le symbole de saint Athanase ; et, durant tout son règne, on ne peut citer un catholique italien qui, de gré ou de force, ait adopté la religion du vainqueur (1). La pompe et le bon ordre des cérémonies religieuses édifiaient le peuple et même les Barbares ; il était enjoint aux magistrats de protéger les immunités des personnes et des biens ecclésiastiques ; les évêques tenaient leurs synodes, les métropolitains exerçaient leur juridiction, et l'on conservait ou l'on modérait les priviléges du sanctuaire selon l'esprit de la jurisprudence des Romains. Pour prix de sa protection, Théodoric s'arrogea sur l'Église un droit de suprématie ; et son administration vigoureuse rétablit ou augmenta d'utiles prérogatives négligées par les faibles empereurs d'Occident. Il connaissait la dignité et l'importance du pontife de Rome, auquel on donnait déjà le nom respectable de pape. La paix ou la révolte de l'Italie dépendait à

---

30) ; *des Terres de l'Église* (IV, 17-20) ; *des Sanctuaires* (II, 11 ; III, 47) ; *de la Vaisselle des églises* (XII, 20) ; *de la Discipline* (IV, 44) : d'où il résulte qu'il était chef de l'Église en même temps que de l'État.

(1) On doit rejeter le conte absurde d'un diacre catholique qu'il fit décapiter pour avoir quitté sa communion pour suivre la secte d'Arius. (Théodor. Lector., n° 17.) Pourquoi Théodoric est-il surnommé *Afer ?* Ce mot vient-il de *Vafer ?* (Valois, *ad loc.*) Ce n'est qu'une simple conjecture.

bien des égards du caractère de cet évêque riche et chéri du peuple, investi d'une si grande autorité dans le ciel et sur la terre, et qu'un nombreux synode avait déclaré exempt de tout péché et au-dessus de tout jugement (1). Lorsque d'après ses ordres Symmaque et Laurent concoururent pour le trône de saint Pierre, le monarque arien les appela devant lui, et il confirma l'élection de celui des deux candidats en qui il trouva le plus de mérite ou le plus de soumission. Sur la fin de sa vie, il prévint, dans un moment de méfiance et de colère, le choix des Romains, et le pape qu'il nomma fut proclamé dans le palais de Ravenne. Un schisme survint; il sut arrêter sans violence le danger et les querelles qui en furent la suite, et le dernier décret du sénat eut pour objet d'anéantir la vénalité scandaleuse des élections des papes (2).

J'ai raconté avec plaisir le bonheur de l'Italie sous le règne de Théodoric; mais le lecteur doit arrêter son imagination, et ne pas croire que l'âge d'or des poëtes, espèces d'hommes qui ne semblent connaître

*Défauts de son gouvernement.*

---

(1) *Voyez* Ennodius, p. 1621, 1622, 1636, 1638. Cette décision fut approuvée et enregistrée (*synodaliter*) par un concile romain. Baronius, A. D. 503, n° 6; Franciscus Pagi, *in Brev. Pont. Rom.*, t. 1, p. 242.

(2) *Voyez* Cassiodore, *Variar.*, VIII, 15; IX, 15, 16; Anastase, *in Symmach.*, p. 31; et la dix-septième note de Mascou. Baronius, Pagi et la plupart des docteurs catholiques, avouent, en murmurant, cette usurpation du roi des Goths.

ni les vices ni la misère, se soit réalisé durant l'administration des Goths. Quelques nuages obscurcirent ce beau tableau. On peut avoir trompé la sagesse de Théodoric, on peut avoir résisté à sa puissance; et ses dernières années furent souillées de la haine des peuples et du sang des patriciens. Dans les premiers momens d'ivresse que donne la victoire, il avait été tenté de priver tous les adhérens d'Odoacre des droits civils, et même des droits naturels de la société (1). Une taxe qu'il voulait établir mal à propos après les calamités de la guerre, aurait étouffé l'agriculture naissante de la Ligurie; un privilége qu'il avait accordé sur l'achat des grains, à la vérité sans autre objet que le bien public, menaçait d'aggraver les malheurs de la Campanie. La vertu et l'éloquence de saint Épiphane et de Boëce, qui plaidèrent la cause du peuple devant Théodoric lui-même, triomphèrent de ses dangereux projets (2); mais si l'oreille

---

(1) Il leur ôta *licentiâ testandi;* et toute l'Italie fut en deuil, *lamentabili justitio*. Je voudrais croire que ces peines regardaient seulement les rebelles qui avaient manqué à leur serment de fidélité; mais le témoignage d'Ennodius (p. 1675-1678) a d'autant plus de poids, qu'il vécut et mourut sous le règne de Théodoric.

(2) Ennodius, *in Vit. Epiphan.*, p. 1689, 1690; Boëce, *de Consolatione philosophiæ*, l. 1; Pros. 4, p. 45, 46, 47. Il faut respecter, mais faire entrer en considération la passion du saint et celle du sénateur, et chercher dans les différens passages de Cassiodore (II, 8; IV, 36; VIII, 5) ce qui peut appuyer ou atténuer leurs plaintes.

de ce prince fut ouverte à la vérité, il ne se trouve pas toujours près de l'oreille des rois un saint et un philosophe. La fraude des Italiens et la violence des Goths abusèrent trop souvent des priviléges que donnaient la dignité, les emplois et la faveur ; et la cupidité du neveu du roi fut mise au grand jour, d'abord par l'usurpation, et ensuite par la restitution des domaines enlevés aux propriétaires toscans ses voisins. Deux-cent mille Barbares, redoutables même à leur maître, se trouvaient au centre de l'Italie ; ils souffraient avec indignation les entraves de la paix et de la discipline. Ils exerçaient partout des violences; on les payait pour changer leur marche, et le danger qu'aurait entraîné la punition, forçait quelquefois la prudence à dissimuler les impétueux écarts de leur indocilité naturelle. Lorsque Théodoric renonça aux deux tiers du tribut des habitans de la Ligurie, il voulut bien exposer à ses sujets l'embarras de sa situation, et s'affliger avec eux des charges pesantes que le forçait à leur imposer le soin de leur propre défense (1). Jamais ces sujets ingrats ne lui pardonnèrent son origine, sa religion ; ni même ses vertus ; ils oublièrent les malheurs passés, et le bonheur dont ils jouissaient alors ne les rendit que plus sensibles aux injustices et plus disposés aux soupçons.

La tolérance religieuse que Théodoric eut la gloire d'établir dans le monde chrétien, affligea et blessa

*On provoque sa colère, et il persécute les catholiques.*

---

(1) *Immanium expensarum pondus.........pro ipsorum salute*, etc. ; mais ce ne sont là que des mots.

elle-même le zèle orthodoxe des Italiens. Ils respectaient l'hérésie armée des Goths; mais ils exercèrent leur sainte colère sur les Juifs faibles et opulens, qui, à Rome, à Ravenne, à Milan et à Gênes, avaient formé, sous la sanction des lois, des établissemens avantageux pour le commerce (1). A Ravenne et à Rome, la populace furieuse, excitée, à ce qu'il paraît, par les motifs les plus frivoles ou les plus extravagantes suppositions, insulta leurs personnes, pilla leurs maisons et brûla leurs synagogues. Le gouvernement capable de négliger un pareil outrage, mériterait de s'y voir exposé. On ordonna des recherches juridiques; les coupables s'étant évadés au milieu de la foule, on condamna la communauté entière à la réparation des dommages, et les fanatiques obstinés qui refusèrent de payer la contribution à laquelle ils avaient été imposés, furent publiquement fustigés dans les rues par la main du bourreau. Cette punition, qui n'était qu'une simple justice, irrita les catholiques; ils donnèrent des éloges au mérite et à la patience de ces saints confesseurs; trois cents prédicateurs déplorèrent la persécution de l'Église; et si Théodoric ordonna de démolir la chapelle de Saint-Étienne à Vérone, il y a lieu de croire qu'elle avait été le théâtre de quelque miracle attentatoire au res-

---

(1) Les Juifs étaient établis à Naples (Procop., *Goth.*, l. 1, c. 8); à Gênes (*Variar.*, II, 28; IV, 33); à Milan (V, 37); à Rome (IV, 43). *Voy.* aussi Basnage, *Hist. des Juifs*, t. VIII, c. 7, p. 254.

pect qui lui était dû. Le roi des Goths découvrit, sur la fin de sa glorieuse carrière, qu'il était haï de ce peuple dont le bonheur avait été l'objet de ses constans travaux. L'indignation, le soupçon, et ce sentiment amer qui est la suite d'une affection méprisée, aigrirent son caractère. Le conquérant de l'Italie s'abaissa jusqu'à désarmer les peuples peu guerriers qu'il avait soumis; il leur interdit les armes offensives, et ne permit qu'un petit couteau pour les usages ordinaires. Le libérateur de Rome fut accusé de s'être réuni aux plus vils délateurs pour conspirer contre la vie des sénateurs qu'il soupçonnait d'entretenir un commerce perfide avec la cour de Byzance (1). Après la mort d'Anastase, le diadême avait été placé sur la tête d'un faible vieillard; mais le pouvoir se trouva entièrement placé entre les mains de Justinien, neveu du nouvel empereur, et qui déjà méditait l'extirpation de l'hérésie, et la conquête de l'Italie et de l'Afrique. Une loi rigoureuse, publiée à Constantinople afin de ramener les ariens au sein de l'Église par la crainte des châtimens, éveilla le juste ressentiment de Théodoric, qui réclamait pour ses frères de l'Orient l'indulgence qu'il avait accordée si long-temps aux catholiques de ses domaines. Ses ordres sévères firent partir le pontife de Rome et

---

(1) *Rex avidus communis exitii*, etc. (Boëce, l. 1, p. 59.) *Rex dolum Romanis tendebat*. (Anonym. Valois, p. 723.) Ces mots sont durs : ils annoncent la haine des Italiens, et je le crains, celle de Théodoric lui-même.

quatre *illustres* sénateurs, pour une ambassade auprès de l'empereur, dont ils devaient craindre également le bon ou le mauvais succès. Le monarque jaloux punit comme un crime la vénération qu'on témoigna au premier pape qui eût visité Constantinople. Il était probable que par ses refus, soit artificieux, soit péremptoires, la cour de Byzance fournirait un prétexte pour des représailles, et donnerait l'occasion de les pousser beaucoup plus loin que l'offense. On prépara en Italie une ordonnance d'après laquelle, passé un jour fixé, l'exercice du culte catholique devait être entièrement prohibé. Le plus tolérant des princes se trouva, par le fanatisme de ses sujets et de ses ennemis, sur le point de commencer une persécution; et Théodoric vécut trop long-temps, puisqu'il vécut assez pour condamner la vertu dans la personne de Boëce et de Symmaque (1).

<small>Caractère, études et dignités de Boëce.</small>

Le sénateur Boëce (2) est le dernier des Romains

---

(1) J'ai tâché de former un récit vraisemblable d'après quelques phrases obscures, concises et contradictoires du *Fragment* de Valois (p. 722, 723, 724), de Théophane (p. 145), d'Anastase (*in Johanne*, p. 35), et de l'*Historia Miscella*, p. 103, édit. de Muratori. Presser doucement et paraphraser leurs expressions n'est pas leur faire violence. Consultez aussi Muratori (*Annali d'Italia*, t. IV, p. 471-478), ainsi que les *Annales* et le *Bréviaire* des deux Pagi, l'oncle et le neveu (t. I, p. 259-263).

(2) Léclerc a composé une vie critique et philosophique de Boëtius (*Bibl. choisie*, t. XVI, p. 168-275), et la lecture de Tiraboschi (t. III) et de Fabricius (*Bibl. latin.*) pourra

que Caton ou Cicéron eussent reconnu pour leur compatriote. Orphelin dès le berceau, il hérita du patrimoine et des dignités de la famille Anicienne, nom que prenaient avec orgueil les rois et les empereurs de ces temps-là ; et le surnom de Manlius attestait sa descendance véritable ou fabuleuse du consul et du dictateur, qui avaient, l'un chassé les Gaulois du Capitole, et l'autre sacrifié ses enfans au bonheur de la république. A l'époque de sa jeunesse, on n'avait pas à Rome entièrement abandonné l'étude : il existe encore un Virgile (1) corrigé par la main d'un consul ; et la libéralité des Goths avait conservé aux professeurs de grammaire, de rhétorique et de jurisprudence, leurs pensions et leurs priviléges : mais la littérature latine ne suffisait pas à l'ardente curiosité de Boèce, et on dit qu'il passa dix-huit ans dans les écoles d'Athènes (2), que soutenaient alors

---

être utile. On peut fixer la date de sa naissance vers l'an 470, et celle de sa mort en 524, dans une vieillesse prématurée. *Consol. phil. metrica*, 1, p. 5.

(1) *Voyez* sur l'époque et la valeur de ce manuscrit, qui est aujourd'hui dans la bibliothèque du grand-duc à Florence, la *Cenotaphia Pisana* du cardinal Norris, p. 430-447.

(2) On n'est pas sûr que Boèce ait étudié à Athènes. (Baronius, A. D. 510, n° 3, d'après un traité *de Disciplinâ scholarum*, lequel paraît supposé.) Le terme de dix-huit ans est sans doute trop long ; mais son voyage d'Athènes est attesté par un grand nombre d'auteurs (Brucker, *Hist. crit. philosoph.*, t. III, p. 524-527), et par une expression vague

le zèle, le savoir et les soins de Proclus et de ses disciples. La raison et la piété du jeune Romain échappèrent heureusement à la contagion de ces folies de la magie et de la mysticité, qui souillaient les bocages de l'Académie ; mais il y prit l'esprit et il y adopta la méthode des philosophes, soit anciens, soit nouveaux, qui essayaient de concilier la raison forte et subtile d'Aristote avec les rêves pieux et sublimes de Platon. De retour à Rome, et après avoir épousé la fille du patricien Symmaque, son ami, il continua ses études dans un palais où brillaient de toutes parts le marbre et l'ivoire.(1). Il édifia l'Église en défendant avec profondeur le symbole de Nicée contre les hérésies d'Arius, d'Eutychès et de Nestorius; et dans un traité particulier, il expliqua ou exposa l'unité de Dieu admise chez les catholiques, par la non-différence de trois personnes distinctes, quoique consubstantielles. Pour l'instruction des Latins, il soumit son génie à une étude minutieuse des arts et des sciences de la Grèce. Sa plume infatigable tra-

---

et équivoque, il est vrai, de son ami Cassiodore (*Var.*, 1, 45), *longè positas Athenas introisti*.

(1) *Bibliothecæ comptos ebore ac vitro parietes*, etc. (*Consol. philos.*, l. 1, Pros. v, p. 74. Les *Épîtres* d'Ennodius (VI, 6; VII, 13; VIII, 1, 31, 37 et 40), et Cassiodore (*Var.*, 1, 39; IV, 6; IX, 21), fournissent plusieurs preuves de la grande réputation qu'il obtint de son temps. Il est vrai que l'évêque de Pavie voulait acheter une vieille maison que Boèce avait à Milan, et que les éloges furent peut-être une partie du paiement.

duisit et éclaircit la géométrie d'Euclide, la musique de Pythagore, l'arithmétique de Nichomaque, la mécanique d'Archimède, l'astronomie de Ptolomée, la théologie de Platon, et la logique d'Aristote, avec le commentaire de Porphyre. Il se trouva seul en état de décrire un cadran solaire, une horloge d'eau et une sphère qui représentait le mouvement des planètes et que l'on regardait comme des merveilles de l'art. De ces spéculations abstraites, il descendait, ou, pour parler plus exactement, il s'élevait à la pratique des devoirs de la vie publique et de la vie privée ; sa générosité soulageait les indigens, et son éloquence, comparée par la flatterie à celle de Démosthène et de Cicéron, ne s'employa jamais du moins qu'en faveur de l'innocence et de l'humanité. Un prince habile sentit et récompensa un mérite si éclatant ; Boëce obtint les titres de consul et de patrice, et fit usage de ses lumières dans l'emploi important de maître des offices. Quoique l'Orient et l'Occident eussent une égale part aux choix des consuls, ses deux fils furent créés, malgré leur jeunesse, consuls de la même année (1). Le jour mé-

(1) Pagi, Muratori, etc., s'accordent à dire que Boëce fut consul l'an 510, et ses deux fils en 522. Ils parlent d'un Boëce consul en 487 ; ce fut peut-être son père. On a voulu attribuer ce dernier consulat au philosophe, et il en est résulté de l'embarras pour la chronologie de sa vie. Il vante son bonheur (p. 109, 110), (son bonheur passé) dans ses dignités, dans ses alliances, dans ses enfans.

morable de leur inauguration, ils se rendirent en pompe de leur palais au Forum, au milieu des applaudissemens du sénat et du peuple; et plein de joie, leur père, alors le véritable consul de Rome, après avoir prononcé un discours à la gloire de son royal bienfaiteur, montra sa magnificence dans les jeux du cirque. Comblé de jouissances, environné d'honneurs, satisfait de ses alliances particulières, adonné à l'étude de la science, élevé par la conscience de ses vertus, Boëce aurait pu se dire heureux, si ce titre précaire pouvait être appliqué à l'homme avant qu'il ait atteint le terme de sa vie.

<small>Son patriotisme.</small> Un philosophe prodigue de ses richesses et économe de son temps devait être peu sensible aux attraits de la fortune et de l'ambition; et il est permis de le croire, lorsqu'il nous assure qu'il obéit malgré lui au divin Platon, qui ordonne à chaque citoyen de travailler à délivrer l'État des usurpations, du vice et de l'ignorance. Il invoque le souvenir de ses contemporains en témoignage de l'intégrité de sa vie publique. Il avait réprimé par son autorité l'orgueil et la tyrannie des officiers royaux, et son éloquence avait sauvé Paulianus, qu'on allait livrer aux chiens du palais. La misère des habitans des provinces, ruinés par les contributions qu'exigeait le fisc, ou par les extorsions que se permettaient les particuliers, avait toujours excité sa compassion, et avait souvent reçu de lui des soulagemens. Il avait seul osé résister à la tyrannie des Barbares enorgueillis par leurs conquêtes, excités par la cupidité, et, ainsi qu'il s'en

plaint, encouragés par l'impunité. Dans ces nobles contestations, son courage s'élevait au-dessus du danger et peut-être de la prudence; et on sait, d'après l'exemple de Caton, que la vertu pure et inflexible est la plus disposée à se laisser égarer par le préjugé et entraîner par l'enthousiasme, et qu'elle a pu confondre les inimitiés privées avec la justice publique. Le disciple de Platon s'exagérait peut-être les infirmités de la nature humaine et les imperfections de la société; et l'autorité d'un roi goth, quelle que fût la douceur de son gouvernement, le fardeau même de la fidélité et de la reconnaissance qu'il lui devait, durent paraître insupportables à l'âme libre d'un patriote romain; mais sa faveur et sa fidélité déclinèrent dans la même proportion que le bonheur public, et on lui donna, en qualité de maître des offices, un indigne collègue qui partageait et qui contrôlait son pouvoir. Lorsque, sur la fin de la vie de Théodoric, son caractère commença à s'aigrir, Boëce sentit avec indignation qu'il était esclave; mais un maître n'ayant de pouvoir que sur ses jours, le philosophe ne craignit pas de se présenter devant un Barbare irrité; qui ne trouvait plus la sûreté du sénat compatible avec la sienne. Le sénateur Albinus était accusé et même convaincu d'avoir eu la présomption d'*espérer* la liberté de Rome: « Si Albinus est coupable, s'écria l'orateur, nous avons commis le même crime, le sénat et moi; et si nous sommes innocens, Albinus a les mêmes titres à la protection des lois. » Ces lois ne pouvaient punir le stérile vœu d'un bonheur impossible; mais

Il est accusé de trahison.

elles durent avoir moins d'indulgence pour l'indiscret aveu de Boëce, qui osa dire qu'eût-il été instruit d'une conspiration, il ne l'eût pas révélée au tyran (1). Le défenseur d'Albinus se trouva bientôt enveloppé dans l'affaire de son client, et peut-être coupable du même crime. On produisit contre eux une requête adressée à l'empereur d'Orient, pour l'engager à délivrer l'Italie de l'oppression des Goths : cette requête était revêtue de leur signature, qu'ils nièrent en vain comme supposée; trois témoins d'un rang honorable, et peut-être d'une réputation infâme, attestèrent les criminels desseins du patrice romain (2). On doit présumer son innocence, puisque Théodoric lui ôta les moyens de se justifier, et le tint resserré dans la tour de Pavie, tandis qu'à cinq cents milles de là, le sénat prononçait un arrêt de confiscation et de mort contre le plus illustre de ses membres. Par les ordres d'un Barbare, les connaissances secrètes d'un philosophe furent flétries des noms de

---

(1) *Si ego scissem, tu nescisses.* Boëce (l. 1, Pros. 4, p. 53) adopte cette réponse de Julius Canus, dont la mort philosophique est décrite par Sénèque, *de Tranquillitate animi*, c. 14.

(2) On trouve dans les lettres de Cassiodore sur le caractère des deux délateurs de Boëce, Basilius (*Variar.*, II, 10, 11; IV, 22) et Opilio (V, 41; VIII, 16), des éclaircissemens qui leur sont peu honorables. Elles font aussi mention (V, 31) de Decoratus, l'indigne collègue de Boëce (l. III, Pros. 4, p. 193).

sacrilége et de magie (1). La voix tremblante des sénateurs eux-mêmes punit son fidèle attachement au sénat ; Boëce leur promit qu'après lui personne ne se rendrait coupable du même crime, et leur ingratitude mérita ce vœu ou cette prédiction (2).

Tandis que Boëce, chargé de fers, attendait de moment en moment l'arrêt ou le coup de la mort, il écrivit la *Consolation de la philosophie*, ouvrage précieux, qui ne serait point indigne des loisirs de Platon ou de Cicéron ; et auquel la barbarie des temps et la position de l'auteur donnent une valeur incomparable. La céleste conductrice, qu'il avait si long-temps invoquée dans Rome et dans Athènes, vint éclairer sa prison, ranimer son courage, et répandre du baume sur ses blessures. Elle lui apprit, d'après la considération de sa longue prospérité et de ses maux actuels, à fonder de nouvelles espérances sur l'inconstance de la fortune. La raison de Boëce lui avait fait connaître combien sont précaires les faveurs

Son emprisonnement et sa mort.
A. D. 524.

(1) On ordonna des recherches sévères sur le crime de magie (*Variar.*, IV, 22, 23 ; IX, 18) : on prétendit que plusieurs nécromanciens, pour s'échapper, avaient rendu fous leurs geôliers. Au lieu de *fous* je serais tenté de lire *ivres*.

(2) Boëce avait composé son apologie (p. 53), qui serait peut-être plus intéressante que sa Consolation. Il faut nous contenter de la revue qu'il fait de ses dignités, de ses principes, de sa persécution, etc. (l. 1, Pros. 4, p. 42-62), et on peut la rapprocher des mots concis, mais énergiques, du Fragment de Valois, p. 723. Un auteur anonyme (Sinner, *Catalog.* Mss., *Bibl. Bern.*; t. 1, p. 287) l'accuse d'un crime honorable et patriotique de lèse-majesté.

de la fortune ; l'expérience l'avait instruit de leur valeur réelle ; il en avait joui sans crime, il pouvait y renoncer sans un soupir, et dédaigner avec tranquillité la fureur impuissante de ses ennemis qui lui laissaient le bonheur, puisqu'ils lui laissaient la vertu. De la terre il s'élève dans les cieux pour y chercher le *bien suprême*. Il fouille le labyrinthe métaphysique du hasard et de la destinée ; de la préscience de Dieu et de la liberté de l'homme ; du temps et de l'éternité, et il essaie noblement de concilier les attributs parfaits de la Divinité avec les désordres apparens du monde moral et du monde physique : des motifs de consolation si communs, si vagues ou si abstraits, ne peuvent triompher des sensations de la nature ; mais le travail de la pensée distrait du sentiment de l'infortune ; et le sage qui, dans le même écrit, a pu combiner avec art les diverses ressources de la philosophie, de la poésie et de l'éloquence, possédait déjà sans doute cette intrépidité calme qu'il affectait de chercher. Il fut enfin tiré de l'incertitude, le plus grand des maux, par l'arrivée des ministres de mort, qui exécutèrent et pressèrent peut-être l'ordre cruel de Théodoric. On attacha autour de sa tête une grosse corde, qu'on serra au point que ses yeux sortirent presque de leurs orbites ; et ce fut sans doute par une sorte de compassion que, pour abréger son supplice, on le fit expirer sous les coups de massue (1). Mais son génie lui survécut et a jeté un

---

(1) Il fut exécuté *in agro Calventiano*, Calvenzano entre

rayon de lumière sur les siècles les plus obscurs du monde latin; le plus illustre des rois d'Angleterre a traduit les écrits de ce philosophe (1), et Othon III fit transférer dans un tombeau plus honorable les ossemens d'un saint catholique à qui des persécuteurs ariens avaient procuré les honneurs du martyre et la réputation de faire des miracles (2). Il reçut dans ses derniers momens quelques consolations de l'idée que ses deux fils, sa femme et le respectable Symmaque, son beau-père, n'avaient rien à craindre; mais la douleur de Symmaque fut indiscrète, et peut-être qu'elle manqua de respect. Il n'avait pas craint de pleurer en public la mort de son ami; il

Mort de Symmaque. A. D. 525.

---

Marignan et Pavie (Anonym. Valois., p. 723), par ordre d'Eusèbe, comte de Ticinum ou de Pavie. Le lieu de sa prison est appelé aujourd'hui le *Baptistère*, forme d'édifice et nom particulier aux cathédrales. La tradition perpétuelle de l'église de Pavie ne laisse point de doute sur cette identité. La tour de Boëce a subsisté jusqu'en 1584, et nous en avons encore la gravure. Tiraboschi, t. III, p. 47; 48.

(1) Voyez la *Biographia britannica*; ALFRED, t. 1, p. 80, 2e édit. Ce travail est encore plus honorable s'il a été exécuté sous les yeux du savant Alfred, par les docteurs, tant étrangers que nationaux, qu'il avait rassemblés autour de lui. Consultez sur la réputation de Boëce, dans le moyen âge, Brucker, *Hist. crit. philosoph.*, t III, p. 565, 566.

(2) L'inscription gravée sur son tombeau fut composée par l'ancien précepteur d'Othon III, le savant pape Sylvestre II, que l'ignorance de ses contemporains taxait, ainsi que Boëce, du crime de magie. Baronius (A. D. 526, n°s 17, 18) dit que le martyr catholique porta durant un long espace

pouvait la venger : on le chargea de fers, on le traîna ensuite de Rome à Ravenne où se trouvait Théodoric, et le vieillard innocent fut immolé aux soupçons du roi (1).

<small>Remords et mort de Théodoric.</small> Le sentiment de l'humanité nous dispose à donner de l'autorité aux témoignages qui attestent l'empire de la conscience et le remords des rois; et la philosophie n'ignore pas que la force d'une imagination troublée et la faiblesse d'un corps malade peuvent créer quelquefois les spectres les plus horribles. Après une vie glorieuse et pleine de vertus, Théodoric descendait au tombeau accompagné de la honte et du crime; le souvenir du passé humiliait son esprit, et il se sentait avec justice poursuivi de la terreur d'un avenir inconnu. On raconte qu'à la vue d'un gros poisson qu'on servit un soir sur sa table (2), il

---

sa tête dans ses mains. Une femme de ma connaissance (*), à qui on parlait d'un miracle pareil, dit : « La distance n'y fait rien ; il n'y a que le premier pas qui coûte. »

(1) Boëce loue les vertus de son beau-père (l. I, Pros. 4, p. 59; l. II, Pros. 4, p. 118); Procope (*Gothic.*, l. 1, c. 1), le *Fragment* de Valois (p. 724) et l'*Historia Miscella* (l. XV, p. 105), se réunissent pour célébrer l'innocence ou la sainteté de Symmaque; et la légende dit que le meurtre de ce patricien est aussi coupable que l'emprisonnement d'un pape.

(2) Cassiodore, entraîné par son imagination, donne la variété des poissons de mer et d'eau douce comme une preuve d'un domaine étendu; et il a soin de dire (*Var.*, XII, 14)

(*) M$^{\text{me}}$ du Deffand. C'était à l'occasion du miracle de saint Denis.

(*Note de l'Éditeur.*)

s'écria tout à coup qu'il apercevait le visage irrité de Symmaque; que ses yeux respiraient la fureur et la vengeance, et que sa bouche, armée de longues dents, allait le dévorer. Le monarque se retira chez lui sur-le-champ; et, au milieu du frisson de la fièvre qui le pénétrait et le faisait trembler sous un amas de couvertures, il témoigna à son médecin Elpidius, par des mots entrecoupés, son profond repentir des meurtres de Boëce et de Symmaque (1). Sa maladie fit des progrès, et après une dysenterie qui dura trois jours, il mourut dans le palais de Ravenne la trente-troisième année de son règne, ou la trente-septième, si l'on compte depuis l'invasion de l'Italie. Lorsqu'il se sentit à son dernier moment, il partagea ses trésors et ses provinces entre ses deux petits-fils, et il établit le Rhône pour limite de leurs domaines (2). Amalaric fut rétabli sur le trône d'Espagne; l'Italie et toutes les conquêtes des Ostrogoths furent léguées à Athalaric, âgé alors seulement de dix ans,

---

qu'on servait sur la table de Théodoric ceux du Rhin, de la Sicile et du Danube. Le monstrueux turbot de Domitien (Juvénal; *Satir.* III, 39) avait été pris sur les côtes de la mer Adriatique.

(1) Procope, *Goth.*, l. 1, c. 1. Mais il aurait dû nous dire si des bruits populaires l'avaient instruit de cette anecdote curieuse, ou s'il la tenait de la bouche du médecin du roi.

(2) Procope, *Goth.*, l. 1, c. 1, 2, 12, 13. Ce partage fut ordonné par Théodoric, mais il n'eut lieu qu'après sa mort. *Regni hæreditatem superstes reliquit.* Isidor., *Chron.*, p. 721, édit. de Grot.

mais qu'on chérissait comme le dernier rejeton de la ligne des Amali, par le mariage de peu de durée de sa mère Amalasonthe avec un prince de ce sang qui avait abandonné la patrie de ses ancêtres (1). Les chefs des Goths et les magistrats d'Italie promirent unanimement, sous les yeux du monarque mourant, de demeurer fidèles à Athalaric et à sa mère, et reçurent de Théodoric, en ce moment imposant, le salutaire avis de maintenir les lois, d'aimer le sénat et le peuple de Rome, et de cultiver avec respect l'amitié de l'empereur (2). Amalasonthe, sa fille, lui éleva un monument dans un lieu qui domine la côte de Ravenne, le port et les rivages des environs. On y voit une chapelle de forme circulaire et de trente pieds de diamètre, surmontée d'une coupole de granit d'un seul bloc; du centre de la coupole s'élevaient quatre colonnes qui soutenaient, dans un vase de porphyre, les restes du roi des Goths qu'environ-

―――――――――

(1) Berimond, troisième descendant de Hermanric, roi des Ostrogoths, s'était retiré en Espagne, où il vécut et mourut dans l'obscurité. (Jornandès, c. 33, p. 202, édit. de Muratori.) *Voyez* la découverte, les noces et la mort d'Eutharic, son petit-fils, c. 58, p. 220. Les jeux qu'il donna aux Romains purent le rendre populaire. (Cassiodore, *in Chron.*) Mais Eutharic était *asper in religione*. Anonym. Valois, p. 722, 723.

(2) *Voyez* les conseils de Théodoric et les promesses de son successeur dans Procope, *Goth.*, l. 1, c. 1, 2; Jornandès, c. 59, p. 220, 221; et Cassiodore, *Variar.*, VIII, 1-7. Ces épîtres sont le triomphe de son éloquence ministérielle.

naient les statues d'airain des douze apôtres (1). On pourrait croire qu'après quelques expiations, l'esprit de Théodoric se réunit à ceux des bienfaiteurs du genre humain, si un ermite d'Italie n'avait pas été témoin, dans une vision, de la damnation de Théodoric, dont il vit l'âme plongée par les ministres de la vengeance céleste (2) dans le volcan de Lipari, l'une des bouches de l'enfer (3).

---

(1) Anon. Valois, p. 724; *Agnellus de vitis Pont. Raven.* in Muratori, *Script. rerum Ital.*, t. II, part. 1, p. 67; Alberti, *Descrizione d'Italia*, p. 311.

(2) Grégoire 1er (*Dialog.* IV, 36) débite ce récit, qu'adopte Baronius, A. D. 526, n° 28. Le pape et le cardinal sont de graves docteurs, et suffisent pour établir une opinion *probable*.

(3) Théodoric lui-même, ou plutôt Cassiodore, avait pris le ton tragique dans la description des Volcans de Lipari. Cluvier, *Sicilia*, p. 406-410, et *Vesuvius*, IV, 50.

## CHAPITRE XL.

Avénement de Justin l'Ancien. Règne de Justinien. I. L'impératrice Théodora. II. Factions du cirque, et sédition de Constantinople. III. Commerce et manufactures de soie. IV. Finances et impôts. V. Édifices de Justinien. Église de Sainte-Sophie. Fortifications et frontières de l'empire d'Orient. Abolition des écoles d'Athènes et du consulat de Rome.

<small>Naissance de l'empereur Justinien.
A. D. 482, mai 5, ou
A. D 483, mai 11.</small>

JUSTINIEN naquit (1) près des ruines de Sardica, aujourd'hui Sophia, d'une famille obscure (2) de ces Barbares (3) du pays inculte et sauvage auquel on a donné successivement les noms de Dardanie, de Dacie et de Bulgarie. Il dut sa fortune à l'esprit aven-

---

(1) Il reste quelques difficultés sur l'époque de sa naissance (Ludwig, *in Vit. Justiniani*, p. 125); mais on est sûr qu'il naquit dans le district de Bederiane, et dans le village de Tauresium, auquel il donna son nom par la suite. D'Anville, *Hist. de l'Acad.*, etc., t. XXXI, p. 287-292.

(2) Les noms goths de ces paysans de la Dardanie sont presque anglais ; le nom de *Justinien* était la traduction de celui d'*Uprauda*; en anglais *Upright*, qu'il avait porté d'abord. Son père *Sabatius* (en langue græco-barbare *Stipes*) s'appelait dans son village *Istock* (*Stock*); on adoucit le mot de Bigleniza, nom de sa mère, et on en fit Vigilantia.

(3) Ludwig (p. 127-135) essaie de justifier l'adoption du nom Anicien par Justinien et Théodora, et de l'attacher à une famille d'où vient la maison d'Autriche.

turier de son oncle Justin, qui, avec deux autres paysans de son village, abandonna, pour la profession militaire, l'emploi plus utile de cultivateur et de berger (1). Ces trois jeunes gens, n'emportant dans leurs havresacs qu'une mince provision de biscuit, suivirent à pied la grande route de Constantinople, et leur force et leur stature les firent admettre bientôt parmi les gardes de l'empereur Léon. Sous les deux règnes suivans, l'heureux Justin parvint à la fortune et aux honneurs; il échappa à quelques dangers qui menaçaient sa vie; et lorsqu'il fut sur le trône, on ne manqua pas d'imputer cette délivrance à l'ange gardien qui veille sur le sort des rois. Ses longs et estimables services dans les guerres d'Isaurie et de Perse n'auraient pas sauvé son nom de l'oubli; mais ils justifient les dignités militaires qu'il obtint successivement : dans le cours de cinquante années, il devint tribun, comte, général, sénateur, et il commandait les gardes au moment de crise où mourut l'empereur Anastase. La famille de celui-ci, qu'il avait élevée et enrichie, fut exclue de la couronne, et l'eunuque Amantius, qui régnait au palais, ayant résolu de placer le diadême sur la tête de la plus sou-

---

(1) *Voyez* les *Anecdotes* de Procope (c. 6), avec les notes de N. Alemannus. Le satirique ne se serait pas servi des expressions vagues et décentes de γεωργος, de βουκολος et de συφορβος, employées par Zonare. Au reste, pourquoi ces noms ont-ils quelque chose d'avilissant, et quel est le baron allemand qui ne serait pas fier de descendre d'Eumée dont parle Homère dans l'Odyssée?

mise de ses créatures, imagina d'acheter les gardes en leur distribuant des sommes considérables, et chargea leur commandant de ce dépôt; mais le perfide Justin fit valoir pour lui ces argumens irrésistibles, et aucun compétiteur n'osant se présenter, le paysan de la Dacie fut revêtu de la pourpre, de l'aveu unanime des soldats, qui connaissaient sa bravoure et sa douceur; du clergé et du peuple, qui le croyaient orthodoxe; et des habitans des provinces, qui se soumettaient aveuglément aux volontés de la capitale. Justin, qu'on appelle l'Ancien, pour le distinguer d'un autre empereur de la même famille et du même nom, monta sur le trône de Byzance à l'âge de soixante-huit ans; et s'il eût été abandonné à lui-même, chaque instant d'un règne de neuf années aurait appris à ses sujets qu'ils avaient bien mal choisi. Son ignorance égalait celle de Théodoric; et il est assez singulier que, dans un siècle qui n'était pas dépourvu de science, il se trouvât deux monarques qui ne sussent pas lire. Mais le génie de Justin était bien inférieur à celui du roi des Goths: son expérience de l'art de la guerre ne le mettait pas en état de gouverner un empire; et quoiqu'il eût de la valeur, le sentiment de sa faiblesse le disposait à l'incertitude, à la défiance et à la crainte; mais les affaires de l'administration étaient conduites avec soin et avec fidélité par le questeur Proclus (1); et le vieil empereur se

*Avénement au trône et règne de son oncle Justin.*
A. D. 518, juillet 10.
A. D. 527, 1er avril, ou 1er août.

---

(1) Procope (*Persic.*, l. 1, c. 11) donne des éloges à ses vertus. Le questeur Proclus était l'ami de Justinien, et il

fit un appui des talens et de l'ambition de son neveu Justinien, qu'il adopta après l'avoir tiré de sa solitude rustique de la Dacie, et l'avoir fait élever à Constantinople comme l'héritier de sa fortune particulière, et ensuite comme l'héritier de l'empire.

Après avoir trompé Amantius, il fallait bien lui ôter la vie. On y réussit sans peine en l'accusant d'une conspiration réelle ou fausse ; et pour aggraver ses crimes, on eut soin d'informer les juges qu'il était secrètement attaché à l'hérésie de Manès (1). Amantius perdit la tête ; trois de ses compagnons, les premiers domestiques du palais, furent punis de mort ou exilés, et l'infortuné à qui l'eunuque avait voulu donner la couronne, fut mis dans un cachot, assommé à coups de pierre, et jeté ignominieusement dans la mer sans sépulture. La perte de Vitalien présenta plus de difficultés et de périls. Ce chef goth avait obtenu la faveur populaire par la guerre civile qu'il ne craignit pas de soutenir contre Anastase pour la défense des orthodoxes ; et ayant obtenu un traité

*Adoption de Justinien, qui monte sur le trône après Justin.*

---

eut soin d'empêcher que l'empereur ne fît une seconde adoption.

(1) Manichéen signifie Eutychéen ; on le voit par les acclamations forcenées des habitans de Constantinople et de Tyr, les six premiers jours seulement après la mort d'Anastase. Ceux-ci furent cause de la mort d'Amantius ; les autres y applaudirent. (Baronius, A. D. 518, part. II, n° 15.) Fleury parle d'après les conciles, *Hist. ecclés.*, t. VII, p. 200-205 ; t. V, p. 182-297.

avantageux, il continuait à se tenir dans le voisinage de Constantinople, à la tête d'une armée victorieuse de Barbares. Séduit par de frivoles sermens, il se laissa persuader de quitter cette situation avantageuse, et de se hasarder dans les murs de la capitale. On eut l'adresse d'exciter contre lui les habitans et surtout la faction des Bleus, et même de lui faire un crime de son zèle pour la religion. L'empereur et son neveu l'accueillirent comme le fidèle champion de l'Église et de l'État; ils lui donnèrent d'un air reconnaissant les titres de consul et de général; mais le septième mois de son consulat, il fut percé de dix-sept coups à la table du prince (1); et Justinien, qui hérita de sa dépouille, fut accusé, par l'opinion publique, du meurtre d'un homme de la même communion que lui, auquel il avait récemment engagé sa foi en participant avec lui aux saints mystères (2). Après la chute de son rival, Justinien fut élevé, sans l'avoir mérité par aucun service militaire, au grade de maître général des armées d'O-

---

(1) Le comte du Buat (t. IX, p. 54-81) explique très-bien la puissance, le caractère et les intentions de Vitalien. Il était arrière-petit-fils d'Aspar, prince héréditaire de la Scythie mineure, et comte des Goths confédérés de la Thrace. Les *Bessi*, sur lesquels il avait de l'influence, sont les *Gothi minores* de Jornandès, c. 51.

(2) *Justiniani patricii factione dicitur interfectus fuisse.* Victor Tununensis, *Chron. in Thes. temp.*, Scaliger, part. II, p. 7. Procope (*Anecd.*, c. 7) l'appelle un tyran; mais il avoue l'αδελφοπιστια, qui est bien expliquée par Alemannus.

rient, à la tête desquelles il devait, en cette qualité, marcher contre les ennemis de l'État ; mais en courant après la gloire, Justinien s'exposait à perdre, par son absence, l'empire que lui donnaient sur son oncle l'âge et la faiblesse de celui-ci ; et au lieu de mériter l'applaudissement de ses compatriotes (1) par des victoires contre les Scythes et les Perses, ce guerrier prudent sollicita leur faveur dans les églises, dans le cirque et dans le sénat de Constantinople. Les catholiques étaient attachés au neveu de Justin, qui, entre les hérésies de Nestorius et d'Eutychès, gardait l'étroit sentier tracé par l'inflexible et intolérante croyance des orthodoxes (2). Les premiers jours du nouveau règne, on le vit exciter et flatter l'exaltation du peuple contre la mémoire du dernier empereur. Après un schisme de trente-quatre ans, il parvint à calmer l'orgueil et la colère du pontife de Rome, et à inspirer aux Latins une opinion favorable de son respect pour le siége apostolique. Les

---

(1) Dans sa première jeunesse ; *planè adolescens*, il avait passé quelque temps à la cour de Théodoric en qualité d'ôtage. Alemannus (*ad* Procop., *Anecdot.* 9, p. 34 de la 1re édition) cite sur ce fait curieux une histoire manuscrite de Justinien, qu'avait composée Théophile, son précepteur. Ludwig (p. 143) voudrait bien faire de Justinien un guerrier.

(2) Nous dirons plus bas comment Justinien se conduisit relativement aux affaires ecclésiastiques. *Voyez* Baronius (A. D. 518, 521) et le long article de Justinien dans l'*Index* du septième volume de ses Annales.

différens siéges des Églises de l'Orient furent occupés par des évêques catholiques dévoués à ses intérêts; il gagna le clergé et les moines par des largesses, et l'on instruisit le peuple à prier pour son futur souverain, l'espoir et l'appui de la véritable religion. Justinien étala sa magnificence dans les spectacles qu'il donna au peuple, objet non moins important aux yeux de la multitude que le symbole de Nicée et de Chalcédoine. Les dépenses de son consulat furent évaluées à deux cent quatre-vingt-huit mille pièces d'or; vingt lions et trente léopards parurent en une seule fois dans l'amphithéâtre; et les conducteurs de char qui avaient remporté le prix aux jeux du cirque, reçurent en outre, de lui, un don extraordinaire de chevaux richement harnachés. En même temps qu'il favorisait les goûts du peuple de Constantinople et prêtait l'oreille aux requêtes des rois étrangers, il cultivait avec soin l'affection du sénat. Ce nom toujours respectable semblait autoriser les sénateurs à déclarer le vœu de la nation, et à régler la succession au trône impérial. Le faible Anastase avait laissé la vigueur du gouvernement se perdre dans une sorte d'aristocratie, et les officiers militaires qui obtenaient le rang de sénateur, continuaient à marcher escortés de leur garde particulière, composée d'une troupe de vétérans dont les armes ou les acclamations pouvaient, dans un tumulte populaire, disposer du diadème de l'Orient. On prodigua les trésors de l'État pour acheter les sénateurs, et d'une voix unanime ils prièrent l'empereur de vouloir bien adopter Justinien pour son collègue; mais cette requête, qui avertissait trop clairement Justin de sa fin prochaine, fut mal reçue d'un vieux monarque ombrageux par caractère, et jaloux de conserver un pouvoir qu'il ne pouvait plus exercer; retenant sa pourpre des deux mains, il leur conseilla, puisque le choix d'un candidat était si lucratif, de porter leurs vues sur un homme plus âgé. Malgré ce reproche, le sénat ne procéda pas moins à décorer Justinien du titre royal de *nobilissimus;* et soit par attachement pour son neveu, soit par des motifs de crainte, l'empereur ratifia le décret. La faiblesse d'esprit et de corps, où le réduisit bientôt une blessure incurable qu'il avait à la cuisse, ne lui permit plus de tenir les rênes de l'empire. Il manda le patriarche et les sénateurs; et, en leur présence, il plaça le diadème sur la tête de Justinien, qui du palais fut conduit au cirque, où il reçut les bruyantes et joyeuses félicitations du peuple. Justin vécut encore quatre mois; mais depuis cette cérémonie on le regarda comme mort pour l'empire, qui reconnut pour souverain légitime de l'Orient, Justinien, alors dans la quarante-cinquième année de son âge (1).

Le règne de Justinien depuis son élévation jusqu'à

Règne de Justinien.
A. D. 527, avril 1.
A. D. 565, nov. 14.

---

(1) On trouve le règne de Justin l'Ancien dans les trois Chroniques de Marcellin, de Victor et de Jean Malala, t. II, p. 130-150, dont le dernier vécut (quoi qu'en dise Hody, *Prolegom.*, nos 14, 39, édit. d'Oxford) peu de temps après Justinien (*Jortin's Remarks*, etc., vol. IV, p. 383); dans

sa mort a été de trente-huit ans sept mois et treize jours. Le secrétaire de Bélisaire, le rhéteur Procope, que ses talens élevèrent au rang de sénateur et de préfet de Constantinople, a raconté avec soin les événemens de ce règne, qui par leur nombre, leur variété et leur importance, méritent toute notre attention. Procope (1), tour à tour courageux ou servile, enivré de la faveur ou aigri par la disgrâce, composa successivement l'*histoire*, le *panégyrique* et la *satire* de son temps. Les huit livres qui concernent la guerre des Perses, des Goths et des Vandales (2), auxquels servent de suite les cinq livres

Caractère et écrits de Procope.

---

l'*Histoire ecclésiastique* d'Évagrius (l. IV, c. 1, 2, 3, 9); et dans les *Excerpta* de Théodorus (Lector, n° 371); dans Cedrenus, p. 362-366; et dans Zonare, l. XIV, p. 51-61.

(1) *Voy.* le caractère des écrits de Procope et d'Agathias, dans La Mothe-le-Vayer (t. VIII, p. 144-174); dans Vossius (*de Historicis græcis*, l. II, c. 22), et dans Fabricius (*Bibl. græc.*, T. V, c. 5, t. VI, p. 248-278). L'incertitude qui nous reste sur leurs opinions religieuses fait honneur à leur impartialité à cet égard. Ils laissent cependant apercevoir de temps en temps des opinions assez conformes et un secret attachement au paganisme et à la philosophie.

(2) Dans les sept premiers livres, deux de la guerre des Perses, deux de la guerre des Vandales et trois de la guerre des Goths, Procope a tiré d'Appien la division des provinces et des guerres. Quoique le huitième livre ait pour titre *de la Guerre des Goths*, c'est un supplément général qui contient toutes sortes de matières jusqu'à l'année 553. Agathias prend l'histoire à cette époque, et raconte les faits jusqu'en 559. Pagi, *Critica*, A. D. 579, n° 5.

d'Agathias, sont dignes d'estime, et ils offrent une imitation heureuse et soignée des écrivains attiques, ou du moins des écrivains asiatiques de l'ancienne Grèce. Il dit ce qu'il a vu et ce qu'il a entendu, et s'exprime sur les diverses matières qu'il traite avec le ton libre et sûr d'un soldat, d'un homme d'État et d'un voyageur. Son style cherche toujours et atteint souvent la force et l'élégance : ses réflexions, trop nombreuses, surtout dans les harangues, offrent une riche moisson de connaissances en politique; et l'historien, excité par la noble ambition de charmer et d'instruire la postérité, semble dédaigner les préjugés du peuple et la flatterie des cours. Les contemporains de Procope lurent ses écrits (1),

---

(1) La destinée littéraire de Procope a été assez malheureuse: 1° Léonard d'Arezzo déroba et publia sous son nom les livres *de Bello Gothico*. (Fulginii, 1470. Venet. 1471, *apud* Janson. Maittaire, *Annal: typograph.*, t. 1, *edit. poster.*, p. 290; 304, 279, 299. *Voy.* Vossius (*de Hist. nat.*, l. III, c. 5), et la faible défense du *Giornale dei letterati* de Venise; t. XIX, p. 207.) 2° Ses ouvrages ont été mutilés par les premiers traducteurs latins, Christopher Personna (*Giornale*, tome XIX, p. 346-348) et Raphaël de Volaterra (Huet, *de Claris Interpretibus*, p. 166), qui ne consultèrent pas même les manuscrits de la bibliothèque du Vatican, dont ils étaient gardiens. (Aleman., *in Præfat. Anecdot.*) 3° Le texte grec n'a été imprimé qu'en 1607 par Hoeschel d'Augsbourg. (*Dictionnaire* de Bayle, t. II, p. 782.) 4° L'édition appelée de Paris, et mal exécutée, a été faite en 1663, par Claude Maltret, jésuite de Toulouse, qui se trouvait éloigné des presses du Louvre et du manuscrit du Vatican, dont

et leur donnèrent des éloges (1). Il les déposa respectueusement au pied du trône; mais l'orgueil de l'empereur dut être blessé d'y voir louer un héros qui éclipsait toujours la gloire de son oisif souverain. L'esprit et la crainte d'un esclave subjuguèrent la noble dignité d'un homme indépendant; et pour obtenir son pardon et mériter une récompense, le secrétaire de Bélisaire publia les six livres des *Édifices* impériaux. Il avait eu l'habileté de choisir un sujet brillant, dans lequel il pouvait faire ressortir le génie, la magnificence et la piété d'un prince qui, en qualité de conquérant et de législateur, avait surpassé les vertus *puériles* de Thémistocle et de Cyrus (2). L'adulateur, trompé dans ses espérances, se laissa peut-être aller au plaisir d'une vengeance secrète, et un coup d'œil de faveur put le déterminer à suspendre ou à supprimer un libelle (3), où le

___

il tira néanmoins quelques passages. Les Commentaires qu'il avait promis n'ont jamais paru. L'Agathias de Leyde (1594) a été réimprimé par l'éditeur de Paris avec la version latine de Bonaventure Vulcanius, savant interprète. Huet, p. 176.

(1) Agathias, *in Præfat.*, p. 7, 8; l. IV; p. 137; Evagrius, l. IV, c. 12. *Voyez* aussi Photius, *Cod.* 63, p. 65.

(2) Κυρου παιδεια (dit-il, *Præfat. ad libr. de Ædificiis*, περι κτισματων), n'est pas autre chose que Κυρου παιδια : c'est un misérable jeu de mots. Procope affecte dans ces cinq livres le langage d'un chrétien aussi bien que celui d'un courtisan.

(3) Procope se découvre lui-même (*Præfat. ad Anecdot.*,

Cyrus romain n'est plus qu'un odieux et méprisable tyran; où Justinien et sa femme Théodora sont sérieusement représentés comme des démons qui ont pris une forme humaine pour détruire le genre humain (1). Ces honteuses variations ternissent sans doute la réputation de Procope, et nuisent à la confiance qu'il pourrait inspirer; toutefois, lorsqu'on a mis à l'écart ce que lui dicte sa malignité, on trouve que le fond de ses anecdotes, et même les faits les plus honteux dont il avait laissé entrevoir quelques-uns dans son histoire publique, sont appuyés sur la vraisemblance ou sur des témoignages authentiques et contemporains (2). A l'aide de ces différens maté-

---

c. 1, 2, 5); et Suidas (t. III, p. 186, édit. de Kuster) compte les Anecdotes pour le neuvième livre. Le silence d'Évagrius est une faible objection. Baronius (A. D. 548, n° 24) regrette la perte de cette histoire secrète. Elle était alors dans la bibliothèque du Vatican, dont il avait l'intendance, et elle fut publiée pour la première fois seize ans après sa mort, avec les Notes savantes, mais partiales, de Nicolas Alemannus (*Lugd.*, 1623).

(1) On y dit que Justinien était un âne; qu'il ressemblait en tout à Domitien (Anecdot., c. 8.); que les amans de Théodora furent chassés de son lit par des démons leurs rivaux; qu'on avait prédit son mariage avec un grand démon; qu'un moine vit un jour sur le trône le prince des démons à la place de Justinien; que les domestiques qui veillaient dans son appartement y aperçurent un visage sans traits marqués, un corps sans tête, qui marchait, etc. Procope déclare qu'il croyait, ainsi que ses amis, à tous ces contes diaboliques (c. 12).

(2) Montesquieu (*Considér. sur la grand. et la décad.*

riaux, je vais décrire le règne de Justinien, qui mérite d'occuper un grand espace. Je détaillerai dans ce chapitre l'élévation et le caractère de Théodora, les factions du cirque, et la paisible administration du souverain de l'Orient. Je raconterai dans les trois chapitres suivans les guerres qui achevèrent la conquête de l'Afrique et de l'Italie, et je dirai les victoires de Bélisaire et de Narsès, sans dissimuler la vanité de leurs triomphes, ou les qualités guerrières des héros de la Perse et de la nation des Goths. Je traiterai ensuite de la jurisprudence établie par Justinien, de ses opinions théologiques, des controverses et des sectes qui divisent encore l'Église d'Orient, et du code de lois romaines que suivent ou respectent les nations modernes de l'Europe.

*Division du règne de Justinien.*

I. Justinien une fois élevé sur le trône, le premier acte de son autorité fut de la partager avec la femme qu'il aimait, la fameuse Théodora (1), dont l'étrange fortune ne peut être regardée comme le triomphe de la vertu des femmes. Sous le règne d'Anastase, le soin des bêtes farouches qu'entretenait la faction des *Verts* à Constantinople, était confié

*Naissance et vices de l'impératrice Théodora.*

---

des *Romains*, c. 20) adopte ces anecdotes, et il les trouve d'accord, 1º avec la faiblesse de l'empire; 2º avec l'instabilité des lois de Justinien.

(1) *Voyez*, touchant la vie et les mœurs de l'impératrice Théodora, les Anecdotes, et surtout les c. 1, 5-9, 10-15, 16, 17, avec les savantes notes d'Alemannus, auxquelles je renvoie toujours, lors même que je ne les indique pas.

à Acacius, originaire de l'île de Chypre, et qu'on surnomma le *maître des ours*. Après sa mort, cet honorable emploi sortit de sa famille, malgré la vigilance de sa veuve, qui avait eu soin de se ménager un second mari à qui elle voulait procurer l'emploi du premier. Acacius laissa trois filles, Comito (1), Théodora et Anastasie : l'aînée n'avait pas plus de sept ans. Leur mère imagina de faire paraître, un jour de fête solennelle, ces jeunes orphelines en habit de suppliantes, au milieu de l'amphithéâtre. La faction des Verts les reçut avec mépris, celle des Bleus avec compassion ; et cette insulte, qui blessa profondément le cœur de Théodora, influa beaucoup par la suite sur l'administration de l'empire. Les trois sœurs, lorsque l'âge eut développé leur beauté, furent successivement dévouées aux plaisirs publics et particuliers du peuple de Byzance; et Théodora, après avoir paru sur le théâtre à la suite de Comito, en habit d'esclave et portant sur sa tête un siège pliant, eut enfin la permission de travailler pour son propre compte. Elle ne dansait point, elle ne chantait pas, elle ne jouait point de la flûte ; et ses talens se bornaient à l'art de la pantomime ; elle excellait dans les rôles bouffons, et dès qu'elle enflait

---

(1) Comito épousa par la suite Sittas, duc d'Arménie. Il pourrait se faire que Sittas fût le père, ou du moins que Comito fût la mère de l'impératrice Sophie. Les deux neveux de Théodora, dont parlent quelques auteurs, étaient peut-être fils d'Anastasie. Aleman., p. 30, 31.

ses joues, et que, prenant un ton et des gestes comiques, elle se plaignait des coups qu'elle avait reçus, des éclats de rire et des applaudissemens remplissaient le théâtre de Constantinople. Sa beauté (1) obtenait des éloges plus flatteurs et donnait des plaisirs plus vifs. Ses traits avaient de la délicatesse et de la régularité ; son teint, un peu pâle, était cependant animé d'une légère nuance d'incarnat ; la vivacité de ses yeux exprimait sur-le-champ toutes les sensations ; ses mouvemens aisés développaient les grâces d'une taille élégante, quoique peu élevée ; et l'amour ou l'adulation pouvait défier le pinceau du peintre et celui du poëte de rendre l'incomparable perfection de ses formes. Mais tous ces charmes étaient avilis par sa facilité à les exposer en plein théâtre, et à les prostituer indistinctement à la multitude des citoyens et des étrangers de tous les rangs, et de toutes les professions. L'heureux soupirant à qui elle avait promis une nuit de délices, était souvent chassé de son lit par un favori plus robuste et plus riche ; et lorsqu'elle paraissait dans les rues, ceux qui voulaient éviter le scandale ou la tentation, avaient soin de fuir sa rencontre. L'historien satiri-

---

(1) On plaça sa statue sur une colonne de porphyre au milieu de Constantinople. *Voyez* Procope (*de Ædificiis*, l. 1, c. 11), qui fait son portrait dans les *Anecdotes*, c. 10. Aleman (p. 47), d'après une mosaïque de Ravenne, en cite un chargé de perles et de bijoux, et cependant assez beau.

que n'a pas rougi (1) de décrire les scènes de nudité qu'elle osa offrir en plein théâtre (2). Après avoir épuisé tout ce que l'art peut ajouter aux plaisirs sensuels (3), elle murmurait encore de la parcimonie de la nature (4) ; mais il faut jeter sur ses murmures,

---

(1) Alemannus a supprimé un fragment un peu trop libre des *Anecdotes* (c. 9) qui se trouvait dans le manuscrit du Vatican, et les éditions de Paris et de Venise l'ont omis également. La Mothe-le-Vayer (t. VIII., p. 155) est le premier qui ait indiqué ce passage curieux et authentique (*Jortin's Remarks*, vol. 4, p. 366) qu'on lui envoya de Rome, et qu'on a publié depuis dans le *Menagiana* (t. III., p. 255-259), avec une traduction latine.

(2) Après avoir dit qu'elle portait une ceinture étroite (car on ne pouvait pas se montrer sur le théâtre dans un état de nudité complète), Procope ajoute : Αναπεπτοκυια τε εν τω εδαφει υπτια εκειτο. Θητες δε τινες.... κριθας αυτε υπερθεν των αιδοιων ερριπτουν ας δε οι χηνες, οι ες τουτο παρεσχευασμενοι εντυγχανον τοις στομασιν ενθενδε κατα μιαν ανελομενοι εισθιον. J'ai entendu dire qu'un savant prélat, qui ne vit plus, aimait beaucoup à citer ce passage dans la conversation.

(3) Théodora surpassait la Crispa d'Ausone (epigr. 71), qui imitait le *capitalis luxus* des femmes de Nole. (*Voyez* Quintilien, *Instit.*, VIII, 6, et Torrentius, *ad Horat. Sermon.*, l. 1, sat. 2, v. 101.) Elle fit un fameux souper, où, environnée de trente esclaves, elle accorda ses faveurs à dix jeunes gens. Sa charité était *universelle*.

*Et lassata viris, necdum satiata, recessit.*

(4) Ηδε κακ' τριων τρυπηματων εργαζομενη ενεκαλει τη φυσει δυσφορουμενη οτι δε μη και τιττους αυτη ευρυτερον η νυν εισι τρυπων οπως δυνατη ειη και εκεινη εργαζεσθαι. Elle désirait un quatrième autel, où elle pût offrir au dieu d'amour un sacrifice de plus.

sur ses plaisirs et sur ses raffinemens, le voile du langage réservé aux érudits. Au milieu de ces honteux et méprisables triomphes, elle quitta la capitale pour accompagner Ecebole, Tyrien, qui venait d'obtenir le gouvernement de la Pentapole d'Afrique. Cette union dura peu; Ecebole éloigna bientôt une concubine infidèle ou trop dispendieuse. Arrivée à Alexandrie, elle s'y trouva réduite à une extrême misère; et dans sa route laborieuse vers Constantinople, la belle Cypriote fit sur son passage jouir de ses attraits toutes les villes de l'Orient, auxquelles elle se montra digne d'avoir reçu le jour dans l'île favorite de Vénus. Le libertinage de Théodora et d'odieuses précautions la garantirent du danger qu'elle aurait pu craindre. Elle devint cependant mère une fois, mais une seule fois. L'enfant, sauvé par son père et élevé sous ses yeux en Arabie, apprit de lui, à sa mort, qu'il était fils d'une impératrice. Plein d'ambitieuses espérances et ne soupçonnant aucun danger, le jeune homme se hâta d'arriver à la cour, et il fut admis en présence de sa mère. Comme on ne le revit plus, même après la mort de Théodora, ce fut avec justice que la femme de Justinien fut exposée à l'affreux soupçon d'avoir étouffé par un crime un secret si contraire à sa gloire impériale.

Elle épouse Justinien.

Ce fut dans cet état de profonde abjection, que, d'après un songe où quelque rêve de son imagination, elle conçut l'idée flatteuse qu'elle deviendrait l'épouse d'un puissant monarque : occupée de sa grandeur prochaine, elle quitta la Paphlagonie et revint à Constantinople. Elle prit, en habile comédienne, le maintien de la décence; habile à filer la laine, elle vécut honnêtement de son travail; elle affecta de mener une vie chaste et retirée dans une petite maison, dont elle fit ensuite un magnifique temple (1). Sa beauté, aidée de l'artifice ou du hasard, attira et captiva Justinien, alors patrice, qui exerçait déjà un empire absolu sous le nom de son oncle. Elle parvint peut-être à le tromper sur le prix de ses faveurs, qu'elle avait prodiguées si souvent aux hommes des classes les plus viles; peut-être enflamma-t-elle, d'abord par de modestes refus et ensuite par des caresses voluptueuses, les désirs d'un amant que son tempérament ou sa dévotion avait habitué à de longues veilles et à la plus sévère tempérance. Lorsque les premiers transports de Justinien furent calmés, Théodora sut conserver, par son caractère et son esprit, l'ascendant qu'elle avait acquis par ses charmes. Il se plut à relever et à enrichir l'objet de ses amours; il répandit à ses pieds les trésors de l'Orient; et le neveu de Justin, déterminé peut-être par des scrupules religieux, résolut de donner à sa concubine le caractère sacré de son

---

(1). Anonym., de Antiq., C. P., l. III, 132; in Banduri imperium Orient., t. 1; p. 48. Ludwig (p. 154) observe judicieusement que Théodora, devenue impératrice, n'aurait pas voulu immortaliser un mauvais lieu; et je suppose qu'elle bâtit le temple sur les fondemens de la maison plus décente qu'elle habita à son retour de la Paphlagonie.

épouse. Mais les lois de Rome défendaient expressément le mariage d'un sénateur avec une femme déshonorée par une extraction servile ou par la profession du théâtre. L'impératrice Lupicina ou Euphémia, née d'une famille de Barbares, de mœurs grossières, mais d'une vertu sans tache, ne voulait point d'une prostituée pour sa nièce ; Vigilantia elle-même, la mère de Justinien, remplie de frayeurs superstitieuses, quoiqu'elle convînt de l'esprit et de la beauté de Théodora, craignait que la légèreté et l'arrogance de cette artificieuse maîtresse ne corrompissent la piété et ne troublassent le bonheur de son fils. L'inébranlable constance de Justinien triompha de ces obstacles. Il attendit patiemment la mort de l'impératrice ; il méprisa les larmes de sa mère, qui ne tarda pas à en mourir de douleur ; et on publia, au nom de l'empereur Justin, une loi qui abolissait la sévère jurisprudence de l'antiquité. On laissait la possibilité d'un glorieux repentir (ce sont les termes de l'édit) aux femmes infortunées qui avaient prostitué leurs personnes sur le théâtre ; et on leur permettait de contracter une union légale avec les plus illustres des Romains (1). Cet édit d'indulgence

---

(1.) L'ancienne loi se trouve dans le *Code de Justinien*, l. v, tit. 5, leg. 7, tit. 27, leg. 1., à la date des années 336 et 454. Dans le nouvel édit publié l'an 521 ou 522, on eut la maladresse d'abolir seulement la clause des *mulieres scenicæ, libertinæ tabernariæ. Voyez* les Novelles 89 et 117, et un *Rescript grec* de Justinien aux évêques. Além., p. 41.

fut bientôt suivi du mariage solennel de Justinien et de Théodora, dont la dignité s'éleva dans la proportion de celle de son amant; et dès que Justin eut revêtu son neveu de la pourpre, le patriarche de Constantinople plaça le diadème sur les têtes de l'empereur et de l'impératrice de l'Orient. Les honneurs que la sévérité des mœurs romaines avait pu accorder aux femmes des princes ne suffisaient ni à l'ambition de Théodora, ni à la passion de son mari. Il la plaça sur le trône avec le rang d'un collègue son égal et indépendant de lui, et dans le serment de fidélité qu'on exigea des gouverneurs des provinces, le nom de Théodora fut uni à celui de Justinien (1). L'Orient se prosterna devant le génie et la fortune de la fille d'Acacius; et la prostituée qui, en présence d'une foule innombrable de spectateurs, avait souillé le théâtre de Constantinople, fut, dans cette même ville, adorée comme une reine par de graves magistrats, des évêques orthodoxes, des généraux victorieux et des monarques captifs (2).

---

(1) « Je jure par le Père, etc., par la vierge Marie, par les quatre Évangiles, *quæ in manibus teneo*, et par les saints archanges Michel et Gabriel, *puram conscientiam germanumque servitium me servaturum, sacratissimis DDNN. Justiniano et Theodoræ conjugi ejus.*» *Novell.* 8, tit 3. Ce serment les liait-il envers Théodora devenue veuve? *Communes tituli et triumphi*, etc. Aleman., p. 47, 48.

(2) *Let greatness own her, and she's mean no more*, etc. Sans le télescope critique de Warburton, il m'aurait été im-

Satyrannie. Ceux qui croient que la perte de la chasteté déprave entièrement le caractère d'une femme, prêteront une oreille avide à toutes ces invectives de la jalousie des individus ou du ressentiment populaire, qui, dissimulant les vertus de Théodora, ont exagéré ses vices et jugé sans pitié les déréglemens dans lesquels le besoin et peut-être le goût avaient jeté la jeune courtisane. Elle refusa souvent, par un sentiment de pudeur ou de mépris, le servile hommage de la multitude; elle s'éloignait du grand jour de la capitale qu'elle ne pouvait plus souffrir; et elle passait la plus grande partie de l'année dans des palais et des jardins agréablement situés sur la côte de la Propontide et du Bosphore. Elle dévouait ses heures de loisir aux soins de sa beauté, soins prudens autant qu'agréables, aux plaisirs du bain et de la table, et au sommeil qui prenait le matin et le soir une grande partie de son temps. Des favorites et des eunuques, dont elle satisfaisait les passions aux dépens de la justice, occupaient l'intérieur de son appartement. Les plus illustres personnages de l'État se pressaient à sa porte dans une antichambre sombre et renfermée; et lorsque enfin, après une longue et ennuyeuse attente, ils étaient admis à baiser ses pieds, ils éprouvaient, selon qu'elle était plus ou moins mal disposée, l'arrogance silencieuse d'une impératrice ou la légèreté capricieuse d'une comédienne. Si son

---

possible de trouver dans cette peinture générale du vice triomphant aucune allusion personnelle à Théodora.

avarice accumula des trésors immenses, on peut l'en excuser par l'idée des dangers auxquels l'eût exposée la perte de son époux, qui ne laissait pas pour elle d'alternative entre le trône et la mort. La crainte et l'ambition l'irritèrent peut-être contre deux généraux qui, durant une maladie de l'empereur, déclarèrent indiscrètement qu'ils n'étaient pas disposés à se soumettre au choix de la capitale ; mais le reproche de cruauté, qui au reste ne s'accorde point avec les vices plus doux de ses premières années, a imprimé sur sa mémoire une tache ineffaçable. Ses nombreux espions observaient et rapportaient avec zèle toutes les actions, toutes les paroles et tous les regards contraires à sa dignité. Ceux qu'ils accusaient étaient jetés dans ses prisons particulières (1), inaccessibles à la justice ; et l'on disait qu'insensible à la voix de la prière et sans être émue de compassion, elle assistait à la torture ou à la fustigation de ses victimes (2). Quelques-unes de ses victimes infortunées expirèrent dans des cachots malsains ; d'autres, après avoir perdu leur raison, leur fortune ou l'usage de leurs membres, furent rendus à la lumière pour être

---

(1) Ses prisons désignées comme un labyrinthe, un Tartare (*Anecdot.*, c. 4), étaient sous le palais. L'obscurité est favorable à la cruauté, mais elle donne lieu aussi aux calomnies et aux fables.

(2) Saturninus, qui avait osé dire que sa femme, favorite de l'impératrice, ne s'était pas trouvée ατρητος, la première nuit de son mariage (*Anecdot.*, c. 17), éprouva une fustigation moins cruelle.

un vivant témoignage de la vengeance de Théodora, qui s'étendait pour l'ordinaire sur les enfans de ceux qu'elle avait soupçonnés ou opprimés ; et lorsqu'elle avait prononcé la mort ou l'exil d'un évêque ou d'un sénateur, elle les livrait à un satellite de confiance, dont l'activité à exécuter sa commission était aiguillonnée par ces mots qu'il entendait de la propre bouche de l'impératrice : « Si vous n'exécutez pas mes ordres, je le jure par celui qui vit à jamais, vous serez écorché (1). »

Ses vertus. Si l'hérésie n'eût pas souillé la foi de Théodora, sa dévotion exemplaire aurait pu expier, dans l'esprit des contemporains, son orgueil, son avarice et sa cruauté ; mais si elle employa son crédit à calmer la fureur intolérante de l'empereur, le siècle actuel lui tiendra compte de sa religion, et aura beaucoup d'indulgence pour ses erreurs théologiques (2). Le nom de Théodora se trouve dans tous les établissemens de piété ou de charité que fit Justinien ; et on peut attribuer l'institution la plus bienfaisante de son règne à la compassion de l'impératrice pour les compagnes de son premier état, que le libertinage ou la misère avaient jetées dans la prostitution. Un palais de la côte asiatique du Bosphore devint un cou-

---

(1) *Per viventem in sæcula, excoriari te faciam.* Anastasius, *de vitis Pont. Roman. in Vigilio*, p. 40.

(2) Ludwig, p. 161-166. Je me plais à me conformer à ses charitables intentions ; il a d'ailleurs peu de charité dans le caractère.

vent spacieux et magnifique ; et elle y pourvut d'une manière libérale à la subsistance de cinq cents femmes qu'elle tira des rues et des mauvais lieux de Constantinople. On les y renferma à perpétuité, et la reconnaissance de la plupart d'entre elles pour la généreuse bienfaitrice qui les avait arrachées à la misère et au péché, fit oublier le désespoir de quelques-unes qui se précipitèrent dans la mer (1). Justinien lui-même vantait la prudence de Théodora, et il attribuait ses lois aux sages conseils de sa respectable épouse, qu'il regardait comme un présent de la Divinité (2). Elle déploya son courage au milieu du tumulte du peuple et des terreurs de la cour. Sa chasteté après son mariage paraît incontestable; car ses plus implacables ennemis ne lui adressent pas le moindre reproche sur cet objet ; et quoique la fille d'Acacius pût être rassasiée d'amour, on doit cependant quelques éloges à la fermeté de caractère qui lui fit sacrifier ses plaisirs ou ses habitudes au sentiment plus fort de son devoir ou de son intérêt. Mal-

(1) Comparez les *Anecdotes*, c. 17, avec le livre des *Édifices*, l. 1, c. 9. Combien le même fait peut être différemment raconté! Jean Malala (t. II, p. 174, 175) observe qu'en cette occasion, ou dans une occasion pareille, elle habilla et racheta les filles qu'elle avait tirées des mauvais lieux à cinq *aurei* par tête.

(2) *Novell.* VIII, 1. L'empereur fait ici allusion au nom de Théodora. Les ennemis de l'impératrice lisaient *Dæmonodora*. Aleman., p. 66.

gré ses vœux et ses prières, elle n'eut jamais de fils légitime, et elle vit mourir en bas âge sa fille, seul fruit de son union avec Justinien (1). Son empire, cependant, sur l'esprit de l'empereur fut toujours absolu ; elle conserva par son habileté ou par son mérite toute l'affection de son époux ; et leurs brouilleries apparentes devinrent funestes dans tous les temps aux courtisans qui les crurent sincères. Les débauches de sa jeunesse avaient peut-être altéré son tempérament ; mais sa santé fut toujours délicate, et ses médecins lui ordonnèrent les bains chauds de Pythie. Le préfet du prétoire, le grand-trésorier, plusieurs comtes et patriciens, et un brillant cortége de quatre mille personnes, la suivirent dans ce voyage. On répara les grands chemins à son approche ; on éleva un palais pour la recevoir. En traversant la Bithynie, elle distribua des aumônes considérables aux églises, aux monastères et aux hôpitaux, à condition qu'ils imploreraient le ciel pour le rétablissement de sa santé (2). Enfin elle mourut d'un cancer (3), la vingt-quatrième année de son mariage

Sa mort.
A. D. 548,
juin 11.

___

(1) Saint Sabas refusa de prier pour qu'il naquît un fils à Théodora, dans la crainte de voir renaître dans ce fils un hérétique pire qu'Anastase lui-même. S. Cyril., *in Vit. S. Sabæ, apud* Aleman., p. 70-109.

(2) *Voy.* Jean Malala, t. II, p. 174 ; Théophane, p. 158 ; Procope, *de Ædific.*, l. v, c. 3.

(3) *Théodora, Chalcedonensis synodi inimica, canceris plagâ toto corpore perfusa, vitam prodigiosè finivit.* (Victor Tununensis, *in Chronic.*) Un orthodoxe n'a point de pitié

et la vingt-deuxième de son règne; et Justinien, qui, à la place d'une comédienne prostituée, aurait pu choisir la plus pure et la plus noble femme de l'Orient, pleura sa perte comme irréparable (1).

II. On peut remarquer une différence essentielle dans les jeux de l'antiquité. Les plus qualifiés des Grecs y jouaient un rôle, et les Romains n'y paraissaient que comme spectateurs. Le stade olympique était ouvert à la fortune, au mérite et à l'ambition; et si les candidats comptaient assez sur leur habileté et sur leur savoir, ils pouvaient marcher sur les traces de Diomède et de Ménélas, et conduire eux-mêmes leurs chevaux dans la carrière (2). Dix, vingt, quarante chars s'élançaient au même instant; le vain-

Les factions du cirque.

---

en pareille occasion. Alemannus (p. 12, 13) ne voit dans l'ευσεβως εκοιμηθη de Théophane que des expressions polies qui ne supposent ni piété ni repentir. Cependant deux ans après la mort de Théodora, Paul Silentiarius (*in Proem.*, v, 58-62) la célébra comme une sainte.

(1) Comme elle persécuta les papes et rejeta les décrets d'un concile, Baronius épuise contre elle les noms d'Ève, de Dalila, d'Hérodias, etc.; après quoi il a recours au dictionnaire infernal, *civis inferni — alumna dæmonum — satanico agitata spiritu — œstro percita diabolico*, etc. A. D. 548, n° 24.

(2) Le vingt-troisième livre de l'Iliade nous offre un tableau vivant des courses de chars chez les Grecs, des mœurs, des passions et du courage de ceux qui se présentaient dans la carrière. La dissertation de West sur les jeux olympiques (sect. 12 – 17) donne sur ce point des détails curieux et authentiques.

queur obtenait une couronne de laurier; et des vers lyriques, plus durables que les monumens de marbre et d'airain, célébraient sa gloire, celle de sa famille et de son pays. Mais à Rome, le sénateur ou même le citoyen qui se respectait, aurait rougi de montrer dans le cirque sa personne ou ses chevaux. Les jeux se donnaient aux frais de la république, des magistrats ou des empereurs; mais on abandonnait les rênes des coursiers à des mains serviles; et si les profits d'un conducteur de char, chéri du peuple, excédaient quelquefois ceux d'un avocat, on doit les regarder comme une suite de l'extravagance publique, et le riche salaire d'une profession déshonorée. Le prix ne se disputa d'abord qu'entre deux chars; le conducteur du premier était vêtu de *blanc*, et le second de *rouge*. On y ajouta ensuite deux autres chars, dont les livrées étaient un *vert* clair et un *bleu* de ciel; et les courses se répétant vingt-cinq fois, cent chars contribuaient le même jour à la pompe du cirque. Les quatre factions ne tardèrent pas à obtenir la sanction de la loi; et on leur supposa une origine mystérieuse. On dit que les quatre couleurs, adoptées sans dessein, venaient des divers aspects qu'offre la nature dans les quatre saisons; qu'elles représentaient les feux de la canicule, les neiges de l'hiver, les teintes foncées de l'automne, et l'agréable verdure du printemps (1). D'autres les faisaient venir

---

(1) Les *Albati*, les *Russati*, les *Prasini* et les *Veneti*, représentent les quatre saisons, selon Cassiodore (*Var.*, III,

des élémens et non des saisons ; ils voulaient que la lutte du vert et du bleu figurât la lutte de la terre et de l'océan ; que leurs victoires respectives annonçassent une récolte abondante ou une navigation heureuse : et ainsi les mutuelles hostilités des cultivateurs et des marins étaient, à quelques égards, moins absurdes que l'aveugle fureur du peuple de Rome, qui dévouait sa vie et sa fortune à la couleur qu'il adoptait. Les princes les plus sages dédaignèrent et favorisèrent cette folie ; mais les noms de Caligula, de Néron, de Vitellius, de Vérus, de Commode, de Caracalla et d'Élagabale, furent inscrits sur la liste, soit des Bleus, soit des Verts : ils fréquentaient les étables de leur faction, applaudissaient à ses favoris, châtiaient ses antagonistes, et méritèrent l'estime de la populace par leur penchant ou leur affectation à adopter ses goûts et ses habitudes. Tant que durèrent les spectacles à Rome, des querelles sanguinaires et tumultueuses troublèrent les fêtes publiques, et Théodoric, entraîné par la justice ou par l'affection, interposa son autorité en faveur des Verts contre la

A Rome.

---

51), qui emploie beaucoup d'esprit et d'éloquence pour expliquer ce prétendu mystère. Les trois premiers mots peuvent être rendus par les *Blancs*, les *Rouges* et les *Verts*. Celui de *Venetus* équivaut, dit-on, à *Cæruleus*, qui a des acceptions diverses, et qui est vague. Il signifie proprement la couleur du ciel réfléchie dans la mer ; mais la nécessité et l'usage obligent d'employer ici le mot de *bleu* comme un terme équivalent. Voyez Robert Étienne, *sub voce*, et *Spence's Polymetis*, p. 228.

violence d'un consul et d'un patrice dévoués aux Bleus (1).

{Elles divisent Constantinople et l'Orient.}

Constantinople adopta les folies de l'ancienne Rome, sans adopter ses vertus ; et les factions qui avaient agité le cirque, troublèrent l'Hippodrome avec une nouvelle fureur. Sous le règne d'Anastase, le fanatisme de religion accrut cette frénésie populaire ; et les Verts, qui avaient en trahison caché des pierres et des poignards dans des paniers de fruits, massacrèrent, au milieu d'une fête solennelle, trois mille personnes de la faction des Bleus (2). La contagion se répandit de la capitale dans les provinces et les villes de l'Orient, et deux couleurs adoptées pour l'amusement du public donnèrent lieu à deux factions puissantes et irréconciliables, qui ébranlèrent les fondemens d'un gouvernement affaibli (3).

---

(1) *Voyez* Onuphrius Panvinius, *de Ludis circensibus*, l. I, c. 10, 11 ; la dix-septième note de l'histoire des Germains, par Mascou et Aleman, *ad* c. 7.

(2) Marcellin, *in Chron.*, p. 47. Au lieu du mot vulgaire *veneta*, il emploie les termes plus relevés de *cærulea* et de *cærealis*. Baronius (A. D. 501, n° 4, 5, 6) croit que les Bleus étaient orthodoxes, tandis que Tillemont s'irrite contre cette supposition, et ne peut concevoir que des hommes tués dans un spectacle soient des martyrs. *Hist. des Empér.*, t. VI, p. 554.

(3) *Voyez* Procope, *Persic.*, l. I, c. 24. L'historien *public* n'est pas plus favorable que l'historien *secret*, lorsqu'il décrit les vices des factions et du gouvernement. Alemannus (page 26) a cité un beau passage de saint Grégoire de Nazianze, qui prouve combien le mal était invétéré.

Les dissensions populaires, fondées sur les intérêts les plus sérieux, sur les prétextes les plus saints, ont rarement égalé l'obstination de cette discorde, qui bouleversa des familles, divisa les amis et les frères, et excita les femmes, quoiqu'on ne les vît guère dans le cirque, à épouser les inclinations de leurs amans, ou à contrarier les inclinations de leurs maris. On foula aux pieds toutes les lois divines et humaines; et tant que l'une des factions était victorieuse, ses aveugles partisans paraissaient ne pas s'embarrasser de la misère individuelle ou des malheurs publics. On vit à Antioche et à Constantinople la licence de la démocratie, sans la liberté de cette forme de gouvernement; et pour arriver aux dignités civiles ou ecclésiastiques, l'appui de l'une des deux factions devint nécessaire. On imputa aux Verts un attachement secret à la famille ou à la secte d'Anastase. Les Bleus soutenaient avec fanatisme la cause de l'orthodoxie et de Justinien (1); et l'empereur reconnaissant protégea près de cinq années les désordres d'une faction dont les émeutes, dirigées à propos, intimidaient le palais, le sénat et les villes de l'Orient. Ceux-ci, enorgueillis de la faveur du prince, affectèrent, pour inspirer la terreur, un vêtement particulier, et dans la forme de celui des

*Justinien. favorise les Bleus.*

---

(1) La partialité de Justinien pour les Bleus (*Anecdot.*, c. 7), est attestée par Évagrius (*Hist. ecclés.*, l. IV, c. 32); par Jean Malala (t. II, p. 138, 139), particulièrement à l'égard d'Antioche; et par Théophane (p. 142).

Barbares; ils adoptèrent la longue chevelure, les larges habits et les manches serrées des Huns, une démarche fière et une voix bruyante. Le jour, ils cachaient leurs poignards à deux tranchans; mais on les trouvait la nuit, armés, et en troupes nombreuses, prêtes à toute espèce de violence et de rapines. Ces brigands dépouillaient et souvent assassinaient les Verts, et même les citoyens paisibles; et il était dangereux de porter des boutons, et des ceintures d'or, ou de se montrer, après le coucher du soleil, dans les rues de la paisible capitale de l'Orient. Leur audace, accrue par l'impunité, osa pénétrer dans les maisons des particuliers; ils devenaient incendiaires, pour faciliter leur attaque ou cacher leurs crimes; aucun lieu ne mettait à l'abri de leurs insultes; le sang innocent était versé sans scrupule pour satisfaire leur avarice ou leur vengeance; des meurtres atroces souillaient les églises et les autels, et les assassins se vantaient de leur adresse à donner la mort d'un seul coup de leur poignard. La jeunesse dissolue de Constantinople se rangea du parti auquel était permis le désordre. Les lois gardaient le silence, les liens de la société civile étaient relâchés ; on forçait les créanciers à rendre leurs titres ; les juges à révoquer leurs arrêts; les maîtres à affranchir leurs esclaves; les pères à fournir aux profusions de leurs enfans; et de nobles matrones, à se prostituer à leurs domestiques : on enlevait des bras de leurs parens de jeunes garçons d'une figure agréable; on attentait à la pudeur des femmes sous les yeux de leurs maris;

et quelques-unes se tuèrent pour échapper à l'infamie (1). Les Verts, persécutés par leurs ennemis, et abandonnés par les magistrats, se crurent permis de pourvoir eux-mêmes à leur propre défense, et peut-être d'user de représailles ; mais ceux qui survécurent au combat furent traînés sur un échafaud ; d'autres se réfugièrent dans les bois et les cavernes, d'où ils ne sortaient que pour vivre aux dépens de cette société qui les avait chassés de son sein. Ceux des ministres de la justice qui se montrèrent assez courageux pour punir les crimes et braver le ressentiment des Bleus, furent les victimes de l'imprudence de leur zèle ; un préfet de Constantinople chercha un asile à Jérusalem ; un comte de l'Orient fut ignominieusement battu de verges, et un gouverneur de Cilicie fut pendu, par ordre de Théodora, sur le tombeau de deux assassins qu'il avait condamnés pour le meurtre d'un de ses valets, et un attentat contre sa propre vie (2). Un ambitieux peut se flatter

---

(1) Une femme, dit Procope, qui fut enlevée et presque violée par un Bleu, se précipita dans le Bosphore. Les évêques de la seconde Syrie (Aleman., p. 26) racontent avec douleur un suicide du même genre, que l'on peut appeler, comme on voudra, la gloire ou le crime de la chasteté. Ils nomment l'héroïne.

(2) Le témoignage suspect de Procope (*Anecdotes*, c. 17) est appuyé de celui d'Évagrius, auteur moins partial, qui confirme le fait et qui dit les noms. Jean Malala (tome II, page 139) raconte la mort tragique du préfet de Constantinople.

de trouver, dans les désordres publics le fondement de son élévation; mais il est de l'intérêt autant que du devoir d'un souverain de maintenir l'autorité des lois. Le premier édit de Justinien, renouvelé souvent et exécuté quelquefois, annonce une ferme résolution de soutenir les innocens et de châtier les coupables sans aucune distinction de titres ou de *couleurs*; mais les affections secrètes, les habitudes et les craintes de l'empereur firent toujours pencher du côté des Bleus la balance de la justice. Après une apparence de combat, son équité se soumit sans répugnance à l'implacable ressentiment de Théodora, et l'impératrice n'oublia ou ne pardonna jamais les insultes qu'avait reçues la comédienne. Justin le jeune annonça, en montant sur le trône, qu'il rendrait à tous une justice impartiale et rigoureuse; il condamna d'une manière indirecte la partialité du règne précédent. « Bleus, disait-il, souvenez-vous que Justinien n'est plus; Verts, il existe toujours (1).

*Sédition de Constantinople, à laquelle on a donné le nom de Nika. A. D. 532, janvier.*

Une sédition qui réduisit en cendres presque toute la ville de Constantinople, n'avait eu d'autre cause que la haine mutuelle et la réconciliation momentanée des deux factions. La cinquième année de son règne, Justinien célébra la fête des ides de janvier

---

(1) *Voyez* Jean Malala, t. II, p. 147. Il avoue que Justinien était attaché aux Bleus. Procope (*Anecdot.*, c. 10) voit peut-être avec trop de raffinement et un esprit trop soupçonneux, la discorde apparente de l'empereur et de Théodora. Lisez Aleman., *Præfat.*, p. 6.

les clameurs des Verts mécontens ne cessaient de troubler les jeux. L'empereur, jusqu'à la vingt-deuxième course, sut se contenir dans une silencieuse gravité. A la fin, n'étant plus maître de son impatience, il commença par quelques mots dits avec violence, et par l'organe d'un crieur, le plus singulier dialogue (1) qui ait jamais eu lieu entre un prince et ses sujets: Les premiers cris furent respectueux et modestes; les chefs accusèrent d'oppression les ministres subalternes, et souhaitèrent à l'empereur une longue vie et des victoires. « Insolens, s'écria Justinien, soyez patiens et attentifs; juifs, samaritains et manichéens, gardez le silence. » Les Verts essayèrent encore d'exciter sa compassion : « Nous sommes pauvres, s'écrièrent-ils; nous sommes innocens, nous sommes opprimés; nous n'osons nous montrer dans les rues; une persécution générale accable notre parti et notre couleur; nous consentons à mourir, empereur, mais nous voulons mourir par vos ordres et à votre service. » Mais les invectives violentes et partiales qui continuaient à sortir de la bouche de l'empereur, dégradant à leurs yeux la majesté de la pourpre, ils abjurèrent leur serment de fidélité envers un prince qui refusait la justice à son peuple; ils regrettèrent que le père de Justinien eût reçu le jour; ils chargè-

---

(1) Ce dialogue, conservé par Théophane, retrace le langage populaire ainsi que les mœurs de Constantinople au sixième siècle. Le grec est entremêlé de mots barbares dont Ducange ne peut pas toujours indiquer le sens ou l'étymologie.

rent son fils des noms insultans d'homicide, d'âne et de tyran perfide. « Méprisez-vous la vie? » s'écria le monarque indigné. A ces mots, les Bleus se levèrent avec fureur ; l'Hippodrome retentit de leurs voix menaçantes ; et leurs adversaires, abandonnant une lutte inégale, remplirent les rues de Constantinople de terreur et de désespoir. Dans cet instant de crise, sept assassins des deux factions, condamnés par le préfet, étaient promenés dans les rues de la ville, pour être conduits ensuite dans le faubourg de Péra où on devait les exécuter. Quatre d'entre eux furent décapités sur-le-champ : on en pendit un cinquième ; mais la corde qui attachait au gibet les deux autres, rompit, et ils tombèrent à terre. La populace applaudit à leur délivrance ; les moines de Saint-Conon sortirent d'un couvent voisin, et, les plaçant dans un bateau, les conduisirent dans le sanctuaire de leur église (1). L'un de ces criminels appartenant aux Verts et l'autre aux Bleus, la cruauté du tyran ou l'ingratitude du protecteur irrita également les deux factions, qui se réunirent momentanément pour mettre les deux victimes en sûreté et satisfaire leur vengeance. Le préfet voulut arrêter ce torrent séditieux ; on réduisit son palais en cendres, on massacra ses officiers et ses gardes, on força les prisons et on rendit la liberté à des scélérats qui n'en pouvaient user que pour la ruine de la société. Des troupes envoyées au secours du ma-

---

(1). *Voyez* cette église et ce monastère dans Ducange, C. P. *Christiana*, l. IV, p. 182.

gistrat civil eurent à combattre une multitude d'hommes armés dont le nombre et l'audace augmentaient d'un moment à l'autre; et les Hérules, les plus farouches des Barbares à la solde de l'empire, renversèrent les prêtres et les reliques qu'une imprudente piété avait fait intervenir pour séparer les combattans. Le peuple, irrité par ce sacrilège, se battit avec fureur pour la cause de Dieu : les femmes, placées aux fenêtres et sur les toits, lançaient des pierres sur la tête des soldats; ceux-ci jetaient contre les maisons des tisons enflammés, et l'incendie allumé, soit par les mains des citoyens, soit par celles des étrangers, s'étendit sans obstacle sur toute la ville. Le feu dévora la cathédrale appelée Sainte-Sophie, les bains de Zeuxippe, une partie du palais, depuis la première entrée jusqu'à l'autel de Mars, et le long portique, depuis le palais jusqu'au Forum de Constantin. Un grand hôpital fut réduit en cendres avec tous les malades; une multitude d'églises et de beaux édifices furent entièrement détruits, et une quantité considérable d'or et d'argent se trouva réduite en fusion ou devint la proie des voleurs. Les citoyens les plus riches et les plus prudens, fuyant cette scène d'horreur et de désolation, traversèrent le Bosphore et gagnèrent la côte d'Asie : durant cinq jours, Constantinople fut abandonnée aux factions dont le mot de ralliement, *Nika* (sois vainqueur), est devenu le nom de cette mémorable sédition (1).

---

(1) Ce récit de la sédition *Nika* est tiré de Marcellin

*Détresse de Justinien.*

Tant que la discorde avait régné parmi les factions, les Bleus triomphans et les Verts découragés avaient paru voir les désordres de l'État avec la même indifférence. Elles se réunirent pour censurer la mauvaise administration de la justice et des finances, et les deux ministres qui répondaient des opérations du gouvernement. L'artificieux Tribonien, et l'avide Jean de Cappadoce, furent dénoncés hautement comme les auteurs de la misère publique. On aurait dédaigné les paisibles murmures du peuple; mais on les écouta avec attention au moment où les flammes consumèrent la ville. L'empereur renvoya sur-le-champ le questeur et le préfet, qui furent remplacés par deux sénateurs d'une intégrité sans reproche. Après ce sacrifice fait à l'opinion publique, Justinien se rendit à l'Hippodrome pour y avouer ses erreurs, et recevoir des marques du repentir de ses sujets reconnaissans : mais voyant que ses sermens, quoique prononcés sur les saints Évangiles, laissaient encore de la défiance, la frayeur le saisit, et il gagna précipitamment la citadelle du palais. Alors on attribua l'opiniâtreté de l'émeute à une conspiration secrète dirigée par des vues ambitieuses : on crut que les insurgens, surtout les Verts, avaient reçu des armes et de l'argent d'Hypatius et de Pompée, qui

---

(*in Chron.*); de Procope (*Persic.*, l. 1, c. 26); de Jean Malala (t. II, p. 213-218); de la *Chronique* de Paschal (p. 336-340); de Théophane (*Chronograph.*, p. 154-158); et de Zonare, l. XIV, p. 61, 63.

ne pouvaient ni oublier avec honneur ni se souvenir sans crainte qu'ils étaient neveux de l'empereur Anastase. Le monarque, capricieux et inquiet, leur ayant montré de la confiance et les ayant ensuite disgraciés pour leur pardonner bientôt, ils s'étaient présentés en fidèles serviteurs au pied du trône; où ils furent détenus en ôtages durant les cinq jours de l'émeute. Les craintes de Justinien l'emportèrent à la fin sur sa prudence; et ne voyant plus Hypatius et Pompée que comme des espions et peut-être comme des assassins, il leur ordonna sévèrement de sortir du palais. Après lui avoir représenté vainement que l'obéissance pouvait les conduire à un crime involontaire, ils se retirèrent dans leurs maisons. Le matin du sixième jour, Hypatius se vit environné et saisi par le peuple, qui, sans égard pour sa vertueuse résistance et les larmes de sa femme, transporta son nouveau favori au Forum de Constantin, où, au défaut d'une couronne, on plaça sur sa tête un riche collier. Si l'usurpateur, qui se fit ensuite un mérite de ses délais, eût alors adopté l'avis du sénat et pressé la fureur de la multitude, l'irrésistible effort de ses partisans aurait détrôné Justinien. Le palais de Byzance jouissait d'une libre communication avec la mer: des navires attendaient au bas de l'escalier des jardins, et l'on avait résolu secrètement de conduire l'empereur, sa famille et ses trésors, dans un lieu sûr, à quelque distance de la capitale.

Justinien était perdu, si cette femme prostituée qu'il avait élevée du théâtre sur le trône, n'eût pas

*Fermeté de Théodora.*

en ce moment oublié la timidité de son sexe comme elle en avait abjuré les vertus. Dans un conseil où assistait Bélisaire, la seule Théodora montra le courage d'un héros; seule, sans craindre de s'exposer par la suite à la haine de l'empereur, elle pouvait le sauver du danger imminent auquel l'exposaient ses indignes frayeurs. « Quand il ne resterait, lui dit-elle, d'autre expédient que la fuite, je dédaignerais encore de fuir. Nous sommes tous, en naissant, condamnés à la mort; mais ceux qui ont porté la couronne ne doivent jamais survivre à la perte de leur dignité et de leur empire. Je prie le ciel qu'on ne me voie pas un seul jour sans mon diadême et sans la pourpre : que la lumière du jour cesse pour moi lorsqu'on cessera de me saluer du nom de reine. César, si vous êtes déterminé à prendre la fuite, vous possédez des trésors; voilà la mer, et vous avez des vaisseaux; mais craignez que l'amour de la vie ne vous expose à un exil misérable et à une mort ignominieuse. Pour moi, j'adopte cette maxime de l'antiquité ; que le trône est un glorieux sépulcre. » La fermeté d'une femme rendit à Justinien et à son conseil le courage de délibérer et d'agir; et le courage découvre bientôt des ressources dans les situations les plus désespérées. On adopta un moyen aisé et décisif; on fit revivre l'animosité des factions : les Bleus s'étonnèrent de la criminelle folie qui, sur une légère injure, les avait entraînés à conspirer, avec leurs implacables ennemis, contre un bienfaiteur généreux et affectionné; ils proclamèrent de nouveau le nom de Justinien ; et les Verts furent laissés seuls dans l'Hippodrome, avec leur nouvel empereur. La fidélité des gardes était incertaine ; mais Justinien avait d'ailleurs trois mille vétérans formés, dans les guerres de la Perse et d'Illyrie, à la valeur et à la discipline. Ils se séparèrent en deux divisions sous les ordres de Bélisaire et de Mundus, sortirent en silence du palais, se firent un chemin à travers des passages obscurs, au milieu des flammes mourantes et des édifices qui s'écroulaient, et parurent au même instant aux deux portes de l'Hippodrome. Dans cet espace resserré, une multitude effrayée et en désordre ne pouvait résister à une attaque régulière ; les Bleus voulurent signaler leur repentir ; ils ne firent ni distinction ni quartier, et l'on calcule que le massacre de cette journée s'éleva à plus de trente mille personnes. Hypatius, arraché de son trône, et son frère Pompée, furent conduits aux pieds de l'empereur : ils implorèrent sa clémence ; mais leur crime était manifeste, leur innocence douteuse, et Justinien avait été trop effrayé pour pardonner. Le lendemain, les deux neveux d'Anastase, et dix-huit de leurs complices, patriciens ou consulaires, furent exécutés secrètement par les soldats ; on jeta leurs corps dans la mer, leurs palais furent rasés et leurs biens confisqués. Un arrêt condamna, plusieurs années, l'Hippodrome à un lugubre silence ; mais avec le rétablissement des jeux (1), on vit

La sédition est réprimée.

---

(1). Marcellin dit vaguement *innumeris populis in circo*

recommencer les mêmes désordres; et les factions des Bleus et des Verts continuèrent à troubler le repos du souverain et la tranquillité de l'empire d'Orient.

<small>Agriculture et manufactures de l'empire d'Orient.</small>

III. Rome était redevenue barbare ; mais l'empire comprenait toujours les nations qu'elle avait conquises au-delà de la mer Adriatique jusqu'aux frontières de l'Éthiopie et de la Perse. Justinien donnait des lois à soixante-quatre provinces et à neuf cent trente-cinq villes (1); ses domaines jouissaient de tous les avantages du sol, de la situation et du climat, et les arts n'avaient cessé d'étendre leurs progrès le long des côtes de la Méditerranée et des bords du Nil, de l'ancienne Troie à la Thèbes d'Égypte. L'abondance de l'Égypte avait fourni des secours à Abraham (2). Ce même pays, compris dans une

---

*trucidatis*. Procope compte qu'on immola trente mille victimes. Théophane dit qu'on en égorgea trente-cinq mille; ce nombre a augmenté depuis jusqu'à quarante sous la plume de Zonare. Tel est le progrès ordinaire de l'exagération.

(1) Hieroclès, contemporain de Justinien, composa son Συνέχμος (*Itineraria*, p. 631), ou revue des provinces et des villes de l'Orient, avant l'année 535. Wesseling, *in Præfat. et Not., ad* p. 623, etc.

(2) *Voyez* le *Livre de la Genèse*, XII, 20, et les détails sur l'administration de Joseph. Les annales des Grecs et des Hébreux sont d'accord sur les arts et l'abondance de l'Égypte à des époques très-reculées; mais cette antiquité suppose une longue suite d'améliorations; et Warburton, presque réduit aux abois par la chronologie des Hébreux,

étroite étendue de terrain fort peuplée, pouvait encore, sous le règne de Justinien, envoyer à Constantinople (1) deux cent soixante mille *quarters* de blé ; et la capitale de l'Orient était approvisionnée par les manufactures de Sidon, célébrées quinze siècles auparavant par Homère (2). Loin que deux mille récoltes eussent épuisé la force de la végétation, elle se renouvelait et acquérait une nouvelle vigueur par une savante culture, par de fertiles engrais et par des repos bien ménagés. La race des animaux domestiques était très-nombreuse ; les générations successives avaient accumulé les plantations, les édifices et tous ces ouvrages de luxe ou ces instrumens de travail, dont la durée excède le terme de la vie humaine. La tradition conservait et l'expérience simplifiait la pratique des arts mécaniques ; la division du travail et la facilité des échanges enrichissaient la société, et un millier de mains travail-

---

réclame à haute voix pour celle des Samaritains. *Div. legat.*, vol. III, p. 29, etc.

(1) Huit millions de *modii* romains, outre une contribution de quatre-vingt mille *aurei* pour les frais de transport par eau : on affranchit l'Égypte de ce dernier impôt. *Voyez* le treizième édit de Justinien. L'accord des deux textes grecs et des textes latins détermine ces deux quantités.

(2) *Iliade* d'Hom., VI, 289. Ces voiles, πεπλοι παμποικιλοι, étaient l'ouvrage des femmes de Sidon ; mais ce passage fait plus d'honneur aux manufactures qu'à la navigation de la Phénicie, d'où l'on avait transporté les étoffes à Troie sur des navires phrygiens.

laient pour le logement, les habits et la table de chaque Romain. On a pieusement attribué aux dieux l'invention du métier de tisserand et de la quenouille; mais dans tous les siècles l'homme, pour se couvrir et se parer, a exercé son industrie sur des productions animales et végétales, sur les poils, sur les peaux, sur la laine, sur le lin, sur le coton, et enfin sur la soie. On avait appris à les imprégner de couleurs durables, et d'habiles pinceaux ajoutaient un nouveau prix aux étoffes qui sortaient des mains du fabricant. On suivait la fantaisie et la mode dans le choix de ces couleurs qui imitent la beauté de la nature (1); mais la pourpre foncée qu'on tirait d'un coquillage était réservée à la personne sacrée de l'empereur, à l'usage du palais (2), et les sujets ambitieux qui osaient usurper cette prérogative du

---

(1) *Voyez* dans Ovide (*de Arte amandi*, III, 269) une description poétique des douze couleurs, tirées des fleurs, des élémens, etc. Au reste, il est presque impossible d'exprimer avec des mots les nuances délicates et variées de l'art et de la nature.

(2) La découverte de la cochenille, etc., a donné à nos couleurs une grande supériorité sur celle des anciens. Leur pourpre royale avait une odeur très-forte et une teinte aussi foncée que le sang de bœuf. *Obscuritas rubens*, dit Cassiodore (*Var.*, I, 2), *nigredo sanguinea*. Le président Goguet (*Origine des Lois et des Arts*, part. II, l. II, c. 2, p. 184-215) procurera de l'amusement et de la satisfaction aux lecteurs. Je ne crois pas que son livre soit aussi connu, du moins dans la Grande-Bretagne, qu'il mérite de l'être.

trône encouraient la peine du crime de lèse-majesté (1).

Je n'ai pas besoin d'apprendre à mes lecteurs que la soie sort en un long fil des intestins d'une chenille (2), qui en compose le tombeau doré d'où elle s'élance ensuite sous la forme d'un papillon. Jusqu'au règne de Justinien, on ne connut pas, hors de la Chine, les vers à soie qui se nourrissent des feuilles du mûrier blanc; les chenilles du pin, du chêne et du frêne, étaient communes dans les forêts de l'Asie et de l'Europe; mais leur éducation étant plus difficile et la production de leur soie plus incertaine, on les négligeait partout, excepté dans la petite île de Céos, près de la côte de l'Attique. On

---

(1) Nous avons eu occasion de donner sur ce point plusieurs preuves historiques, et nous pourrions en rapporter beaucoup d'autres; mais les actes arbitraires du despotisme s'appuyaient sur les dispositions générales d'une loi modérée. (*Cod. Theod.*, l. x, tit. 21, leg. 3; *Cod. Justin.*, l. xi, tit. 8, leg. 5.) Par une distinction honteuse, et une restriction nécessaire, on permit aux *mimæ* et aux danseuses de porter des habits couleur de pourpre. *Cod. Theod.*, l. xv, tit. 7, leg. 11.

(2) Le ver à soie tient une place distinguée dans l'histoire des insectes, bien plus merveilleuse que les métamorphoses d'Ovide. Le *bomby* de l'île de Céos, tel que le décrit Pline (*Hist. nat.*, xi, 26; 27, avec les notes des deux savans jésuites Hardouin et Brotier), se rapproche d'une espèce de chenille qu'on trouve à la Chine. ( *Mémoires sur les Chinois*, t. ii, p. 575-598.) Mais Théophraste et Pline ne connaissaient ni notre ver à soie ni le mûrier blanc.

y formait de leur fil une gaze légère ; et ces gazes, inventées par une femme pour l'usage de son sexe, furent long-temps admirées dans l'Orient et à Rome. Quoique les vêtemens des Mèdes et des Assyriens donnent lieu à des conjectures sur cet objet, Virgile est le premier qui ait indiqué expressément la *douce laine* qu'on tirait des arbres des *Seres* ou des Chinois (1) ; et la connaissance d'un insecte précieux, le premier ouvrier du luxe des nations, rectifia peu à peu cette erreur bien naturelle et moins étonnante que la vérité. Les plus graves d'entre les Romains se plaignaient, sous le règne de Tibère, de l'usage des étoffes de soie ; et Pline a condamné, en style recherché, mais énergique, cette soif de l'or qui mène l'homme jusqu'aux extrémités de la terre pour exposer aux yeux du public des vêtemens qui ne vêtissent pas et des matrones nues quoique habillées (2). Un vêtement qui laissait voir le contour des

---

(1) *Géorgiques*, II, 121. *Serica quando venerint in usum planissime non scio : suspicor tamen in Julii Cæsaris ævo, nam ante non invenio*, dit Juste-Lipse (*Excursus* I ad Tacit. *Annal.*, II, 32). *Voyez* Dion-Cassius (l. 43, p. 358, édit. Reimar.), et Pausanias (l. VI, p. 519), le premier qui décrive, quoique d'une manière bizarre, l'insecte des Chinois.

(2) *Tam longinquo orbe petitur ut in publico matrona transluceat... ut denudet fæminas vestis.* (Pline, l. VI, p. 20 ; XI, 21.) Varron et Publius-Syrius avaient déjà fait de la *toga vitrea*, du *ventus textilis* et de la *nebula linea*, l'objet de leurs satires. Horat., *Sermon.*, I, 2, 101 ; avec les Notes de Torrentius et de Dacier.

formes ou la couleur de la peau, satisfaisait la vanité ou excitait les désirs. Les Phéniciennes effilaient quelquefois le tissu serré des étoffes de la Chine; elles donnaient ensuite aux fils une contexture plus lâche; elles y mêlaient du lin et multipliaient ainsi les matières précieuses (1). Deux siècles après le temps de Pline, l'usage des étoffes composées ou mélangées de soie était encore réservé aux femmes; mais les riches citoyens de Rome et des provinces imitèrent peu à peu l'exemple d'Élagabale, le premier qui, par ces habits efféminés, avilit la dignité impériale et la qualité d'homme. Aurélien se plaignait de ce qu'une livre de soie coûtait à Rome douze onces d'or; mais les fabriques s'accrurent avec les consommations, et l'augmentation des fabriques en diminua le prix. Si le hasard ou le monopole portèrent quelquefois la valeur des soies au-dessus du prix que nous venons d'indiquer, les manufacturiers de Tyr et de Béryte se virent aussi bien souvent obligés par les mêmes causes de se contenter du neuvième de ce prix extravagant (2). Il fallut qu'une loi prescrivît la

---

(1) *Voyez* sur le tissu, les couleurs, les noms et l'usage des étoffes de soie, demi-soie et lin, dont on fit usage dans l'antiquité, les recherches profondes, diffuses et obscures, du grand Saumaise (*in Hist. August.*, p. 127, 309, 310, 339, 341, 342, 344, 388-391, 395, 513). Il n'avait aucune idée des marchandises les plus communes de Dijon ou de Leyde.

(2) Flavius Vopiscus *in Aurelian.*, c. 45, *in Hist. August.*,

différence qui devait se trouver entre l'habillement des comédiennes et celui des sénateurs; et les sujets de Justinien consommaient la plus grande partie des soies qu'ils tiraient de la Chine. Ils connaissaient mieux encore un coquillage de la Méditerranée, appelé la *pinne marine*. La belle laine ou les fils de soie qui attachent aux rochers le coquillage d'où se tire la perle, n'est guère employée aujourd'hui qu'à des ouvrages de curiosité, et un empereur romain donna aux satrapes d'Arménie une robe composée de cette singulière matière (1).

<small>Importation des soies de la Chine par terre et par mer.</small>

Une marchandise qui renferme un grand prix dans un petit volume, supporte les frais d'un transport par terre, et les caravanes traversaient en deux cent quarante-trois jours toute l'Asie, de la mer de la Chine à la côte de Syrie. Les négocians de la Perse se rendaient aux foires d'Arménie et de Nisibis (2);

---

p. 224. *Voyez* Saumaise, *ad Hist. August.*, p. 392; et *Plinian. Exercitat. in Solinum*, p. 694, 695. Les *Anecdot.* de Procope (c. 25) indiquent d'une manière imparfaite le prix de la soie au temps de Justinien.

(1) Procope, *de Ædific.*, l. III, c. 1. On trouve la *pinne marine* près de Smyrne, en Sicile, en Corse et à Minorque. On fit présent au pape Benoît XIV d'une paire de gants fabriqués avec des fils de ce coquillage.

(2) Procope, *Persic.*, l. I, c. 20; l. II, c. 25; *Gothic.*, l. IV, c. 17; Menander, *in Excerpt. legat.*, p. 107. Isidore de Charax (*in Stathmis Parthicis*, p. 7, 8, *in* Hudson, *Geogr. minor*, t. II) a indiqué les routes, et Ammien-Marcellin (l. XXIII, c. 6, p. 400) a donné le nombre des provinces de l'empire des Parthes ou des Persans.

et livraient la soie aux Romains : mais ce commerce, que gênaient, en temps de paix, l'avarice et la jalousie, se trouvait absolument interrompu par les longues guerres que se livraient les monarchies rivales. Le grand roi comptait fièrement la Sogdiane et la *Sérique* parmi les provinces de son empire; mais l'Oxus était la borne de ses domaines, et les utiles échanges que faisaient ses sujets avec les Sogdoites dépendaient de la volonté de leurs vainqueurs, les Huns blancs et les Turcs, qui donnèrent successivement des lois à ce peuple industrieux. Cependant la domination de ces sauvages conquérans ne put anéantir l'agriculture et le commerce dans un pays qui passe pour l'un des quatre jardins de l'Asie. Les villes de Samarcande et de Bochara sont bien situées pour le commerce de ces diverses productions, et leurs négocians achetaient des Chinois (1) les soies écrues ou manufacturées, qu'ils conduisaient en Perse pour l'usage de l'empire romain. L'or-

---

(1) L'aveugle admiration des jésuites confond les diverses époques de l'histoire des Chinois. M. de Guignes a soin de les distinguer (*Hist. des Huns*, t. 1, part. 1 dans les tables, et part. 11 dans la géographie; *Mém. de l'Acad. des Inscript.*, tom. XXXII, XXXVI, XLII, XLIII). Il a découvert les progrès insensibles de la vérité des annales, et l'étendue de la monarchie jusqu'à l'ère chrétienne. Il a recherché les liaisons des Chinois avec les nations de l'Occident; mais ces liaisons étaient faibles, précaires, et il reste de l'obscurité sur ce point. Les Romains ne soupçonnèrent jamais que l'empire de la Chine fût presque aussi étendu que le leur.

gueilleuse capitale de la Chine recevait les caravanes des Sogdiens comme des ambassades de royaumes tributaires ; et lorsque ces caravanes revenaient saines et sauves dans leur patrie, un bénéfice exorbitant les récompensait de ce hasardeux voyage ; mais la route difficile et périlleuse de Samarcande à la première ville du Chensi, ne pouvait se faire en moins de soixante, quatre-vingts ou cent jours. Dès qu'elles avaient passé le Jaxartes, elles entraient dans le désert ; et les hordes vagabondes qu'on y trouve, à moins qu'elles ne fussent contenues par des armées et des garnisons, ont toujours regardé comme un gain légitime le butin qu'elles faisaient sur les citoyens et les voyageurs. Afin d'échapper aux voleurs tartares et aux tyrans de la Perse, les marchands de soie se portaient plus au sud ; ils traversaient les montagnes du Thibet, descendaient le Gange ou l'Indus, et attendaient patiemment dans les ports du Guzerate et de la côte de Malabar, les vaisseaux que l'Occident y envoyait tous les ans (1). Les dangers du désert paraissaient moins à craindre

---

(1) Les chemins qu'on suivait pour venir de la Chine dans la Perse et l'Indostan, se trouvent dans les Relations de Hackluyt et de Thevenot (les ambassadeurs de Sharokh, Antoine Jenkinson, le père Greuber, etc.). *Voyez* aussi *Hanway's Travels*, vol. 1, p. 345-357. Le gouverneur de nos établissemens dans le Bengale a fait partir dernièrement des voyageurs qui ont cherché une communication par le Thibet.

que la fatigue, la faim et la perte de temps qu'occasionait cette route; on la prenait rarement : le seul Européen qui ait suivi ce chemin peu fréquenté, s'applaudit de sa diligence, sur ce que neuf mois après son départ de Pékin, il arriva à l'embouchure de l'Indus. L'Océan offrait cependant une libre communication aux différens peuples de la terre : du grand fleuve au tropique du Cancer, les empereurs du Nord avaient subjugué et civilisé les provinces de la Chine. Au commencement de l'ère chrétienne, on y voyait une grande population, une foule de villes, et une multitude innombrable de mûriers et de vers à soie ; et si les Chinois, avec leur connaissance de la boussole, avaient possédé le génie des Grecs et des Phéniciens, ils auraient étendu leurs découvertes sur tout l'hémisphère méridional. Il ne m'appartient pas d'examiner leurs voyages éloignés au golfe de Perse ou au cap de Bonne-Espérance, et je ne suis point disposé à les croire ; mais les travaux et les succès de leurs ancêtres égalèrent peut-être ceux de la génération actuelle, et leur navigation a pu s'étendre des îles du Japon au détroit de Malacca, que l'on peut appeler les colonnes de l'Hercule oriental (1). Ils pouvaient, sans perdre de

(1) *Voyez*, touchant la navigation des Chinois à Malacca et à Achin, et peut-être à Céylan, Renaudot, sur les deux voyageurs musulmans, p. 8-11, 13-17, 141-157; Dampierre, vol. II, p. 136; l'*Hist. philos. des Deux-Indes*, t. I, p. 98; et l'*Hist. génér. des Voyages*, t. VI, p. 201.

vue la terre, cingler le long de la côte jusqu'à l'extrémité du promontoire d'Achin, où abordent chaque année dix ou douze vaisseaux chargés des productions, des ouvrages et même des ouvriers de la Chine. L'île de Sumatra et la péninsule opposée sont légèrement indiquées par d'anciens auteurs comme les régions de l'or et de l'argent (1); et les villes commerçantes nommées dans la géographie de Ptolomée, font assez connaître que les mines seules ne composaient pas la richesse des peuples de l'Orient. La distance directe entre Sumatra et Ceylan est d'environ trois cents lieues. Les navigateurs chinois et indiens suivaient le vol des oiseaux et les vents périodiques; ils traversaient l'Océan sans danger sur des bâtimens carrés, dont les bordages étaient réunis, non pas avec du fer, mais avec de la grosse filasse de coco. Deux princes ennemis partageaient l'empire de Ceylan, qui a porté le nom de Serendib ou de Taprobane : l'un possédait les montagnes, les élé-

___

(1) D'Anville. (*Antiquité géograph. de l'Inde*, surtout p. 161-198) a mis en lumière les connaissances ou plutôt l'ignorance de Strabon, Pline, Ptolomée, Arrien, Marcien, etc., sur les pays situés à l'est du cap Comorin. Le commerce et les conquêtes des Européens ont enrichi la géographie de l'Inde; et les excellentes cartes et les très-bons mémoires du major Rennel, ont jeté beaucoup de jour sur cette partie du monde. S'il étend ses recherches, et s'il continue à porter dans ses travaux la même critique et la même sagacité, il remplacera et même il surpassera le premier des géographes modernes.

phans et les brillantes escarboucles ; l'autre jouissait des richesses plus solides de l'industrie domestique, du commerce étranger, et du havre très-étendu de Trinquemale, d'où partaient les flottes de l'Orient, et où abordaient celles de l'Occident. Les Indiens et les Chinois, qui faisaient le commerce de la soie, et qui avaient recueilli dans leurs voyages l'aloës, les clous de girofle, la muscade et le bois de sandal, entretenaient dans cette île, située à une égale distance de leur patrie respective, un commerce avantageux avec les habitans du golfe Persique. Les peuples du grand roi exaltaient sans contradiction son pouvoir et sa magnificence ; et le Romain qui confondit leur vanité en mettant à côté de leur misérable monnaie une belle médaille d'or de l'empereur Anastase, s'était rendu à Ceylan, en qualité de simple passager, sur un navire éthiopien (1).

La soie étant devenue un objet de première nécessité, Justinien s'indigna de voir les Perses maîtres sur terre et sur mer du monopole de cet article important, et une nation idolâtre et ennemie s'enrichir aux dépens de son peuple. Sous un gouvernement actif,

*Les vers à soie s'introduisent dans la Grèce.*

---

(1) La Taprobane de Pline (VI, 24), de Solin (c. 53) et de Saumaise (*Plinianæ exercitationes*, p. 781, 782), et de la plupart des anciens, qui confondent souvent les îles de Ceylan et de Sumatra, est décrite avec plus de clarté par Cosmas Indicopleustes ; mais ce topographe chrétien a lui-même exagéré ses dimensions. Les détails qu'il donne sur le commerce de l'Inde et de la Chine sont curieux (l. II, p. 138 ; l. XI, p. 337, 338 ; édit. de Montfaucon).

le commerce de l'Égypte et la navigation de la mer Rouge, tombés avec la prospérité de l'empire, se seraient rétablis, et les navires romains seraient allés acheter de la soie dans les ports de Ceylan, de Malacca, et même de la Chine. L'empereur n'eut pas de si grandes idées; il demanda les secours de ses alliés chrétiens, les Éthiopiens de l'Abyssinie, qui avaient acquis depuis peu l'art de la navigation, l'esprit du commerce, et le port d'Adulis (1), où l'on apercevait encore les trophées d'un conquérant grec. En longeant la côte d'Afrique pour chercher de l'or, des émeraudes et des aromates, ils s'avancèrent jusqu'à l'équateur; mais ils eurent la sagesse d'éviter la concurrence inégale que leur proposait Justinien; ils sentirent que les Persans, plus voisins des marchés de l'Inde, avaient trop d'avantages; et l'empereur supportait patiemment cette contrariété, lorsqu'un événement inattendu vint combler ses vœux. On avait prêché l'Évangile aux Indiens; un évêque gouvernait déjà sur la côte de Malabar les chrétiens de saint Thomas; on trouvait une église à Ceylan, et les missionnaires suivaient les pas du commerce jusqu'à l'extrémité de l'Asie (2). Deux moines persans

---

(1) *Voyez* Procope, *Persic.*, l. II, c. 20. Cosmas donne des détails intéressans sur le port et l'inscription d'Adulis (*Topograph. Christ.*, l. II, pag. 138, 140-143), et sur le commerce des Axumites le long de la côte de Barbarie ou de Zingi (pag. 138, 139) et jusqu'à la Taprobane (l. XI, page 329).

(2) *Voy.* sur les missions chrétiennes de l'Inde, Cosmas

avaient fait un long séjour à la Chine, peut-être à Nankin, résidence d'un monarque livré aux superstitions étrangères, et qui recevait alors une ambassade de l'île de Ceylan. Au milieu de leurs pieux travaux, ils examinèrent d'un œil curieux le vêtement ordinaire des Chinois, les manufactures de soie et les myriades de vers à soie, dont l'éducation, soit sur les arbres, soit dans les maisons, avait été confiée jadis aux soins des reines (1). Ils découvrirent bientôt qu'il était impossible de transporter un insecte d'une si courte vie, mais que ses œufs pourraient en multiplier la race dans un climat éloigné. La religion ou l'intérêt fit plus d'impression sur les moines persans que l'amour de leur patrie. Arrivés à Constantinople après un long voyage, ils communiquèrent leur projet à l'empereur, et les dons et les promesses de Justinien les excitèrent à suivre leur entreprise. Les historiens de ce prince ont mieux aimé raconter en détail une campagne au pied du mont Caucase, que les travaux de ces missionnaires du commerce, qui retournèrent à la Chine, trompèrent un peuple jaloux, et après avoir caché dans une canne des œufs

---

(l. III, p. 178, 179; l. XI, p. 337); consultez aussi Assem. (*Bibl. orient.*, t. IV, p. 413-548).

(1) On peut voir dans du Halde (*Descript. génér. de la Chine*, t. II, p. 165; 205-223) des détails sur l'invention, les manufactures et l'usage général de la soie. La province de Chekian est celle qui fournit la plus grande quantité de la meilleure soie.

de ver à soie, rapportèrent en triomphe ces dépouilles de l'Orient. Ils dirigèrent l'opération par laquelle, dans la saison convenable, on fit éclore les œufs au moyen de la chaleur du fumier; on nourrit les vers avec des feuilles de mûrier; ils vécurent et travaillèrent sous un climat étranger : on conserva un assez grand nombre de chrysalides pour en propager la race, et on planta des arbres qui devaient fournir à la subsistance des nouvelles générations. L'expérience et la réflexion corrigèrent les erreurs qui avaient accompagné une première tentative ; et les ambassadeurs de la Sogdiane avouèrent, sous le règne suivant, que les Romains n'étaient point inférieurs aux Chinois dans l'art d'élever les vers et de travailler les soies (1) ; deux points sur lesquels l'industrie de l'Europe moderne a surpassé la Chine et Constantinople. Je ne suis pas insensible aux plaisirs d'un luxe délicat; cependant je songe avec quelque tristesse, que si, au lieu de nous apporter au sixième siècle les vers à soie, on nous eût donné l'art de l'imprimerie, que les Chinois connaissaient déjà à cette époque, on eût conservé les comédies de Mé-

---

(1) Procope (l. viii, Goth., iv, c. 17.); Théophane, Byzant.; apud Phot. (Cod. 84, pag. 38); Zonare (tom. ii, l. xiv, p. 69): Pagi (t. ii, p. 602) dit que cette mémorable importation eut lieu l'an 552. Menander (in Excerpt. legat., page 107) parle de l'admiration des Sogdoïtes; et Theophylact Simocatta (l. vii, c. 9) décrit, d'une manière confuse, les deux royaumes rivaux de la Chine où se faisait la soie.

nandre, et les décades entières de Tite-Live. Des connaissances plus étendues sur les diverses parties du globe auraient du moins perfectionné la théorie des sciences ; mais les chrétiens travaillaient à tirer des textes de l'Écriture, leurs connaissances géographiques, et l'étude de la nature était regardée comme la preuve la plus certaine d'incrédulité : la foi des orthodoxes bornait le monde habitable à l'une des zones tempérées, et représentait la terre comme une surface oblongue, dont la longueur occupait quatre cents jours de voyage, la largeur deux cents, et qui était environnée de la mer, et couverte par le cristal solide du firmament (1).

IV. Le malheur des temps et la mauvaise administration de Justinien mécontentaient ses sujets. L'Europe était inondée de Barbares, et l'Asie de

*Revenus de l'empire d'Orient.*

---

(1) Cosmas, surnommé *Indicopleustes* ou le *Navigateur indien*, fit son voyage vers l'an 522, et composa à Alexandrie, entre l'année 535 et l'année 547, sa Topographie chrétienne (Montfaucon, *Præfat.*, c. 1), où il réfute l'opinion impie de ceux qui pensaient que la terre est un globe. Photius avait lu cet ouvrage (*Cod.* 36, p. 9, 10), où l'on trouve les préjugés d'un moine et les lumières d'un marchand. Melchisédec Thevenot (*Relations curieuses*, part. 1) a donné en français et en grec la partie la plus précieuse du voyage de Cosmas ; et le père Montfaucon a publié depuis le voyage entier (*Nova Collectio patrum*, Paris, 1707, 2 vol. in-fol., t. II, p. 113-346) ; mais cet éditeur théologien a été sans doute un peu honteux de n'avoir pas aperçu que Cosmas était nestorien ; ce qu'a découvert La Croze (*Christianisme des Indes*, t. I, p. 40-56).

moines : la pauvreté de l'Occident décourageait le commerce et les manufactures de l'Orient. Les inutiles serviteurs de l'Église, de l'État et de l'armée, consumaient les fruits du travail, sans rien ajouter à la richesse de la nation; et les capitaux, fixes ou circulans, qui composent cette richesse, décrurent avec rapidité. L'économie d'Anastase avait soulagé la misère publique, et ce sage empereur avait accumulé un immense trésor dans le temps même où il affranchissait son peuple des taxes les plus odieuses et les plus oppressives. On le félicita de toutes parts sur l'abolition de l'*or d'affliction*, taxe personnelle levée sur l'industrie du pauvre (1), et qui paraît cependant avoir été plus insupportable par sa forme que par sa nature, puisque dix mille ouvriers de la florissante ville d'Édesse ne payèrent en quatre ans que cent quarante livres d'or (2); mais la générosité

---

(1) Évagrius (l. III, c. 39, 40) parle sur ce point avec détail et reconnaissance; mais il montre de l'humeur de ce que Zozime a calomnié le grand Constantin. Anastase fit rassembler avec soin et à dessein tous les faits relatifs à cet impôt; les pères, pour le payer, avaient été obligés quelquefois de prostituer leurs filles. (Zozime, II, c. 38, p. 165, 166, Leipzig, 1784.) Timothée de Gaza composa sur un de ces événemens une tragédie (Suidas, t. III, p. 475) qui contribua à la révocation de l'impôt (Cedrenus, p. 35): heureux effet, s'il est véritable, des leçons du théâtre!

(2) *Voyez* Josué Stylites dans la *Bibl. orient.* d'Asseman., tome I, page 268. La Chronique d'Édesse indique légèrement cette taxe.

d'Anastase fut accompagnée d'une telle réserve dans les dépenses, que, durant un règne de vingt-sept ans, il économisa sur ses revenus annuels treize millions sterling, ou trois cent vingt mille livres d'or (1). Le neveu de Justin négligea son exemple, et dissipa ce trésor. Des aumônes et des bâtimens, des guerres d'ambition et des traités ignominieux, absorbèrent tant de richesses. Bientôt ses dépenses furent au-dessus de ses revenus : il mit en usage toutes sortes de moyens pour arracher au peuple cet or qu'il répandait, d'une main prodigue, des frontières de la Perse aux confins de la France (2). Son règne offrit des vicissitudes ou plutôt un combat perpétuel de rapacité et d'avarice, de splendeur et de pauvreté; tant qu'il vécut, on pensa qu'il avait des trésors cachés (3); et il légua à son successeur le paiement de

*Avarice et profusion de Justinien.*

---

(1) Procope (*Anecdot.*, c. 19) fixe cette somme d'après le rapport des trésoriers eux-mêmes. Tibère avait un trésor de *vicies ter millies*; mais son empire était bien plus étendu que celui d'Anastase.

(2) Évagrius (l. IV, c. 30), qui faisait partie de la génération suivante, est modéré et paraît bien instruit. Zonare (l. XIV, c. 61), qui vivait au douzième siècle, avait lu les écrivains antérieurs avec soin, et se montre exempt de préjugés. Cependant leurs couleurs sont presque aussi noires que celles des Anecdotes.

(3) Procope (*Anecdot.*, c. 30) rapporte les conjectures des oisifs de son temps. La mort de Justinien, dit l'historien secret, dévoilera ses richesses ou sa pauvreté.

ses dettes (1). La voix du peuple et celle de la postérité se sont élevées justement contre un semblable caractère; mais le mécontentement public est crédule; la méchanceté, qui travaille dans l'ombre, est audacieuse, et l'amant de la vérité lira avec défiance les anecdotes, d'ailleurs instructives, de Procope. L'historien secret ne montre que les vices de Justinien, et la malignité de son pinceau en renforce encore la teinte. Il donne à des actions équivoques les motifs les plus odieux; il confond l'erreur et le crime, le hasard et le dessein prémédité, les lois et les abus; il présente avec adresse un moment d'injustice, comme la maxime générale d'un règne de trente-deux ans: il impute à l'empereur seul les fautes de ses officiers, les désordres de son siècle et la corruption de ses sujets; enfin il attribue jusqu'aux fléaux de la nature, les pestes, les tremblemens de terre et les inondations, au prince des démons, qui s'était méchamment revêtu de la figure de Justinien (2).

---

(1) *Voyez* Corippus, *de Laudibus Justini Augusti*, l. II, 260, etc., 384, etc.

*Plurima sunt vivo nimium neglecta parenti,*
*Unde tot exhaustus contraxit debita fiscus.*

On apporta à force de bras des centenaires d'or dans l'Hippodrome.

*Debita genitoris persolvit, cauta recepit.*

(2) *Voyez* les *Anecdotes* (c. 11-14, 18, 20-30) qui offrent un grand nombre de faits et un plus grand nombre de plaintes.

Après cet avertissement, je ferai connaître en peu de mots la cupidité et les rapines de Justinien sous différens rapports. 1º Il était si prodigue, qu'il ne pouvait être libéral. Lorsqu'on admettait au service du palais les officiers civils et militaires, on leur accordait un rang peu élevé et une faible solde ; ils arrivaient par droit d'ancienneté à des places tranquilles et lucratives. Les pensions annuelles montaient à quatre cent mille livres sterl. ; Justinien en avait cependant supprimé les plus honorables, et ses courtisans avides ou indigens déplorèrent cette économie domestique comme le dernier outrage à la majesté de l'empire. Les postes, les salaires des médecins de l'empire, et les frais des lanternes dans les lieux qu'on éclairait la nuit, étaient des objets d'un intérêt plus général ; et les villes lui reprochèrent, avec raison, d'avoir usurpé les revenus des municipalités destinés à ces établissemens utiles. Il se permettait des injustices, même envers les soldats ; et tel était l'affaiblissement de l'esprit militaire, que ces injustices demeuraient impunies. Il leur refusa les cinq pièces d'or qu'on avait coutume de leur distribuer tous les cinq ans ; il réduisit les vétérans à mendier leur pain, et laissa, dans les guerres de Perse et d'Italie, se dissiper ses armées trop mal payées. 2º Ses prédécesseurs avaient toujours abandonné, dans quelque circonstance heureuse de leur règne, ce que les contribuables redevaient au trésor public ; ils avaient eu l'adresse de se faire un mérite d'une remise devenue nécessaire. « Justinien, dans l'espace

*Funestes économies.*

*Remises.*

de trente-deux ans, n'a jamais accordé la même grâce, et plusieurs de ses sujets ont abandonné des terres dont la valeur ne suffisait pas aux demandes du fisc. Anastase avait affranchi d'impôts, durant sept ans, les villes qui souffraient des incursions de l'ennemi ; sous Justinien, des provinces entières ont été ravagées par les Persans, les Arabes, les Huns et les Esclavons, et ses ridicules exemptions se sont bornées à une année de décharge accordée aux places occupées par l'ennemi. » Tel est le langage de l'historien secret, qui nie expressément que la Palestine ait obtenu aucune décharge après la révolte des Samaritains. C'est une odieuse fausseté, démentie par les actes authentiques qui attestent que, par l'intercession de saint Sabas, il fut accordé à cette malheureuse province un secours de treize centenaires d'or (la valeur de cinquante-deux mille livres sterling) (1). 3°. Procope ne s'est pas arrêté à nous expliquer ce système d'impôt, qui produisit, si on l'en croit, l'effet d'une grêle qui dévaste la terre, d'une peste qui en dévore les habitans ; mais nous deviendrions complices de ses malveillantes intentions, si nous imputions à Justinien seul le vieux principe rigoureux,

---

(1) Saint Sabas obtint un centenaire pour Scythopolis, capitale de la seconde Palestine, et douze autres pour le reste de la province. Aleman. (p. 59) a fait connaître avec candeur ce fait tiré d'une vie manuscrite de saint Sabas, composée par son disciple Cyrille, qui se trouvait dans la bibliothèque du Vatican, et qui a été publiée depuis par Cotelier.

il est vrai, que le canton doit dédommager l'État de la perte des hommes et de la propriété des individus. L'*annona* ou la fourniture de blé pour la consommation de l'armée et de la capitale, était un tribut accablant et arbitraire, exigé dans une proportion peut-être décuple des facultés du fermier : l'illégalité des poids et des mesures, et la fatigue et la dépense du transport de ces blés, qu'il fallait conduire au loin, aggravaient la misère des cultivateurs. Dans un temps de disette, la Thrace, la Bithynie et la Phrygie, provinces adjacentes, étaient sujettes à une réquisition extraordinaire; et les propriétaires, après un voyage fatigant et une navigation périlleuse, recevaient un si faible dédommagement, qu'ils auraient mieux aimé livrer les blés pour rien à la porte de leur grenier. Ces précautions sembleraient annoncer des soins attentifs pour le bonheur de la capitale. Constantinople, toutefois, ne put échapper à l'avide tyrannie de Justinien. Jusqu'à lui, les détroits du Bosphore et de l'Hellespont avaient été ouverts au commerce; rien n'était défendu que l'exportation des armes chez les Barbares. A chaque porte de la ville fût établi un préteur, ministre de la cupidité impériale; on exigea des droits considérables des navires et de leurs marchandises; on fit retomber cette exaction sur le malheureux consommateur : une disette produite par des manœuvres, et le prix exorbitant du marché, accablèrent le pauvre; et un peuple accoutumé à vivre de la libéralité de son prince, eut quelquefois à se plaindre du manque d'eau et de pain (1). Le préfet du prétoire payait chaque année à l'empereur cent vingt mille livres sterling pour le tribut *sur l'air*, qui n'était établi par aucune loi, et qui n'avait pas un objet bien déterminé; et on abandonnait à la discrétion de ce puissant magistrat les moyens de recouvrer cette somme. 4° Cet impôt lui-même était moins insupportable que les monopoles qui arrêtaient l'industrie, et qui, pour l'appât d'un honteux et faible bénéfice, établissaient un impôt arbitraire sur les besoins et le luxe des sujets de Justinien. « Dès que le trésor impérial (je transcris les Anecdotes) se fut approprié la vente exclusive de la soie, un peuple entier, les manufacturiers de Tyr et de Béryte, fut réduit à la dernière misère; les uns moururent de faim, les autres se réfugièrent dans la Perse. » Il est possible qu'une province ait souffert du déclin de ses manufactures; mais relativement à la soie, le partial Procope oublie entièrement l'inestimable et durable avantage que procura à l'empire la curiosité de Justinien. On doit aussi juger avec un esprit dépouillé de préventions, l'augmentation du septième qu'ajouta ce prince au prix ordinaire de la monnaie de cuivre. Cette altération, dont les motifs furent peut-être sages, paraît avoir été du moins innocente, puisqu'on ne changea point le titre et qu'on n'augmenta point la valeur de la

{.marginnote}
Monopoles.

---

(1) Jean Malala (t. II, p. 232) parle du défaut de pain, et Zonare (l. XIV, p. 63) dit que Justinien ou ses serviteurs enlevèrent les tuyaux de plomb des aqueducs.

monnaie d'or (1), qui était la mesure légale des paie-
mens publics et particuliers. 5° L'ample juridiction
qu'obtinrent les fermiers du revenu pour remplir
leurs engagemens, se présente sous un jour plus
odieux ; il semblait qu'ils eussent acheté de l'empereur la fortune et la vie de leurs concitoyens. En
même temps, on trafiquait ouvertement au palais
des emplois et des dignités, par la permission ou du
moins avec la connivence de Justinien et de Théodora.
On y dédaignait les droits du mérite et même ceux
de la faveur ; il y avait lieu de croire que l'audacieux
intrigant qui faisait de la magistrature une affaire
de finances, trouvait dans l'exercice de ses fonctions
un moyen de se dédommager de son infamie, de ses
travaux et des risques qu'il courait, enfin des dettes
qu'il avait contractées et des intérêts considérables
qu'il payait. Un sentiment de honte et les funestes
effets d'un si détestable trafic réveillèrent enfin la
vertu de Justinien ; il essaya par la religion du serment, par des peines sévères, de ramener l'intégrité

*Vénalité.*

---

(1) Après cette opération de Justinien, l'*aureus* ou la
sixième partie d'une once d'or, qui avait valu jusqu'alors
deux cent dix *folles* ou onces de cuivre, n'en valut plus que
cent quatre-vingts. Les espèces de cuivre se trouvant au-
dessous du prix du marché, auraient bientôt produit une
disette de petite monnaie. Aujourd'hui douze pence d'Angleterre en cuivre ne valent réellement que sept pence.
(*Voyez* Smith, *Recherches sur la richesse des nations*, vol. 1,
p. 49 de l'original.) Quant à la monnaie d'or de Justinien,
voyez Evagrius, l. IV, c. 30.

dans les affaires de son gouvernement (1); mais après une année de parjures sans nombre, son édit fut suspendu, et la corruption, désormais sans frein, triompha insolemment de l'impuissance des lois. 6° Eulalius, comte des domestiques, nomma dans son testament l'empereur son seul héritier, à condition que le prince acquitterait les dettes et les legs; qu'il pourvoirait d'une manière honnête à la subsistance des trois filles du testateur, et qu'à l'époque de leur mariage il leur donnerait à chacune une dot de dix livres d'or; mais un incendie consuma la brillante fortune d'Eulalius, et à l'inventaire, ses biens se trouvèrent ne monter qu'à cinq cent soixante-quatre pièces d'or. Un trait de l'histoire grecque indiqua à l'empereur les honorables obligations qu'il avait à remplir. Il réprima les murmures de ses insensibles trésoriers, applaudit à la confiance de son ami, paya les legs et les dettes, fit élever les trois filles sous les yeux de Théodora, et doubla la dot qu'avait demandée la tendresse de leur père (2). L'humanité

*Testamens.*

---

(1) Le serment était conçu dans les termes les plus effrayans. (*Novell.* 8, tit. 3.) On se dévouait à *quicquid habent telorum armamentaria cœli;* à partager l'infamie de Judas, à subir la lèpre de Giézi, les terreurs de Caïn, et de plus toutes les peines temporelles.

(2) Lucien (*in Toxare,* c. 22, 23, t. II, p. 530) raconte un trait d'amitié pareil, et même plus généreux, d'Eudamidas de Corinthe. Fontenelle a fait sur ce sujet une comédie faible, mais ingénieuse.

du prince (car les princes ne peuvent être généreux) mérite quelques éloges; toutefois, dans cet acte de vertu, on découvre cette funeste habitude de supplanter les héritiers nommés par la nature ou par la loi, que Procope impute au règne de Justinien. Il cite, à l'appui de son accusation, des noms illustres et des exemples scandaleux : on n'épargna ni les veuves ni les orphelins, et les agens du palais pratiquaient d'une manière bien avantageuse pour eux l'art de solliciter, d'extorquer ou de supposer des testamens. Cette basse et dangereuse tyrannie viole la sûreté domestique : en pareille occasion, un monarque avide sera disposé à hâter le moment de la succession, à regarder la fortune comme la preuve d'un crime, et à passer du droit de succéder au pouvoir de confisquer. 7° Parmi les différens moyens de rapines, il est permis à un philosophe d'indiquer la donation qu'on faisait aux orthodoxes des richesses des païens et des hérétiques; mais au temps de Justinien ce saint pillage n'était désapprouvé que par les sectaires victimes de son avide orthodoxie (1).

La honte de ces désordres doit retomber, en dernière analyse, sur l'empereur lui-même; mais cependant le tort et le profit des mesures de ce genre appartient en général aux ministres de Justinien, qu'on ne choisissait guère pour leurs vertus, et qui ne devaient pas toujours leur élévation à leurs ta-

Des ministres de Justinien.

———

(1). Jean Malala, t. II, p. 101, 102, 103.

lens (1). Nous examinerons, lorsque nous parlerons de la réforme des lois romaines, le mérite du questeur Tribonien; mais c'est au préfet du prétoire qu'était soumise l'administration de l'empire d'Orient; et le tableau des vices reconnus de Jean de Cappadoce (2), qu'on trouve dans l'histoire publique de Procope, justifie ce qu'il en raconte dans ses Anecdotes. Il n'avait pas puisé ses lumières dans les écoles (3), et son style était à peine supportable; mais il avait une sagacité naturelle, qui suggérait les plus sages conseils, et qui trouvait des expédiens dans les situations les plus désespérées. La corruption de son cœur égalait la vigueur de son esprit. Quoiqu'on le supposât secrètement attaché aux superstitions du paganisme et de la magie, il paraissait insensible à la crainte de Dieu ou aux reproches des humains: des milliers d'individus condamnés à la mort, des

<hr />

(1) Un de ces ministres, Anatolius, périt dans un tremblement de terre; preuve indubitable contre lui! Les plaintes et les cris du peuple, que rapporte Agathias (liv. v, pag. 146, 147.) s'accordent avec les accusations de Procope dans les Anecdotes. L'*aliena pecunia reddenda* de Corippus (liv. ii, 381, etc.) fait peu d'honneur à la mémoire de Justinien.

(2) *Voyez* l'histoire et le caractère de Jean de Cappadoce dans Procope, *Persic.*, l. i, c. 24, 25; l. ii, c. 30; *Vandal.*, l. i, c. 13; *Anecdot.*, c. 2, 17, 22. L'accord qui se trouve sur ce point entre l'Histoire et les Anecdotes porte un coup mortel à la réputation du préfet.

(3) Ου γαρ αλλο ουδεν ες γραμματιστους φοιτων εμαθεν οτι μη γραμματα, και ταυτα κακα κακως γραψαι.—Phrase très-énergique.

— Jean de Cappadoce.

millions réduits à la pauvreté, des villes ruinées, des provinces désolées, tels étaient les fondemens de la fortune qu'entassait son ambition. Depuis l'aurore jusqu'au moment du dîner, il travaillait sans relâche à augmenter, aux dépens de l'empire, et cette fortune et celle de son maître. Il se livrait le reste du jour à des plaisirs sensuels et obscènes, et la crainte perpétuelle des assassins, ou celle de la justice, venait le troubler au milieu du silence de la nuit. Ses talens, peut-être ses vices, lui méritèrent la constante amitié de son maître. Justinien céda malgré lui à la fureur de ses sujets. Le premier signal de la victoire fut le rétablissement de leur ennemi, dont l'administration tyrannique leur fit éprouver, durant plus de dix années, que le malheur l'avait excité à la vengeance plutôt qu'instruit à la modération. Les murmures du peuple ne servirent qu'à fortifier la résolution du prince; mais le préfet, enorgueilli par la faveur, excita la colère de Théodora; il dédaigna le pouvoir de l'impératrice, devant laquelle tout pliait, et essaya de semer la discorde entre Justinien et son épouse chérie. Théodora fut réduite à dissimuler, à attendre une occasion favorable, et à mener une intrigue adroite, dans laquelle Jean de Cappadoce devait se perdre lui-même. Dans un moment où Bélisaire, s'il n'eût pas été un héros, eût pu se trouver poussé à devenir rebelle, sa femme Antonina, qui jouissait en secret de la confiance de l'impératrice, communiqua le mécontentement supposé de son mari à Euphémie, fille du préfet; cette jeune fille crédule en avertit son père, et celui-ci, qui aurait dû connaître la valeur des sermens et des promesses, se laissa persuader d'accepter, de la femme de Bélisaire, un rendez-vous de nuit dont on pouvait faire un crime de trahison. Des gardes et des eunuques placés en embuscade, par ordre de Théodora, se précipitèrent, le glaive à la main, sur le ministre coupable qu'ils voulaient arrêter ou punir de mort. La fidélité des gens de sa suite, le délivra; mais au lieu d'en appeler à un souverain qui l'aimait et qui l'avait prévenu en particulier des dangers qu'il pouvait courir, il se réfugia lâchement dans une église. Le favori de Justinien fut sacrifié à la tendresse conjugale ou à la tranquillité domestique. Le préfet, obligé d'entrer dans les ordres, dut renoncer à ses ambitieuses espérances. Au reste, l'amitié de l'empereur allégea sa disgrâce; et, dans son exil peu rigoureux à Cyzique, il conserva une grande portion de ses richesses. Une vengeance si imparfaite ne pouvait satisfaire la haine inflexible de Théodora. Elle l'accusa du meurtre de l'évêque de Cyzique, son ancien ennemi; et Jean de Cappadoce, qui avait mérité mille morts, fut condamné en cette occasion pour un crime dont il n'était pas coupable. Un ministre qu'on avait vu autrefois revêtu des dignités de consul et de patricien, fut ignominieusement battu de verges comme le dernier des malfaiteurs; il ne lui resta de toute sa fortune qu'un manteau déchiré; on le conduisit dans une barque à Antinopolis, lieu de son bannissement, dans la Haute-Égypte; et le préfet de l'Orient mendia son pain au milieu des villes que son nom seul avait jadis fait trembler. L'ingénieuse cruauté de Théodora prolongea et menaça sa vie durant un exil de sept années; et lorsque la mort de cette implacable ennemie permit à l'empereur de rappeler un serviteur qu'il avait abandonné malgré lui, l'ambition de Jean de Cappadoce fut forcée de se borner aux humbles fonctions de la prêtrise. Ses successeurs apprirent aux sujets de Justinien que l'art d'opprimer les peuples peut toujours trouver dans l'industrie et l'expérience des moyens de se perfectionner. Les supercheries d'un banquier syrien s'introduisirent dans l'administration des finances; et le questeur, le trésorier public et le trésorier privé, les gouverneurs des provinces et les principaux magistrats de l'empire d'Orient, eurent soin d'imiter le préfet (1).

V. C'est avec le sang et les trésors du peuple que Justinien éleva tous les édifices dont parle Procope: cependant ces pompeux bâtimens semblaient annoncer la prospérité de l'empire, et déployaient l'habileté de leurs architectes. On cultivait, sous la pro-

*Ses édifices et ses architectes.*

---

(1) La chronologie de Procope est inexacte et obscure; mais je découvre, à l'aide de Pagi, que Jean de Cappadoce fut nommé préfet du prétoire de l'Orient en 530, qu'il fut déposé au mois de janvier 532, qu'il rentra dans le ministère avant le mois de juin 533; qu'il fut banni en 541, et rappelé d'exil entre le mois de juin 548 et le mois d'avril 549. Aleman. (p. 96, 97) donne la liste de ses dix successeurs; succession rapide, et qu'on vit en quelques années d'un seul règne.

tection des empereurs, la théorie et la pratique des arts qui dépendent des mathématiques et de la mécanique. Proclus et Anthemius rivalisaient de gloire avec Archimède ; et si les *miracles* de leur génie nous avaient été racontés par des spectateurs plus intelligens, cette partie de l'histoire pourrait étendre les spéculations du philosophe, au lieu d'exciter sa défiance. C'est une tradition reçue que les miroirs d'Archimède réduisirent en cendres la flotte romaine dans le port de Syracuse (1); et on assure que Proclus employa le même moyen pour détruire dans le port de Constantinople les vaisseaux des Goths, et protéger Anastase, son bienfaiteur, contre l'entreprise audacieuse de Vitalien (2). Il plaça sur les murs de la ville une machine composée d'un miroir hexagone d'airain poli, avec d'autres polygones mobiles et plus petits, qui recevaient et réfléchissaient les rayons du soleil à son passage au méridien ; et une flamme dévorante s'élançait à une distance peut-être

---

(1). Lucien (*in Hippia*, c. 2) et Galien (l. III, *de Temperamentis*, t. II, p. 81 ; édit. de Bâle) indiquent dans le second siècle cet incendie. Dix siècles après, cet incendie est donné comme un fait positif par Zonare (l. IX, p. 424), d'après le témoignage de Dion-Cassius, par Tzetzès (*Chiliad.* II, 119, etc.), par Eustathe (*ad Iliad.* E., p. 338), et par le scholiaste de Lucien. Voyez Fabricius (*Bibl. græc.*, l. III, c. 22 ; t. II, p. 551, 552), à qui je dois plus ou moins quelques-unes de ces citations.

(2) Zonare (l. XIV, p. 55) assure le fait sans alléguer aucun témoignage.

de deux cents pieds (1). Le silence des historiens les plus authentiques laisse des doutes sur la vérité de ces deux faits extraordinaires, et l'usage des miroirs ardens n'a jamais été adopté dans l'attaque ou la défense des places (2); mais les expériences admirables d'un philosophe français en ont fait voir la possibilité (3); et, dès qu'ils sont possibles, j'aime mieux croire à la découverte des plus grands mathématiciens de l'antiquité, que d'attribuer le mérite de cette fiction aux vaines imaginations d'un moine ou d'un sophiste. Une autre version dit que Proclus brûla les vaisseaux des Goths avec du soufre (4). Dans une

---

(1) Tzetzès décrit le mécanisme de ces miroirs ardens; ses connaissances venaient peut-être d'un Traité mathématique d'Anthemius, qu'il avait lu avec des gens peu savans. Ce Traité περι παραδοξων μηχανηματων, a été dernièrement publié, traduit et éclairci par M. Dupuys, académicien érudit et versé dans les sciences mathématiques. *Mém. de l'Acad. des Inscript.*, t. XLII, p. 392-451.

(2) On juge qu'on ne les employa pas au siége de Syracuse, d'après le silence de Polybe, de Plutarque et de Tite-Live; au siége de Constantinople, d'après le silence de Marcellin et de tous les contemporains du sixième siècle.

(3) L'immortel Buffon, sans connaître les écrits de Tzetzès ou d'Anthemius, a imaginé et exécuté un châssis de miroirs ardens, avec lesquels il enflammait des planches à deux cents pieds. (*Supplém. à l'Hist. nat.*, t. 1, p. 399-483, édit. in-4°.) Quels miracles eût opérés son génie en faveur du service public, s'il eût eu, pour l'aider, l'or du souverain et le soleil ardent de Constantinople ou de Syracuse!

(4) Jean Malala (t. II, p. 120-124) raconte le fait; mais

imagination moderne, le nom de soufre mène tout de suite à l'idée de la poudre à canon, et les talens mystérieux d'Anthemius (1), disciple de Proclus, semblent fortifier ce soupçon. Un citoyen de Tralles, ville d'Asie, avait cinq fils qui se distinguèrent tous dans leurs professions respectives. Olympius se rendit fameux dans la connaissance et la pratique des lois romaines ; Dioscorus et Alexandre devinrent d'habiles médecins ; mais le premier employa ses talens en faveur de ses concitoyens : son frère, plus ambitieux, vint chercher à Rome la gloire et la fortune. La réputation du grammairien Métrodore, et d'Anthemius, grand mathématicien et grand architecte, parvint aux oreilles de Justinien, qui les appela à Constantinople ; et tandis que l'un enseignait l'éloquence aux jeunes gens de la capitale, l'autre remplissait la capitale et les provinces des monumens de son art. Celui-ci eut avec Zénon, son voisin, touchant les murs ou les fenêtres de leurs maisons qui étaient contiguës, une dispute de peu d'importance, où son adversaire le vainquit par le talent de la parole ; mais le mécanicien trouva à son tour, dans son art, pour triompher de l'orateur, des moyens

---

il paraît confondre les noms ou les personnes de Proclus et de Marinus.

(1) Agathias, l. v, pag. 149-152. Procope (de Ædific., l. 1, c. 1) et Paulus Silentiarius (part. 1, page 134, etc.) donnent de grands éloges aux talens d'Anthemius comme architecte.

malicieux, mais inconnus, que l'on peut comprendre, malgré l'obscurité avec laquelle les raconte l'ignorant Agathias. Il disposa, au milieu d'une chambre basse, plusieurs vases d'eau dont il avait recouvert l'ouverture d'un large tube de cuir, qui allait en s'étrécissant et avait été adroitement conduit entre les solives et les poutres de la maison de son voisin. Il alluma ensuite du feu sous les vases, et la vapeur de l'eau bouillante monta dans les tubes ; les efforts de l'air captif ébranlèrent la maison de Zénon : la famille de celui-ci, saisie d'épouvante, s'étonna sans doute que le reste de la ville n'eût pas senti un tremblement de terre qu'elle avait éprouvé. Un autre jour, Zénon donnant à dîner à ses amis, leurs yeux furent tout à coup éblouis d'un intolérable éclat de lumière réfléchi par les miroirs d'Anthemius. Il fit éclater en petites particules une matière sonore dont le bruit les remplit d'effroi ; et l'orateur déclara au sénat, en style tragique, qu'un simple mortel devait céder à la puissance d'un adversaire qui ébranlait la terre avec le trident de Neptune, et qui imitait les éclairs et la foudre de Jupiter. Justinien, dont le goût pour l'architecture était devenu une passion dispendieuse et funeste, excita et employa le génie d'Anthemius et celui d'Isidore de Milet, son collègue. Les deux architectes soumettaient à l'empereur leurs plans et les difficultés qu'ils y voyaient, et ils avouaient modestement que leurs pénibles méditations n'approchaient pas des lumières subites et de la céleste inspiration d'un prince qui tournait toutes ses vues vers le bonheur de ses sujets, la gloire de son règne et le salut de son âme (1).

Reconstruction de l'église de Sainte-Sophie. Le feu avait détruit deux fois la principale église de Constantinople, dédiée par le fondateur de cette ville à sainte Sophie ou à l'éternelle sagesse. Le premier incendie arriva après l'exil de saint Jean Chrysostôme, et le second durant la *Nika* ou l'émeute des Bleus et des Verts. Dès que la sédition fut apaisée, la populace chrétienne déplora son audace sacrilége ; mais elle se serait réjouie de ces malheurs, si elle eût prévu l'éclat du nouveau temple que fit commencer Justinien quarante jours après, et dont sa piété poursuivit les travaux avec ardeur (2). On en-

---

(1) *Voyez* Procope, *de Ædific.*, l. 1, c. 1, 2; l. 11, c. 3. Il rapporte plusieurs songes qui s'accordent si bien, qu'il faut douter de la véracité de Justinien ou de celle de son architecte. Dans une de leurs visions, ils conçurent l'un et l'autre le même plan pour arrêter une inondation à Dara. Une carrière de pierres, placée près de Jérusalem, fut révélée à l'empereur (l. v, c. 6). On obligea, par un miracle, un ange à se charger de la garde continuelle de Sainte-Sophie. Anonym., *de Antiq.*, C. P., l. iv, p. 70.

(2) Parmi la foule des anciens et des modernes qui ont célébré la magnifique église de Sainte-Sophie, je distinguerai et je suivrai, 1° quatre spectateurs et historiens originaux, Procope (*de Ædificiis*, l. 1, c. 1), Agathias (l. v, p. 152, 153), Paul Silentiarius, dans un poëme de mille vingt-six hexamètres (*ad calcem Annæ Comnen. Alexiad.*), et Évagrius (l. iv, c. 31); 2° deux légendaires grecs d'une période plus récente, George Codinus (*de Origin.*, C. P., p. 64-74), et l'écrivain anonyme de Banduri (*Imp. orient.*,

leva les ruines ; on disposa un plan plus étendu ; et comme il fallait acheter quelques terrains, le monarque, entraîné par son impatience et par les frayeurs de sa conscience, les paya un prix exorbitant. Anthemius en présenta les dessins, et pour les exécuter, on employa dix mille ouvriers, qui tous les soirs recevaient leur salaire en belle monnaie d'argent. L'empereur lui-même, revêtu d'une tunique de lin, surveillait chaque jour leurs travaux, et excitait leur activité par sa familiarité, par son zèle et par ses récompenses. La nouvelle cathédrale de Sainte-Sophie fut consacrée par le patriarche, cinq ans onze mois et dix jours après qu'on en eut posé la première pierre ; et au milieu de cette fête solennelle, Justinien s'écria avec une pieuse vanité : « Gloire à Dieu qui m'a jugé digne d'achever un si grand ouvrage ! O Salomon ! je t'ai vaincu (1) ». Mais

---

t. 1, l. IV, p. 65-80); 3° le grand antiquaire de Byzance, Ducange (*Comment. ad Paul. Silent.*, p. 525-598, et C. P. Christ., l. III, p. 5-78); 4° deux voyageurs français, l'un Pierre Gyllius (*de Topograph., C. P.*, l. II, c. 3, 4) du seizième siècle ; l'autre, Grelot (*Voyage de C. P.*, p. 95-164, Paris, 1680, in-4°) a donné des plans et des vues de l'extérieur et de l'intérieur de Sainte-Sophie ; et quoique ses plans soient sur une échelle plus petite, ils paraissent plus corrects que ceux de Ducange. J'ai adopté et réduit les mesures de Grelot ; mais aucun chrétien ne pouvant aujourd'hui monter sur le dôme, j'ai tiré sa hauteur d'Évagrius, comparé avec Gyllius, Greaves et le géographe oriental.

(1) Le temple de Salomon était environné de cours, de

vingt ans ne s'étaient pas écoulés, qu'un tremblement de terre, qui renversa la partie orientale de la coupole, humilia bientôt l'orgueil du Salomon romain. Sa persévérance répara ce désastre, et la trente-sixième année de son règne, il fit pour la seconde fois la dédicace d'un temple qui, après douze siècles, offre encore un monument imposant de sa gloire. L'architecture de Sainte-Sophie, devenue la principale mosquée de Constantinople, a été imitée par les sultans turcs, et cet édifice continue à exciter l'enthousiasme des Grecs et la curiosité plus raisonnable des voyageurs européens. L'œil est blessé de l'aspect irrégulier de ses demi-dômes et de ses combles obliques ; la façade occidentale, du côté de la principale avenue, manque de simplicité et de magnificence, et plusieurs cathédrales latines ont une beaucoup plus grande dimension ; mais l'architecte qui éleva le premier une coupole dans les airs, mérite des éloges pour cette conception hardie et la manière savante dont il l'a exécutée. Le dôme, éclairé par vingt-quatre fenêtres, forme une si petite courbe, que sa profondeur n'excède pas un sixième de son diamè-

<small>Description de Sainte-Sophie.</small>

---

portiques, etc.; mais cette célèbre maison de Dieu n'avait que cinquante-cinq pieds de hauteur, trente-six deux tiers de largeur, cent dix de longueur (si nous supposons la coudée égyptienne ou hébraïque de vingt-deux pouces). Prideaux (*Connection*, vol. 1; p. 144, in-fol.) observe avec raison qu'une petite église de paroisse est aussi grande ; mais peu de sanctuaires peuvent être évalués à 4 ou 5 millions sterling.

tre : ce diamètre est de cent quinze pieds, et le point le plus élevé du centre, où le croissant a supplanté la croix, offre une hauteur perpendiculaire de cent quatre-vingts pieds au-dessus du pavé. Le cercle en maçonnerie, qui porte la coupole, repose légèrement sur quatre arceaux, soutenus par quatre gros pilastres qu'accompagnent au nord et au sud quatre colonnes de granit égyptien. L'édifice représente une croix grecque inscrite dans un rectangle ; sa largeur exacte est de deux cent quarante-trois pieds, et on peut estimer à deux cent soixante-neuf sa plus grande longueur depuis le sanctuaire, placé à l'orient, jusqu'aux neuf portes occidentales qui donnent dans le vestibule, et du vestibule dans le *narthex* ou portique extérieur. C'est sous ce portique que se tenaient avec humilité les pénitens. Les fidèles occupaient la nef où le corps de l'église ; mais on avait soin de séparer les deux sexes, et les galeries supérieures et inférieures offraient à la dévotion des femmes un asile moins exposé aux regards. Au-delà des pilastres du nord et du sud, une balustrade, terminée de l'un et de l'autre côté par le trône de l'empereur et par celui du patriarche, séparait la nef du chœur ; et le clergé et les chantres occupaient l'espace intermédiaire qui se trouvait ensuite jusqu'aux marches de l'autel. L'autel, nom auquel les oreilles chrétiennes se familiarisèrent peu à peu, était dans une niche qu'on voit à la partie orientale. Ce sanctuaire communiquait par plusieurs portes à la sacristie, au vestiaire, au baptistère, et au bâtiment contigu qui servait à la pompe du culte ou à l'usage particulier des ministres de l'église. Justinien, se souvenant des malheurs passés, voulut sagement que dans le nouvel édifice on n'employât point de bois, si ce n'est pour les portes ; on choisit avec soin les matériaux des différentes parties, selon qu'ils étaient destinés à leur donner de la force, de la légèreté ou de la splendeur. Les pilastres qui soutiennent la coupole furent composés de gros blocs de pierres de taille, coupées en formes carrées ou triangulaires, munies de cercles de fer, et cimentées avec du plomb mêlé à de la chaux vive; mais on sut, par la légèreté des matériaux, diminuer le poids du dôme, bâti de pierre ponce qui flotte sur l'eau, ou de briques de l'île de Rhodes, cinq fois moins pesantes que l'espèce ordinaire. Le corps de l'édifice est en briques ; mais une couverture de marbre cache ces matériaux grossiers, et l'intérieur, la coupole, les deux grands demi-dômes et les six petits, les murs, les cent colonnes et le pavé; enchantent même les yeux des Barbares, par un riche assortiment de diverses couleurs. Un poëte qui avait vu Sainte-Sophie dans tout son éclat (1), indique les couleurs, les nuances et

Marbres.

---

(1). Paul Silentiarius décrit en style obscur et poétique les pierres et les marbres de toute espèce qu'on employa dans la construction de Sainte-Sophie (part. II, pag. 129, 433, etc.). 1° Le marbre de *Carystie*, pâle avec des veines ferrugineuses; 2° le *phrygien*, de deux espèces, toutes deux

les veines de dix ou douze marbres, jaspes et porphyres, mêlés et contrastés comme ils eussent pu l'être par un habile peintre. Ce triomphe du Christ fut orné des dernières dépouilles du paganisme ; mais la plus grande partie de ces matériaux précieux venaient des carrières de l'Asie-Mineure, des îles et du continent de la Grèce, de l'Égypte, de l'Afrique et de la Gaule. La piété d'une matrone romaine offrit huit colonnes de porphyre, qu'Aurélien avait placées dans le temple du Soleil ; huit autres de marbre vert furent fournies par le zèle ambitieux des magistrats d'Éphèse ; toutes sont admirables pour la hauteur et les proportions, mais leurs chapiteaux fantastiques n'appartiennent à aucun ordre d'architecture. L'église fut remplie d'un grand nombre d'ornemens et de figures en mosaïques finies avec soin, et on exposa imprudemment à la superstition des Grecs les images du Christ, de la Vierge, des saints et des anges, qu'a dégradées depuis le fanatisme des Turcs.

―――――――――――――o―――――――――――――

de couleur de rose, l'une avec une teinte plus blanche, et l'autre pourpre avec des fleurs d'argent ; 3° le *porphyre d'Égypte* à petites étoiles ; 4° le *marbre vert de Laconie* ; 5° le *carien*, qu'on tirait du mont Iassis, et qui a des veines obliques, blanches et rouges ; 6° le *lydien*, pâle à fleurs rouges ; 7° l'*africain* ou le *mauritanien*, couleur d'or ou de safran ; 8° le *celtique*, noir à veines blanches ; 9° le *bosphorique*, blanc à bordures noires. Sans compter le marbre de Proconnèse qui formait le pavé, et des marbres de *Thessalie* et du pays des *Molosses*, etc., dont les couleurs sont moins distinctes.

On distribua les métaux précieux en feuilles légères ou en masses solides, selon la sainteté de chaque objet. La balustrade du chœur, les chapiteaux des colonnes, les ornemens des portes et des galeries, étaient de bronze doré. L'éclat resplendissant de la coupole éblouissait les yeux, le sanctuaire contenait quarante mille livres pesant d'argent, et les vases sacrés et les décorations de l'autel étaient de l'or le plus pur, enrichi de pierreries d'une valeur inestimable. L'église ne s'élevait pas encore de deux coudées au-dessus de terre, qu'on y avait déjà dépensé quarante-cinq mille deux cents livres pesant; et la dépense totale se monta à trois cent vingt mille livres. Le lecteur peut, selon son opinion, appliquer ce calcul à des livres d'or ou des livres d'argent; mais l'évaluation la plus modérée lui donnera toujours un million sterling. Un temple magnifique est un noble monument du goût et de la religion nationale; et l'enthousiaste qui arrivait sous le dôme de Sainte-Sophie, pouvait être tenté d'y voir la résidence ou l'ouvrage de la Divinité; mais combien cet ouvrage est grossier, que le travail en est de peu de valeur, si on le compare à la formation du plus vil des insectes qui se traînent sur la surface du temple!

<small>Églises et palais.</small> Cette description si détaillée d'un édifice que le temps a respecté, atteste sa réalité, et peut faire pardonner la relation de cette foule de travaux que Justinien a fait exécuter soit dans la capitale, soit dans les provinces, mais avec moins de solidité et sur de

plus petites dimensions (1). Il dédia, dans la seule ville de Constantinople et ses faubourgs, vingt-cinq églises en l'honneur du Christ, de la Vierge et des saints ; il orna de marbre et d'or la plupart de ces églises, et il eut soin de les placer dans des quartiers fréquentés, parmi de beaux arbres, au bord de la mer ou sur quelqu'une des hauteurs qui dominent les côtes de l'Europe et de l'Asie. L'église des Saints-Apôtres, à Constantinople, et celle de Saint-Jean, à Éphèse, paraissent avoir été bâties sur le même modèle : leurs dômes cherchaient à imiter les coupoles de Sainte-Sophie ; mais l'autel se trouvait placé avec plus de goût au centre du dôme, au point de jonction de quatre beaux portiques, qui dessinaient plus exactement la forme de la croix des Grecs. La Vierge de Jérusalem put se glorifier du magnifique temple que lui éleva la piété de l'empereur sur un terrain ingrat, qui n'offrait à l'architecture ni le sol ni les matériaux nécessaires. Il fallut, pour établir le niveau, élever à la hauteur d'une montagne une partie assez considérable d'une profonde vallée. Les

---

(1) Voici la division des six livres *des Édifices* de Procope : le premier parle des édifices de Constantinople, le second comprend la Mésopotamie et la Syrie, le troisième l'Arménie et l'Euxin, le quatrième l'Europe, le cinquième l'Asie-Mineure et la Palestine, et le sixième l'Égypte et l'Afrique. L'Italie fut oubliée par l'empereur, ou par l'historien qui publia cet ouvrage d'adulation avant l'année 555, époque où l'Italie passa définitivement sous l'autorité de Justinien.

pierres furent taillées dans une carrière voisine ; chaque bloc remplissait un chariot traîné par quarante des bœufs les plus forts, et il fallut élargir les chemins pour le transport de ces masses énormes. Le Liban fournit, pour la charpente de l'église, ses cèdres les plus élevés ; un marbre rouge, qu'on découvrit à peu de distance, fournit de belles colonnes, et deux de ces colonnes, qui soutenaient le portique extérieur, passaient pour les plus grosses du monde entier. La pieuse munificence de l'empereur se répandit sur la Terre-Sainte ; et si la raison condamne les monastères construits ou réparés par Justinien, la charité lui doit des éloges sur les puits qu'il fit creuser, et les hôpitaux qu'il fonda pour le soulagement des pélerins fatigués. Il accorda peu de faveur aux Égyptiens schismatiques ; mais dans la Syrie et en Afrique, il répara quelques-uns des maux causés par les guerres et les tremblemens de terre. Carthage et Antioche, renaissantes de leurs ruines, durent révérer le nom de leur bienfaiteur (1). Presque tous les saints du calendrier obtinrent les honneurs d'une église ; presque toutes les villes de l'empire furent utilement ornées de ponts, d'hôpitaux et d'aqueducs ; mais la sévère libéralité du prince ne voulut point favoriser dans ses sujets le luxe des bains et des théâtres. Tan-

---

(1) Après le tremblement de terre qui bouleversa Antioche, Justinien donna quarante-cinq centenaires d'or (cent quatre-vingt mille livres sterling) pour réparer cette ville. Jean Malala, t. II, p. 146-149.

dis que Justinien travaillait pour le public, il n'oubliait ni sa dignité ni sa commodité. Le palais de Byzance, endommagé par l'incendie, fut réparé avec une somptuosité nouvelle; et le vestibule où la grande salle appelée *Chalce* ou *d'airain*, à cause de ses portes ou à cause de son toit, peut donner une idée de l'édifice entier. De grosses colonnes soutenaient le dôme d'un rectangle spacieux, dont le pavé et les murs étaient revêtus de marbre de diverses couleurs : on y voyait le vert émeraude de la Laconie, le rouge de feu et la pierre blanche de Phrygie, coupés de veines d'un vert de mer : les mosaïques du dôme et des parois représentaient des triomphes sur les Africains et les peuples d'Italie. Durant l'été, Justinien, et surtout Théodora, habitaient sur la côte asiatique de la Propontide, et à peu de distance de Chalcédoine, le riche palais et les jardins d'Hérée (1). Les poëtes du temps ont célébré, dans la description de ce palais, l'heureuse et rare alliance des beautés de la nature et de l'art, et le doux accord des nymphes des bocages; mais la foule de ceux qui suivaient la cour se plaignaient de l'incommodité de leur logement (2); et les nymphes étaient trop souvent

---

(1) *Voyez*, sur l'Hérée, palais de Théodora, Gyllius (*de Bosphoro Thracio*, l. III, c. XI); Aleman. (*not. ad Anecdot.*, pag. 80, 81), qui cite plusieurs épigrammes de l'*Anthologie*; et Ducange, *C. P. Christ.*, liv. IV, chap. 13, pag. 175, 176.

(2) Comparez, dans les *Édifices* (l. I, c. 11) et dans les

effrayées par le fameux *Porphyrio*, baleine de dix coudées de large et de trente de longueur, qui fut prise à l'embouchure du Sangarius, après avoir infesté plus d'un demi-siècle les mers de Constantinople (1).

<small>Fortifications d'Europe.</small>

Justinien multiplia les fortifications d'Europe et d'Asie; mais la description de ces timides et vaines précautions découvre à un œil philosophique la faiblesse de l'empire (2). De Belgrade à l'Euxin, et du confluent de la Save à l'embouchure du Danube, une chaîne de plus de quatre-vingts places fortes s'étendait le long des rives de ce grand fleuve. De simples corps de garde furent convertis en citadelles spacieuses; on remplit de colons et de soldats, des murailles que les ingénieurs resserraient ou étendaient selon la nature du terrain : une citadelle protégeait

---

*Anecdotes* (c. 8, 15), les différens styles de l'adulation et de la malveillance. Lorsqu'on a ôté l'enluminure ou la boue, l'objet paraît le même.

(1) Procope., l. VIII, 29. Cette baleine venait, selon toute apparence, de fort loin; car la Méditerranée n'engendre pas cette espèce de cétacée. *Balenæ quoque in nostra maria penetrant.* (Pline, *Hist. nat.*, IX, 2.) Entre le cercle polaire et le tropique, les cétacées de l'Océan ont jusqu'à cinquante, quatre-vingts ou cent pieds. *Hist. des Voyages*, t. XV, p. 289; Pennant, *British Zoology*, vol. III, p. 35.

(2) Montesquieu (t. III, p. 503, *Considérations sur la grandeur et la décadence des Romains*, c. 20) observe que l'empire de Justinien fut comme la France, du temps des Normands, qui ne fut jamais si faible que lorsque tous ses villages furent fortifiés.

les ruines du pont de Trajan (1), et plusieurs postes garnis de troupes affectaient de répandre au-delà du Danube l'orgueil du nom romain ; mais ce nom n'était plus accompagné de la terreur. Les Barbares, dans leurs incursions annuelles, passaient et repassaient avec dédain devant ces inutiles boulevards ; et les habitans de la frontière, au lieu de vivre sans inquiétude sous la protection des forces de l'État, se voyaient réduits à garder avec une continuelle vigilance leurs habitations particulières. Justinien repeupla les anciennes villes : on se hâta beaucoup trop peut-être de regarder comme imprenables, ou de célébrer comme populeuses celles qu'il venait de fonder, et le plus vain des monarques eut soin de marquer sa reconnaissante vénération pour le fortuné district où il avait reçu le jour. Il fit de l'obscur village de Tauresium la ville de *Justiniana prima*, résidence d'un archevêque, et d'un préfet qui étendait sa juridiction

---

(1) Procope assure (l. IV, c. 6) que les ruines du pont arrêtaient le cours du Danube. Si l'architecte Apollodore nous eût laissé une description de ses travaux, son ouvrage ferait disparaître les merveilles fabuleuses de Dion-Cassius (l. XLVIII, p. 1129). Le pont de Trajan avait vingt ou vingt-deux piles en pierre, avec des arches en bois ; la rivière n'est pas profonde en cet endroit, le courant n'y est pas impétueux ; l'intervalle d'un bord à l'autre n'est pas, selon Reimar (*ad Dion*, d'après Marsigli), de plus de quatre cent quarante-trois toises ; et selon d'Anville (*Géogr. anc.*, t. I, p. 305), de plus de cinq cent quinze.

sur les sept belliqueuses provinces de l'Illyrie (1); et sous le nom corrompu de *Giustendil,* ville située environ à vingt milles au sud de Sophia, elle est encore aujourd'hui la résidence d'un sangiak turc (2). On éleva en peu de temps, pour l'usage des compatriotes de l'empereur, un palais, un aqueduc et une cathédrale ; les édifices publics et particuliers répondirent à l'importance d'une ville royale ; et la force des murs résista pendant la vie de Justinien aux attaques mal habiles des Huns et des Esclavons. Les innombrables châteaux qui semblaient couvrir toute la surface du pays, dans les provinces de la Dacie, de l'Épire, de la Thessalie, de la Macédoine et de la Thrace, retardèrent quelquefois leurs progrès, ou trompèrent leurs espérances de butin. Six cents de ces forts furent construits ou réparés par Justinien; mais il y a lieu de croire que la plus grande partie n'était qu'une tour de pierre ou de brique,

---

(1) Les deux Dacies, la *Mediterranea* et la *Ripensis*, sur la Dardanie, la Prævalitana, la seconde Mœsie et la seconde Macédoine. *Voyez* Justinien (*Novell.* 11), qui parle de ses châteaux d'au-delà du Danube, et des *homines semper bellicis sudoribus inhærentes.*

(2) *Voy.* d'Anville (*Mém. de l'Acad. des Inscript.*, t. XXXI, pages 289, 290); Rycaut (*État présent de l'emp. ottom.*, pages 97, 316); Marsigli (*Stato militare del imperio ottomano*, page 130). Le sangiak de Giustendil est un des vingt qui dépendent du béglerbey de Romélie. On trouve dans son district quarante-huit *zaïms*, et cinq cent quatre-vingt-huit *timariots.*

placée au milieu d'une aire carrée ou circulaire, qu'environnaient un mur et un fossé, et qui, dans un moment de danger, offrait une sorte d'asile aux paysans et au bétail des villages voisins (1). Toutefois ces ouvrages, qui épuisaient le trésor public, ne pouvaient dissiper les justes craintes de l'empereur et de ses sujets d'Europe. On mit en sûreté les bains chauds d'Anchialus en Thrace, où des eaux salutaires attiraient un grand concours ; mais la cavalerie des Scythes fourrageait les riches pâturages de Thessalonique. La délicieuse vallée de Tempé, à trois cents milles du Danube, était sans cesse épouvantée du son de la trompette (2); et les lieux ouverts, quelque éloignés ou quelque isolés qu'ils fussent, ne pouvaient jouir en sûreté des douceurs de la paix. Justinien renforça avec soin le défilé des Thermopyles, qui, en paraissant protéger la liberté de la Grèce, l'avait si souvent livrée. Une forte muraille, qui commençait au bord de la mer, et se prolongeait à travers les forêts et les vallées jusqu'au sommet des montagnes de Thessalie, en ferma toutes les entrées;

---

(1) On peut comparer ces fortifications aux châteaux de la Mingrélie (Chardin, *Voyages en Perse*, t. 1, p. 60-131); et en effet elles leur ressemblent beaucoup.

(2) La vallée de Tempé est située le long du Pénée, entre l'Ossa et l'Olympe. Elle n'a que cinq milles de longueur, et en quelques endroits sa largeur n'est pas de plus de cent vingt pieds. Pline décrit avec élégance sa belle verdure et ses charmes (*Hist. nat.*, l. IV, 15); et Ælien en fait une autre description plus diffuse (*Hist. Varior.*, l. III, c. 1).

ce rempart, qui n'avait pour défense qu'une troupe de paysans levés à la hâte, reçut une garnison de deux mille soldats : on y établit, pour leur usage, des magasins de blé et des réservoirs d'eau ; et, par une précaution qui inspirait la lâcheté en paraissant la prévoir, on eut soin de préparer des forteresses pour les recevoir en cas de retraite. On répara les murs de Corinthe renversés par un tremblement de terre, ainsi que les boulevards d'Athènes et de Platée qui tombaient en ruines. L'aspect de tant de forteresses à emporter péniblement l'une après l'autre découragea les Barbares ; et les fortifications de l'isthme de Corinthe couvrirent les villes ouvertes du Péloponèse. A l'extrémité de l'Europe, une autre péninsule, la Chersonèse de Thrace, se projette dans la mer à trois journées de chemin ; la pointe de cette péninsule et les côtes adjacentes de l'Asie forment, en se rapprochant, le détroit de l'Hellespont. Des bois élevés, de beaux pâturages et des terres propres à la culture, remplissaient les intervalles qui se trouvaient entre onze villes populeuses, et l'isthme dans toute sa longueur de trente-sept stades avait été fortifié par un général spartiate, neuf siècles avant le règne de Justinien (1). Dans un temps de liberté et de valeur, la plus faible muraille empêchait une sur-

---

(1) Xénophon, *Hellenic.*, l. III ; c. 2. Après une longue et ennuyeuse conversation avec les déclamateurs byzantins, qu'il est agréable de retrouver la vérité, la simplicité et l'élégance d'un écrivain attique !

prise; et Procope semble ne pas sentir cette supériorité des anciens, lorsqu'il donne des éloges à la solide construction et au double parapet d'un rempart dont les longs bras se prolongeaient des deux côtés dans la mer, mais qu'on aurait trouvé trop faible pour garder la Chersonèse, si chaque ville, et entre autres Sestos et Gallipoli, n'avait eu ses fortifications particulières. La longue muraille, ainsi qu'elle fut pompeusement appelée, était un ouvrage aussi honteux par son objet qu'imposant par son exécution. Les richesses d'une capitale se répandent sur les environs; et les voluptueux jardins et les belles maisons de campagne des sénateurs et des riches citoyens ornaient le territoire de Constantinople, le véritable paradis terrestre; mais ces richesses ne servirent qu'à attirer les avides Barbares. Les plus nobles des Romains furent arrachés du sein de leur paisible indolence et menés en captivité chez les Scythes. Leur souverain put voir de son palais les flammes qu'un insolent ennemi répandait jusqu'aux portes de la ville impériale. Anastase fut contraint d'établir à quarante milles de Byzance sa dernière frontière. Cette longue muraille, conduite, durant un espace de soixante milles, de la Propontide à l'Euxin, annonça l'impuissance de ses armes; et comme le danger devenait plus imminent, l'infatigable prudence de Justinien y ajouta de nouvelles fortifications (1).

---

(1) *Voyez* dans Évagrius (liv. IV, c. 38) une description de la longue muraille. Excepté les détails sur Anchialus

Sécurité de l'Asie après la conquête de l'Isaurie.

L'Asie-Mineure, après la soumission des Isauriens, se trouva sans ennemis et sans fortifications (1). Ces Barbares audacieux, qui avaient refusé de se soumettre à Gallien, conservaient depuis deux cent trente ans leur indépendance et leur goût pour le pillage. Les princes les plus heureux ne crurent pas pouvoir forcer les montagnes de l'Isaurie et craignirent le désespoir des habitans; quelquefois on calmait avec des présens leur valeur féroce; d'autres fois on la réprimait par la crainte; et trois légions, sous les ordres d'un comte militaire, se trouvaient ignominieusement cantonnées au centre des provinces de l'empire (2); mais dès que la vigilance des empereurs se relâchait ou se tournait sur d'autres points, des escadrons armés à la légère descendaient des montagnes, et venaient s'emparer des richesses de l'Asie-Mineure. Quoique les Isauriens ne fussent remarquables ni par leur taille ni par leur

―――――――――

(liv. III, c. 7), tout cet article est tiré du quatrième livre des Édifices.

(1) *Voyez* ce que j'ai dit des Isauriens (t. II, c. 10). J'ai quelquefois indiqué, et le plus souvent j'ai négligé les incursions précipitées de ces peuples, qui n'ont eu aucune suite importante.

(2) Trebellius Pollion (*in Hist. Aug.*, p. 107), qui vivait sous Dioclétien ou sous Constantin. *Voyez* aussi Pancirole (*ad Notit. imper. orient.*, c. 115, 141), et le *Code Théodosien* (l. IX, tit. 35; leg. 37); avec une note très-étendue où Godefroy a rassemblé différentes autorités (tome III, pages 256, 257).

bravoure, le besoin leur donnait de l'audace, et l'expérience les formait à une guerre de pillage. Ils fondaient rapidement et sans bruit sur les villages et les villes sans défense ; quelques-unes de leurs hordes arrivaient jusqu'à l'Hellespont, à l'Euxin, aux portes de Tarse, d'Antioche, de Damas (1) ; et avant que les troupes romaines eussent reçu l'ordre de les repousser, ou avant que la province envahie eût fait le calcul de ses pertes, le butin se trouvait en sûreté dans leurs montagnes inaccessibles. Leur rebellion et leur brigandage les privaient des droits que s'accordent entre elles les nations ennemies ; et un édit du prince instruisit les magistrats que c'était un acte de justice et de piété de condamner ou de punir un Isaurien, même le jour de Pâques (2). Si on les condamnait à la servitude domestique, ils soutenaient de leur épée ou de leur poignard la querelle particulière de leurs maîtres, et il fallut, pour la tranquillité publique, défendre le service de ces esclaves dangereux. Tracalissæus ou Zénon, leur compatriote, ayant obtenu la couronne, appela près de lui une troupe fidèle et redoutable d'Isauriens qui insulte-

---

(1) *Voyez* jusqu'où s'étendirent leurs incursions, dans Philostorgius (*Hist. eccl.*, l. xi, c. 8.), avec les savantes Dissertations de Godefroy.

(2) *Cod. Justin.*, l. ix, tit. 12, leg. 10. Il prononce des peines sévères ; une amende de cent livres d'or, la dégradation, et même la mort. La tranquillité publique put servir de prétexte ; mais Zénon voulut se réserver la valeur et le service des Isauriens.

rent la cour et la ville, et il leur paya un tribut annuel de cinq mille livres d'or. Entraînés par l'espoir de la fortune, ils abandonnèrent leurs montagnes; le luxe énerva leur âme et leur corps; et à mesure qu'ils se mêlèrent aux peuplades civilisées, ils se dégoûtèrent de leur liberté qu'accompagnaient la pauvreté et la solitude. Après la mort de Zénon, Anastase, son successeur, révoqua leurs pensions; il les exposa à la vengeance du peuple, il les chassa de Constantinople, et se disposa à soutenir une guerre qui ne leur laissait d'autre alternative que celle de la victoire ou de la servitude. Un frère du dernier empereur ayant usurpé le titre d'Auguste, les armes, le trésor et les magasins rassemblés par Zénon, furent employés pour défendre sa cause: les soldats nés dans l'Isaurie devaient former la moindre partie des cent cinquante mille Barbares qui combattirent sous sa bannière; et, ce qu'on n'avait pas vu jusqu'alors, un évêque se trouva au nombre de ces guerriers. La valeur et la discipline des Goths triomphèrent, dans les plaines de la Phrygie, de cette troupe désordonnée; mais une guerre de six ans épuisa presque le courage de l'empereur (1). Les Isauriens se réfugièrent dans leurs montagnes; ils virent suc-

---

(1) La guerre d'Isaurie et le triomphe d'Anastase sont racontés en peu de mots et d'une manière obscure par Jean Malala (t. II, pag. 106, 107); par Évagrius (l. III, c. 35); par Théophane (pag. 118-120), et dans la Chronique de Marcellin.

cessivement leurs forteresses assiégées et détruites ; on intercepta leur communication avec la mer : les plus braves d'entre leurs chefs tombèrent dans les combats ; les autres, avant de périr par la main du bourreau, furent traînés chargés de chaînes à travers l'Hippodrome. Une colonie de jeunes Isauriens fut transplantée dans la Thrace, et le reste se soumit au gouvernement romain. Toutefois quelques générations s'écoulèrent avant que leur caractère pût se plier à l'esclavage. Leurs cavaliers et leurs archers remplissaient les grosses bourgades du mont Taurus ; ils résistaient à l'imposition des tributs ; mais ils recrutaient les armées de Justinien, qui autorisa ses magistrats civils, le proconsul de Cappadoce, le comte d'Isaurie et les préteurs de Lycaonie et de Pisidie, à réprimer par la force la fréquence des viols et des assassinats (1).

Si nous portons nos regards du tropique à l'embouchure du Tanaïs, nous remarquerons d'un côté

Fortifications de l'empire depuis l'Euxin jusqu'à la frontière de la Perse.

---

(1) *Fortes ea regio*, dit Justinien, *viros habet; nec in ullo differt ab Isauriâ*. Cependant Procope (*Persic.*, l. 1, c. 18) indique une différence essentielle dans le caractère militaire de ces deux peuples ; mais dans les premiers temps les habitans de la Lycaonie et de la Pisidie avaient défendu leur liberté contre le grand roi. (Xénophon, *Retraite des dix mille*, l. III, c. 2.) Justinien emploie une érudition fausse et ridicule sur l'ancien empire des Pisidiens, et sur Lycaon, qui, après avoir fait le voyage de Rome (long-temps avant Énée), donna son nom et des habitans à la Lycaonie. *Novell.* 24, 25, 27, 30.

les précautions de Justinien pour contenir les sauvages de l'Éthiopie (1), et de l'autre, les longues murailles qu'il éleva dans la Crimée, afin de protéger la colonie de trois mille Goths pasteurs ou guerriers qui l'habitaient (2). De cette péninsule à Trébisonde, des forts, des traités d'alliance, et la même religion, mettaient en sûreté la côte orientale de l'Euxin; et la possession de la *Lazica*, la Colchide des anciens et la Mingrélie de la géographie moderne, ne tarda pas à devenir l'objet d'une guerre importante. Trébisonde, où des romanciers ont placé ensuite un empire imaginaire, dut à la libéralité de Justinien une église, un aqueduc, et un château dont les fossés sont taillés dans le roc. De cette ville maritime, on peut suivre une frontière de cinq cents milles jusqu'à la forteresse de Circesium, le dernier

---

(1) *Voyez* Procope, *Persie*, l. 1, c. 19. L'autel de la Concorde nationale, du sacrifice annuel et des sermens, que Dioclétien avait fait élever dans l'île Éléphantine, fut démoli par Justinien, qui en cette occasion montra moins de politique que de zèle pour la religion.

(2) Procope, *de Ædific.*, l. III, c. 7; *Hist.*, l. VIII, c. 3, 4. Ces Goths, sans ambition, avaient refusé de suivre l'étendard de Théodoric. On trouvait encore des restes et le nom de cette peuplade au quinzième et au seizième siècle, entre Caffa et le détroit d'Azof. (D'Anville, *Mém. de l'Acad. des Inscript.*, t. XXX, p. 240). Ils méritaient bien la curiosité de la Busbec (p. 321-326); mais ils ne reparaissent pas dans la description plus récente des Missions du Levant (t. I), et dans les écrits de M. Tott et de M. de Peyssonel.

posté des Romains sur l'Euphrate (1). Immédiatement au-dessus de Trébisonde, le pays offre au sud, sur un espace de cinq journées de chemin, de sombres forêts et des montagnes escarpées; moins hautes, mais aussi sauvages que les Alpes et les Pyrénées. Dans ce climat rigoureux, où les neiges fondent rarement, les fruits sont tardifs et sans saveur, le miel même y est un poison (2). Le cultivateur le plus industrieux ne pouvait tirer parti que de quelques vallées, et la chair et le lait des troupeaux y fournissaient à quelques tribus de pasteurs une misérable subsistance. Les *Chalybes*, dont le nom et le caractère indiquent la qualité ferrugineuse du sol qu'ils

---

(1) *Voyez* sur la géographie et les édifices de la frontière de l'Arménie, Procope, *Persic.* et *Ædific.*, l. II, c, 4-7; l. III, c. 2-7.

(2) Tournefort décrit cette contrée (*Voyage au Levant*, t. III, lettres 17, 18). Ce savant botaniste ne tarda pas à découvrir la plante qui empoisonne le miel. (*Voyez* Pline, XXI, 44, 45). Il observe que les soldats de Lucullus durent en effet se plaindre du froid, puisque la neige tombe quelquefois au mois de juin, même dans la plaine d'Erzeroum, et qu'on n'y achève guère la récolte avant le mois de septembre. Les collines de l'Arménie ne sont pas au quarantième degré de latitude; mais on sait qu'en Suisse quelques heures de marche portent le voyageur du climat de Languedoc à celui de la Norwége; et on a établi en principe général que sous la ligne une élévation de deux mille quatre cents toises équivaut au froid du cercle polaire. Ramond, *Observations sur le voyage de Coxe dans la Suisse*, t. II, p. 104.

habitaient, sous les noms divers (1) de Chaldéens et de Zaniens; s'étaient maintenus depuis le temps de Cyrus dans un état perpétuel de guerre et de brigandage. A l'époque du règne de Justinien, ils reconnurent le dieu et l'empereur des Romains; et, pour contenir l'ambition du monarque de Perse (2), on bâtit sept forteresses dans les parties de cette contrée les plus accessibles. Les montagnes des Chalybes renferment la principale source de l'Euphrate, qui semble couler vers l'occident et l'Euxin; le fleuve, tournant au sud-ouest, se rend sous les murs de Satala et de Mélitène, qui furent réparés par Justinien pour servir de boulevards à la Petite-Arménie; il s'approche insensiblement de la Méditerranée jusqu'à ce qu'enfin, repoussé par le mont Taurus (3); il replie au sud-est son cours long et tortueux jusqu'à son embouchure dans le golfe Persique. Parmi les villes

---

(1) L'identité ou la proximité des Chalybes et des Chaldéens est indiquée dans Strabon (l. XII, p. 825, 826); dans Cellarius (*Géogr. antiq.*, t. II, p. 202-204); dans Freret (*Mém. de l'Acad. des Inscript.*, tome IV, p. 594). Xénophon suppose dans son roman (*Cyropéd.*, l. III) que c'étaient les Barbares qu'il avait combattus lors de sa fameuse retraite. *Retraite des dix mille*, l. IV.

(2) Procope, *Persic.*, l. 1, c. 15; *de Ædific.*, l. III, c. 6.

(3) *Ni Taurus obstet, in nostra maria venturus.* (Pomponius-Mela, III, 8.) Pline, qui est tout à la fois poëte et naturaliste (v, 20), personnifie le fleuve et la montagne, et décrit leur combat. *Voyez* le cours du Tigre et de l'Euphrate, dans l'excellent Traité de M. d'Anville.

romaines situées au-delà de l'Euphrate, on en distingue deux nouvelles qui tirèrent leur nom de Théodose et de quelques martyrs; et deux capitales, Amida et Édesse, célèbres à toutes les époques de l'histoire. Justinien proportionna leur force aux dangers de leur position. Un fossé et une palissade suffisaient souvent contre les invasions malhabiles de la cavalerie des Scythes ; mais il fallait d'autres ouvrages pour soutenir un siége régulier contre les armes et les trésors du grand roi. Ses savans ingénieurs connaissaient l'art de diriger de profondes mines et d'élever une plate-forme à la hauteur des remparts; il renversait avec ses machines de guerre les plus robustes créneaux, et quelquefois faisait marcher à l'assaut une ligne de tours mobiles, portées sur des éléphans. Dans les grandes villes de l'Orient, le désavantage du terrain, peut-être de la position, était compensé par le zèle du peuple, qui aidait la garnison à défendre son pays et sa religion ; et la promesse qu'Édesse ne serait jamais prise, attribuée faussement au Fils de Dieu, remplissait les citoyens d'une confiance valeureuse, et glaçait par l'incertitude et la crainte le courage des assiégeans (1). On fortifia avec soin les villes inté-

---

(1) Procope (*Persic.*, l. II, c. 12.) raconte cette histoire avec le ton moitié sceptique, moitié superstitieux, d'Hérodote. La promesse ne se trouve pas dans le premier mensonge d'Eusèbe, mais elle date au moins de l'année 400 ; et on fabriqua bientôt un troisième mensonge, la *Veronica*, sur les deux premiers. (Évagrius, l. IV, c. 27.) Comme Édesse

rieures de l'Arménie et de la Mésopotamie ; et tous les postes placés de manière à commander quelques passages, soit sur terre, soit de rivière, furent garnis de forts solidement bâtis en pierre ou élevés plus à la hâte avec de la terre et de la brique. Justinien examinait toutes les positions, et ses dangereuses précautions purent attirer quelquefois la guerre dans quelques vallées écartées dont les paisibles habitans, unis entre eux par le commerce et l'alliance des familles, ignoraient la discorde et les querelles des deux États. A l'ouest de l'Euphrate, un désert sablonneux se prolonge jusqu'à la mer Rouge, dans un espace de plus de six cents milles. La nature avait opposé de chaque côté cette solitude aux ambitieuses entreprises de deux empires rivaux. Avant Mahomet, les Arabes ne furent redoutables qu'en qualité de voleurs, et, au milieu de l'orgueilleuse sécurité qu'inspirait la paix, on négligea les fortifications de la Syrie, c'est-à-dire la partie de l'empire qui donnait le plus de facilité à l'ennemi.

Mort de Perozes, roi de Perse. A. D. 488. Une trêve qui dura plus de quatre-vingts ans avait suspendu l'inimitié des deux nations, ou du moins les effets de cette inimitié. Un ambassadeur de Zénon accompagna le téméraire et infortuné Perozès dans son expédition contre les Nephtalites ou les Huns blancs, qui avaient étendu leurs conquêtes de la mer Caspienne au centre de l'Inde, dont le roi s'as-

---

*a été prise*, Tillemont doit nécessairement nier cette promesse. *Mém. ecclés.*, t. 1, p. 362, 383, 617.

seyait sur un trône enrichi d'émeraudes (1), et dont la cavalerie était soutenue par une ligne de deux mille éléphans (2). Les Persans, par un stratagême militaire de leurs ennemis, furent surpris deux fois dans une position qui rendit leur valeur inutile et leur fuite impossible. Les Huns renvoyèrent le grand roi, après l'avoir contraint d'adorer la majesté d'un prince barbare; et la subtilité des mages, qui conseillèrent à Pérozes de diriger son intention vers le soleil levant, diminua peu la honte de cette humiliation. Le successeur de Cyrus, entraîné par la colère, oublia le

---

(1) Ces émeraudes avaient été vendues par les marchands d'Adulis, qui faisaient le commerce de l'Inde. (Cosmas, *Topograph. Christ.*, l. xi, p. 339.) Dans l'évaluation des pierres précieuses, l'émeraude de Scythie était la première, celle de la Bactriane la seconde, et celle d'Éthiopie la troisième. (Hill's *Theophrastus*, p. 61, etc., 92.) On ne peut dire précisément où se trouvent les mines d'émeraudes, ni comment la nature les produit; et il n'est pas sûr que nous possédions aucune des douze espèces que connaissaient les anciens. (Goguet, *Origine des Lois*, etc., part. II, l. II, c. 2, art. 3.) Les Huns acquirent, ou du moins Pérozes perdit la plus belle perle du monde, sur laquelle Procope raconte une histoire ridicule.

(2) Les Indo-Scythes régnèrent depuis le temps d'Auguste (*Dionys.*, *Perieget.* 1088, avec le *Commentaire* d'Eustathe, dans Hudson, *Geogr. minor.*, t. IV) jusqu'à celui de Justin l'aîné. (Cosmas, *Topogr. Christ.*, l. xi, p. 338, 339.) *Voyez* sur leur origine et leurs conquêtes, d'Anville, sur *l'Inde*, p. 18, 45, 69, 85, 89.) Ils possédaient au deuxième siècle Larice ou Guzerate.

danger et la reconnaissance; et ayant renouvelé l'attaque avec fureur, il y perdit la vie et son armée (1). La mort de Perozes livra la Perse à ses ennemis étrangers et domestiques, et douze années de troubles s'écoulèrent avant que Cabades ou Kobad, son fils, pût former des projets d'ambition ou de vengeance. L'inhumaine parcimonie d'Anastase fut le motif ou le prétexte d'une guerre contre les Romains (2). Les Huns et les Arabes marchèrent sous l'étendard de la Perse; les fortifications des villes de l'Arménie et de la Mésopotamie étaient alors ou non achevées ou tombaient en ruines. L'empereur remercia le gouverneur et les habitans de Martyropolis, qui avaient rendu en peu de jours une ville qu'on ne pouvait défendre avec succès, et l'incendie de Théodosiopolis put justifier leur prudence. Amida soutint un siége long et meurtrier. Cabades, qui l'attaquait depuis trois mois, avait perdu cinquante mille soldats sans

Guerre de Perse.
A. D.
502-505.

---

(1) *Voyez* la mort de Phirouz ou Perozes et ses suites, dans Procope (*Persic.*, l. 1, c. 3-6), qu'on peut comparer avec les Fragmens de l'histoire orientale (d'Herbelot, *Biblioth. orient.*, p. 351; et Texeira, *Hist. de Perse*, traduite ou abrégée par Stevens, l. 1, c. 32; p. 132-138). Assemannus (*Biblioth. orient.*, p. 396-427) fixe très-bien la chronologie.

(2) Les détails de la guerre de Perse, sous les règnes d'Anastase et de Justin, sont épars dans Procope (*Persic.*, l. 1, c. 7, 8, 9); dans Théophane (*in Chronograph.*, p. 124-127); dans Évagrius (l. III, c. 37); dans Marcellin (*in Chron.*, p. 47); et dans Josué Stylite (*ap.* Assem., t. 1, p. 272-281).

aucun espoir de réussir ; et les mages semblaient tirer vainement un augure favorable de l'indécence des femmes, qui, du haut des remparts, exposaient aux yeux des assaillans leurs charmes les plus secrets. A la fin, cependant, les Perses escaladèrent silencieusement, au milieu de la nuit, une tour qui n'était gardée que par quelques moines accablés de sommeil et des suites de l'intempérance qui avait suivi les offices d'un jour de fête. A la pointe du jour, on appliqua les échelles; la présence de Cabades, ses ordres absolus, et son épée, dont il menaçait les lâches, forcèrent les Persans à vaincre; et avant que son glaive fût rentré dans le fourreau, quatre-vingt mille personnes expièrent le sang que lui avait coûté cette entreprise. La guerre dura encore trois ans, et cette malheureuse frontière éprouva tout ce qu'ont de plus affreux les calamités de la guerre. L'or d'Anastase fut offert trop tard, le nombre de ses soldats fut rendu inutile par le nombre de ses généraux; le pays devint une solitude où les vivans et les morts étaient abandonnés aux bêtes farouches. La résistance d'Édesse et le défaut de butin disposèrent à la paix l'esprit de Cabades : il vendit ses conquêtes un prix exorbitant; et la même limite, marquée seulement par le carnage et la dévastation, continua à séparer les deux empires. Anastase, voulant prévenir le retour de ces malheurs, résolut de fonder une nouvelle colonie si forte, qu'elle fût en état de braver la puissance des Perses, et de la prolonger si loin vers l'Assyrie, que la garnison pût mettre la province à couvert, en fai-

*Fortifications de Dara.*

sant du pays ennemi le théâtre de la guerre. D'après ce dessein, il peupla et embellit la ville de Dara (1), située à quatorze milles de Nisibis et à quatre journées du Tibre. Justinien perfectionna les ouvrages élevés à la hâte sous le règne d'Anastase ; et sans nous arrêter sur des places moins importantes, les fortifications de Dara peuvent nous donner une idée de l'architecture militaire de ce siècle. La place était environnée de deux murs, et les cinquante pas d'intervalle de l'un à l'autre offraient une retraite au bétail des assiégés. On admirait la force et la beauté du mur intérieur ; il s'élevait à soixante pieds, et les tours avaient cent pieds de hauteur. Les meurtrières, par où la garnison jetait des armes de trait sur l'ennemi, étaient petites, mais nombreuses ; les soldats se trouvaient postés le long du rempart sous le couvert d'une double galerie, et l'on voyait au sommet des tours une troisième plate-forme spacieuse et sûre. Il paraît que le mur extérieur avait moins d'élévation, mais plus de solidité ; et chaque tour était protégée par un boulevard quadrangulaire. Le terrain dur et rocailleux résistait aux instrumens des mineurs ; et au sud-est, où il était plus facile à entamer, un nouvel ouvrage, qui s'avançait en forme de demi-lune, retar-

---

(1) Procope (*Persic.*, l. 1, c. 10; l. 11, c. 13; *de Ædific.*, l. 11, c. 1, 2, 3; l. 111, c. 5) décrit Dara longuement et avec exactitude. *Voy.* sa situation dans d'Anville (*l'Euphrate et le Tigre*, p. 53, 54, 55) ; mais cet écrivain paraît doubler l'intervalle entre Dara et Nisibis.

dait leur approche. Une rivière remplissait les doubles et les triples fossés ; et les plus ingénieux travaux
avaient été employés pour donner de l'eau à la ville;
l'ôter aux assiégeans, et prévenir le dégât d'un dé-
bordement naturel ou d'une inondation opérée à dessein. Durant plus de soixante années, Dara remplit
l'objet que s'était proposé son fondateur, et elle ne
cessa d'exciter l'inquiétude des Perses, qui présentaient la construction de cette forteresse comme une
infraction au traité de paix conclu entre les deux
empires.

Entre l'Euxin et la mer Caspienne, les branches *Les portes*
du Caucase traversent dans toutes les directions la *Caspiennes*
Colchide, l'Ibérie et l'Albanie ; et la géographie des *ou*
anciens et des modernes a souvent confondu les deux *les portes*
entrées ou *portes* principales qui ouvrent le pays du *d'Ibérie.*
nord au sud. Le nom de portes *Caspiennes* ou *d'Al-*
*banie* convient proprement à Derbend (1); qui occupe la croupe d'une étroite colline entre les montagnes et la mer. La ville, si nous en croyons une
tradition du pays, a été fondée par les Grecs, et les
rois de Perse fortifièrent ce passage dangereux pour

---

(1) *Voyez* sur la ville et le défilé de Derbend, d'Herbelot,
Bibl. orient., p. 157, 291, 807 ; Petis de La Croix, *Hist.*
*de Gengiskan*, l. iv, c. 9 ; *Hist. généalogique des Tatars*,
t. 1, p. 120 ; Olearius, *Voyage en Perse*, p. 1039-1041 ;
et Corneille Le Bruyn, *Voyages*, t. 1, p. 146, 147. On peut
comparer la vue qu'il en donne avec le plan d'Olearius, à
qui la muraille parut être de coquillages et de graviers
durcis par le temps.

l'ennemi, en y ajoutant un môle, de doubles murailles et des portes de fer. Les portes d'*Ibérie* (1) se trouvent au milieu du Caucase; c'est un passage étroit de six milles de longueur, qui, du côté septentrional de l'Ibérie ou de la Géorgie, débouche dans la plaine qui se prolonge jusqu'au Tanaïs et au Volga. Une forteresse, ouvrage d'Alexandre ou d'un de ses successeurs, dominait ce passage important; elle avait passé, par droit de conquête ou de succession, à un prince des Huns qui proposa de la céder à l'empereur, et qui en demandait un prix modéré; mais tandis qu'Anastase délibérait, tandis qu'il calculait les frais et la distance, un rival plus vigilant survint, et Cabades s'empara de ce défilé du Caucase. Les portes de l'Albanie et de l'Ibérie fermaient aux cavaliers scythes les chemins les plus courts et les moins difficiles; et le rempart de Gog et de Magog, ce long mur qui excita la curiosité d'un calife arabe (2) et d'un conquérant russe (3), couvrait entièrement le

---

(1) Procope, un peu confus en cet endroit, les appelle toujours portes Caspiennes (*Persic.*, l. 1, c. 10), et le défilé porte aujourd'hui le nom *Tatar-topa*, les *portes Tartares*. D'Anville, *Géogr. anc.*, t. II, p. 119, 120.

(2) Les portes du mont Caucase et un bruit vague sur la muraille de la Chine semblent avoir donné lieu à ce qu'on a dit de ce rempart de Gog et de Magog, qu'un calife du neuvième siècle alla sérieusement reconnaître. *Geograph. Nubiensis*, p. 267-270; *Mém. de l'Acad. des Inscript.*, t. XXXI, p. 210-219.

(3) *Voyez* une savante Dissertation de Baier (*de Muro*

front des montagnes. D'après une description moderne, des pierres de sept pieds d'épaisseur, sur une longueur ou une hauteur de vingt-un, et réunies sans fer et sans ciment, forment un mur qui se prolonge à plus de trois cents milles des côtes de Derbend, par-dessus les collines et à travers les vallées du Daghestan et de la Géorgie. Sans supposer une vision, on peut croire que la politique de Cabades le porta à entreprendre ce grand ouvrage : sans supposer un miracle, on peut imaginer qu'il fut achevé par son fils, si redoutable aux Romains sous le nom de Chosroès, et si cher aux Orientaux sous celui de Nushirwan. Le monarque persan tenait en ses mains les clefs de la paix et de la guerre ; mais il stipula, dans tous les traités, que Justinien contribuerait aux dépenses d'une barrière commune, qui mettrait les deux empires à l'abri des incursions des Scythes (1).

VII. Justinien supprima les écoles d'Athènes et le consulat de Rome, qui avaient produit tant de sages et tant de héros. Ces deux institutions ne jouissaient plus de leur antique gloire ; cependant on peut, à

---

*Caucaseo, in Comment. Acad. Petropol.*; ann. 1726, t. 1, p. 425-463) ; mais on n'y trouve ni carte ni plan. Lorsque le czar Pierre 1er s'empara de Derbend en 1722, on mesura la muraille, et on trouva trois mille deux cent quatre-vingt-cinq *orgygiæ* ou brasses de Russie, chacune de sept pieds, en tout un peu plus de quatre milles.

(1). *Voyez* les Fortifications et le Traité de Chosroès ou de Nushirwan, dans Procope (*Persic.*, l. 1, c 16, 22; l. 11), et dans d'Herbelot, p. 682.

juste titre, réprouver l'avarice et la méfiance du prince qui détruisit ces antiques et respectables ruines.

*Les écoles d'Athènes.*

Lorsque les Athéniens eurent triomphé des Perses, ils adoptèrent la philosophie de l'Ionie et la rhétorique de la Sicile; et ces études devinrent le patrimoine d'une cité où le nombre des habitans mâles ne se montait qu'à trente mille, et qui a offert, dans l'espace d'une génération, le génie de plusieurs siècles et de plusieurs millions d'hommes. Le sentiment que nous avons de la dignité de la nature humaine s'exalte à ce simple souvenir, qu'Isocrate (1) vivait dans la société de Platon et de Xénophon; qu'il assista peut-être avec l'historien Thucydide aux premières représentations de l'*OEdipe* de Sophocle, et de l'*Iphigénie* d'Euripide; qu'Eschine et Démosthènes, ses élèves, se disputèrent la couronne du patriotisme devant Aristote, le maître de Théophraste, qui donnait des leçons dans Athènes en même temps que les fondateurs de la secte des stoïciens et de celle d'Épicure (2). Une si belle éducation prodiguée

---

(1) Isocrate vécut depuis la quatre-vingt-sixième olympiade 1, jusqu'à la cent dixième 3 *ante. Christum*, 436-338. *Voyez* Denys d'Halicarnasse (tome II, pages 149-150, édit. de Huds.); Plutarque ou un anonyme (*in Vitâ X. oratorum*, pag. 1538-1543, édit. H. Étienne; Phot.; Cod. 259, page 1453.

(2) La *Fortuna attica* de Meursius (c. 8, p. 59-73, *in* t. I, Opp.) donne en peu de mots de grands détails sur les écoles d'Athènes. *Voyez* sur l'état et les arts de cette ville,

aux jeunes gens de l'Attique se communiquait sans
jalousie aux cités rivales. Théophraste avait deux
mille disciples.(1); les écoles de rhétorique durent
être encore plus nombreuses que celles de philosophie; et les élèves, se succédant avec rapidité, ré-
pandaient la gloire de leurs maîtres partout où l'on
connaissait la langue et le nom des Grecs. Alexandre
étendit leur réputation par ses victoires; les arts d'A-
thènes survécurent à sa liberté et à son empire; et
les colons que les Macédoniens établirent en Égypte
et en Asie, entreprirent souvent de longs pèlerinages pour venir sur les bords de l'Ilissus adorer les
muses dans leur temple favori. Les conquérans latins
écoutaient avec docilité les leçons de leurs sujets et
de leurs captifs; les noms de Cicéron et d'Horace se
trouvaient sur la liste des écoles d'Athènes; et lorsque la domination romaine fut bien affermie, les
naturels de l'Italie, de l'Afrique et de la Bretagne,
s'entretenaient dans les bocages de l'Académie avec
les Orientaux, leurs condisciples.

Les études de la philosophie et de l'éloquence
conviennent à un état populaire, qui excite la liberté
des recherches, et ne se soumet qu'à la force de la

---

le premier livre de Pausanias, et un petit Traité de Dicéar-
que (dans le second volume des Géographes d'Hudson),
qui écrivait vers la cent dix-septième olympiade. *Dissert.*
de Dodwell sect., IV.

(1) Diogène Laërce (*de Vit. philosoph.*, liv. V, *Segment*
37, page 289).

persuasion. Dans les républiques de la Grèce et de Rome, le patriotisme et l'ambition n'avaient pas de moyen plus puissant que l'art de la parole : les écoles de rhétorique étaient le séminaire des hommes d'État et des législateurs. A l'époque où l'on ne permit plus les discussions publiques, l'orateur pouvait, dans la noble profession d'avocat, plaider la cause de l'innocence et de la justice; il pouvait abuser de ses talens dans le commerce plus utile des panégyriques; et les mêmes règles dictaient encore les vaines déclamations du sophiste, et les beautés plus pures des compositions historiques. Les systèmes qui avaient la prétention de développer la nature de Dieu, celle de l'homme et de l'univers, amusaient la curiosité de l'étudiant en philosophie; et, selon la disposition de son esprit, il se livrait au doute avec les sceptiques; il tranchait les questions avec les stoïciens, il élevait ses idées avec Platon; ou il s'asservissait à la dialectique rigoureuse d'Aristote. L'orgueil de ces sectes rivales indiquait un point de bonheur et de perfection morale qu'il était impossible d'atteindre; mais les efforts pour y parvenir étaient glorieux et utiles : les disciples de Zénon et même ceux d'Épicure savaient agir et supporter la douleur. La mort de Pétrone, ainsi que celle de Sénèque, servit à humilier un tyran, par la découverte de son impuissance. Les murs d'Athènes ne pouvaient emprisonner la lumière. Ses incomparables écrivains s'adressaient à tous les hommes; des maîtres allaient instruire l'Italie et l'Asie; Béryte, dans des temps postérieurs, se dévouait à l'étude des lois; on cultivait l'astronomie et la médecine dans le musée d'Alexandrie; mais depuis la guerre du Péloponèse jusqu'au règne de Justinien, pour l'étude de la rhétorique et de la philosophie, les écoles d'Athènes conservèrent leur supériorité : Athènes, située sur un sol stérile, devait ses avantages à un air pur, à une libre navigation, et à la possession des chefs-d'œuvre de l'antiquité. Le commerce ou les affaires de l'administration troublaient rarement cette retraite sacrée; et les derniers des Athéniens se faisaient remarquer par la vivacité de leur esprit, par la pureté de leur goût et de leur langage, par leurs mœurs sociales, et par quelques restes, au moins dans leurs discours, de la magnanimité de leurs aïeux. L'*académie* des platoniciens, le *lycée* des péripatéticiens, le *portique* des stoïciens, et le *jardin* des disciples d'Épicure, situés dans les faubourgs de la ville, étaient plantés d'arbres et ornés de statues : les philosophes, au lieu d'être enfermés dans un cloître, faisaient entendre leurs leçons dans des promenades agréables et spacieuses, qui, selon les différentes heures du jour, étaient consacrées aux exercices du corps ou à ceux de l'esprit. Le génie des fondateurs respirait encore dans ces lieux sacrés. Le désir de succéder aux maîtres de la raison humaine excitait une généreuse émulation; et les libres suffrages d'un peuple éclairé fixaient à chaque mutation le mérite des candidats. Les professeurs athéniens étaient payés par leurs disciples; il paraît que le prix variait d'une mine à un talent, selon l'habileté du maître et la fortune de l'élève; et Isocrate lui-même, qui se moquait de la cupidité des sophistes, exigeait environ trente livres sterling de chacun de ses cent disciples. Le salaire de l'industrie est juste et noble; cependant ce même Isocrate versa des larmes lorsqu'il le reçut pour la première fois. Le stoïcien pouvait rougir de recevoir un salaire pour prêcher le mépris de l'argent; et je serais fâché de découvrir qu'Aristote ou Platon eussent assez dégénéré de Socrate, leur maître, pour vendre la science à prix d'or : mais les lois avaient autorisé les écoles de philosophie d'Athènes à recevoir quelques donations et quelques legs de terres et de maisons. Épicure avait laissé à ses disciples les jardins qu'il avait achetés quatre-vingts mines, ou deux cent cinquante livres sterling; il leur transmit de plus un fonds qui suffisait à leur frugale nourriture et aux fêtes qu'ils célébraient tous les mois (1). Le patrimoine de Platon forma le fonds d'un revenu annuel qui, d'abord de trois pièces d'or, s'accroissant peu à peu, fut de mille au bout de huit siècles (2).

---

(1). *Voyez* le *Testament d'Épicure* dans Diogène Laërce, (l. x, segm. 16-20, p. 611, 612). Une seule épître (Cicero *ad Familiar.*, XIII, 1) fait connaître l'injustice de l'Aréopage, la fidélité des épicuriens, la politesse habile de Cicéron, et le mélange d'estime et de mépris qu'avaient les sénateurs romains pour la philosophie et les philosophes de la Grèce.

(2). Damascius, *in Vit. Isidor.*, apud Phot. (Cod. 242, page 1054).

Les plus sages et les plus vertueux des princes romains protégèrent les écoles d'Athènes. La bibliothèque que fonda Adrien fut placée dans un portique orné de tableaux, de statues, d'un plafond d'albâtre, et soutenu par cent colonnes de marbre phrygien. La générosité des Antonins assigna des salaires publics aux maîtres des sciences; et tous les professeurs de politique, de rhétorique, de philosophie platonicienne, péripatéticienne, stoïcienne et épicurienne, recevaient un traitement annuel de dix mille drachmes ou de plus de trois cents livres sterling (1). Après la mort de Marc-Aurèle, on supprima et on rétablit, on diminua et on étendit ces libéralités, ainsi que les priviléges des professeurs : on retrouve sous les successeurs de Constantin quelque vestige de la magnificence impériale sur ce point; mais les choix arbitraires des empereurs purent, en tombant sur d'indignes sujets, faire regretter aux philosophes d'Athènes les temps de leur indépendance et de leur pauvreté (2). Il faut remarquer que la faveur impartiale des Antonins se répandit également sur quatre

---

(1) *Voyez* Lucien (*in* Eunech., t. II, p. 350-359, édit. de Reitz); Philostrate (*in Vit. Sophist.*, l. II, c. 2); et Dion-Cassius ou Xiphilin (l. LXXI, p. 1195), avec les remarques des éditeurs Dusoul, Olearius, Reimar, et par-dessus tous, de Saumaise (*ad Hist. Aug.*, p. 72). Un philosophe judicieux, M. Smith (*de la Richesse des Nations*, tome II, p. 340-374), préfère les contributions libres des élèves aux salaires fixes assignés à un professeur.

(2) Brucker, *Hist. crit. de la philos.*, t. II, p. 310, etc.

sectes rivales, qu'ils regardaient comme aussi utiles, ou du moins comme aussi innocentes les unes que les autres. Socrate, la gloire d'Athènes, avait été pour elle, par sa mort, un sujet de blâme; et les premières leçons d'Épicure scandalisèrent tellement les pieuses oreilles des Athéniens, que par son exil et celui de ses adversaires, ils mirent fin aux vaines disputes sur la nature des dieux : mais ils révoquèrent leur décret l'année suivante; ils rétablirent la liberté des écoles, et l'expérience leur apprit par la suite que la diversité des systèmes théologiques n'affecte point le caractère moral des philosophes (1).

<small>Elles sont supprimées par Justinien.</small>

Les armes des Goths furent moins funestes aux écoles d'Athènes que l'établissement d'une nouvelle religion, dont les ministres tranchaient toutes les questions par un article de foi, et condamnaient l'infidèle ou le sceptique à des flammes éternelles. De nombreux et pénibles volumes de controverse prouvèrent la faiblesse de l'esprit et la corruption du

---

(1) La naissance d'Épicure est fixée à l'année 342 avant J.-C. (Bayle), olympiade cent neuvième 3. Il ouvrit ses écoles à Athènes la troisième année de la cent dix-huitième olympiade, trois cent six ans avant l'ère du christianisme. La loi d'intolérance que j'ai citée dans le texte (Athénée, l. XIII, p. 610; Diogène Laërce, l. v, 38., p. 290; Julius-Pollux, IX, 5), fut publiée la même année ou l'année suivante (Sigonius Opp., t. v, p. 62; Ménage, *ad* Diog. Laër., p. 204; Corsini, *Fasti attici*, t. IV, p. 67, 68). Théophraste, chef des péripatéticiens et disciple d'Aristote, fut enveloppé dans ce même exil.

cœur; ils insultèrent la raison humaine dans la personne des sages de l'antiquité, et ils proscrivirent les recherches philosophiques, si peu convenables à la doctrine ou du moins au caractère d'un humble croyant. La secte des platoniciens, que Platon aurait rougi de reconnaître, survécut seule à cette condamnation, et mêla à la sublime théorie de son maître des pratiques superstitieuses et l'usage de la magie; et, demeurés seuls au milieu du monde chrétien, les platoniciens se livraient à une secrète aversion pour le gouvernement, soit civil, soit ecclésiastique, dont la rigueur menaçait toujours leurs têtes. Environ un siècle après la mort de Julien (1), on permit à Proclus (2) de monter dans la chaire de l'Académie; et telle fut son activité, que souvent dans la même journée il prononçait cinq leçons et composait sept cents vers. Son esprit pénétrant analysa les questions les plus abstraites de la morale et de la métaphysique, et il osa proposer dix-huit argumens contre la doc-

*Proclus.*

---

(1) Cette époque n'est point arbitraire. Les païens comptaient leurs malheurs de la fin du règne de leur héros. Proclus, dont la naissance est marquée par son horoscope (A. D. 412, février 8, à C. P.), mourut cent vingt-quatre ans ἀπὸ Ἰουλιανοῦ βασιλέως, A. D. 485. Marin, *in Vit. Procli*, c. 36.

(2) Fabricius publia à Hambourg, en 1700, et *ad calc. Bibl. lat.*, Lond. 1703, la *Vie de Proclus*, par Marin. Voyez Suidas, t. III, p. 185, 186; Fabricius, *Bibl. græc.*, l. v, c. 26, p. 449-552; et Brucker, *Hist. crit. de la philosophie*, t. II, p. 319-326.

trine des chrétiens sur la création du monde; mais, dans les intervalles de ses études, il conversait personnellement avec Pan, Esculape et Minerve, aux mystères desquels il était secrètement initié, et dont il adorait les statues renversées, persuadé qu'un philosophe, citoyen de l'univers, doit être lui-même le prêtre de ses dieux. Sa mort lui fut annoncée par une éclipse de soleil, et sa vie, ainsi que celle d'Isidore, son élève (1), compilée par deux de leurs savans disciples, offre un tableau déplorable de la seconde enfance de la raison humaine; mais ce qu'on appelait avec complaisance la chaîne d'or de la succession platonique, se prolongea encore l'espace de quarante-quatre ans, depuis la mort de Proclus jusqu'à l'édit de Justinien (2), qui imposa un silence éternel aux écoles d'Athènes, et remplit de douleur et d'indignation le petit nombre de ceux qui demeuraient attachés à la science et à la superstition des Grecs. Sept philosophes que réunissait l'amitié, Diogènes et Hermias, Eulalius et Priscien, Damascius, Isidore et Simplicius, qui n'adoptaient pas la religion de leur souverain, prirent la résolution de cher-

Ses successeurs. A. D. 485-529.

(1) La vie d'Isidore a été composée par Damascius, ap. Photium, Cod. 242, pag. 1028-1076. Voyez le dernier âge des philosophes païens, dans Brucker, t. II, p. 341-351.

(2) Jean Malala (t. II, p. 187, sur Decio Cos. Sol.) et une chronique anonyme de la bibliothèque du Vatican (apud Aleman., page 106), rapportent la suppression des écoles d'Athènes.

cher dans une terre étrangère la liberté qu'on leur ôtait dans leur patrie. Ils avaient ouï dire et ils avaient la simplicité de croire que la république de Platon se trouvait sous le gouvernement despotique de la Perse, et qu'un roi patriote y régnait sur la plus fortunée et la plus vertueuse des nations. Ils ne tardèrent pas à voir que la Perse ressemblait à toutes les contrées du monde; que Chosroës, malgré la philosophie qu'il affectait, était vain, cruel et ambitieux; que le fanatisme et l'esprit d'intolérance dominaient parmi les mages; que les nobles étaient orgueilleux, les courtisans serviles, et les magistrats injustes; que le coupable échappait quelquefois, et qu'on opprimait souvent l'innocent. Ainsi désabusés, ils se montrèrent peu équitables sur les vertus réelles des Perses: la pluralité des femmes et des concubines, les mariages incestueux et la coutume d'exposer les morts aux chiens et aux vautours, au lieu de les cacher dans la terre ou de les consumer par le feu, les scandalisèrent plus peut-être qu'il ne convenait à leur profession. Leur retour précipité annonça leur repentir; et ils déclarèrent hautement qu'ils aimaient mieux mourir sur la frontière de l'empire que de jouir de la fortune et des richesses à la cour d'un Barbare. Ce voyage cependant leur valut un bienfait qui honore beaucoup Chosroës. Il exigea que les sept sages qui étaient venus visiter sa cour fussent affranchis des lois pénales publiées par Justinien contre ses sujets païens; et ce puissant médiateur veilla avec soin au maintien de ce privilége, qu'il avait expressément stipulé dans un traité de paix (1). Simplicius et ses compagnons finirent leur vie dans la paix et l'obscurité : ils ne laissèrent point de disciples, et ils terminèrent la longue liste des philosophes grecs, qu'on peut citer, malgré leurs défauts, comme les plus sages et les plus vertueux de leurs contemporains. Nous avons les écrits de Simplicius ; ses Commentaires physiques et métaphysiques sur Aristote ont perdu de leur réputation ; mais son Interprétation morale d'Epictète se conserve dans la bibliothèque des nations comme un livre classique, admirablement propre, par la juste confiance qu'il inspire dans la nature de Dieu et de l'homme; à diriger la volonté, à purifier le cœur et à affermir l'entendement.

C'est à peu près vers le temps où Pythagore imagina la dénomination de philosophe, que le premier Brutus fondait à Rome le consulat avec la liberté. Nous avons indiqué, selon que l'occasion s'en est présentée dans le cours de cette histoire, les révolutions de la dignité de consul, qui, après avoir donné de si grands pouvoirs, ne présenta plus que l'ombre de l'autorité et finit par n'être qu'un vain nom. Le peuple avait choisi les premiers magistrats de la répu-

---

(1) Agathias (l. II, p. 69, 70, 71) raconte ce fait curieux. Chosroès monta sur le trône l'an 531, et il fit sa première paix avec les Romains l'an 533; c'est la date la plus compatible avec sa réputation *naissante* et la *vieillesse* d'Isidore. Asseman., *Bibl. orient.*, t. III, p. 404; Pagi, t. II, p. 543-550.

blique destinés à exercer au sénat et dans le camp, durant la paix ou durant la guerre, cette autorité transférée depuis aux empereurs. Le souvenir d'un si beau titre en imposa long-temps aux Romains et aux Barbares; et le consulat de Théodoric paraît à un historien goth, le comble de la gloire et de la grandeur (1). Le roi d'Italie félicite lui-même ces favoris annuels de la fortune qui jouissent de l'éclat du trône sans en avoir les soucis. Dix siècles s'étaient écoulés depuis Brutus, et les souverains de Rome et de Constantinople créaient encore deux consuls, uniquement pour donner une date à l'année et une fête au peuple; mais les dépenses de cette fête, où l'opulence et la vanité des titulaires les portaient toujours à vouloir surpasser leurs prédécesseurs, parvinrent insensiblement à la somme énorme de quatre-vingt mille livres sterling : les plus sages parmi les sénateurs refusaient un honneur inutile, acheté de la ruine de leur famille; et il me semble qu'on peut expliquer ainsi les lacunes multipliées qu'on trouve dans la dernière période des fastes consulaires. Les prédécesseurs de Justinien avaient aidé du trésor public les candidats les moins opulens; ce prince avare aima mieux leur recommander l'économie et faire des réglemens sur les frais de l'inauguration (2). Son édit réduisit à sept les

---

(1) Cassiodore, *Variar.*, VI, 1; Jornandès, c. 57, p. 696, édit. Grot. *Quod summum bonum primumque in mundo decus edicitur.*

(2) *Voyez* les réglemens de Justinien (*Novell.* 105); da-

courses de chevaux et de chars, les combats d'athlètes et de bêtes sauvages, les concerts et les pantomimes du théâtre; il eut soin de substituer de petites pièces d'argent aux médailles d'or, qui, répandues jusqu'alors avec profusion au milieu de la populace, avaient toujours excité le tumulte et l'ivrognerie. Malgré ces précautions et l'exemple de l'empereur, la succession des consuls finit la seizième année du règne de Justinien, dont le caractère despotique dut voir avec plaisir la paisible extinction d'un titre qui avertissait les Romains de leur ancienne liberté (1). Mais le souvenir du consulat annuel vivait toujours dans l'esprit des peuples; ils se flattaient de le voir promptement rétabli; ils applaudirent à la condescendance populaire de plusieurs princes qui prirent successivement le nom de consul la première année de leur règne; et ce ne fut que trois siècles après la mort de Justinien que ce simulacre de dignité, supprimé par l'usage, put être aboli par la loi (2). On abandonna la méthode imparfaite de distinguer chaque année

---

tés de Constantinople le 5 juillet, et adressés à Strategius, trésorier de l'empire.

(1) Procope, *in Anecdot.*, c. 26; Aleman., p. 106. Selon les calculs de Marcellin, de Victor, de Marius, etc., l'histoire secrète fut composée la dix-huitième année après le consulat de Basilius; et le consulat paraissait à Procope définitivement aboli.

(2) Il le fut par Léon le Philosophe (*Novell.* 94, A. D. 886-911). Voyez Pagi (*Dissert. Hypat.*, p. 325-362; et Ducange, *Gloss. græc.*, p. 1635, 1636). Le titre même de

du nom d'un magistrat, et l'on établit une ère permanente : les Grecs comptèrent depuis la création du monde, selon la version des Septante (1); et la naissance de Jésus-Christ fut, depuis le siècle de Charlemagne (2), l'ère adoptée par les Latins.

---

consul était avili : *Consulatus codicilli... vilescunt*, dit l'empereur lui-même.

(1) Selon Julius-Africanus, etc., le monde fut créé le 1ᵉʳ septembre, cinq mille cinq cent huit ans trois mois et vingt-cinq jours avant la naissance de Jésus-Christ (*voyez* Pezron, *Antiquité des Temps défendue*, p. 20-28); et les Grecs, les chrétiens de l'Orient et même les Russes, jusqu'au règne de Pierre 1ᵉʳ, ont adopté cette ère. Cette période, quoique arbitraire, est nette et commode. Des sept mille deux cent quatre-vingt-seize ans qu'elle suppose écoulés depuis la création, on trouve trois mille années d'ignorance et de ténèbres, deux mille fabuleuses ou incertaines, mille de l'histoire ancienne qui commence à l'empire de Perse et aux républiques d'Athènes et de Rome; mille depuis la chute de l'empire romain en Occident jusqu'à la découverte de l'Amérique; et les deux cent quatre-vingt-seize autres offrent trois siècles de l'état moderne de l'Europe et du genre humain. Je regrette cette chronologie, bien préférable à notre méthode confuse, qui compte les années antérieures et les années postérieures à l'ère chrétienne.

(2) L'ère de la création du monde a prévalu en Orient depuis le sixième concile général, A. D. 681. L'ère chrétienne des peuples de l'Occident fut inventée dans le sixième siècle; l'autorité et les ouvrages du vénérable Bède la propagèrent dans le huitième; mais elle n'est devenue légale et populaire qu'au dixième. *Voy.* l'*Art de vérifier les dates*, Dissert. prélimin., pag. 3, 12; *Dictionn. diplom.*, tome 1, pag. 329-337, composé par une société laborieuse de bénédictins.

# CHAPITRE XLI.

Conquêtes de Justinien en Occident. Caractère et premières campagnes de Bélisaire. Il entre dans le royaume des Vandales, en Afrique, et le soumet. Son triomphe. Guerre des Goths. Il recouvre la Sicile; Naples et Rome. Siége de Rome par les Goths. Leur retraite et leurs pertes. Prise de Ravenne. Gloire de Bélisaire. Sa honte et ses chagrins domestiques.

*Justinien se décide à envahir l'Afrique. A. D. 533.*

LORSQUE Justinien monta sur le trône, environ cinquante années après la chute de l'empire d'Occident, la domination des Goths en Europe et des Vandales en Afrique était établie sur des fondemens solides, et qu'on pouvait, ce semble, regarder comme légitimes. Les titres inscrits par les victoires de Rome se trouvaient effacés avec la même justice par le glaive des Barbares; et le temps, les traités, et des sermens de fidélité déjà renouvelés par une seconde et une troisième génération de sujets soumis, appuyaient d'une sanction plus respectable les droits de la conquête. L'expérience et le christianisme avaient assez démontré la vanité de ces espérances superstitieuses qui promettaient à Rome, d'après la volonté des dieux, qu'elle régnerait à jamais sur les nations de la terre; mais ses hommes d'État et ses jurisconsultes, dont les opinions se sont quelquefois ranimées et propagées dans les écoles de jurisprudence moderne, soutenaient toujours ces orgueilleuses prétentions d'un empire éternel et indestructible, que ses soldats ne pouvaient plus appuyer. Du moment où Rome avait été dépouillée de la pourpre impériale, les princes de Constantinople avaient pris seuls le sceptre sacré de la monarchie; ils avaient demandé comme un héritage qui leur appartenait, les provinces subjuguées par les consuls ou possédées par les Césars, et ne s'étaient que faiblement occupés de garantir leurs fidèles sujets de l'Occident contre les progrès de l'hérésie et les invasions des Barbares. L'exécution de ce brillant projet était à quelques égards réservée à Justinien. Les cinq premières années de son règne, il soutint malgré lui une guerre dispendieuse et inutile contre les Perses; à la fin son ambition triompha de son orgueil, et il paya quatre cent quarante mille livres sterling une trève passagère que les deux nations honorèrent du nom de *paix éternelle*. Sans crainte du côté de l'Orient, il put alors employer ses forces contre les Vandales, et l'état intérieur de l'Afrique offrait un prétexte honorable, et promettait de puissans secours aux armes romaines (1).

---

(1) Procope a raconté avec ordre, et d'une manière élégante, la guerre des Vandales (l. 1, c. 9-25; l. 11, c. 1-13): Je serais heureux si dans le cours de cette histoire j'avais toujours un pareil guide. Après avoir lu avec soin le texte grec en entier, j'ai droit de prononcer qu'il ne faut pas trop se fier aux versions latine et française de Grotius et du président Cousin. Cependant on a donné beaucoup d'éloges

Situation des Vandales. Hilderic. A. D. 523-530.

D'après l'ordre de succession établi par le testament du prince qui fonda le royaume d'Afrique, la couronne avait passé en ligne directe à Hilderic, l'aîné des princes vandales : fils d'un tyran, petit-fils d'un conquérant, il avait été porté par la douceur de son caractère à suivre des maximes de clémence et de paix, et son avènement avait été signalé par un édit salutaire qui rendait deux cents évêques à leurs Églises, et qui permettait de professer librement le symbole de saint Athanase (1). Mais les catholiques reçurent avec une reconnaissance froide et passagère une grâce qui se trouvait bien au-dessous de leurs prétentions; et les vertus d'Hilderic blessèrent les préjugés de ses compatriotes. Les prêtres ariens osèrent faire entendre qu'il avait renoncé à sa foi, et les soldats lui reprochèrent plus hautement d'avoir dégénéré du courage de ses ancêtres. On soupçonnait ses ambassadeurs d'une secrète et honteuse négociation à la cour de Byzance; et son général, qu'on surnommait l'Achille des Vandales (2), perdit une bataille

à M. Cousin, et Grotius était le premier savant d'un siècle très-versé dans l'ancienne littérature.

(1) *Voyez* Ruinart (*Hist. persec. Vandal.*, c. 12; p. 589). La meilleure des autorités qu'il cite est celle de la Vie de saint Fulgence, composée par un de ses disciples, copiée en grande partie dans les Annales de Baronius, et imprimée dans plusieurs recueils considérables. *Catalog. Biblioth. Bunavianæ*, t. 1, vol. ii, p. 1258.

(2) Quelle qualité de l'esprit ou du corps fit donner le nom

contre les Maures, à peine vêtus et mal disciplinés. Le mécontentement public était enflammé par les intrigues de Gelimer, à qui son âge, sa naissance et sa réputation à la guerre, donnaient un droit apparent à la couronne : il prit, de l'aveu de la nation, les rênes du gouvernement; et son malheureux souverain tomba sans résistance du trône dans une prison, où il fut étroitement gardé, ainsi qu'un de ses plus fidèles conseillers, et son neveu, l'Achille des Vandales, contre lequel s'était déclarée l'opinion publique. Cependant l'indulgence d'Hilderic pour ses sujets catholiques était pour lui une puissante recommandation auprès de Justinien, capable de reconnaître les avantages de la justice et de la tolérance religieuse, lorsqu'elles s'appliquaient à sa propre secte. Il avait eu des rapports avec lui à l'époque où il n'était que le neveu de Justin; des lettres et des présens avaient fortifié leur liaison, et l'empereur n'abandonna point la cause de la royauté et de l'amitié. Deux ambassades se rendirent successivement

Gelimer.
A. D.
53q-534.

---

d'*Achille* au général des Vandales? Fut-ce à cause de son activité, de sa beauté ou de sa valeur? Et en quelle langue les Vandales avaient-ils lu Homère? Le poëte grec avait-il été traduit dans la langue de ces Barbares? Les Latins avaient quatre versions de l'Iliade (Fabric., t. 1, l. 11, c. 3, p. 297). Toutefois il paraît, en dépit des éloges de Sénèque (*Consol.*, c. 27), qu'ils ont été plus heureux dans l'imitation que dans la traduction des poëtes grecs. Au reste, le nom d'Achille pouvait être célèbre et populaire même chez les Barbares qui ne savaient pas lire.

auprès de Gelimer pour l'engager à se repentir de sa trahison, à éviter du moins de provoquer par de nouvelles violences, le ressentiment de Dieu et celui des Romains, à respecter les lois de la parenté et de la succession, et à permettre qu'un vieillard infirme terminât en paix sa carrière sur le trône de Carthage ou dans le palais de Constantinople. Les passions ou peut-être même la prudence de Gelimer ne lui permettaient pas de se rendre à des remontrances faites du ton de la menace et de l'autorité : pour justifier son ambition, il prit un langage qu'on ne parlait guère à la cour de Byzance ; il allégua le droit qu'ont les peuples libres de déposer ou de punir le magistrat suprême qui remplit mal les fonctions de la royauté. A la suite de cette inutile tentative, le monarque captif fut traité avec plus de rigueur; on creva les yeux à son neveu ; et le cruel Vandale, qui se reposait sur sa force et sur l'éloignement, se moqua des vaines menaces et des lents préparatifs de l'empereur. Justinien résolut de délivrer et de venger son ami : Gelimer résolut, de son côté, de garder le pouvoir qu'il usurpait ; et, selon l'usage des nations civilisées, avant de commencer la guerre, chacun des partis protesta solennellement qu'il désirait sincèrement la paix.

*Discussions sur les guerres d'Afrique.*

Le bruit d'une guerre d'Afrique ne satisfit que l'oisive populace de Constantinople que sa pauvreté exemptait des impôts, et dont la lâcheté se voyait rarement exposée aux dangers du service militaire ; mais les citoyens sages, qui jugeaient de l'avenir par le passé, se souvenaient de l'immense perte d'hommes et d'argent qu'avait soufferte l'empire dans l'expédition de Basiliscus. Les troupes, rappelées des frontières de Perse, après cinq campagnes laborieuses, craignaient la mer, le climat, et les armes d'un ennemi inconnu. Les ministres des finances calculaient, autant qu'ils pouvaient calculer, les frais d'une guerre d'Afrique, les taxes qu'il faudrait imaginer et percevoir pour satisfaire à des demandes sans bornes, et tremblaient de payer de leur vie, ou du moins par la perte d'un emploi lucratif, l'insuffisance des résultats de leurs mesures. Jean de Cappadoce, inspiré par ces motifs personnels (car on ne peut le soupçonner du moindre zèle pour le bien public), osa s'opposer, en plein conseil, aux penchans de son maître. Il avoua qu'on ne pouvait trop payer une victoire si importante; mais il fit sentir avec force les difficultés certaines de cette entreprise et l'incertitude de l'événement. « Vous voulez assiéger Carthage, dit le préfet; par terre, ce royaume est éloigné de cent quarante journées; par mer, une année entière (1) doit s'écouler avant que vous puissiez recevoir des nouvelles de votre flotte. Quand l'Afrique serait soumise,

---

(1) *Une année!* quelle absurde exagération! La conquête de l'Afrique peut être fixée à l'an 533, le 14 septembre. Justinien la vante dans la préface de ses Institutes, qui furent publiées le 21 novembre de la même année. Ce calcul pourrait s'appliquer avec plus de justesse à la distance de nos possessions dans l'Inde, en comprenant le voyage et le retour.

pour la garder il faudrait conquérir la Sicile et l'Italie. Le succès vous imposerait de nouveaux travaux, et un seul revers attirerait les Barbares au sein de votre empire épuisé. » Le prince sentit la justesse de cet avis; et, confondu de cette hardiesse inusitée d'un sujet si respectueux, il aurait peut-être renoncé à la guerre d'Afrique, si une voix qui fit taire les doutes de la profane raison, n'eût ranimé son courage. « J'ai eu une vision, s'écria un évêque d'Orient, charlatan ou fanatique : empereur, la volonté du ciel est que vous n'abandonniez pas votre sainte entreprise pour la délivrance de l'Église d'Afrique. Le Dieu des batailles marchera devant votre étendard, et il dispersera vos ennemis, qui sont les ennemis de son Fils. » Justinien put être tenté de croire à une révélation qui arrivait si à propos : ses ministres y furent obligés; mais la révolte que les partisans d'Hilderic ou de saint Athanase venaient d'exciter sur la frontière de la monarchie vandale, leur donna quelques motifs d'espérance un peu plus raisonnables. L'Africain Pudentius avait instruit en secret la cour de Constantinople de la fidélité qu'il gardait à son souverain, et quelques troupes qu'on lui envoya suffirent pour remettre la province de Tripoli sous la domination des Romains. Godas, Barbare valeureux, qui commandait en Sardaigne, suspendit le paiement du tribut, refusa d'obéir à l'usurpateur, et donna audience aux émissaires de Justinien, qui le trouvèrent maître de cette île fertile, environné d'une garde nombreuse, et orgueilleusement revêtu des ornemens de la royauté.

La discorde et la défiance diminuaient les forces des Vandales, tandis que les armées de l'empire étaient animées de l'esprit de Bélisaire, dont le nom héroïque est devenu familier à tous les siècles et à toutes les nations.

Le Scipion Africain de la nouvelle Rome reçut le jour et fut peut-être élevé parmi les paysans de la Thrace (1). Une naissance illustre, une éducation libérale, l'émulation qui naît de la liberté, avaient contribué à former les vertus des deux Scipion ; tous ces avantages manquèrent à Bélisaire. Le silence de son verbeux secrétaire prouve sans doute d'une manière suffisante que sa jeunesse ne put offrir le sujet d'aucun éloge ; il servit, et sûrement avec valeur et avec gloire, dans les gardes de Justinien, et lorsque son maître monta sur le trône, il fut élevé de ce poste domestique à un commandement militaire. Après une incursion hardie dans la Persarménie, où un collègue partagea ses succès, et où l'ennemi arrêta ses progrès, Bélisaire se rendit au poste important de Dara, et c'est là qu'il admit à son service Procope, le fidèle compagnon et le soigneux historien de ses ex-

*Caractère de Bélisaire.*

───────────────

(1) Ὥρμητο δὲ ὁ Βελισάριος ἐκ Γερμανίας, ἡ Θρακῶντε καὶ Ἰλλυρίων μεταξὺ κεῖται. (Proc., *Vandal.*, l. 1, c. 11; Alem., *Not. ad Anecd.*, p. 5). Un Italien n'éprouvera aucune répugnance à rejeter les prétentions germaniques de Giphanius et de Velserus, qui veulent réclamer Bélisaire ; mais je ne trouve dans aucune liste civile ou ecclésiastique des provinces et des villes, cette Germania ou métropole de Thrace.

ploits (1). Le Mirranes de Perse, qui vint à la tête de quarante mille hommes d'élite raser les fortifications de Dara, fixant le jour et l'heure où les citoyens de la ville devaient lui préparer un bain pour se rafraîchir, disait-il, des fatigues de la victoire, trouva un adversaire, son égal par le nouveau titre de général de l'Orient, son supérieur dans l'art de la guerre, mais son inférieur dans le nombre et la qualité de ses soldats, qui se bornaient à vingt-cinq mille Romains ou étrangers relâchés dans leur discipline et humiliés par des défaites récentes. La plaine unie de Dara n'offrant aucun lieu couvert qui pût servir à un stratagême ou cacher une embuscade, Bélisaire plaça le front de ses troupes derrière une large tranchée qui se prolongeait d'abord en lignes perpendiculaires et ensuite en lignes parallèles, pour couvrir les ailes de la cavalerie qui dominaient les flancs et les derrières de l'ennemi. Une charge rapide et une évolution bien combinée de cette cavalerie, au moment où le centre des Romains était ébranlé, détermina la victoire. L'étendard de Perse tomba, les *immortels* prirent la fuite, l'infanterie jeta ses boucliers, et les vaincus laissèrent huit mille morts sur le champ de bataille. L'année suivante, l'ennemi pénétra en Syrie du côté du désert, et Bélisaire partit de Dara avec vingt mille hommes pour aller au secours de la pro-

Ses services dans la guerre de Perse.
A. D. 529-533.

---

(1) Procope a raconté fidèlement, et en grand détail, les deux premières campagnes de Bélisaire dans la guerre de Perse. *Persic.*, l. 1, c. 12-18.

vince. Ses savantes dispositions rendirent vains, durant tout l'été, les projets des ennemis; il les harcela dans leur retraite. Chaque nuit il occupait le camp qu'ils avaient occupé la veille, et il se serait assuré la victoire sans effusion de sang, s'il avait pu contenir l'impatience de ses troupes. Cette valeur dont elles s'étaient vantées se montra peu le jour de la bataille: les Arabes chrétiens, par une lâche ou perfide défection, découvrirent l'aile droite; les Huns, vieux corps de huit cents guerriers, furent accablés sous le nombre des assaillans; les Isauriens furent coupés dans leur fuite; mais l'infanterie romaine demeura inébranlable sur la gauche; et Bélisaire, descendant lui-même de cheval, fit voir à ses soldats qu'il ne leur restait d'autre ressource que l'intrépidité du désespoir. Ils tournèrent le dos à l'Euphrate et le visage à l'ennemi; des traits sans nombre vinrent frapper sans effet contre le rempart qu'offraient leurs boucliers serrés; ils opposèrent une ligne impénétrable de piques aux assauts multipliés de la cavalerie persane; et après une très-longue résistance, on mit habilement à profit les ombres de la nuit pour embarquer ce qui restait de troupes. Le général persan, se retirant en désordre et avec ignominie, eut à rendre un compte sévère de la vie de tant de soldats qu'il avait sacrifiés à un succès inutile. Mais la gloire de Bélisaire ne fut point ternie par une défaite, où seul il avait soustrait ses troupes aux suites de leur témérité. Les approches de la paix le délivrèrent de la garde de la frontière d'Orient; et la manière dont il se conduisit lors de la sédition de Constantinople, l'acquitta complétement envers l'empereur. Lorsque la guerre d'Afrique devint le sujet des entretiens populaires et des délibérations du conseil, chacun des généraux romains craignait plutôt qu'il n'ambitionnait le dangereux honneur de la diriger; mais lorsque, déterminé par la supériorité du mérite, Justinien eut nommé Bélisaire, leur jalousie fut promptement rallumée par l'applaudissement général qu'excita ce choix de l'empereur. Les habitudes de la cour de Byzance permettent de soupçonner que les droits du héros furent secrètement appuyés des intrigues de sa femme, la belle et adroite Antonina, qui tour à tour obtenait la confiance et encourait la haine de l'impératrice Théodora. Antonina était d'une naissance obscure; elle descendait d'une famille de conducteurs de char, et son inconduite lui mérita les plus honteux reproches. Toutefois elle exerça long-temps un empire absolu sur son illustre époux; et si elle dédaigna le mérite de la fidélité conjugale, elle donna de grandes preuves d'une mâle affection à l'époux qu'elle eut le courage de suivre au milieu de toutes les fatigues et de tous les dangers de ses expéditions. (1)

*Préparatifs de la guerre d'Afrique. A. D. 533.*

Rome allait lutter pour la dernière fois contre Carthage, et les préparatifs de la guerre d'Afrique ne furent pas indignes de cette grande querelle. Les

---

(1) *Voyez* la naissance et le caractère d'Antonina dans les *Anecdotes*, c. 1; et les *Notes* d'Aleman, p. 3.

gardes de Bélisaire, qui, selon le pernicieux usage toléré en ce temps-là, faisaient à leur chef un serment de fidélité particulier, composaient l'élite et faisaient l'orgueil de l'armée. Ils étaient tous remarquables par une force et une stature peu communes; la bonté de leurs chevaux et de leur armure, et une pratique assidue des exercices de la guerre, les mettaient en état d'effectuer tout ce que leur inspirait le courage; et leur courage était exalté par le sentiment de l'honneur de corps, auquel se joignaient leurs vues particulières d'ambition et de fortune. Quatre cents des plus braves d'entre les Hérules marchaient sous la bannière de l'actif et fidèle Pharas. Leur valeur intraitable se faisait payer plus chèrement que la servile soumission des Grecs et des Syriens; et un renfort de six cents Massagètes ou Huns parut si important, qu'on employa la fraude et la supercherie pour les engager dans une expédition navale. Cinq mille cavaliers et dix mille fantassins s'embarquèrent à Constantinople; mais la plupart des soldats d'infanterie levés dans la Thrace et l'Isaurie, le cédaient aux cavaliers dont le service était plus général et plus estimé, et les armées de Rome se voyaient alors réduites à placer leur principale confiance dans l'arc des Scythes. Justement jaloux de soutenir la dignité des sujets dont il s'occupe, Procope répond aux critiques de mauvaise humeur, qui ne donnaient le nom de soldats qu'aux guerriers pesamment armés de l'antiquité, et qui observaient avec malice qu'Homère (1) emploie le mot d'archer comme un terme de mépris. « On a pu mépriser, peut-être, dit-il, ces jeunes gens qui, désarmés, se montraient à pied dans les champs de Troie, et qui, cachés derrière un tombeau ou le bouclier d'un ami, tiraient vers leur poitrine (2) la corde de l'arc, et lançaient d'une main faible un trait sans vigueur ; mais nos archers montent des chevaux qu'ils gouvernent avec une adresse admirable ; un casque et un bouclier défendent leur tête et leurs épaules ; une armure de fer couvre leurs jambes, et leur corps est revêtu d'une cotte de mailles. Ils portent un carquois du côté droit, une épée du côté gauche ; et lorsqu'ils se trouvent près de l'ennemi, ils savent manier la lance et la javeline. Les arcs dont ils se servent ont de la force et de la pesanteur ; ils les tirent dans toutes les directions possibles, au moment où ils se précipitent, au moment où ils se

---

(1) *Voyez* la Préface de Procope. Ceux qui dédaignent les archers, peuvent citer les reproches de Diomède (*Iliad.*, Λ 385, etc.) et le *permittere vulnera ventis* de Lucain (VIII, 384). Toutefois les Romains ne pouvaient mépriser les traits des Parthes ; et au siége de Troie, Pandarus, Pâris et Teucer, percèrent avec l'arc ces fiers guerriers qui leur reprochaient d'avoir la faiblesse des femmes et des enfans.

(2) Νευρὴν μὲν μαζῷ πελασέν, τόξῳ δὲ σίδηρον. *Iliade*, Δ 123. Que ce tableau a de précision, de justesse et de beauté ! Je vois les attitudes de l'archer ; le son aigu de la corde frappe mes oreilles :

Λιγξε βιος, νευρη δε μεγ' ιαχεν, αλτο δ' οιστος.

retirent, en avant, en arrière, en flanc; et comme ils rapprochent la corde de l'arc, non pas de la poitrine, mais de l'oreille droite, il n'y a qu'une armure bien ferme qui puisse résister à la rapidité et à la violence de leurs traits. » Cinq cents navires, manœuvrés par vingt mille matelots de l'Égypte, de la Cilicie et de l'Ionie, étaient rassemblés dans le port de Constantinople. Le plus petit de ces bâtimens pouvait être environ du port de trente tonneaux, et le plus considérable de cinq cents. Le terme moyen donnera, sans enfler le calcul, un résultat de cent mille tonneaux (1); le transport était de trente-cinq mille soldats et matelots; cinq mille chevaux, des armes, des machines, et des munitions de guerre, et une provision d'eau et de vivres pour un voyage qui pouvait durer trois mois. On ne voyait plus dès

---

(1) Procope semble fixer les dimensions des navires les plus grands à cinquante mille médimnes ou trois mille tonneaux (puisque le médimne pesait cent soixante livres romaines ou cent vingt livres *avoir du poids*). J'ai adopté une interprétation plus raisonnable, en supposant que cet écrivain, dans son style attique, a voulu désigner le *modius* légal et populaire, qui était la sixième partie du *médimne*. (Hooper's *Ancient Measures*, p. 152, etc.) Une erreur contraire et bien plus étrange s'est glissée dans une oraison de Dinarque (*contra Demosthenem*, *in Reiske Orator. græc.*, t. IV, part. II, p. 34); en réduisant le *nombre* des vaisseaux de cinq cents à cinquante, et en traduisant μέδιμνοι par mines ou livres, le président Cousin donne généreusement cinq cents tonneaux à toute la flotte impériale. Je voudrais savoir s'il avait jamais réfléchi.

long-temps ces fières galères, qui, dans les premiers siècles, sillonnaient la Méditerranée de leurs milliers de rames ; et quatre-vingt-douze brigantins légers, à couvert des armes de trait de l'ennemi, et menés par deux mille hommes de la plus robuste et de la plus brave jeunesse de Constantinople, escortaient la flotte de Justinien. L'histoire nomme vingt-deux généraux, dont la plupart se distinguèrent ensuite dans les guerres d'Afrique et d'Italie ; mais Bélisaire seul commandait en chef par mer et par terre, avec un pouvoir aussi absolu que celui de l'empereur. La séparation du service de la marine et du service de terre est tout à la fois l'effet et la cause du progrès qu'ont fait les modernes dans l'art de la navigation et de la guerre maritime.

<small>Départ de la flotte. A. D. 533, juin.</small>

Dans la septième année du règne de Justinien, et à peu près vers le solstice d'été, la flotte entière, composée de six cents vaisseaux, s'aligna avec une pompe guerrière devant les jardins du palais. Le patriarche donna la bénédiction, l'empereur ses derniers ordres ; la trompette de Bélisaire annonça le départ, et chacun, selon ses espérances ou ses désirs, examina avec inquiétude les présages heureux ou défavorables. La flotte relâcha d'abord à Perinthus ou Héraclée, où le général attendit cinq jours des chevaux de Thrace, don du souverain et présent digne d'un guerrier. Elle traversa ensuite la Propontide, et, au moment où elle s'efforçait de passer le détroit de l'Hellespont, un vent contraire la retint quatre jours à Abydos, où Bélisaire donna un exemple remarquable de rigueur et de fermeté. Deux Huns, dans une querelle, suite de l'ivresse, venaient de tuer un de leurs camarades : ils expirèrent sur un gibet en présence de l'armée. Leurs compatriotes, qui se crurent outragés, récusèrent les serviles lois de l'empire, et firent valoir les libres priviléges de la Scythie, où une légère amende expiait les fautes de l'ivrognerie et de la colère. Leurs plaintes étaient spécieuses, leurs clameurs bruyantes, et les Romains auraient souffert sans peine cet exemple du désordre et de l'impunité; mais l'autorité et l'éloquence de Bélisaire apaisèrent la sédition naissante; il fit sentir à ses troupes assemblées la nécessité de la justice, l'importance de la discipline, les récompenses de la piété et de la vertu, l'énormité du meurtre qu'on venait de commettre, et il ajouta que l'ivresse des coupables aggravait leur crime au lieu de l'excuser (1). Durant cette traversée de l'Hellespont aux côtes du Péloponèse, que les Grecs, après le siége de Troie, avaient faite en quatre jours (2), la flotte fut guidée par le

---

(1) J'ai trouvé dans le cours de mes lectures un législateur grec qui infligeait une double peine aux crimes qu'on commettait pendant l'ivresse; mais on paraît convenir aujourd'hui que c'était une loi politique plutôt qu'une loi morale.

(2) Les Grecs firent même ce voyage en trois jours; car ils jetèrent l'ancre le premier soir à l'île de Ténédos, voisine de Troie; ils arrivèrent à Lesbos le second jour; le troisième au promontoire d'Eubée, et le quatrième à Argos. (Homère, *Odyss.*, Γ 130-183; Wood's *Essay on Homer*, p. 40-46.) Un

vaisseau de tête, qu'on reconnaissait le jour à la couleur rouge de ses voiles; et la nuit aux torches qu'il portait au sommet de son grand mât : lorsqu'elle se trouva entre les îles, et qu'elle doubla les caps de Malée et de Ténare, on recommanda aux pilotes de s'appliquer à maintenir un ordre exact et des intervalles réguliers entre ce grand nombre de navires; le vent étant favorable et ayant peu de force, ils en vinrent à bout ; et les troupes débarquèrent saines et sauves à Méthone, sur la côte de Messénie, où elles se reposèrent quelque temps des fatigues de la mer. Elles éprouvèrent jusqu'où la cupidité, revêtue du pouvoir, peut se jouer de la vie de plusieurs milliers d'hommes qui s'exposent courageusement pour le service de la patrie. D'après les réglemens militaires, le pain ou le biscuit des Romains devait passer deux fois au four, et les troupes consentaient volontiers à une diminution du quart pour le déchet de la seconde cuisson. Pour tourner à son profit ce misérable bénéfice et épargner la dépense du bois, le préfet, Jean de Cappadoce, avait ordonné de cuire légèrement la farine au feu des bains de Constantinople; et lorsqu'on ouvrit les sacs, on distribua à l'armée une pâte molle et moisie. Une nourriture si malsaine, jointe à la chaleur du climat et de la saison, produisit bientôt une maladie épidémique, et donna la mort à cinq cents soldats. Bélisaire rétablit

---

corsaire qui avait appareillé de l'Hellespont, arriva au port de Sparte en trois jours. Xénophon, *Hellen.*, l. II, c. 1.

la santé des malades avec du pain frais qu'il se procura à Méthone ; il fit entendre avec courage et indignation les plaintes de la justice et de l'humanité ; l'empereur prêta l'oreille à ses remontrances, loua le général, mais sans punir le ministre. Du port de Méthone, avant d'entreprendre une route de cent lieues sur la mer Ionienne, entreprise qu'ils regardaient comme très-périlleuse, les pilotes longèrent la côte occidentale du Péloponèse jusqu'à l'île de Zacynthus ou de Zante. Comme il survint un calme, cette traversée employa seize jours ; et sans l'ingénieuse précaution d'Antonina, qui avait conservé de l'eau dans des bouteilles de verre enterrées dans du sable, et placées dans un coin du vaisseau où ne pénétraient pas les rayons du soleil, Bélisaire lui-même eût été exposé à toutes les souffrances d'une soif cruelle. Les troupes trouvèrent enfin un asile hospitalier dans le port de Caucana (1), sur la côte méridionale de Sicile. Les officiers goths qui gouvernaient l'île au nom de la fille et du petit-fils de Théodoric, obéirent aux ordres imprudens qu'on leur avait donnés, de recevoir les soldats de Justinien comme des amis et des alliés : ils fournirent des provisions en abondance, ils remontèrent la cavalerie (2) ; et Procope, envoyé à

---

(1) Caucana, près de Camarina, est au moins à cinquante milles (trois cent cinquante ou quatre cents stades) de Syracuse. Cluvier, *Sicilia antiqua*, p. 191.

(2) Procope, *Gothic.*, l. 1, c. 3. *Tibi tollit hinnitum apta quadrigis equa.* Il s'agit des pâturages de Grosphus, en

Syracuse, ne tarda pas à rapporter des détails exacts sur la situation et les desseins des Vandales. Ses rapports déterminèrent Bélisaire à hâter ses opérations, et les vents secondèrent sa prudente impatience. La flotte perdit de vue la Sicile, passa devant l'île de Malte, découvrit les caps de l'Afrique, longea les côtes de cette partie du monde à la faveur d'un fort vent de nord-est, et enfin jeta l'ancre au promontoire de Caput-Vada, à environ cinq journées de chemin au sud de Carthage (1).

<small>Bélisaire débarque sur la côte d'Afrique. Septembre.</small>

Si Gelimer eût été instruit de l'approche de l'ennemi, il aurait différé la conquête de la Sardaigne pour s'occuper de la défense de sa personne et de son royaume. Un détachement de cinq mille soldats et de cent vingt galères aurait joint ce qui lui restait de forces en Afrique, et le descendant de Genseric aurait pu surprendre et accabler des vaisseaux de transport à qui la pesanteur de leur chargement ôtait les moyens de combattre, et de légers brigantins qui ne semblaient propres qu'à la fuite. Bélisaire sentit une terreur secrète, lorsque, durant la traversée, il en-

---

Sicile. (Horat., carm. II, 16.) *Acragas.... magnanimum quondam generator equorum.* (Virgile, *Énéid.*, III, 704.) Les chevaux de Théron, dont Pindare a immortalisé les victoires, étaient nés dans ce pays.

(1) Le *Caput-Vada* de Procope, où Justinien fonda ensuite une ville (*de Ædific.*, l. VI, c. 6), est le promontoire d'*Amon* de Strabon, le *Brachodes* de Ptolomée, le *Capaudia* des modernes, et forme une bande longue et étroite qui se prolonge dans la mer. Shaw's *Travels*, p. 111.

tendit ses soldats s'encourager l'un l'autre à mani-
fester leurs craintes : ils se disaient qu'une fois sur la
côte, ils espéraient maintenir leur honneur; mais ils
ne rougissaient pas d'avouer que, si on les attaquait
en mer, ils n'avaient pas assez de courage pour lutter
à la fois contre les vents, les flots et les Barbares (1).
Instruit de leurs dispositions, le général saisit la première occasion de les débarquer en Afrique, et il eut
la sagesse de rejeter la proposition qu'on avait faite
dans le conseil de guerre, de conduire la flotte et
l'armée dans le port de Carthage. Trois mois après le
départ de Constantinople, les soldats, les chevaux,
des armes et des munitions de guerre, se trouvèrent
débarqués en sûreté sur la côte. On laissa cinq hommes à bord de chacun des navires qu'on rangea en
demi-cercle : l'armée prit sur la côte un camp qu'on
environna d'un fossé et d'un rempart, selon l'ancien
usage; et la découverte d'une source d'eau douce,
en venant soulager la soif des soldats, leur inspira
une confiance superstitieuse. Le lendemain, quelques-uns des jardins des environs ayant été pillés, Bélisaire, après avoir châtié les coupables, saisit cette
occasion légère, mais décisive, pour pénétrer ses
troupes des principes de l'équité, de la modération
et de la bonne politique. « Lorsque je me suis chargé,

---

(1) Un centurion de Marc-Antoine témoigna, quoique
d'un ton plus courageux, la même aversion pour la mer et
les combats maritimes. *Voy.* Plutarque, *in Antonio*, p. 1730,
édit. de H. Étienne.

leur dit-il, du soin de subjuguer l'Afrique, j'ai moins compté sur le nombre ou même sur la bravoure de mes troupes, que sur la disposition amicale des naturels du pays, et la haine immortelle qu'ils portent aux Vandales. Vous pouvez seuls m'ôter ce moyen de succès, si vous continuez à enlever par force ce que vous obtiendriez avec un peu d'argent; de pareilles violences réconcilieront ces implacables ennemis, et ils formeront une juste et sainte ligue contre nous qui venons envahir leur contrée. » Une discipline sévère, dont l'armée elle-même sentit bientôt et reconnut les heureux effets, ajouta une nouvelle force à ces exhortations. Les habitans, au lieu d'abandonner leurs maisons et de cacher leur blé, fournirent en abondance aux Romains, et à un prix modéré, les provisions qui leur étaient nécessaires; les officiers civils de la province, laissés dans leurs fonctions, les exercèrent au nom de l'empereur d'Orient; et le clergé, comme le lui ordonnaient sa conscience et son intérêt, favorisa de tout son pouvoir la cause d'un prince catholique. La petite ville de Sullecte (1), qui se trouvait à une journée du camp, eut l'honneur d'être la première à ouvrir ses portes et à repasser sous la domination de ses anciens souverains. Leptis

---

(1) Sullecte est peut-être la *Turris Annibalis*, vieil édifice qui est encore aujourd'hui aussi grand que la tour de Londres. La marche de Bélisaire vers Leptis, Adrumetum, etc., tire beaucoup de jour de la campagne de César (Hirtius, *de Bell. Afric.*, avec l'analyse de Guichardt), ainsi que des *Voyages de Shaw* (p. 105-113) dans cette même contrée.

et Adrumète, villes plus considérables, s'empressèrent, à l'approche de Bélisaire, d'imiter cet exemple de fidélité; et le général romain s'avança sans trouver de résistance jusqu'à Grasse, palais des rois vandales, situés à cinquante milles de Carthage. Les Romains fatigués jouirent du repos que leur présentaient de frais bocages, des eaux limpides et des fruits délicieux; et lorsque Procope préféra ces jardins à tous ceux qu'il avait vus dans l'Orient et l'Occident, cette préférence ne doit peut-être s'attribuer qu'au goût particulier de l'historien ou à la fatigue qu'il éprouvait alors. En trois générations, la prospérité et la chaleur du climat avaient énervé le robuste courage des Vandales, devenus peu à peu les plus voluptueux des hommes. Leurs maisons de plaisance et leurs jardins, dignes du nom persan de *paradis* (1), leur offraient les jouissances de la fraîcheur et toutes les délices du repos. Chaque jour, en sortant du bain, ces Barbares s'asseyaient à une table où l'on servait avec profusion tous les mets recherchés que fournissaient la terre et la mer. Des broderies d'or couvraient leurs robes de soie flottantes comme celles des Mèdes; l'amour et la chasse étaient les occupations de leur vie; et des pantomimes, des courses de char, la mu-

---

(1) Παραδεισος καλλιστος απαντων ων ημεις ισμεν. Le jardin royal d'Ispahan peut donner une idée de ces *paradis*, dont le nom et l'usage nous sont venus de la Perse. (*Voyage* d'Olearius, p. 774.) *Voyez* aussi leur modèle le plus parfait dans les romans grecs, Longus, *Pastor.*, l. IV, p. 99-101; Achill. Tatius, l. I, p. 22, 23.

sique et les danses de théâtre, amusaient leurs momens de loisir.

*Il défait les Vandales dans une première bataille.*

Durant une marche de dix ou douze jours, Bélisaire ne cessa de porter son attention sur des ennemis embusqués, qui à chaque instant pouvaient fondre sur lui. Un officier de confiance, habile militaire, Jean l'Arménien, conduisait l'avant-garde, composée de trois cents cavaliers; six cents Massagètes couvraient l'aile gauche à quelque distance: la flotte entière longeait la côte, et perdait rarement de vue l'armée, qui faisait environ douze milles par jour, occupant chaque soir des camps fortifiés ou des villes amies. L'approche des Romains, qui s'avançaient vers Carthage, remplit de trouble et d'effroi l'esprit de Gelimer. Il voulait sagement prolonger la guerre, jusqu'à ce que son frère et ses vétérans fussent revenus de la conquête de la Sardaigne; il déplorait l'imprévoyante politique de ses ancêtres, qui, en détruisant les fortifications de l'Afrique, ne lui avait laissé que la ressource dangereuse de risquer une bataille aux environs de sa capitale. Les cinquante mille Vandales qui avaient subjugué l'Afrique s'étaient multipliés de manière qu'à l'époque de l'invasion de Bélisaire, ils formaient cent soixante mille combattans, non compris les femmes et les enfans; et tant de guerriers braves et unis entre eux auraient pu écraser, au débarquement, une troupe peu nombreuse et harassée; mais les partisans du roi captif semblaient plus disposés à écouter les invitations qu'à contrarier les progrès de Bélisaire; et un grand nombre de ces orgueilleux Barbares cachaient leur aversion pour la guerre, sous le prétexte plus honorable de leur haine pour l'usurpateur. Toutefois l'autorité et les promesses de Gelimer rassemblèrent une armée nombreuse, et il concerta ses plans d'une manière assez habile. Il expédia à son frère Ammatas l'ordre de réunir toutes les forces de Carthage, et d'attaquer à dix milles de la ville l'avant-garde des Romains. Gibamond, son neveu, qui commandait deux mille cavaliers, eut ordre de fondre sur leur aile gauche, tandis que le monarque, marchant secrètement de son côté, les prendrait par-derrière dans une position qui les priverait du secours et même de la vue de leur flotte. Mais la témérité d'Ammatas lui devint funeste ainsi qu'à son pays : ayant devancé l'heure de l'attaque, il laissa derrière lui ses compagnons trop lents, et reçut une blessure mortelle, après avoir tué de sa main douze des plus braves soldats ennemis. Sa troupe s'enfuit vers Carthage; le chemin était jonché de morts dans un espace de dix milles, et on avait peine à comprendre que trois cents Romains eussent massacré tant de monde. Les six cents Massagètes mirent en déroute, après un léger combat, le corps du neveu de Gelimer, trois fois plus considérable que le leur; chaque Scythe était animé par l'exemple de son chef, qui, usant du glorieux privilége de sa famille, s'était porté seul en avant pour décocher le premier trait contre l'ennemi. Sur ces entrefaites, Gelimer, ignorant son malheur, et égaré au milieu des détours sinueux des collines, dépassa l'armée romaine sans le savoir, et arriva sur le terrain où venait d'expirer l'imprudent Ammatas. Il pleura la destinée de son frère et celle de Carthage, et chargea avec l'intrépidité du désespoir les escadrons qui s'avançaient à sa rencontre; il aurait pu pousser plus loin ses avantages et, peut-être décider la victoire en sa faveur, s'il n'eût perdu un temps inestimable à rendre aux morts de pieux mais vains devoirs. Au milieu de ces tristes soins qui abattaient son courage, la trompette de Bélisaire vint frapper ses oreilles. Le général romain, laissant Antonina et son infanterie dans son camp, s'avançait à la tête de ses gardes et du reste de sa cavalerie, pour rallier ses troupes en désordre et ramener la victoire sous ses drapeaux. Cette bataille irrégulière offrait peu de place aux talens d'un général ; mais le roi s'enfuit devant le héros, et les Vandales, qui n'avaient jamais attaqué que des Maures, ne purent résister aux armes et à la discipline des Romains. Gelimer précipita sa fuite vers les déserts de la Numidie; il eut du moins la consolation d'apprendre bientôt qu'on avait obéi à ses ordres secrets pour l'exécution d'Hilderic et de ceux de ses partisans qu'il tenait en prison. Cet acte de fureur ne fut utile qu'à ses ennemis. La mort d'un prince légitime excita la compassion du peuple ; sa vie aurait embarrassé les Romains victorieux; et un crime qui ne coûtait rien à la vertu du lieutenant de Justinien, le délivra de la cruelle alternative de perdre son honneur ou d'abandonner sa conquête.

*Réduction de Carthage. A. D. 533, sept. 15.*

Dès que la tranquillité fut rétablie, les divers corps

de l'armée romaine s'instruisirent mutuellement des pertes qu'ils avaient faites ; et Bélisaire campa sur le champ de bataille qu'on a appelé *decimus*, parce qu'on y trouvait la dixième borne milliaire depuis Carthage. Craignant avec raison les stratagêmes et les ressources de l'ennemi, il marcha le jour suivant en ordre de bataille, et s'arrêta le soir devant les portes de Carthage ; il accorda à ses troupes une nuit de repos, afin qu'au milieu du désordre et des ténèbres la ville ne fût pas exposée à la licence des soldats, ou que ceux-ci ne tombassent point dans les embuscades qui pouvaient y être cachées. Mais comme les craintes de Bélisaire n'étaient jamais que le résultat des calculs d'une raison froide et intrépide, il vit bientôt qu'il pouvait se fier sans danger aux apparences tranquilles et favorables que lui offrait l'aspect de la capitale : des torches innombrables, signes de la joie publique, y brillaient de toutes parts ; on avait ôté la chaîne qui fermait l'entrée du port ; les portes étaient ouvertes, et la reconnaissance du peuple saluait et appelait à grands cris ses libérateurs. On proclama la défaite des Vandales et la liberté de l'Afrique la veille de la fête de saint Cyprien, dans un temps où les églises étaient déjà ornées et illuminées en l'honneur de ce martyr, dont trois siècles de superstition avaient presque fait la divinité du pays. Les ariens, sentant que leur règne était passé, abandonnèrent le temple aux catholiques ; qui, aussitôt qu'ils eurent délivré leur saint des mains des profanes, commencèrent leurs cérémonies religieuses, et proclamèrent hautement le symbole de saint Athanase et la croyance de Justinien. Une heure, une heure terrible avait absolument changé la situation des deux partis. Les Vandales, qui, si peu de temps encore auparavant, se livraient à tous les vices des conquérans, supplians alors, cherchaient un humble refuge dans le sanctuaire de l'église. Un geolier, épouvanté tirait d'un cachot du palais où ils étaient renfermés, des marchands sujets de l'empereur, et implorait la protection de ses captifs, en leur montrant, par une ouverture de la muraille, les voiles de la flotte romaine. Les navires, après s'être séparés de l'armée, avaient longé la côte avec précaution jusqu'au promontoire d'Hermé, où ils apprirent les premières nouvelles de la victoire de Bélisaire. Les capitaines, fidèles à ses instructions, allaient mouiller à environ vingt milles de Carthage, lorsque d'habiles marins les avertirent des dangers de la côte et des indices d'une tempête. Ignorant toujours la révolution, ils ne voulurent point entreprendre de forcer la chaîne du port, ainsi qu'on le leur proposait; et le port et le faubourg de Mandracium furent seuls exposés à quelques insultes de la part d'un officier inférieur qui se sépara de ses chefs et agit contre leurs ordres. Le reste de la flotte profita d'un bon vent, et, après avoir atteint l'étroite ouverture de la Goulette (1), jeta l'ancre dans le profond et vaste lac

---

(1) La mer, la terre, les rivières, toutes les parties des environs de Carthage, sont presque aussi changées que le

de Tunis, c'est-à-dire à environ cinq milles de la capitale. Aussitôt que Bélisaire fut instruit de son arrivée, il envoya l'ordre de faire descendre à terre sur-le-champ la plus grande partie des mariniers, afin qu'ils vinssent assister à son triomphe, et grossir le nombre des Romains. Avant de leur permettre de passer les portes de Carthage, il les exhorta, dans un discours digne de son caractère et de la circonstance, à ne pas souiller la gloire de leurs armes, à se souvenir que si les Vandales avaient été des tyrans, les Romains, les libérateurs de l'Afrique, devaient respecter les naturels du pays comme les sujets volontaires et affectionnés de leur commun maître. Les vainqueurs traversèrent la ville les rangs serrés, et prêts à combattre si l'ennemi se montrait. La police sévère que maintint le général les pénétra du devoir de l'obéissance; et dans un siècle où l'usage et l'impunité autorisaient l'abus de la conquête, le génie d'un seul homme réprima les passions d'une armée victorieuse. On n'entendit point la voix de la menace, ni celle de la plainte. Le commerce de la ville ne fut point interrompu : tandis que l'Afrique changeait de

---

peuvent être les travaux des hommes. On ne distingue plus aujourd'hui du continent l'isthme sur lequel était bâti la ville; le havre est une plaine desséchée, et le lac où *stagnum* n'offre plus qu'un marais coupé par un courant d'eau de six ou sept pieds de profondeur. *Voyez* d'Anville, *Géogr. anc.*, t. III, p. 82; Shaw's *Travels*, p. 77-84; Marmol, *Description de l'Afrique*, t. II, p. 465; et de Thou, LVIII, 12, t. III, p. 334.

maître et de gouvernement, les boutiques demeurèrent ouvertes et remplies d'acheteurs ; et lorsqu'on eut placé des gardes nombreuses, les soldats se retirèrent tranquillement dans les maisons qui leur avaient été assignées. Bélisaire occupa le palais et s'assit sur le trône de Genseric. Il reçut et distribua le butin fait sur les Barbares ; il fit grâce de la vie aux Vandales tremblans, et s'efforça de réparer les dommages que le faubourg de Mandracium avait soufferts dans la nuit précédente. Il donna à ses principaux officiers un souper qui eut l'appareil et la magnificence d'un banquet royal (1). Les officiers du monarque servirent respectueusement le vainqueur ; mais au milieu de ce festin, où les spectateurs équitables célébraient la fortune et le mérite de Bélisaire, ses envieux flatteurs empoisonnaient secrètement tout ce qui dans ses paroles et dans ses actions pouvait éveiller les soupçons d'un empereur méfiant. Ces spectacles fastueux, qu'on ne doit pas mépriser comme inutiles lorsqu'ils attirent le respect du peuple, employèrent une journée ; mais l'esprit actif de Bélisaire, qui au milieu de l'orgueil du triomphe savait prévoir la possibilité d'une défaite, ne voulait pas que l'empire romain en Afrique dépendît de la

---

(1) Du nom de la ville de Delphes un trépied avait reçu, soit en grec, soit en latin, le nom de *delphicum*; et par une analogie facile à concevoir, le même nom, soit à Rome, à Constantinople ou à Carthage, fut appliqué à la salle du banquet royal. Procope, *Vandal.*, l. 1, c. 21 ; Ducange, *Gloss. græc.*, p. 277. Δέλφικον, *ad Alexiad.*, p. 412.

fortune des armes ou de la faveur populaire. Les fortifications de Carthage avaient été seules épargnées par les rois des Vandales; mais durant les quatre-vingt-quinze années de leur domination, leur indolence et leur imprévoyance les avaient laissées tomber en ruines. Un conquérant plus sage répara, avec une incroyable activité, les murs et les fossés de cette ville. Sa libéralité encouragea les ouvriers: soldats, matelots et citoyens, se livrèrent à l'envi à ces utiles travaux; et Gelimer, qui avait craint d'exposer sa personne dans une ville ouverte, y vit avec étonnement et avec désespoir s'élever une forteresse imprenable.

Ce monarque infortuné, après la perte de sa capitale, s'attachait à rassembler les débris d'une armée plutôt dispersée que détruite par ses défaites précédentes, et l'espoir du pillage y attira quelques troupes de Maures. De son camp de Bulla, à quatre journées de Carthage, il insulta cette capitale; qu'il priva d'un aqueduc, promit une grande somme pour chaque tête de Romain qu'on lui apporterait, affecta d'épargner les personnes et les biens de ses sujets africains, et négocia en secret avec les sectaires ariens et avec les Huns, alliés des Romains. Dans cette cruelle position, la conquête de la Sardaigne ne servit qu'à augmenter ses douleurs; car cette expédition inutile lui avait coûté cinq mille de ses plus braves soldats, et il n'éprouva que de la honte et des chagrins en lisant les lettres triomphantes de son frère Zano, qui ne doutait pas que le roi n'eût, à l'exem-

*Défaite totale de Gelimer et des Vandales. A. D. 533, novembre.*

ple de ses aïeux, puni les Romains de leur témérité. « Hélas! mon frère, lui répondit Gelimer, le ciel s'est déclaré contre notre malheureuse nation. Tandis que vous avez conquis la Sardaigne, nous avons perdu l'Afrique. A peine Bélisaire s'est montré avec une poignée de soldats, que le courage et la prospérité ont abandonné les Vandales. Gibamond votre neveu, Ammatas votre frère, ont péri par la perfide lâcheté de leurs troupes. Nos chevaux, nos navires, Carthage elle-même et toute l'Afrique, sont au pouvoir de l'ennemi. Cependant les Vandales continuent de préférer un repos ignominieux à l'intérêt de leurs femmes, de leurs enfans, de leurs richesses et de leur liberté. Il ne nous reste que les champs de Bulla et l'espoir de notre valeur. Abandonnez la Sardaigne, volez à notre secours, venez rétablir notre empire ou mourir avec nous. » Zano fit part aux principaux des Vandales de ces douloureux événemens; mais il eut soin de les cacher aux naturels de l'île. Les troupes, embarquées sur cent vingt galères dans le port de Cagliari, mouillèrent le troisième jour sur les confins de la Mauritanie, et se hâtèrent de joindre, dans le camp de Bulla, les étendards de leur roi. Une profonde tristesse présida à cette entrevue; les deux frères s'embrassèrent, versèrent des larmes, pleurèrent en silence: on ne fit point de questions sur la victoire en Sardaigne, on ne parla point des désastres de l'Afrique; ils voyaient toute l'étendue de leurs maux, et l'absence de leurs femmes et de leurs enfans prouvait assez que la mort ou la captivité avait été leur partage. Les instances du roi, l'exemple de Zano, et le danger qui menaçait la monarchie et la religion, réveillèrent enfin les indolens Vandales et réunirent tous les esprits. Tous les guerriers de la nation marchèrent au combat; et leur nombre augmenta avec une telle rapidité, qu'avant d'arriver à Tricameron, à environ vingt milles de Carthage, ils se vantaient, peut-être avec quelque exagération, de surpasser dix fois en nombre la petite armée des Romains: mais cette armée était commandée par Bélisaire. Certain de la valeur de ses troupes, il se laissa surprendre par les Barbares à une heure où il ne devait pas s'attendre au combat. Les Romains se trouvèrent sous les armes au premier signal; un ruisseau couvrait leur front; la cavalerie formait la première ligne; que Bélisaire, placé au centre, soutenait à la tête de cinq cents de ses gardes : l'infanterie, postée à quelque distance, composait la seconde ligne; et l'habile lieutenant de Justinien surveillait le poste séparé et la fidélité suspecte des Massagètes, qui réservaient en secret leurs secours aux vainqueurs. Procope a rapporté, et le lecteur suppléera aisément les harangues des deux généraux (1), qui, par les argumens les plus analogues à leur situation, cherchèrent à pénétrer leurs soldats de l'importance de la victoire et du mépris de la vie. Zano et les vainqueurs

---

(1). Ces harangues font toujours connaître l'esprit du temps, et quelquefois celui des acteurs. J'en ai resserré le sens, et j'ai rejeté les déclamations.

de la Sardaigne occupaient le centre de la ligne ; et si la multitude des Vandales avait montré la même intrépidité, le trône de Genseric serait demeuré solidement affermi. Après avoir lancé leurs javelines et leurs armes de trait, ils tirèrent l'épée, et attendirent les Romains ; la cavalerie de ceux-ci passa trois fois le ruisseau et fut repoussée trois fois. Le combat parut indécis jusqu'à l'instant où Zano reçut un coup mortel, et où la bannière de Bélisaire fut déployée. Gelimer regagna son camp, les Huns se joignirent aux Romains dans la poursuite des vaincus, et les vainqueurs dépouillèrent les morts. On ne trouva sur le champ de bataille que cinquante soldats de Bélisaire et huit cents Vandales ; et ce fut ce combat, si peu sanglant, qui fit disparaître une nation et transféra à d'autres souverains l'empire de l'Afrique. Le soir, Bélisaire mena son infanterie à l'attaque du camp, et la fuite honteuse de Gelimer prouve la vanité de ces paroles qu'il avait prononcées peu de temps auparavant, que pour les vaincus la mort est un bonheur, la vie un fardeau, et l'infamie la seule chose à redouter. Son départ fut secret ; mais aussitôt que les Vandales se furent aperçus que leur roi les abandonnait, ils se dispersèrent à la hâte „ occupés seulement de leur sûreté personnelle, et oubliant tout ce qui peut être cher et précieux au cœur humain. Les Romains entrèrent sans résistance dans le camp des vaincus ; les ténèbres et la confusion de la nuit prêtèrent leurs voiles aux désordres les plus effrénés. Ils égorgèrent sans pitié tout Vandale qui se présenta devant eux. Les veuves et les filles des vaincus subirent le pouvoir et la brutalité des soldats, dont leur beauté ou leur richesse enflammait la licencieuse cupidité. L'avarice elle-même fut presque rassasiée du pillage de tant de trésors en or et en argent, accumulés par le despotisme et par l'économie durant une longue période de prospérité et de paix. Au milieu de cette licence, les troupes même personnellement attachées à Bélisaire oublièrent leur circonspection et leur respect accoutumés. Enivrés de débauche et de rapine, ses soldats parcouraient, seuls ou en petits détachemens, les champs voisins, les bois, les rochers et les cavernes capables de recéler encore quelques richesses. Chargés de butin, ils quittaient leurs rangs et erraient sans guide sur le chemin de Carthage; et si l'ennemi eût osé revenir, il aurait à peine échappé un petit nombre des vainqueurs. Pénétré de la honte et du danger d'un pareil désordre, Bélisaire passa une nuit pénible sur le champ de bataille, théâtre de sa victoire. A la pointe du jour, il arbora son drapeau sur une colline; il rappela ses gardes et ses vétérans, et rétablit peu à peu dans son camp la soumission et la discipline. Il mettait un égal intérêt à vaincre ceux de ses ennemis qui se défendaient et à sauver ceux qui se montraient soumis. On ne trouva plus de Vandales que dans les églises où ils s'étaient réfugiés en supplians; il les protégea par son autorité, et les fit désarmer et renfermer séparément, afin qu'ils ne pussent ni troubler la paix publique, ni devenir victimes de la vengeance populaire. Après avoir envoyé un léger détachement à la poursuite de Gelimer, le général se porta avec toute son armée à dix journées de là, jusqu'à *Hippo-Regius*, qui ne possédait plus les reliques de saint Augustin (1). La saison et la nouvelle certaine que le prince vandale s'était réfugié dans l'inaccessible contrée des Maures, déterminèrent Bélisaire à abandonner une vaine poursuite, et à prendre ses quartiers d'hiver à Carthage, d'où il envoya son principal lieutenant informer l'empereur qu'en trois mois il avait achevé la conquête de l'Afrique.

<small>Conquête d'Afrique par Bélisaire. A. D. 534.</small>

Bélisaire disait la vérité. Ce qui restait de Vandales abandonna sans résistance ses armes et sa liberté. Les environs de Carthage se soumirent aussitôt que Bélisaire parut, et le bruit de sa victoire subjugua successivement les provinces les plus éloignées. La ville de Tripoli se maintint dans la fidélité qu'elle avait

---

(1) Les évêques d'Afrique, lors de leur exil en Sardaigne (A. D. 500), avaient emporté les reliques de saint Augustin. On croyait au huitième siècle que Luitprand, roi des Lombards, avait transporté (A. D. 721) ces reliques de la Sardaigne à Pavie. En 1695, les augustins de Pavie *trouvèrent* un caveau en ruines, un tombeau de marbre, un coffre d'argent, un linceul de soie, des ossemens, du sang, etc., et peut-être l'inscription portant le nom d'*Agostino* en lettres gothiques; mais la raison et l'envie ont contesté cette découverte. Baronius, *Annal.*; A. D. 725, n°s 2-9; Tillemont, *Mém. ecclés.*, t. XIII, p. 944; Montfaucon, *Diar. italic.*, p. 26-30. Muratori (*Antiq. Ital. Medii Ævi*, t. V, *Dissert.* 58, p. 9), qui avait composé un traité sur cet objet avant le décret de l'évêque de Pavie et du pape Benoît XIII.

volontairement montrée à l'empereur ; la Sardaigne et la Corse se rendirent à un officier qui leur présenta, au lieu d'une épée, la tête du brave Zano ; et les îles de Majorque, de Minorque et d'Ivica, consentirent humblement à demeurer des dépendances du royaume d'Afrique. Césarée, ville royale, qu'à moins d'une grande exactitude géographique, on pourrait confondre avec la ville actuelle d'Alger, était située à trente journées à l'ouest de Carthage. Les Maures infestaient la route de terre ; mais la mer était ouverte, et les Romains en étaient alors les maîtres. Un tribun actif et prudent fut chargé de remonter par mer jusqu'au détroit, et s'empara de Sepem ou Ceuta (1), située en face de Gibraltar, sur la côte d'Afrique. Justinien embellit et fortifia dans la suite ce poste éloigné, flatté à ce qu'il paraît de la vaine gloire d'étendre son empire jusqu'aux colonnes d'Hercule. Ce fut au moment où il se disposait à publier les Pandectes des lois romaines, qu'il apprit la nouvelle des succès de Bélisaire ; soit dévotion, soit jalousie, il glorifia la Providence, et n'avoua que par son silence le mérite de son heureux général (2). Empressé d'abolir la

---

(1) Τα της πολιτειας προοιμια. C'est ainsi que s'exprime Procope (*de Ædific.*, l. vi, c. 7). Ceuta, ruinée depuis par les Portugais, offrait, sous la domination plus prospère des Arabes, beaucoup de noblesse et un grand nombre de palais, une agriculture et des manufactures florissantes. L'*Afrique de Marmol*, t. ii, p. 236.

(2) *Voyez* les deuxième et troisième préambules au Digeste ou aux Pandectes, publiés A. D. 533 ; 16 déc. Jus-

tyrannie spirituelle et temporelle des Vandales, il s'occupa sans délai de relever entièrement l'Église catholique ; il rétablit et augmenta libéralement la juridiction, les richesses et les immunités, qui forment peut-être la partie la plus essentielle de la communion épiscopale; il supprima le culte des ariens, proscrivit les assemblées des donatistes (1); et le synode de Carthage, composé de deux cent dix-sept évêques, applaudit à la justice de ces saintes représailles (2). On présume bien que dans une pareille occasion, peu de prélats orthodoxes s'absentèrent ; mais leur petit nombre, comparé au nombre deux ou trois fois plus considérable des évêques des anciens conciles, annonce clairement combien étaient déchus et l'Église et l'État. Tandis que Justinien se montrait le défenseur de la foi, il se flattait que son général victorieux étendrait bientôt sa domination sur toute la partie de l'Afrique qui dépendait de l'empire avant

---

tinien ou, plutôt Bélisaire avait de justes titres au surnom de *Vandalicus* et d'*Africanus* ; celui de *Gothicus* était prématuré ; et celui de *Francicus* faux et insultant pour une grande nation.

(1) *Voyez* les actes originaux dans Baronius, A. D. 535, n°s 21-54. L'empereur s'applaudit de sa clémence envers les hérétiques, *cùm sufficiat eis vivere.*

(2) Dupin (*Geogr. sacr. Afric.*, p. 59, *ad Optat. Milev.*) observe et déplore cette diminution d'évêques. Dans les temps florissans de l'Église, il avait indiqué six cent quatre-vingt-dix évêchés ; mais quelque peu étendus que l'on puisse supposer ces diocèses, vraisemblablement ils n'ont jamais existé simultanément.

l'invasion des Maures et des Vandales. Bélisaire eut ordre d'établir cinq *ducs* ou commandans à Tripoli, à Leptis, à Cirta, à Césarée et en Sardaigne, et de calculer le nombre de troupes palatines, ou *soldats de frontières*, nécessaire pour la défense de l'Afrique. On jugea que le royaume des Vandales méritait la présence d'un préfet du prétoire; quatre consulaires et trois présidens administrèrent sous lui les sept provinces soumises à sa juridiction civile. On fixa minutieusement le nombre des officiers inférieurs, comme secrétaires, messagers ou assistans; on en attribua trois cent quatre-vingt-seize au préfet, et cinquante à chacun de ses subdélégués : on régla rigoureusement leurs salaires et leurs gratifications, fixation qui confirma leurs droits sans prévenir les abus. Ces magistrats purent être à charge au public, mais non pas inutiles; car sous le nouveau gouvernement, qui affectait de faire revivre la liberté et l'équité de la république romaine, les questions subtiles de droit et de possession se multiplièrent sans mesure. L'empereur, voulant, au moment de la conquête, tirer de riches contributions des sujets d'Afrique, leur permit de réclamer, même au troisième degré et en ligne collatérale, les maisons et les terres dont les Vandales avaient injustement dépouillé leurs familles. Après le départ de Bélisaire, qui agissait en vertu d'une commission spéciale très-étendue, il n'y eut point de général ordinaire de l'Afrique; mais la charge de préfet du prétoire fut donnée à un guerrier. Justinien, selon son usage, réunit les pouvoirs civils et militaires en la personne du principal administrateur; et en Afrique ainsi qu'en Italie, le représentant de l'empereur reçut bientôt le titre d'exarque (1).

<small>Misère et captivité de Gelimer. A. D. 534, au printemps.</small>

Toutefois la conquête de l'Afrique demeurait imparfaite jusqu'au moment où Gelimer serait livré mort ou vif aux Romains. Ce prince, inquiet du sort de ses armes, avait ordonné secrètement de conduire une partie de son trésor en Espagne, et il espérait trouver un sûr asile à la cour du roi des Visigoths; mais son projet fut renversé par le hasard, par la perfidie des siens et l'infatigable poursuite de ses ennemis, qui ne lui permirent pas de s'embarquer, et qui chassèrent ce monarque infortuné jusqu'à Papua (2), montagne inaccessible de l'intérieur de la Numidie, où il se retira avec un petit nombre de fidèles compagnons. Il y fut aussitôt assiégé par Pharas, dont la véracité et la tempérance ont obtenu d'autant plus d'éloges, que ces qualités se trouvaient plus rarement chez les Hérules, les plus corrompus des Barbares. Pharas, après avoir vainement essayé d'escalader la montagne, tentative qui lui coûta cent

---

(1) Les lois que publia Justinien, sur l'Afrique, sont éclaircies par son biographe allemand: *Cod.*, l. 1, t. 27; *Novell.* 36, 37, 131; *vit. Justian.*, p. 349-377.

(2) D'Anville (t. III, p. 92 de la *Géographie ancienne*, et *Tabul. imp. Rom. Occident.*) place le mont Papua près de *Hippo-Regius* et de la mer; mais cette position ne s'accorde ni avec cette longue poursuite au-delà de *Hippo*, ni avec ces paroles de Procope (l. II, c. 4): Εν τοις Νουμιδιας εσχατοις.

dix soldats, résolut de continuer le siége durant l'hiver, et d'attendre l'effet de la misère et de la faim sur l'esprit du roi vandale. De toutes les habitudes du plaisir, de toutes les jouissances que s'empressaient de fournir à ses désirs la richesse et l'industrie, ce prince avait passé à la pauvreté des Maures (1); supportable seulement à des hommes qui ne connaissaient pas de condition plus heureuse. Ils couchaient pêle-mêle avec leurs femmes, leurs enfans, leur bétail, et dans des huttes faites de boue et de claies, qui emprisonnaient la fumée et ne recevaient point de jour. De sales vêtemens les couvraient à peine; ils ne connaissaient ni l'usage du pain ni celui du vin; des espèces de gâteaux composés d'avoine ou d'orge, et demi-cuits sous la cendre, formaient la nourriture que ces sauvages affamés dévoraient à peine préparée. C'était assez pour accabler les forces de Gelimer des rigueurs d'un genre de vie si étrange et si nouveau pour lui; mais ses souffrances étaient rendues plus grandes par le souvenir de sa grandeur passée, l'insolence journalière de ses protecteurs, et par les justes craintes qu'il ressentait que la légèreté des Maures et l'appât d'une récompense ne les engageassent à

---

(1) Shaw (*Travels*, p. 220) décrit avec exactitude les mœurs des Bédouins et des Kabyles. On voit par la langue de ces derniers qu'ils forment le reste d'une peuplade maure; mais combien ils sont changés! quels progrès a faits la civilisation parmi ces sauvages modernes! Ils ont des vivres en abondance, et le pain est commun chez eux.

trahir les droits de l'hospitalité. Pharas, qui connaissait sa situation, lui écrivit une lettre dictée par l'humanité et la bienveillance. « Comme vous, lui mandait le chef des Hérules, je suis un Barbare sans lettres; mais je sais dire ce qu'inspirent le bon sens et un cœur honnête. Pourquoi voulez-vous persister dans une opiniâtreté désespérée? pourquoi voulez-vous vous perdre, et perdre avec vous votre famille et votre nation? Votre résistance est-elle fondée sur l'amour de la liberté et sur la haine de l'esclavage? Hélas! mon cher Gelimer, n'êtes-vous pas le plus malheureux des esclaves, et l'esclave de la vile nation des Maures? Ne vaudrait-il pas mieux vivre à Constantinople dans la pauvreté et la servitude, que de régner en monarque absolu sur la montagne de Papua? Regardez-vous comme honteux d'être le sujet de Justinien? Bélisaire est son sujet; et moi, dont la naissance n'est pas inférieure à la vôtre, je ne rougis pas d'obéir à l'empereur romain. Ce monarque généreux vous accordera de riches domaines, une place au sénat et la dignité de patrice : telles sont ses favorables intentions, et vous pouvez compter en toute sûreté sur la parole de Bélisaire. Tant que le ciel nous condamne à souffrir, la patience est une vertu; mais c'est un aveugle et stupide désespoir que de rejeter la délivrance qui nous est offerte. — Je ne suis pas insensible, lui répondit le roi des Vandales, à la justesse et à la douceur de vos conseils; mais je ne puis me résoudre à devenir l'esclave d'un injuste ennemi qui a mérité mon implacable haine. Je ne l'avais jamais offensé par mes paroles ni par mes actions, et cependant il a envoyé contre moi, je ne sais d'où, un certain Bélisaire qui m'a précipité du trône dans cet abîme de misère. Justinien est homme, il est prince; ne craint-il pas un pareil revers de fortune? Je ne puis en dire davantage, le chagrin me suffoque. Envoyez-moi, je vous supplie, envoyez-moi, mon cher Pharas, une lyre (1), une éponge et un pain. » Pharas apprit du messager de Gelimer le motif de ces trois singulières demandes : depuis long-temps le roi d'Afrique n'avait pas goûté de pain; ses yeux étaient incommodés d'une fluxion, suite de ses fatigues ou de ses larmes continuelles; et, pour adoucir ses tristes journées, il voulait chanter ses malheurs sur la lyre. Pharas fut ému de pitié, et il envoya les présens singuliers qui lui étaient demandés. Cependant son humanité même lui fit redoubler de vigilance, afin de déterminer son prisonnier à adopter une résolution avantageuse aux Romains et salutaire à lui-même. La nécessité et la raison triomphèrent à la fin de l'opiniâtreté de Gelimer; un envoyé de Bélisaire lui confirma, au nom de l'empereur, les promesses de sûreté personnelle et d'un traitement honorable. Le roi des Vandales descendit de sa montagne. La première entrevue publique eut lieu dans un des fau-

---

(1) Procope dit une lyre; une harpe aurait été un instrument plus national. Vénantius Fortunatus s'exprime ainsi en parlant des instrumens de musique:

*Romanusque lyrâ tibi plaudat, Barbarus harpâ.*

bourgs de Carthage; et lorsque le prince captif aborda son vainqueur, il poussa un éclat de rire. La foule put croire que les chagrins avaient altéré la raison de Gelimer; mais les observateurs habiles jugèrent que, par une gaîté si déplacée dans sa triste situation, il voulait faire connaître combien les scènes passagères des grandeurs humaines méritent peu de nous occuper sérieusement (1).

<small>Retour et triomphe de Bélisaire. A. D. 534, automne.</small>

On put bientôt après justifier ce mépris par un exemple de cette autre vérité non moins commune, que la flatterie s'attache au pouvoir, et l'envie au mérite supérieur. Les chefs de l'armée romaine osèrent être jaloux d'un héros. Ils assuraient avec perfidie, dans leurs dépêches particulières, que le conquérant de l'Afrique, fier de sa réputation et de l'attachement public, songeait à monter sur le trône des Vandales. Justinien prêta trop patiemment l'oreille à ces accusations, et le silence qu'il garda fut un effet de ses soupçons plutôt que de sa confiance. On laissa, il est vrai, au choix de Bélisaire, l'alternative honorable de demeurer en Afrique ou de revenir dans la capitale; mais, d'après des lettres interceptées et ce qu'il

---

(1) Hérodote décrit heureusement les bizarres effets du chagrin dans un autre prince captif : je veux parler de Psammèticus d'Égypte, à qui de petits malheurs arrachèrent des larmes, tandis qu'il ne parut point ému d'autres malheurs bien plus grands (l. III, c. 14). Bélisaire pouvait étudier son rôle dans l'entrevue de Paul-Émile et de Persée; mais il est probable qu'il n'avait jamais lu Tite-Live ou Plutarque, et sa générosité n'avait pas besoin de leçons.

savait du caractère de l'empereur, il sentit qu'il devait renoncer à la vie, ou arborer l'étendard de la révolte, ou enfin confondre ses ennemis par sa présence et sa soumission. L'innocence et le courage déterminèrent son choix ; il fit promptement embarquer ses gardes, ses captifs et ses trésors ; et sa navigation fut si heureuse, qu'il arriva à Constantinople avant qu'on sût certainement qu'il avait quitté le port de Carthage. Une loyauté si franche dissipa les soupçons de Justinien ; la reconnaissance publique fit taire et irrita l'envie, et un troisième vainqueur d'Afrique obtint les honneurs du triomphe, cérémonie que la ville de Constantin n'avait jamais vue, et que l'ancienne Rome, depuis le règne de Tibère, avait réservée aux heureuses armes des Césars (1). Le cortége triomphal sortit du palais de Bélisaire, traversa les principales rues et se rendit à l'Hippodrome. Cette mémorable journée sembla punir les offenses de Genseric, et expier la honte des Romains. On y déploya toute la richesse des nations, les trophées d'un luxe guerrier et ceux de la mollesse, de riches armures, des trônes d'or, et les chars de parade qui avaient servi à la reine des Vandales ; la vaisselle massive du banquet royal, des pierres précieuses sans nombre,

---

(1) Le titre d'*imperator* ayant perdu le sens militaire que lui donnèrent les premiers Romains, et le christianisme ayant aboli les auspices romains (*voyez* La Bletterie, *Mém. de l'Acad.*, t. XXI, p. 302-332), on pouvait avec moins d'inconséquence accorder le triomphe à un général particulier.

des statues et des vases d'une forme élégante, un trésor plus solide en pièces d'or, et les ornemens sacrés du temple juif, qu'après de si longs voyages on déposa respectueusement dans l'église chrétienne de Jérusalem. Une longue file de nobles Vandales venait ensuite, déployant à regret leur haute stature et leur mâle contenance. Gelimer s'avançait à pas lents, revêtu d'une robe de pourpre, et gardant toujours la majesté d'un roi. Il ne laissa pas échapper une larme, ne fit pas entendre un soupir. Son orgueil et sa piété tirèrent quelque consolation de ces paroles de Salomon (1), qu'il répéta souvent : *Vanité! vanité! tout est vanité.* Au lieu de se montrer sur un char de triomphe traîné par quatre chevaux ou par quatre éléphans, le modeste vainqueur marchait à pied à la tête de ses braves compagnons : sa prudence l'avait peut-être engagé à refuser un honneur trop éclatant pour un sujet, et sa grande âme pouvait dédaigner un char si souvent souillé par les plus vils tyrans. Ce glorieux cortége entra dans l'Hippodrome, fut salué par les acclamations du sénat et du

---

(1) On doute encore si l'Ecclésiaste est vraiment un ouvrage de Salomon, ou si c'est, comme le poëme de Prior, un écrit pieux et moral, composé d'après le repentir de ce roi des Juifs et sous son nom, dans des temps postérieurs : Grotius, qui avait du savoir et une grande liberté d'esprit, adopte la seconde opinion (*Opp. theolog.*, t. 1, p. 258); et en effet l'Ecclésiaste et les Proverbes offrent une grande étendue de pensées, et plus d'expérience qu'on ne peut en attribuer à un Juif ou à un roi.

peuple, et s'arrêta devant le trône sur lequel Justinien et Théodora attendaient l'hommage du roi captif et du héros victorieux. Bélisaire et Gelimer firent l'adoration accoutumée; en se prosternant ils touchèrent avec respect le piédestal d'un prince qui n'avait jamais tiré l'épée, et d'une prostituée qui avait dansé sur le théâtre. Il fallut une légère violence pour venir à bout de l'opiniâtre fierté du petit-fils de Genseric; et son vainqueur, quoique habitué à la servitude, put sentir son âme se révolter en secret. Il fut sur-le-champ déclaré consul pour l'année suivante, et le jour de son inauguration ressembla à un second triomphe : des captifs vandales portèrent sa chaise curule sur leurs épaules, et des coupes d'or, de riches ceintures, fruit des dépouilles de la guerre, furent jetées avec profusion au milieu de la populace.

*Bélisaire est seul consul. A. D. 535, janvier 1.*

Mais la plus noble récompense de Bélisaire fut la fidélité avec laquelle on exécuta le traité sur lequel il avait engagé son honneur au roi des Vandales. Les scrupules religieux de Gelimer, attaché à l'hérésie d'Arius, se trouvant incompatibles avec la dignité de sénateur et de patricien, l'empereur lui donna un vaste domaine dans la province de Galatie, où le monarque détrôné se retira avec sa famille et ses amis, et où il trouva la paix, l'abondance, et peut-être le contentement (1). On eut pour les filles d'Hil-

*Gelimer et les Vandales disparaissent.*

--------

(1) Dans le *Bélisaire* de M. Marmontel, le roi et le conquérant de l'Afrique soupent et causent ensemble sans se reconnaître. C'est une faute de ce roman de supposer que

deric les égards et la tendresse qu'on devait à leur âge et à leur malheur; Justinien et Théodora se chargèrent de l'honneur d'élever et d'enrichir les descendantes du grand Théodose. Les plus grands des jeunes Vandales formèrent cinq escadrons de cavalerie qui adoptèrent le nom de leur bienfaiteur, et qui, dans les guerres de Perse, soutinrent la gloire de leurs aïeux. Mais ces exceptions en petit nombre, et déterminées en faveur de la naissance et du courage, ne suffisent pas pour éclaircir le sort d'une nation qui, avant l'expédition si courte et si peu meurtrière de Bélisaire, comptait plus de six cent mille personnes. Il est vraisemblable qu'après l'exil de leur roi et de leur noblesse, les restes de la peuplade payèrent leur sûreté du sacrifice de leur caractère, de leur religion et de leur langue, et que leur postérité dégénérée se mêla insensiblement dans la foule obscure des sujets d'Afrique. Toutefois un voyageur de nos jours a trouvé au centre des peuplades maures le teint blanc et la longue chevelure d'une race du Nord (1); et l'on croyait jadis que les plus courageux

non-seulement le héros, mais encore tous ceux qui l'avaient si bien vu et si bien connu, eussent perdu les yeux et la mémoire.

(1) Shaw, p. 59. Cependant comme Procope (l. II, c. 13) parle d'une peuplade du mont Atlas, dont on remarquait déjà la peau blanche et les cheveux jaunes, ce phénomène, qu'on retrouve dans les Andes du Pérou (Buffon, t. III, p. 504.), peut être attribué à l'élévation du sol et à la température de l'air.

des Vandales, cherchant à se soustraire au pouvoir ou même à la connaissance des Romains, avaient trouvé une liberté solitaire sur les côtes de l'océan Atlantique (1). L'Afrique, où ils avaient régné, devint leur prison; ils ne pouvaient plus ni espérer ni désirer de retourner sur les bords de l'Elbe, où leurs compatriotes, moins entreprenans, erraient encore au milieu de leurs forêts. Il était impossible aux lâches d'affronter les mers inconnues et les Barbares qui se présentaient devant eux : ceux qui avaient du cœur ne pouvaient se résoudre à porter dans leur patrie leur misère et leur honte, à se mettre dans le cas de faire la description de ces royaumes qu'ils avaient perdus, et de réclamer une portion du modeste héritage auquel ils avaient renoncé presque tous dans des temps plus heureux (2). Les Vandales habitent aujourd'hui plusieurs bourgades populeuses de la Lusace entre l'Elbe et l'Oder; ils y conservent leur langage, leurs coutumes et la pureté de leur sang; ils portent à regret le joug des Saxons et des Prussiens, et ils obéissent avec une fidélité secrète et volontaire au descendant de leurs

---

(1) Le géographe de Ravenne (l. III, c. II; p. 129, 130, 131; Paris, 1688) décrit la *Mauritania Gaditana* (en face de Cadix), *ubi gens Vandalorum, à Belisario devicta in Africâ, fugit, et nunquam comparuit.*

(2) Une seule voix avait protesté, et Genseric avait renvoyé sans une réponse formelle les Vandales de la Germanie; mais ceux de l'Afrique se moquèrent de sa prudence, et affectèrent de mépriser la pauvreté des forêts de leur patrie. Procope, *Vandal.*, l. 1, c. 22.

anciens rois, que son vêtement et l'état actuel de sa fortune confondent avec le dernier de ses vassaux (1). Le nom et la situation de cette peuplade malheureuse sembleraient annoncer qu'elle a la même origine que les conquérans de l'Afrique; mais son dialecte esclavon donne lieu de la regarder comme le dernier reste des colonies qui succédèrent aux Vandales originaires, déjà dispersés ou détruits au temps de Procope (2).

Si Bélisaire se fût laissé aller à quelque incertitude sur ce que lui prescrivait son devoir, il aurait pu alléguer, contre l'empereur lui-même, l'indispensable nécessité d'arracher l'Afrique à un ennemi plus barbare que les Vandales. L'origine des Maures est enveloppée de ténèbres; ils ignoraient l'usage de l'alphabet (3). On ne peut fixer d'une manière pré-

---

(1) Tollius, qui tenait ces détails de la bouche du grand électeur (en 1687), décrit la royauté secrète et l'esprit de rebellion des Vandales du Brandebourg, qui pouvaient armer cinq ou six mille soldats, et qui s'étaient procuré du canon, etc. (*Itinerar. Hungar.*, p. 42, *apud* Dubos, *Hist. de la Monarch. franç.*, t. 1, p. 182, 183.) On peut suspecter avec raison la véracité, non pas du grand électeur, mais de Tollius.

(2) Procope (l. 1, c. 22) était à cet égard dans une ignorance complète, οὐδὲ μνήμη τις οὐδὲ ὄνομα ἐς ἐμὲ σώζεται. Sous le règne de Dagobert (A. D. 630), les tribus esclavonnes des *Sorbi* et des *Venedi* étaient déjà établies sur les frontières de la Thuringe. Mascou, *Hist. des Germ.*, l. xv, 3, 4, 5.

(3) Salluste nous peint les Maures comme un reste de l'armée d'Hercule (*de Bell. Jugurth.*, c. 18), et Procope (*Vandal.*, l. ii, c. 10) comme les descendans des Cananéens

cise les bornes de leur pays ; une immense contrée était ouverte aux bergers de la Libye ; les saisons et les pâturages réglaient leurs mouvemens ; et leurs cabanes grossières, le petit nombre de leurs meubles, ne leur coûtaient pas plus de peine à transporter que leurs armes, leurs familles, les moutons, les bœufs et les chameaux, qui composaient leurs richesses (1). Tant que la puissance romaine donna des lois en Afrique, ils se tinrent à une distance respectueuse de Carthage et de la côte de la mer ; sous le faible règne des Vandales, ils s'emparèrent des villes de la Numidie ; ils occupèrent les bords de la mer depuis Tanger jusqu'à Césarée, et ils s'établirent impunément au milieu de la fertile province de Byzacium. L'armée redoutable et la conduite adroite de Bélisaire assurèrent la neutralité des princes maures, dont la vanité aspirait à recevoir de l'empereur les insignes de la royauté (2). Ils furent étonnés de la

---

qui prirent la fuite devant le brigand Josué (ληστης). Il cite deux colonnes avec une inscription phénicienne. Je crois aux colonnes ; je doute de l'inscription, et je rejette la généalogie.

(1) Virgile (*Géorg.*, III, 339) et Pomponius-Mela (1, 8) décrivent la vie errante des pasteurs africains, qui ressemble à celle des Arabes et des Tartares ; et Shaw (p. 222) est l'écrivain qui commente le mieux le poëte et le géographe.

(2) On donnait en ces occasions un sceptre, une couronne ou un chapeau, un manteau blanc, une tunique et des souliers, chargés de figures, le tout orné d'or et d'argent. Ces métaux précieux n'étaient pas moins bien reçus pour être frappés en monnaie. Procope, *Vandal.*, l. 1, c. 25.

rapidité de ses succès et tremblèrent devant leur vainqueur; mais l'approche de son départ fit cesser les craintes de ces peuples superstitieux et sauvages. La multitude de leurs femmes les rendit indifférens à la sûreté de ceux de leurs enfans que les Romains détenaient en ôtages; et lorsque Bélisaire quitta le port de Carthage, il entendit les cris des habitans de la province, et il vit presque les flammes des édifices que brûlaient les Maures. Toutefois il persista dans sa résolution; seulement il laissa une partie de ses gardes pour renforcer les garnisons trop faibles, et il donna le commandement de l'Afrique à l'eunuque Salomon (1), qui ne se montra pas indigne de remplacer Bélisaire. L'ennemi, lors de sa première invasion, surprit et coupa quelques détachemens commandés par deux officiers de mérite; mais Salomon rassembla sur-le-champ ses troupes; il partit de Carthage, et, pénétrant dans l'intérieur du pays, livra deux grandes batailles où il tua soixante mille Barbares. Les Maures comptaient sur leur nombre, sur leur agilité et sur leurs montagnes inaccessibles;

---

(1) *Voyez* les détails sur le gouvernement d'Afrique et les exploits militaires de Salomon, dans Procope (*Vandal.*, l. II, c. 10, 11, 12, 19, 20). Cet eunuque fut rappelé, et on lui rendit ensuite le commandement de l'Afrique; il remporta sa dernière victoire la treizième année du règne de Justinien, A. D. 539. Un accident de son enfance l'avait rendu eunuque (l. 1, c. 2). Les autres généraux romains étaient amplement pourvus de barbe, πωγονος επιπλαμενοι (l. II, c. 8).

on dit que l'aspect et l'odeur de leurs chameaux jetèrent quelque confusion dans la cavalerie romaine (1) ; mais lorsqu'on lui eut ordonné de mettre pied à terre, elle se moqua de ce vain obstacle ; et dès que les escadrons eurent gravi les collines, l'armure éclatante et les évolutions régulières des Romains éblouirent la troupe désordonnée et presque nue des Maures ; et la prédiction de leurs prophétesses, qui annonçait que les Maures seraient défaits par un ennemi *sans barbe,* fut accomplie à plusieurs reprises. L'eunuque victorieux se porta à treize journées de Carthage, afin d'assiéger le mont Aurasius (2), qu'on regardait comme la citadelle et en même temps le jardin de la Numidie. Cette chaîne de collines, qui est une branche de l'Atlas, offre, dans une circonférence de cent vingt milles, une rare variété de sol et de climats. Les vallées intermédiaires et les plaines élevées offrent de riches pâturages, des ruis-

(1) Les anciens parlent de cette antipathie naturelle du cheval pour le chameau. (Xénophon, *Cyropéd.,* l. VI, p. 438 ; l. VII, p. 483-492, édit. de Hutchinson ; Polyæn., *Stratag.,* VII, 6 ; Plin., *Hist. nat.,* VIII, 26 ; Ælien., *de Nat. anim.,* l. III, c. 7.) Mais l'expérience de chaque jour prouve le contraire, et les meilleurs juges sur cette matière, les Orientaux, se moquent de cette observation. *Voyage d'Olearius,* page 553.

(2) La première description du mont Aurasius se trouve dans Procope (*Vandal.,* l. II, c. 13, *de Ædific.,* l. VI, c. 7). On peut la comparer avec ce qu'en disent Leo Africanus (*dell' Africa,* part. V, *in Ramusio,* t. I ; fol. 77, recto ), Marmol ( t. II, p. 430) et Shaw, ( p. 56-59).

seaux qui ne tarissent jamais, et des fruits d'un goût délicieux et d'une grosseur peu commune. Les ruines de Lambesa, cité romaine qui avait été le poste d'une légion et avait contenu dans ses murs quarante mille habitans, ornent cette belle solitude. Le temple ionique d'Esculape est environné de huttes des Maures, et on voit paître des troupeaux au milieu d'un amphithéâtre que dominent des colonnes d'ordre corinthien. Au-dessus du niveau de la montagne, s'élève à pic un rocher où les princes africains avaient retiré leurs femmes et leurs trésors; et c'est un proverbe familier chez les Arabes, qu'il faut être en état de manger du feu pour oser attaquer la cime escarpée et les farouches habitans du mont Aurasius. L'eunuque Salomon forma deux fois ce hardi projet; la première, il se retira avec quelque perte; la seconde, sa patience et ses munitions étant presque épuisées, il eût été forcé de se retirer encore, s'il n'eût cédé à la valeur impétueuse de ses troupes, qui, au grand étonnement des Maures, escaladèrent hardiment la montagne, le camp des ennemis, et arrivèrent au sommet du rocher Géminien. On éleva une citadelle pour garder cette conquête importante et rappeler aux Barbares leur défaite. Salomon, qui continua sa marche à l'occident, réunit à l'empire romain la province de la Mauritanie-Sitifi, qui s'en trouvait détachée dès long-temps. La guerre des Maures dura plusieurs années, après le départ de Bélisaire, mais les lauriers qu'il laissa cueillir à son fidèle lieutenant doivent être regardés comme une suite de sa victoire.

Les fautes passées, qui corrigent quelquefois un individu parvenu à un âge mûr, sont rarement utiles aux générations qui se succèdent les unes aux autres. Les nations de l'antiquité, peu occupées de se secourir mutuellement, avaient été successivement vaincues et asservies par les Romains. Instruits par cette terrible leçon, les Barbares de l'Occident auraient dû se confédérer, et, par des plans calculés à propos, arrêter l'ambition sans bornes de Justinien. La même erreur se renouvela et produisit les mêmes conséquences ; les Goths de l'Italie et ceux de l'Espagne, sans songer au danger dont ils étaient menacés, virent avec indifférence, ou plutôt avec joie, la rapide destruction de l'empire vandale. Après l'extinction de la famille royale, Theudès, chef brave et puissant, était monté sur le trône d'Espagne, qu'il avait gouverné d'abord au nom de Théodoric et du prince son petit-fils. Les Visigoths assiégèrent sous ses ordres la forteresse de Ceuta, sur la côte d'Afrique ; mais tandis qu'ils passaient tranquillement dans la dévotion le jour du repos institué par l'Église, une sortie de la garnison vint troubler la pieuse sécurité de leur camp (1), et le roi lui-même ne se débarrassa qu'avec beaucoup de peines et de dangers des mains

*Neutralité des Visigoths.*

---

(1) Isidore, *Chron.*, p. 722, édit. Grotius ; Mariana, *Hist. Hispan.*, l. v; c. 8, p. 173. Toutefois, selon Isidore, le siège de Ceuta et la mort de Theudès eurent lieu (A. Æ. H. 586,

d'un ennemi sacrilége. Bientôt son orgueil et son ressentiment purent être satisfaits par une ambassade suppliante de l'infortuné Gélimer, qui, dans sa détresse, implorait les secours du monarque espagnol; mais, au lieu de sacrifier ces indignes passions à la générosité et à la prudence, Theudès amusa les envoyés de Gelimer jusqu'au moment où il fut secrètement instruit de la perte de Carthage; et alors il les renvoya, leur conseillant, en termes équivoques et méprisans, d'aller s'informer au vrai, dans leur pays, de la situation des Vandales (1). La longue durée de la guerre d'Italie différa le châtiment des Visigoths, et Theudès mourut sans avoir goûté les fruits de sa fausse politique. Après sa mort, le sceptre d'Espagne donna lieu à une guerre civile. Le compétiteur le plus faible sollicita la protection de Justinien, et son ambition le détermina à souscrire un traité d'alliance funeste à l'indépendance et au bonheur de son pays. Il reçut dans plusieurs villes des côtes de l'Océan et de la Méditerranée des troupes romaines qui refusèrent ensuite d'évacuer les places qu'on leur avait remises, à ce qu'il paraîtrait, à titre de sûreté ou d'hypothèque; et comme elles tiraient des provisions d'Afrique, elles se maintinrent dans ces postes imprenables, d'où l'on pouvait fomenter les troubles civils et religieux qui s'élevaient parmi les Barbares.

<small>Conquêtes des Romains en Espagne.</small>

---

A. D. 548) et la place était défendue non par les Vandales, mais par les Romains.

(1) Procope, *Vandal.*, l. 1, c. 24.

Soixante-dix ans s'écoulèrent avant qu'on pût arracher cette cruelle épine du sein de la monarchie; et tant que l'empereur conserva quelques-unes de ces possessions inutiles autant qu'éloignées, sa vanité put compter l'Espagne au nombre de ses provinces, et le successeur d'Alaric au rang de ses vassaux (1).

L'erreur des Goths qui régnaient en Italie, était encore moins excusable que celle des Goths de l'Espagne, et leur châtiment fut plus immédiat et plus terrible. Entraînés par la vengeance, ils fournirent à leur ennemi le plus dangereux le moyen de détruire le plus précieux de leurs alliés. Une sœur du grand Théodoric avait épousé Thrasimond, roi d'Afrique (2) : les Vandales obtinrent, par ce mariage, la forteresse de Lilybée en Sicile (3). Amalafrida se rendit auprès de Thrasimond, accompagnée de mille nobles, et de cinq mille soldats goths, qui signalèrent

*Bélisaire menace les Ostrogoths de l'Italie. A. D. 534.*

―――――

(1) *Voyez* la Chronique originale d'Isidore, et les cinquième et sixième livres de l'*Histoire d'Espagne* par Mariana. Après la réunion des Visigoths à l'Église catholique, Suintila, leur roi, chassa enfin les Romains de l'Espagne, A. D. 621-626.

(2) *Voyez* des détails sur le mariage et la mort d'Amalafrida dans Procope (*Vandal.*, l. 1, c. 8; 9); et dans Cassiod. (*Variar.*, IX, 1), les instances de Théodoric. Comparez les écrivains avec la chronique de Victor Tununensis.

(3) Lilybée fut bâtie par les Carthaginois (quatre-vingt-quinzième olympiade, ann. 4); et dans la première guerre punique, la force de sa position et son havre excellent la rendirent une place importante pour les deux nations belligérantes.

leur valeur dans les guerres des Maures. Ces auxiliaires mirent à trop haut prix leurs services, que les Vandales négligèrent peut-être; ils virent avec jalousie le pays où ils se trouvaient, et les conquérans leur inspirèrent du dédain. Les Vandales prévinrent, par un massacre, l'exécution d'une conspiration réelle ou prétendue : les Goths furent opprimés. Amalafrida fut réduite en captivité; et sa mort secrète, arrivée bientôt après, excita de violens soupçons. On chargea la plume éloquente de Cassiodore de reprocher à la cour vandale cette infraction cruelle de toutes les lois de la société : mais tant que l'Afrique était défendue par la mer et que les Goths n'avaient point de marine, on pouvait se rire impunément de la vengeance qu'il annonçait au nom de son souverain. Dans l'aveuglement de leur douleur et de leur indignation, les Goths se réjouirent de l'approche des Romains; ils approvisionnèrent la flotte de Bélisaire dans les ports de la Sicile, et bientôt, surpris d'un si prompt succès, ils apprirent avec satisfaction ou avec crainte que ce général les avait vengés au-delà de leur espoir, et peut-être de leurs désirs. L'empereur devait le royaume d'Afrique à leur amitié; et ils pouvaient se croire des titres pour rentrer en possession d'un stérile rocher, séparé depuis si peu de temps de leur empire, comme présent de mariage. Ils furent bientôt détrompés par l'impérieuse missive de Bélisaire, qui leur causa de tardifs et inutiles regrets. « La ville et le promontoire de Lilybée, disait le général romain, appartenaient aux Vandales, et je les réclame par droit de conquête. Votre soumission peut mériter les bonnes grâces de l'empereur. Votre obstination excitera son déplaisir, et allumera une guerre qui ne se terminera que par votre ruine. Si vous nous forcez à reprendre les armes, nous ne combattrons pas seulement pour reconquérir une ville, mais pour vous dépouiller de toutes les provinces que vous avez enlevées injustement à leur légitime souverain. » Une nation de deux cent mille guerriers aurait dû sourire de la vaine menace de Justinien et de son lieutenant; mais un esprit de discorde et de mécontentement régnait en Italie, et les Goths ne supportaient qu'avec répugnance la honte d'être gouvernés par une femme (1).

La naissance d'Amalasonthe, régente et reine d'Italie (2), unissait les deux familles les plus illustres parmi les Barbares. Sa mère, sœur de Clovis, descendait des rois chevelus de la race mérovingienne(3), et la race souveraine des Amali avait reçu, à la on-

*Gouvernement d'Amalasonthe, reine d'Italie. A. D. 522-534.*

---

(1) Comparez les divers passages de Procope (*Vandal.*, l. ii, c. v; *Goth.*, l. 1, c. 3).

(2) *Voyez* sur le règne et le caractère d'Amalasonthe, Procope, *Gothic.*, l. 1, c. 2, 3, 4, et les *Anecdotes*, c. 16, avec les notes d'Alemannus; Cassiodore, *Variar.*, viii, ix, x et xi, 1; et Jornandès, *de Reb. get.*, c. 59; et *de Successione regnorum*, in Muratori, t. 1, p. 241.

(3) Le mariage de Théodoric et d'Audeflède, sœur de Clovis, peut être placé à l'année 495, peu de temps après la conquête de l'Italie. (Du Buat, *Hist. des Peuples*, etc., t. ix, p. 213.) Les noces d'Eutharic et d'Amalasonthe furent célébrées en 515. Cassiodore, *in Chron.*, p. 453.

zième génération, un nouvel éclat du père d'Amalasonthe, le grand Théodoric, dont le mérite aurait anobli une extraction plébéienne. Sa fille était, par son sexe, exclue du trône des Goths; mais la vigilante tendresse du monarque pour sa famille et pour son peuple découvrit le dernier héritier de la ligne royale, dont les ancêtres s'étaient réfugiés en Espagne; et l'heureux Eutharic se vit élevé tout à coup au rang de consul et de prince. Il jouit peu des charmes d'Amalasonthe et de l'espoir d'une si belle succession, et celle-ci se trouva, après la mort de son mari et de son père, tutrice de son fils Athalaric, et régente du royaume d'Italie. Elle était alors âgée de vingt-huit ans, et sa beauté, ainsi que son esprit, avaient acquis toute leur perfection. Ses charmes, que la jalouse Théodora croyait dignes de disputer la conquête d'un empereur, étaient relevés par une raison forte, de l'activité et du courage. L'éducation et l'expérience avaient perfectionné ses talens; ses études philosophiques ne lui avaient inspiré aucune vanité; et quoiqu'elle sût également s'exprimer avec facilité et avec élégance en grec, en latin et dans la langue des Goths, elle savait au milieu de ses conseils, garder un silence prudent et impénétrable. En imitant les vertus de Théodoric, elle ramena la prospérité de son règne, en même temps qu'elle s'efforçait, avec un soin pieux, d'expier les fautes et d'effacer le souvenir moins glorieux des dernières années de sa vie. Elle rendit aux enfans de Boëce et de Symmaque le patrimoine de leurs aïeux. Sa douceur fut telle, qu'elle ne consentit jamais à infliger aucune peine corporelle ou aucune amende aux Romains soumis aux lois de son empire : cette princesse méprisa généreusement les clameurs des Goths, qui, après quarante années, regardaient toujours les Italiens comme leurs esclaves ou comme leurs ennemis. Son heureuse administration fut dirigée par la sagesse de Cassiodore, et célébrée par son éloquence; elle recherca, elle mérita l'amitié de l'empereur, et les royaumes de l'Europe respectaient, dans la paix et dans la guerre, la majesté du trône des Goths; mais son bonheur à venir et celui de l'Italie dépendaient de l'éducation de son fils, destiné par sa naissance à remplir les fonctions diverses et presque incompatibles de chef d'un camp barbare, et de premier magistrat d'une nation civilisée. Dès l'âge de dix ans (1), Athalaric fut instruit avec soin dans les arts et les sciences de nécessité et d'agrément qui pouvaient convenir à un prince romain; et trois Goths recommandables par leur mérite furent chargés d'inspirer à leur jeune roi les sentimens de l'honneur et de la vertu : mais lorsqu'un élève ne sent pas le prix des leçons de ses maîtres, il prend en aversion les gênes qu'ils lui imposent; et la sollicitude d'Amalasonthe, que la tendresse rendait inquiète et sévère, aigrit le

---

(1) Procope dit qu'à la mort de Théodoric, Athalaric, son petit-fils, avait à peu près huit ans, οκτω γεγονως ετη. Cassiodore, dont l'autorité est ici d'un grand poids, lui donne avec raison deux années de plus, *infantulum adhuc vix decennem.*

caractère indomptable de son fils et de ses sujets. Au milieu d'une fête solennelle, qui avait rassemblé les Goths dans le palais de Ravenne, le jeune prince se sauva de l'appartement de sa mère, en versant des larmes d'orgueil et de colère, et se plaignant d'un coup qu'il venait d'en recevoir comme châtiment de son opiniâtre désobéissance. Les Barbares s'indignèrent de l'affront fait à leur monarque ; ils accusèrent la régente de conspirer contre sa vie et sa couronne, et demandèrent avec hauteur qu'on arrachât le petit-fils de Théodoric à la lâche discipline des femmes et des pédans, et qu'on l'élevât comme un brave Goth, dans la société de ses égaux, et la glorieuse ignorance de ses ancêtres. Ces bruyantes clameurs, qu'on représentait comme la voix de la nation, forcèrent Amalasonthe à renoncer à ses principes et à ses désirs les plus chers. Le roi d'Italie fut abandonné au vin, aux femmes et à des amusemens grossiers ; et le mépris que laissa éclater ce prince ingrat fit assez connaître les funestes desseins de ses favoris et des ennemis de sa mère. Amalasonthe, environnée d'ennemis domestiques, entama une négociation secrète avec l'empereur Justinien, qui lui promit de la recevoir dans sa cour d'une manière amicale ; elle avait déjà déposé à Dyrrachium, en Épire, un trésor de quatre-vingt mille marcs d'or. Il eût été heureux, pour sa gloire et pour sa sûreté, qu'elle se fût tranquillement éloignée d'une faction de Barbares pour jouir à Constantinople de la paix et d'un asile honorable : mais elle se laissa enflammer par l'ambition et la vengeance; et tandis que ses vaisseaux mouillaient dans le port, elle attendait le succès d'un crime que ses passions lui présentaient comme un acte de justice. Sous le prétexte de donner un emploi de confiance à trois des mécontens les plus dangereux, elle les avait relégués séparément sur les frontières de l'Italie; ses émissaires secrets les assassinèrent : la mort de ces Goths d'extraction noble la rendit maîtresse absolue dans le palais de Ravenne, et justement odieuse à un peuple libre. Elle avait déploré les désordres de son fils, et elle pleura bientôt sa mort. L'intempérance d'Athalaric termina sa carrière à seize ans : sa mère se vit privée alors de soutien, et sans autorité légale. Au lieu de se soumettre aux lois de son pays, où l'on regardait comme une maxime fondamentale que la succession ne peut jamais tomber de *lance en quenouille*, la fille de Théodoric conçut l'impraticable dessein de partager avec un de ses cousins les marques de la royauté, en se réservant réellement toute l'autorité. Celui-ci reçut la proposition d'Amalasonthe avec un profond respect et une feinte reconnaissance, et l'éloquent Cassiodore annonça au sénat et à l'empereur qu'Amalasonthe et Théodat étaient montés sur le trône d'Italie. Fils d'une sœur de Théodoric, Théodat n'avait par sa naissance qu'un titre imparfait. Un des motifs du choix d'Amalasonthe fut le mépris qu'il lui inspirait par son avarice et sa pusillanimité, qui lui avaient fait perdre l'amour des Italiens et l'estime des Barbares : mais Théodat s'indigna de ce mépris qu'il méritait; Amalasonthe avait réprimé et lui avait reproché les vexations qu'il exerçait contre les Toscans ses voisins; et les principaux d'entre les Goths, unis par des torts et un ressentiment communs contre la reine, tâchèrent d'aiguillonner son caractère timide. Les lettres de félicitation étaient à peine expédiées, qu'on emprisonna la reine d'Italie dans une petite île du lac Bolsena (1), où, après une captivité de peu de durée, elle fut étranglée dans le bain par ordre ou de l'aveu du nouveau monarque, qui apprit à ses sujets factieux à verser le sang de leurs souverains.

<small>Son exil et sa mort.
A. D. 535,
avril 30.</small>

<small>Bélisaire envahit et subjugue la Sicile.
A. D. 535,
déc. 31.</small>

Justinien voyait avec joie les dissensions des Goths; la médiation dont il se chargea en qualité d'allié cachait et favorisait les vues ambitieuses du conquérant. Ses ambassadeurs, dans leur audience publique, demandèrent la forteresse de Lilybée, dix Barbares fugitifs, et un dédommagement pour le pillage d'une petite ville sur la frontière d'Illyrie; mais ils négocièrent en secret avec Théodat pour l'engager à livrer la province de Toscane, et ils exhortaient Amalason-

---

(1) Le lac nommé aujourd'hui *Bolsena* était alors appelé *Vulsiniensis* ou *Tarquiniensis*, du nom de deux villes de l'Étrurie qui se trouvaient dans ses environs. Il est environné de rochers blanchâtres; il est plein de poissons, et on voit sur ses bords un grand nombre d'oiseaux. Pline le jeune (*epis*. 2, 96) parle de deux îles boisées qui flottaient sur ses eaux. Si c'est une fable, que les anciens étaient crédules! et si le fait est vrai, que les modernes sont négligens! Au reste, depuis le temps de Pline ces deux îles ont pu être fixées par de nouveaux atterrissemens.

the à se tirer de péril et d'embarras par une cession volontaire du royaume d'Italie. La reine captive se vit réduite à signer malgré elle une lettre servile et mensongère : mais l'aveu des sénateurs romains envoyés à Constantinople, fit connaître à l'empereur la situation déplorable où elle se trouvait; et Justinien, par l'organe d'un nouvel ambassadeur, intercéda puissamment pour sa vie et sa liberté. Toutefois des instructions secrètes ordonnaient à ce ministre de servir la cruelle jalousie de Théodora, qui craignait la présence et les charmes d'une rivale (1) : il hâta, par des paroles artificieuses et équivoques, l'exécution d'un crime si utile aux Romains (2), donna, en ap-

--------

(1) Amalasonthe n'existait déjà plus lorsque ce nouvel ambassadeur, Pierre de Thessalonique, arriva en Italie; il n'a donc pu contribuer secrètement à sa mort. « Mais, dit M. de Sainte-Croix, il n'est pas hors de vraisemblance que Théodora soit entrée dans quelque intrigue criminelle avec Gudeline; car cette femme de Théodat lui écrivit pour implorer sa protection, en l'assurant de toute la confiance qu'elle et son mari avaient toujours mise en ses anciennes promesses. » (Cassiod., *Variar.*, l. x, c. 20, 21.) *Voyez* sur Amalasonthe et les auteurs de sa mort, une excellente dissertation de M. de Sainte-Croix dans les *Archives littéraires*, rédigées par M. Vanderbourg, n° 50, t. xvii, p. 216.

(*Note de l'Éditeur.*)

(2) Au reste, Procope discrédite lui-même son témoignage (*Anecdot.*, l. xvi), en avouant qu'il n'a pas dit la vérité dans son histoire publique. *Voyez* les *lettres* de la reine Gudeline à l'impératrice Théodora (*Var.*, x, 20, 21, 23), avec le savant commentaire de du Buat (t. x, p. 177-185), et observez l'expression suspecte *de illâ personâ*.

prenant la mort de la reine, tous les signes de la douleur et de l'indignation, et annonça au nom de son maître une guerre immortelle contre ses perfides assassins. En Italie aussi bien qu'en Afrique, le crime d'un usurpateur semblait justifier l'agression de Justinien; mais les troupes qu'il rassembla n'auraient pas suffi pour le renversement d'une puissante monarchie, si le nom, le courage et la conduite d'un héros, ne les eussent en quelque sorte multipliées. Une nombreuse troupe choisie de gardes à cheval, et armés de lances et de boucliers, était attachée à la personne de Bélisaire; deux cents Huns, trois cents Maures et quatre mille *confédérés*, formaient sa cavalerie, et il n'avait en infanterie que trois mille Isauriens. Prenant la même route que dans sa première expédition, le consul jeta l'ancre devant Catane, ville de Sicile, afin d'examiner la force de l'île, et de décider s'il essaierait de la conquérir, ou s'il continuerait paisiblement son voyage vers la côte d'Afrique. Il y trouva une terre fertile et un peuple ami. Malgré la décadence de l'agriculture, la Sicile approvisionnait toujours les greniers de Rome : ses cultivateurs n'étaient point assujettis aux quartiers militaires; et les Goths, qui avaient confié la défense de l'île à ses habitans, eurent quelque raison de les accuser d'infidélité et d'ingratitude. En effet les Siciliens, au lieu de solliciter et d'attendre les secours du roi d'Italie, obéirent avec joie à la première sommation de l'ennemi; et cette province, le premier fruit des guerres puniques, se trouva réunie à l'empire romain, après en avoir été séparée long-temps (1). Palerme, défendue par une garnison de Goths, opposa seule de la résistance ; mais elle fut bientôt prise par un singulier moyen. Bélisaire introduisit ses vaisseaux dans la partie du havre la plus voisine de la ville. Ses chaloupes, hissées au sommet de ses mâts de hune, furent remplies d'archers qui, de cette position élevée, dominaient les remparts de la place. A la fin de cette heureuse campagne, qui avait coûté si peu de peine, il entra en triomphe dans Syracuse, à la tête de ses troupes ; le dernier jour de son consulat, qu'il terminait ainsi d'une manière bien glorieuse, et il distribua au peuple des médailles d'or. Il passa l'hiver dans le palais des anciens rois, au milieu des ruines d'une cité grecque qui s'était étendue autrefois à une circonférence de vingt-deux milles (2) : mais au printemps, vers les fêtes de Pâques, une révolte dangereuse en Afrique interrompit le cours de ses desseins. Carthage, où il débarqua tout à coup avec mille de ses gardes, fut sauvée par

---

(1) Comparez, sur la conquête de la Sicile, la narration de Procope avec les plaintes de Tatila. (*Gothic.*, l. 1, c. 5 ; l. III, c. 16.) La reine des Goths avait donné récemment des secours à cette île ingrate. *Var.*, IX, 10, 11.

(2) On trouve une description de l'ancienne étendue et de l'ancienne magnificence des cinq quartiers de Syracuse, dans Cicéron (*in Verrem*, actio 2, l. IV, c. 52, 53), Strabon (l. VI, p. 415) et d'Orville (*Sicula*, t. II, p. 174-202). L'enceinte de la nouvelle ville, rebâtie par Auguste, était fort resserrée du côté de l'île.

sa présence. Deux mille soldats d'une fidélité suspecte revinrent sous le drapeau de leur ancien général; et, se mettant en route au même instant, il fit plus de cinquante milles pour chercher un ennemi qu'il affectait de plaindre et de mépriser. Huit mille rebelles, tremblans à son approche, furent mis en déroute à la première charge par l'habileté de leur maître; et cette ignoble victoire aurait rétabli la paix en Afrique, si Bélisaire n'eût pas été rappelé précipitamment en Sicile pour y apaiser une révolte qui s'était élevée dans son camp (1). Le désordre et la désobéissance étaient la maladie de cette époque; les talens du commandement et les vertus de l'obéissance n'existaient plus que dans le seul Bélisaire.

{Règne et faiblesse de Théodat, roi goth de l'Italie. A. D. 534, octobre. A. D. 536, août.}

Quoique Théodat descendît d'une race de héros, il ignorait l'art de la guerre, et il craignait les dangers. Quoiqu'il eût étudié les écrits de Platon et de Cicéron, la philosophie n'avait pas eu le pouvoir de purifier son cœur des passions les plus basses, l'avarice et la peur. L'ingratitude et un assassinat l'avaient élevé sur le trône : à la première menace de l'ennemi, il avilit sa majesté et celle de sa nation, qui déjà dédaignait cet indigne souverain. Effrayé par l'exemple récent de Gélimer, il se voyait déjà chargé de chaînes et traîné au milieu de Constantinople : l'éloquence

---

(1) Procope (*Vandal.*, l. II, c. 14, 15) parle si clairement du retour de Bélisaire en Sicile (p. 146, edit. Hoeschelii), que je suis étonné de l'étrange méprise et des reproches d'un savant critique sur cet objet. *OEuvres* de La Mothe-le-Vayer, t. VIII, p. 162, 163.

de Pierre, envoyé de l'empereur, accroissait la terreur qu'inspirait Bélisaire ; et cet audacieux et adroit ambassadeur lui persuada de signer une convention trop ignominieuse pour devenir le fondement d'une paix durable. On stipula que, dans les acclamations du peuple romain, le nom de l'empereur précèderait toujours celui du roi des Goths, et que toutes les fois qu'on élèverait à Théodat une statue en bronze ou en marbre, la divine image de Justinien serait placée à sa droite. Le roi d'Italie, qui jusqu'alors avait nommé les sénateurs, fut réduit à solliciter les honneurs du sénat ; on déclara que, sans l'aveu de l'empereur, il ne pourrait faire exécuter un arrêt de mort ou de confiscation contre un prêtre ou un sénateur. Le faible monarque renonça à la Sicile ; il promit d'offrir chaque année, pour marque de sa dépendance, une couronne d'or du poids de trois cents livres ; il promit, de plus, de fournir, à la réquisition de son souverain, trois mille auxiliaires au service de l'empire. Après un pareil succès, l'agent de Justinien, satisfait de ces extraordinaires concessions, s'empressa de retourner à Constantinople ; mais à peine était-il arrivé sur le territoire d'Albe (1), qu'il fut rappelé par l'inquiétude de Théodat, et le dialo-

---

(1) L'ancienne ville d'Albe fut détruite dans les premiers temps de Rome. Sur son terrain, ou dans ses environs, on a vu successivement, 1° la maison de campagne de Pompée, etc. ; 2° un camp des cohortes prétoriennes ; 3° la ville moderne et épiscopale d'Albanum ou Albano. Procope, *Goth.*, l. II, c. 4 ; Cluvier, *Ital. antiq.*, t. II, p. 914.

gue qui eût lieu entre le roi et l'ambassadeur mérite d'être conservé dans toute sa simplicité. « Pensez-vous que l'empereur ratifie le traité?—*Peut-être.*— S'il ne veut pas le ratifier, qu'en arrivera-t-il?—*La guerre.*—Une pareille guerre serait-elle juste et raisonnable?—*Assurément, chacun agirait d'après son caractère.*—Que voulez-vous dire?—*Vous êtes philosophe, et Justinien est empereur des Romains : il siérait mal à un disciple de Platon de verser le sang des hommes pour sa querelle particulière; le successeur d'Auguste soutiendrait ses droits et recouvrerait par les armes les anciennes provinces de son empire.* » Ce raisonnement pouvait ne pas convaincre, mais il suffisait pour alarmer et subjuguer la faiblesse de Théodat; et il ne tarda pas à déclarer que, pour une misérable pension de quarante-huit mille livres sterling, il résignerait le royaume des Goths et des Italiens, et se livrerait, le reste de ses jours, aux innocens plaisirs de la philosophie et de l'agriculture. Il confia les deux traités à l'ambassadeur, après avoir pris la vaine précaution de lui faire promettre, sous serment, de ne montrer le second que lorsqu'on aurait rejeté le premier. Il est aisé de prévoir ce qui arriva. Justinien demanda et accepta l'abdication du roi des Goths. Son infatigable émissaire revint de Constantinople à Ravenne avec d'amples instructions. Une belle épître, qui louait la sagesse et la générosité du roi philosophe, accorda la pension : on promit tous les honneurs dont pourrait jouir un sujet et un catholique, et on renvoya sagement l'exécution définitive du traité au moment où il serait appuyé par la présence et l'autorité de Bélisaire. Mais sur ces entrefaites, deux généraux romains, qui étaient entrés dans la province de Dalmatie, furent battus et massacrés par les Goths. L'aveugle et lâche désespoir de Théodat fit place à une présomption qui lui devint funeste (1); il osa menacer et traiter avec mépris l'ambassadeur de Justinien, qui réclama les paroles données, demanda le serment des sujets, et soutint fièrement l'inviolable privilége de son caractère. La marche de Bélisaire dissipa cet accès et ces chimères de l'orgueil; et la réduction de la Sicile ayant employé la première campagne (2), Procope fixe l'invasion de l'Italie à la seconde année de la guerre des Goths (3).

---

(1) Une sibylle se hâta de prononcer : *Africâ captâ*, MUNDUS *cum nato peribit*, oracle d'une ambiguïté effrayante (*Goth.*, l. 1, c. 7), qui a été publié en caractères inconnus, par Opsopæus. Le père Maltret avait promis un commentaire; mais il n'a rempli aucune de ses promesses.

(2) Procope, dans sa chronologie, qu'il a imitée à quelques égards de Thucydide, commence au printemps les années de Justinien et de la guerre des Goths; et sa première époque tombe au 1er avril 535, et non pas 536, comme le disent les Annales de Baronius (Pagi, *Crit.*, t. II, p. 555), suivi par Muratori et les éditeurs de Sigonius : toutefois nous ne pouvons concilier les dates de Procope avec ses propres écrits, ni avec la Chronique de Marcellin.

(3) Procope (l. 1, c. 5-29; l. II, c. 1-30; l. III, c. 1) raconte la première guerre des Goths jusqu'à la captivité de Vitigès. J'y ai ajouté quelques faits que j'ai tirés de Sigo-

Bélisaire envahit l'Italie et réduit Naples.
A. D. 537.

Bélisaire, après avoir laissé des garnisons suffisantes à Palerme et à Syracuse, embarqua ses soldats à Messine, et les débarqua sans résistance à Reggio, sur le bord opposé. Un prince goth, qui avait épousé la fille de Théodat, gardait cette entrée de l'Italie, à la tête d'une armée ; mais il imita sans scrupule un souverain qui manquait à ses engagemens publics et particuliers. Le perfide Ebermor passa avec ses troupes dans le camp des Romains, et on l'envoya à Byzance jouir des serviles honneurs de la cour (1). La flotte et l'armée avancèrent jusqu'à Naples, sans se perdre presque jamais de vue pendant une route de près de trois cents milles sur le rivage de la mer. Les peuples du Bruttium, de la Lucanie et de la Campanie, qui abhorraient le nom et la religion des Goths, favorisèrent les Romains, sous prétexte que leurs murailles ruinées ne pouvaient se défendre ; les soldats payaient exactement les abondantes provisions qui leur étaient fournies, et la curiosité seule interrompit les paisibles travaux du laboureur ou de l'artisan. Naples, qui est devenue une grande capitale très-peuplée, avait gardé long-temps la langue et les mœurs d'une colonie grecque (2); et le choix de

---

nius (*Opp.*, t. I de *Imp. Occident.*, l. XVII, XVIII) et de Muratori (*Ann. de Italià*, t. V).

(1) Jornandès, *de Reb. getic.*, c. 60, p. 702, edit. Grot.; et t. I, p. 221; Muratori, *de Success. reg.*, p. 241.

(2) Néron, dit Tacite (*Ann.*, XV, 35), *Neapolim quasi urbem græcam delegit.* Cent cinquante ans après, au temps de Septime-Sévère, Philostrate donne des éloges à

Virgile avait donné de la réputation à cette agréable retraite, où les amans du repos et de l'étude allaient respirer loin du bruit, de la fumée et de la pénible opulence de Rome (1). Aussitôt que la place fut investie par mer et par terre, Bélisaire reçut les députés du peuple, qui lui conseillèrent de ne pas s'occuper d'une conquête indigne de ses armes, d'attaquer le roi des Goths en bataille rangée, et après la victoire, de réclamer, comme souverain de Rome, la fidélité des villes qui en dépendaient: « Lorsque je traite avec mes ennemis, répondit le général romain avec un sourire dédaigneux, je suis plus accoutumé à donner qu'à recevoir des conseils : au reste, je tiens d'une main la ruine de Naples, et de l'autre, la paix et la liberté telles que je les ai accordées à la Sicile. » La crainte des délais l'engagea à proposer les conditions les plus avantageuses. Son honneur en était le garant; mais deux factions divisaient Naples : l'esprit de la démocratie grecque y était encore exalté par les discours des orateurs, qui représentaient aux citoyens, avec beaucoup d'énergie et

---

l'*hellénisme* des Napolitains : γενος Ελληνες και αστυκοι, οθεν και τας σπουδας των λογων Ελληνικοι εισι. *Icon.*, liv. 1, page 763, edit. Olear.

(1) Virgile, Horace, Silius Italicus et Stace, célèbrent le repos de Naples. (Cluvier, *Ital. antiq.*, l. IV, p. 1149, 1150.) Il nous reste une agréable épître de Stace (*Sylv.*, l. III, 5, p. 94-98, édit. de Markland), où il entreprend la difficile tâche d'arracher sa femme aux plaisirs de Rome pour la conduire dans cette paisible retraite.

quelque vérité, que les Goths puniraient leur défection, et que Bélisaire lui-même estimerait leur loyauté et leur valeur. Leurs délibérations toutefois n'étaient pas complétement libres : huit cents Barbares, dont les femmes et les enfans étaient retenus à Ravenne, comme gages de leur fidélité, dominaient dans la ville; et les Juifs, riches et en grand nombre, résistaient avec le désespoir du fanatisme à la domination intolérante de Justinien. Naples, même à une époque beaucoup plus récente (1), n'offrait pas plus de deux mille trois cent soixante-trois pas de circonférence (2); des précipices et la mer défendaient les fortifications : lorsque l'ennemi était maître des aqueducs, des puits et des fontaines fournissaient de l'eau, et la place avait assez de provisions pour mettre à bout la patience des assiégeans. Un siége de vingt jours épuisa presque celle de Bélisaire; il s'accoutumait à l'idée mortifiante d'abandonner le siége, afin de pouvoir marcher, avant l'hiver, contre

---

(1) C'est la mesure que trouva Roger 1ᵉʳ après la conquête de Naples (A. D. 1139), dont il fit la capitale de son nouveau royaume. (Giannone, *Istoria civile*, t. 11, p. 169.) Cette ville, la troisième de l'Europe chrétienne, a aujourd'hui plus de douze milles de circonférence (*Jul. Cæs. Capaccii Hist. Neapol.*, l. 1, p. 47), et elle contient plus d'habitans (trois cent cinquante mille), dans un espace donné, qu'aucun autre lieu du monde connu.

(2) Il ne s'agit pas ici de pas géométriques, mais de pas communs de vingt-deux pouces de France. (D'Anville, *Mesures itinéraires*; p. 7, 8.) Les deux mille trois cent soixante-trois ne font pas un mille d'Angleterre.

Rome et le roi des Goths ; mais il fut tiré d'embarras par la curiosité audacieuse d'un Isaurien, qui, ayant reconnu le canal desséché d'un aqueduc, rapporta qu'on pouvait s'y frayer un passage et introduire dans le centre de la place une file de soldats armés. On travailla secrètement à l'ouverture ; et lorsqu'elle fut achevée, le général, plein d'humanité, voulut, au risque de faire soupçonner son secret, avertir encore une fois les assiégés du danger qui les menaçait. Ses remontrances n'étant pas écoutées, quatre cents Romains pénétrèrent dans l'aqueduc au milieu des ténèbres de la nuit ; à l'aide d'une corde attachée à un olivier, ils arrivèrent dans la maison ou le jardin d'une femme qui vivait seule ; ils firent sonner leurs trompettes, surprirent les sentinelles, et firent entrer leurs camarades, qui escaladèrent les murs de tous les côtés et enfoncèrent les portes de la ville. Par une suite du droit de la guerre, on commit tous les crimes que punit la justice dans l'état ordinaire de la société ; les Huns se distinguèrent par leurs cruautés et leurs sacriléges ; et Bélisaire fut le seul qui se montra dans les rues et les églises pour diminuer les malheurs dont il avait menacé les habitans. « L'or et l'argent, s'écria-t-il à diverses reprises, vous appartiennent à juste titre, comme une récompense de votre valeur ; mais épargnez les habitans ; ils sont chrétiens, ils sont soumis, ils sont vos concitoyens. Rendez les enfans à leurs pères, les femmes à leurs maris, et que votre générosité leur apprenne de quels amis ils se sont obstinément privés. » Les vertus et l'autorité du conquérant sauvèrent la ville (1), et lorsque les Napolitains revinrent chez eux, ils éprouvèrent quelque consolation à retrouver les trésors qu'ils avaient cachés. Les Barbares qui composaient la garnison entrèrent au service de l'empereur. La Pouille et la Calabre, délivrées de l'odieuse présence des Goths, reconnurent son empire; et l'historien de Bélisaire a soin de décrire les dents du sanglier de Calydon, qu'on montrait encore à Bénévent (2).

Vitigès,<br>roi d'Italie.<br>A. D. 536,<br>août.<br>A. D. 540. Les citoyens et la fidèle garnison de Naples avaient attendu vainement leur délivrance d'un prince qui parut spectateur inactif et presque indifférent de leur ruine. Théodat se renferma dans les murs de Rome; sa cavalerie s'était portée quarante milles en avant sur la voie Appienne, et campait au milieu des marais Pontins, qu'un canal de dix-neuf milles de longueur avait récemment desséchés et convertis en excellens pâturages (3); mais les principales forces des Goths se trouvaient répandues dans la Dalmatie, la

---

(1) Bélisaire fut réprimandé par le pape Sylvestre à l'occasion du massacre. Il repeupla Naples, et établit des colonies de captifs africains dans la Sicile, la Calabre et la Pouille. *Hist. Miscell.*, l. xvi; *in* Murat., t. 1, p. 106, 107.

(2) Bénévent fut bâti par Diomède, neveu de Méléagre. (Cluvier, t. 11, p. 1195, 1196.) La chasse du sanglier de Calydon offre un tableau de la vie sauvage. (Ovide, *Métam.*, l. viii.) Trente ou quarante héros se liguaient contre un cochon; et ces brutes animaux (je ne parle pas du cochon) se querellaient avec une femme pour la hure.

(3) Cluvier (t. 11, p. 1007) confond le *Decennovium* avec

Vénétie et la Gaule ; et leur faible monarque fut consterné par un présage funeste qui semblait annoncer la chute de son empire (1). Les plus vils esclaves savent s'élever contre le crime ou la faiblesse d'un maître tombé dans l'infortune. Oisifs dans leur camp, des Barbares qui sentaient leurs priviléges et leur puissance, scrutèrent avec rigueur le caractère de Théodat ; ils le déclarèrent indigne de sa race, de sa nation et de son trône ; et Vitigès, leur général, qui avait signalé sa valeur dans les guerres d'Illyrie, fut proclamé sur le bouclier avec des applaudissemens unanimes. A la première nouvelle de cette révolution, Théodat prit la fuite pour échapper à la justice de ses sujets ; mais il était poursuivi par la vengeance d'un individu. Un Goth, qu'il avait ou-

---

la rivière Ufens ; ce qui est un peu étrange. C'était, dans la vérité, un canal de dix-neuf milles, depuis le *Forum Appii* jusqu'à Terracine, et sur lequel Horace s'était embarqué la nuit. Le *Decennovium* dont parlent Lucain, Dion-Cassius et Cassiodore, a été successivement ruiné, rétabli et entièrement détruit. *Analyse de l'Italie*, p. 185, etc.

(1) Un Juif avait satisfait sa haine et son mépris pour tous les chrétiens sans distinction de sectes, en resserrant dans un lieu fort étroit des bandes de cochons de dix chacune, et en les numérotant sous les noms de Goths, de Grecs et de Romains. Presque tous les cochons de la première bande furent trouvés morts, presque tous ceux de la seconde étaient en vie ; la moitié de ceux de la troisième moururent ; les cinq autres perdirent leurs soies ; et ce grossier emblème n'exprimait pas mal ce qui arriva.

tragé dans ses amours, l'atteignit sur la voie Flaminienne, et, sans égard pour les cris efféminés de son roi, le massacra au moment où le prince se prosternait, dit Procope, comme une victime au pied des autels. Le choix du peuple est le titre le meilleur et le plus pur qu'on puisse avoir pour le gouverner; mais telle est la prévention de tous les siècles, que Vitigès désirait vivement de retourner à Ravenne, afin d'obtenir, en forçant la fille d'Amalasonthe à l'épouser malgré elle, quelque faible apparence d'un droit héréditaire. On tint sur-le-champ un conseil national, et le nouveau monarque obtint du courage impatient de ses soldats de se soumettre à un parti humiliant, mais dont la mauvaise conduite de son prédécesseur faisait une indispensable mesure de prudence. Les Goths consentirent à se retirer devant un ennemi victorieux, à différer jusqu'au printemps les opérations d'une guerre offensive, à réunir leurs forces dispersées, à abandonner leurs possessions lointaines, et à livrer Rome elle-même à la fidélité de ses habitans. On y laissa quatre mille hommes commandés par Leuderis, guerrier avancé en âge. Une si faible garnison pouvait seconder le zèle des Romains, mais elle était hors d'état de résister à leur volonté. Saisis d'un accès de fanatisme religieux et patriotique, ils s'écrièrent avec fureur qu'on ne devait plus voir l'arianisme triomphant ou même toléré auprès du trône apostolique; que les sauvages du Nord ne devaient pas fouler aux pieds le tombeau des Césars; et, sans songer que l'Italie allait devenir une province de l'empire de Constantinople, ils proclamèrent d'une voix enthousiaste le rétablissement d'un empereur romain, comme une nouvelle époque de liberté et de bonheur. Les députés du pape et du clergé, du sénat et du peuple, invitèrent le lieutenant de Justinien à venir recevoir leur serment volontaire de fidélité, et à entrer dans leur ville, dont les portes seraient ouvertes pour le recevoir. Bélisaire, après avoir fortifié ses nouvelles conquêtes, Naples et Cumes, s'avança d'environ vingt milles sur les bords du Vulturne : il contempla les restes de la grandeur de Capoue, et s'arrêta au point de jonction des voies Latine et Appienne. Après neuf siècles d'un passage continuel, ce dernier chemin, ouvrage du censeur Appius, conservait encore sa première beauté ; on n'eût pas découvert un défaut dans les grandes pierres polies et fermement unies qui assuraient la durée de cette route étroite, mais admirable par sa solidité (1). Bélisaire toutefois préféra la voie Latine, qui, plus éloignée de la mer et des marais, se prolongeait au pied des montagnes, sur un espace de cent vingt milles. Ses ennemis avaient disparu : au moment où il entrait dans Rome par la porte Asinaire, la garnison s'éloignait, sans être inquiétée, par la voie Flaminienne ; et, après

Bélisaire entre dans Rome.<br>A. D. 536, déc. 10.

---

(1) Bergier (*Hist. des grands chemins des Romains*, t. 1, p. 221-228, 440-444) examine la structure et les matériaux de cette route; et d'Anville (*Analyse de l'Italie*, p. 200-213) détermine sa direction.

soixante années de servitude, cette ville fut délivrée du joug des Barbares. Leuderis seul, soit orgueil, soit mécontentement, refusa de suivre les fuyards; et le général goth, trophée de la victoire, fut envoyé avec les clefs de Rome au pied du trône de l'empereur Justinien (1).

<small>Siége de Rome par les Goths. A. D. 537, mars.</small>

Les premiers jours, qui se trouvaient coïncider avec l'époque des anciennes Saturnales, furent consacrés aux félicitations et à la joie publique, et les catholiques se disposèrent à célébrer sans rivaux la naissance de Jésus-Christ. Les Romains purent acquérir dans l'entretien d'un héros quelques notions des vertus que l'histoire attribuait à leurs aïeux. Ils furent édifiés du respect qu'il montra pour le successeur de saint Pierre, et sa discipline sévère les fit jouir, au milieu de la guerre, de tous les bienfaits de la justice et de la tranquillité. Ils applaudirent au rapide succès de ses armes, qui subjuguèrent le pays des environs, jusqu'à Narni, Pérouse et Spolette; mais le sénat, le clergé et un peuple sans courage, furent saisis d'effroi en voyant toutes les forces de la monarchie des Goths disposées à les assiéger, et le général décidé à soutenir le siége. Vitigès avait

---

(1) La suite des événemens, plutôt que le texte corrompu ou interpolé de Procope, fait connaître que Bélisaire reprit Rome l'an 536. Évagrius (l. IV, c. 19) indique le mois de décembre; et on peut supposer que ce fut le 10, d'après le témoignage de Nicephorius Callistus (l. 17, c. 13), écrivain d'ailleurs assez peu exact. Je dois ces remarques aux recherches et à la pénétration de Pagi (t. II, p. 559, 560).

fait ses préparatifs avec activité durant l'hiver. Les Goths, abandonnant leurs habitations rustiques et leurs garnisons éloignées, s'assemblèrent à Ravenne pour la défense de la patrie ; et tel était leur nombre, qu'après avoir envoyé une armée au secours de la Dalmatie, cent cinquante mille combattans marchèrent encore sous l'étendard royal. Vitigès, selon les divers degrés du rang ou du mérite, distribua des armes et des chevaux, des présens et de grandes promesses : il suivit la voie Flaminienne, ne voulant pas tenter l'inutile conquête de Pérouse et de Spolette, ni le siége de l'imprenable rocher de Narni, et il se trouva bientôt à deux milles de Rome, près du pont Milvius. Une tour le défendait, et Bélisaire avait calculé qu'il faudrait vingt jours pour construire un autre pont ; mais l'épouvante des soldats de la tour, dont les uns prirent la fuite et les autres désertèrent, dérangea ses calculs, et l'exposa lui-même au danger le plus imminent. Il était sorti par la porte Flaminienne, escorté de mille cavaliers, pour marquer une position avantageuse, et reconnaître le camp des Barbares ; il les croyait encore de l'autre côté du Tibre, lorsqu'il se vit tout à coup environné et assailli par leurs innombrables escadrons. Le sort de l'Italie dépendait de ses jours ; et les déserteurs ayant indiqué un cheval bai (1) à tête blanche, qu'il

---

(1) Un cheval bai ou roux était appelé φαλιος par les Grecs, *balan* par les Barbares, et *spadix* par les Romains. *Honesti spadices*, dit Virgile (*Georg.*, l. III, 72, avec les

montait dans cette mémorable journée, on entendit retentir de tous côtés ce cri : *Visez au cheval bai!* Tous les arcs furent tendus, toutes les javelines furent dirigées contre lui, et des milliers de soldats répétèrent et suivirent cet ordre, dont ils ignoraient le motif. Les plus hardis d'entre les Barbares chargèrent d'une manière plus glorieuse avec l'épée et la lance ; et les éloges de l'ennemi ont honoré la mort de Visandus, le porte-étendard (1), qui se tint au premier rang jusqu'au moment où il fut percé de treize coups, peut-être par Bélisaire lui-même. Le général romain était rempli de force, d'activité et d'adresse ; il faisait tomber de tous côtés autour de lui des coups pesans et mortels ; ses gardes fidèles imitaient sa valeur et défendaient sa personne ; et les Goths, après avoir laissé mille morts sur le champ de bataille, prirent la fuite devant le héros. La troupe de Bélisaire voulut imprudemment les poursuivre jusqu'à leur camp ; mais, accablée par le nombre, elle recula d'abord peu à peu, et se retira ensuite à pas précipités sous les portes de la ville : ces portes étaient fer-

---

observations de Martin et de Heyne). Σπαδιξ ou βαιὸν signifient une branche de palmier, dont le nom φοινιξ est synonyme de roux. Aulu-Gelle, 11, 26.

(1) Je suppose que le terme de βανδαλαριος n'est pas un nom d'homme, mais le nom de l'emploi de porte-étendard ; il paraît venir de *bandum* (*vexillum*), mot barbare adopté par les Grecs et par les Romains. Paul-diacre, l. 1, c. 20, p. 760 Grot., *Nomina gothica*, p. 575; Ducange, *Gloss. latin.*, t. 1, p. 539, 540.

mées, et le bruit que Bélisaire avait été tué augmentait la terreur publique. La sueur, la poussière et le sang, le rendaient méconnaissable; sa voix était rauque et sa force presque épuisée; mais il conservait sa valeur indomptable, il la communiqua à ses soldats découragés; et telle fut leur dernière charge, que les Barbares, prenant la fuite à leur tour, crurent qu'une nouvelle armée était sortie de la ville. La porte Flaminienne s'ouvrit pour un véritable triomphe; toutefois la femme et les amis de Bélisaire ne purent lui persuader de prendre de la nourriture ni du repos, que lorsqu'il eut visité tous les postes et pourvu à la sûreté publique. Aujourd'hui que l'art de la guerre a fait des progrès, on demande ou même on permet rarement au général de déployer la valeur d'un soldat; et il faut ajouter l'exemple de Bélisaire aux exemples peu communs de Henri IV, de Pyrrhus et d'Alexandre.

*Valeur de Bélisaire.*

Après avoir éprouvé, pour la première fois et d'une manière si fâcheuse, à quels ennemis ils avaient affaire, les Goths passèrent le Tibre et formèrent le siége de Rome, qui dura plus d'une année. Quelque étendue que l'imagination ait pu donner à la ville de Rome, sa circonférence, mesurée avec exactitude, était de douze milles trois cent quarante-cinq pas; et si l'on excepte le côté du Vatican, où elle s'est étendue par la suite, cette circonférence a toujours été la même depuis le triomphe d'Aurélien jusqu'au règne paisible et obscur de ses derniers papes (1):

*Il se défend dans les murs de Rome.*

---

(1) M. d'Anville a donné dans les *Mémoires de l'Académie*

mais aux jours de sa grandeur, tous les quartiers étaient pleins d'édifices et d'habitans ; et les faubourgs populeux qui se prolongeaient sur les bords des chemins publics, formaient autant de rayons qui partaient d'un centre commun. L'adversité avait alors fait disparaître les ornemens accessoires, et avait laissé nue et déserte une grande partie des sept collines. Rome pouvait fournir trente mille combattans (1) ; et quoiqu'ils ne fussent ni disciplinés ni exercés, la plupart d'entre eux, endurcis aux maux de la pauvreté, étaient en état de porter les armes pour la défense de leur pays et de leur religion. La prudence de Bélisaire ne négligea pas cette importante ressource : le zèle et l'activité du peuple soulageaient ses soldats ; tandis qu'ils dormaient ou se reposaient, les habitans montaient la garde ou tra-

---

des Inscriptions (année 1756, t. III, p. 198-236), un plan de Rome sur une échelle plus petite, mais beaucoup plus exacte, que celle du plan qu'il avait tracé en 1738 pour l'Histoire de Rollin. Il avait profité des leçons de l'expérience ; et au lieu de la topographie de Rossi, il s'était servi de la nouvelle et excellente carte de Nolli. L'ancienne mesure de treize milles que donne Pline, doit être réduite à huit. Il est plus aisé d'altérer un texte que d'éloigner des collines ou des édifices.

(1) En 1709, Labat (*Voyages en Italie*, t. III, p. 218) comptait à Rome cent trente-huit mille cinq cent soixante-huit âmes chrétiennes, et en outre huit à dix mille Juifs, apparemment sans âmes. En 1763, la population de Rome était de plus de cent soixante mille âmes.

vaillaient : il accepta le service volontaire des plus braves et des plus indigens des jeunes Romains; et les compagnies bourgeoises remplirent souvent des postes d'où l'on avait tiré les soldats pour des services plus importans. Mais il comptait principalement sur les vétérans qui avaient combattu sous lui dans les guerres de Perse et d'Afrique ; et quoique cette brave troupe fût réduite à cinq mille hommes, il résolut, avec des forces si peu considérables, de défendre un cercle de douze milles contre une armée de cent cinquante mille Barbares. Il construisit ou répara les murs de Rome, où l'on distingue encore les matériaux de l'ancienne architecture (1), et des fortifications environnèrent toute la ville, si l'on en excepte un espace qu'on distingue encore entre la porte Pincia et la porte Flaminia, et que les préjugés des Goths et des Romains laissèrent sous la garde de l'apôtre saint Pierre (2). Les créneaux ou les bastions présentaient des angles aigus ; un fossé large et profond défendait le pied du rempart; et les archers qui garnissaient les créneaux tiraient des secours de plusieurs machines de guerre, telles que la *baliste*, arc énorme qui lançait des corps très-lourds, et des *ona-*

---

(1) L'œil exact de Nardini y distinguait les *tumultuarie opere di Belisario*: Roma antica, l. 1, c. 8, p. 31.

(2) L'ouverture et l'inclinaison qu'observa Procope dans la partie supérieure de la muraille (*Goth.*, l. 1, c. 13), se voient encore aujourd'hui. Donat., *Roma vetus*, l. 1, c. 17, p. 53, 54.

*gres,* ou ânes sauvages, lesquels, à la manière de la fronde, jetaient des pierres et des boulets d'une grosseur prodigieuse (1). Une chaîne fermait le Tibre; les arceaux des aqueducs furent bouchés, et le môle ou sépulcre d'Adrien servit pour la première fois de citadelle (2). Ce respectable édifice, qui contenait la cendre des Antonins, offrait une tour ronde, élevée sur une base quadrangulaire; il était couvert de marbre blanc de Paros, et orné de statues des dieux et des héros; et l'amateur des arts apprendra avec douleur que les chefs-d'œuvre de Praxitèle ou de Lysippe furent arrachés de leurs piédestaux et jetés sur les assiégeans (3). Bélisaire donna à chacun de

(1) Juste-Lipse (*Opp.*, t. III; *Polior.*, l. III) ne connaissait pas ce passage clair et frappant de Procope (*Goth.*, l. I, c. 21.). Cette machine de guerre était appelée οναγρος, l'âne sauvage, *à calcitrando*. (Henri Étienne, *Thesaur. Linguæ græc.*, t. II, p. 1340, 1341; t. III, p. 877.) J'en ai vu un modèle imaginé et exécuté par le général Melville, qui imite ou surpasse l'art de l'antiquité.

(2) La description par Procope (l. I, c. 25) de ce mausolée ou de ce môle, est la première et la meilleure de toutes celles que l'on a faites. La hauteur au-dessus des murs σχεδον ες λιθου βολην, sur le grand plan de Nolli; les côtés ont deux cent soixante pieds anglais.

(3) Praxitèle excellait dans les faunes, et celui d'Athènes était son chef-d'œuvre. On en trouve aujourd'hui à Rome plus de trente. Lorsque le fossé de Saint-Ange fut nettoyé, sous Urbain VIII, les ouvriers découvrirent le Faune endormi du palais Barberini; mais cette belle statue avait perdu une jambe, une cuisse et le bras droit. Winckelman, *Hist. de l'Art*, t. II, p. 52, 53; t. III, p. 265.

ses lieutenans la garde d'une porte, et prit la sage précaution de leur ordonner expressément, quelle que fût l'alarme, de se tenir fermes à défendre leurs postes respectifs, et de se confier à leur général pour la sûreté de Rome. L'armée redoutable des Goths ne suffisait pas pour embrasser toute la circonférence de cette ville : ils n'investirent que sept des quatorze portes, depuis la porte de *Préneste* jusqu'à la voie Flaminienne, et Vitigès forma six camps, dont chacun était fortifié d'un fossé et d'un rempart. Il établit ensuite, du côté du Tibre qui est vers la Toscane, un septième camp, au milieu du terrain ou du cirque du Vatican; il voulait avec celui-ci dominer le pont de Milvius et le cours du Tibre; mais il n'approcha qu'avec dévotion de l'église de Saint-Pierre, et tout le temps du siége de Rome, la résidence des saints apôtres fut respectée par un ennemi chrétien. Dans les siècles de victoire, toutes les fois que le sénat de Rome ordonnait la conquête d'un pays éloigné, le consul, pour annoncer la guerre, ouvrait solennellement les portes du temple de Janus (1). Les hostilités se passant sous les murs de la ville, un pareil avis devenait superflu; et cette

---

(1) La description que fait Procope du temple de Janus, divinité du Latium, est la meilleure. (Heyne, *Excurs.* V *ad* l. VII *Æneid.*) Au temps de Romulus et de Numa, c'était une des portes de la ville. (Nardini, p. 13, 256, 329.) Virgile a décrit l'ouverture du temple de Janus en poëte et en antiquaire.

cérémonie était tombée par l'établissement d'une nouvelle religion. Le temple d'airain de Janus était encore debout dans le Forum ; son étendue était occupée tout entière par la statue du dieu, représenté sous une figure humaine de cinq coudées de hauteur, ayant deux visages, l'un tourné vers l'orient et l'autre vers l'occident. Ses doubles portes étaient aussi d'airain, et par les vains efforts qui furent faits pour les mouvoir sur leurs gonds rouillés, on apprit avec scandale que quelques Romains demeuraient attachés à la superstition de leurs aïeux.

<small>Bélisaire repousse un assaut général des Goths.</small>

Les assiégeans employèrent dix-huit jours à se procurer toutes les machines d'attaque qu'avaient inventées les anciens. Ils préparèrent des fascines pour remplir les fossés, et des échelles pour monter sur les murs : les plus gros arbres de la forêt fournirent le bois de quatre béliers ; leur tête était armée de fer ; ils étaient suspendus par des cordes, et cinquante hommes les faisaient agir. Des tours élevées marchaient sur des roues ou des cylindres, et formaient une plate-forme spacieuse, au niveau du rempart. Le matin du dix-neuvième jour, les Goths firent une attaque générale, depuis la porte de Préneste jusqu'au Vatican ; sept de leurs colonnes s'avancèrent à l'assaut, précédées de leurs machines ; et les Romains qui garnissaient le rempart, entendirent avec trouble et avec inquiétude les joyeuses assurances de leur général. Dès que l'ennemi approcha du fossé, Bélisaire lança le premier trait ; et telle était sa force et son adresse, qu'il perça d'outre en outre celui des chefs des Barbares qui se trouvait le plus en avant. Un cri d'applaudissement et de victoire retentit le long de la muraille. Il tira un second trait, qui eut le même succès, et qui fut suivi des mêmes acclamations. Il ordonna ensuite aux archers de tirer sur les attelages de bœufs, qui à l'instant furent couverts de mortelles blessures : les tours qu'ils portaient devinrent immobiles, sans qu'on pût s'en servir; et un seul instant suffit pour déconcerter les laborieux projets du roi des Goths. Vitigès, toutefois, pour détourner l'attention de l'ennemi, continua ou feignit de continuer l'assaut du côté de la porte Salarienne, tandis que ses principales forces attaquaient avec plus d'ardeur la porte de Préneste et le sépulcre d'Adrien, placés à trois milles l'un de l'autre. Près de la porte de Préneste, le double mur du *vivarium* (1) se trouvait peu élevé ou rompu, et les fortifications du môle d'Adrien étaient faiblement gardées : l'espoir de la victoire et du butin animait les Goths ; et si un seul poste eût cédé, les Romains et Rome elle-même étaient perdus. Cette journée si périlleuse fut la plus glorieuse de la vie de Bélisaire. Au milieu du tumulte et de l'effroi général, il ne perdit pas un moment de vue le plan de l'attaque et

---

(1) Le *vivarium* était une enceinte formée dans un angle du nouveau mur, pour y renfermer des bêtes sauvages. (Procope, *Goth.*, l. I, c. 23.) On le distingue dans Nardini (l. IV, c. 2, p. 159, 160), et dans le grand plan de Rome qu'a publié Nolli.

de la défense, observa toutes les vicissitudes de l'assaut, calcula tous les avantages possibles, se porta dans tous les endroits où il y avait du péril, et ses ordres calmes et décisifs donnaient du courage à ses soldats. On se battit opiniâtrément depuis le matin jusqu'au soir : les Goths furent repoussés de toutes parts ; et si le mérite du général n'eût pas contrebalancé la disproportion qui se trouvait entre le nombre des assaillans et celui des assiégés, chaque Romain eût pu se glorifier d'avoir vaincu trente Barbares. Les chefs des Goths avouèrent que cette action meurtrière avait coûté la vie à trente mille de leurs soldats, et il y en eut un pareil nombre de blessés. Lorsqu'ils avaient commencé l'attaque, dans cette foule tumultueuse, aucun des traits des Romains n'avait pu tomber sans effet ; et quand ils se retirèrent, la populace de la ville se joignit aux vainqueurs, et chargea sans danger le dos des fuyards.

*Ses sorties.* Bélisaire au même instant sortit des portes ; ses soldats, en chantant son nom et sa victoire, réduisirent en cendres les machines de l'ennemi. La perte et la consternation des Goths furent telles, que depuis cette journée le siége de Rome dégénéra en un languissant et ennuyeux blocus : ils étaient harcelés sans cesse par le général romain, qui, dans ses fréquentes escarmouches, tua plus de cinq mille de leurs plus valeureux soldats. Leur cavalerie ne savait point se servir de l'arc, leurs archers servaient à pied ; et leurs forces ainsi divisées ne pouvaient lutter contre leurs adversaires, dont les lances et les traits étaient également formidables de près ou de loin. L'habileté de Bélisaire profitait de toutes les occasions favorables ; et comme il choisissait les positions et les momens, qu'il pressait la charge (1) ou faisait sonner la retraite, les escadrons qu'il détachait manquaient rarement de succès. Ces petits avantages remplissaient d'une ardeur impatiente les soldats et le peuple, qui commençaient à sentir les maux d'un siége, et à ne plus craindre les périls d'une action générale. Chaque plébéien se croyait un héros ; et l'infanterie, qu'on rejetait de la ligne de bataille depuis la décadence de la discipline, aspirait aux anciens honneurs de la légion romaine. Bélisaire loua la valeur de ses troupes, désapprouva leur présomption, céda à leurs clameurs, et prépara les moyens de réparer une défaite que lui seul avait le courage de regarder comme possible. Les Romains eurent le dessus dans le quartier du Vatican ; et s'ils n'avaient perdu dans le pillage du camp des instans irréparables, ils se seraient emparés du pont Milvius, et auraient attaqué les derrières de l'armée des Goths. Bélisaire s'avançait de l'autre côté du Tibre, sortant des portes Pincienne et Salarienne ; mais le petit nombre de ses troupes, qui peut-être n'excé-

---

(1) Consultez, sur la *trompette romaine* et ses diverses notes, Lipse (*de Militiâ romanâ. Opp.*, tome III, liv. 4, dialogue x, pag. 125–129). Procope proposa de distinguer la *charge* par la trompette d'airain de la cavalerie, et la *retraite* par la trompette de cuir et de bois léger de l'infanterie, et Bélisaire adopta cette méthode. *Goth.*, l. II, c. 23.

dait pas quatre mille hommes, se trouvait comme perdu dans une plaine spacieuse : elles furent environnées et accablées par des corps frais qui venaient relever sans cesse les rangs des Barbares qu'on mettait en déroute. Les braves chefs de son infanterie n'étaient pas encore formés à la victoire, ils surent mourir; la retraite, faite avec précipitation, fût couverte par la prudence du général, et les vainqueurs reculèrent d'effroi à la vue des guerriers qui garnissaient le rempart. Cette défaite ne nuisit point à la réputation de Bélisaire, et la vaine confiance des Goths ne fut pas moins utile à ses desseins que le repentir et la modestie des troupes romaines.

<small>Détresse de la ville.</small> Du moment où Bélisaire avait résolu de soutenir un siége, il avait cherché, par des soins assidus, à garantir Rome de la famine, plus terrible que les armes des Goths. Il fit venir de la Sicile un secours extraordinaire de grains; il enleva, pour le service de la capitale, les récoltes de la Campanie et de la Toscane; et la puissante raison de la sûreté publique le força d'attenter à la propriété particulière. Il était facile de prévoir que l'ennemi s'emparerait des aqueducs : bientôt les moulins à eau furent arrêtés; mais on établit sur le courant de la rivière de gros navires auxquels on adapta des meules de moulin. Son lit fut ensuite embarrassé de troncs d'arbres et souillé de cadavres; toutefois les précautions de Bélisaire furent si heureuses, que les eaux du Tibre continuèrent à tenir les moulins en activité et à fournir une boisson aux habitans; les puits étaient une ressource

pour les quartiers éloignés, et une ville assiégée pouvait souffrir sans impatience la privation des bains publics. Une partie considérable de Rome, celle qui s'étend depuis la porte de Préneste jusqu'à l'église de Saint-Paul, ne fut jamais investie par les Goths; l'activité des Maures réprima leurs excursions : la navigation du Tibre, la voie Latine, les voies Appienne et Ostienne, demeuraient libres ; on introduisit par là dans la place du bétail et des grains; et c'est par là que se retirèrent ceux des habitans qui cherchèrent un asile dans la Campanie ou la Sicile. Bélisaire, voulant se débarrasser d'une multitude qui ne servait qu'à affamer la place, fit sortir les femmes, les enfans et les esclaves; il ordonna à ses soldats de renvoyer toutes les personnes des deux sexes qui se trouvaient à leur suite, et déclara qu'on leur donnerait en nature la moitié de leur ration, et le reste en argent. Du moment où les Goths eurent occupé deux postes importans situés aux environs des murs, la détresse qui en fut la suite justifia bien sa prévoyance. La perte du port, ou, comme on l'appelle maintenant, de la ville de Porto, le priva des ressources du pays qui était à la droite du Tibre, et lui enleva la meilleure communication qu'il eût avec la mer. Il vit avec douleur et avec colère que s'il eût pu se priver de trois cents hommes pour les y envoyer, une si faible troupe aurait suffi pour défendre les imprenables fortifications de cette place. A sept milles de la capitale, entre la voie Latine et la voie Appienne, deux aqueducs principaux qui se croisaient et se croisaient une seconde fois à quelque distance du premier point d'intersection, renfermaient un espace défendu par leurs arceaux solides et élevés (1), où Vitigès établit un camp de sept mille Goths, afin d'intercepter les convois de la Sicile et de la Campanie. Les magasins de Rome s'épuisèrent insensiblement ; le pays d'alentour avait été dévasté par le fer et la flamme ; et la quantité peu considérable de provisions qu'on obtenait par des courses faites à la hâte, servait de récompense à la valeur et était achetée par les riches ; le fourrage ne manqua jamais aux chevaux, ni le pain aux soldats ; mais, dans les derniers mois du siége, le peuple fut exposé à tous les maux de la disette ; il eut à supporter une nourriture malsaine (2) et des maladies contagieuses. Bélisaire eut pitié des souf-

---

(1) Procope (*Goth.*, l. II, c. 3) a oublié de nommer les aqueducs, et rien dans les écrits de Frontinus Fabretti et Eschinard (*de Aquis, et de Agro romano*), ni dans les cartes de Lameti et de Cingolani, n'annonce clairement cette double intersection placée à cette distance de Rome. On trouve à sept ou huit milles de Rome (à cinquante stades), sur le chemin d'Albano, entre la voie Latine et la voie Appienne, les restes d'un aqueduc, probablement le Septimien, qui se prolonge sur une étendue de six cent trente pas, et dont les arceaux ont vingt-cinq pieds de hauteur ( υψηλω εσαγαν ).

(2) Ils firent des saucissons, αλλατας, avec de la chair de mulet, qui durent être malsains si les mulets étaient morts de la maladie contagieuse ; car, du reste, on dit que les fameux saucissons de Bologne sont de chair d'âne. *Voyages de Labat*, t. II, p. 218.

frances des Romains, mais il avait prévu et il surveilla avec soin l'incertitude de leur fidélité et les progrès de leur mécontentement. L'adversité avait éveillé les Romains de leurs rêves de grandeur et de liberté, et leur avait fait sentir cette humiliante vérité, qu'il était à peu près indifférent à leur bonheur que le nom de leur maître vînt de la langue des Goths ou de celle des Latins. Le lieutenant de Justinien écouta leurs justes plaintes, mais il rejeta avec dédain l'idée d'une fuite ou d'une capitulation; il réprima les clameurs qui lui demandaient une bataille; il les amusa, et leur annonça que bientôt ils recevraient des secours; et il eut soin de se prémunir contre les effets de leur désespoir ou de leur perfidie. Il changeait deux fois par mois les officiers à qui la garde des portes était confiée; il multiplia les patrouilles, les mots du guet, les fanaux et la musique, pour découvrir tout ce qui se passait sur les remparts; il plaça au-delà du fossé des gardes avancées, et la vigilance d'un grand nombre de chiens suppléa à la fidélité plus douteuse des hommes. On intercepta une lettre où l'on assurait le roi des Goths qu'on ouvrirait secrètement à ses troupes la porte Asinaire, voisine de l'église de Saint-Jean-de-Latran. Plusieurs sénateurs, convaincus ou soupçonnés de trahison, furent bannis, et le pape Silvère eut ordre d'aller répondre au représentant de son souverain à son quartier-général au palais Pincius (1). Les ecclésias-

Exil du pape Silvère. A. D. 537, nov. 17.

---

(1) Le nom du palais, de la colline et de la porte adja-

tiques qui suivirent leur évêque furent retenus dans le premier ou le second appartement (1), et le pape seul fut admis à l'audience de Bélisaire. Le vainqueur de Rome et de Carthage était modestement assis aux pieds d'Antonina, couchée sur un lit magnifique : le général se tut ; mais son impérieuse épouse chargea le pontife de reproches et de menaces. Accusé par des témoins dignes de foi et par sa propre signature, le successeur de saint Pierre fut dépouillé de ses ornemens pontificaux, revêtu d'un habit de moine ; on l'exila dans un coin de l'Orient, et on le fit partir tout de suite. Le clergé de Rome procéda, par l'ordre de l'empereur, au choix d'un nouvel évêque ; et après qu'on eut invoqué solennellement le Saint-Esprit, on élut le diacre Vigile, qui avait payé le trône pontifical au prix de deux cents livres d'or. Le profit, et par conséquent le crime de cette simonie, fut imputé à Bélisaire ; mais le héros obéissait aux volontés de sa femme ; Antonina servait les pas-

---

cente, venait du sénateur Pincius. Des restes de temples et d'églises sont aujourd'hui dispersés dans le jardin des minimes de la Trinité du Mont.) Nardini, l. IV, c. 7, p. 196; Eschinard, p. 209, 210 : *voyez* aussi le vieux plan de Buffalino et le grand plan de Nolli. (Bélisaire avait établi son quartier entre la porte *Pincia* et la porte *Salaria*. Procope, *Goth.*, l. I, c. 15.

(1) Le *primum* et le *secundum velum* paraissent indiquer que, même durant le siége, Bélisaire représentait l'empereur, et faisait observer l'orgueilleux cérémonial du palais de Byzance.

sions de l'impératrice, et Théodora prodigua des trésors dans la vaine espérance d'obtenir un pape opposé ou indifférent au concile de Chalcédoine (1).

Bélisaire instruisit l'empereur de ses victoires, de ses dangers et de sa résolution. « Selon vos ordres, lui dit-il, nous sommes entrés dans le pays des Goths, et nous avons soumis à votre empire la Sicile, la Campanie et la ville de Rome ; mais la perte de ces avantages serait plus déshonorante que leur acquisition n'a été glorieuse. Jusqu'ici nous avons triomphé de la multitude des Barbares ; mais leur multitude peut à la fin l'emporter. La victoire est un bienfait du ciel ; mais la réputation des rois et des généraux dépend du succès ou de la mauvaise réussite de leurs desseins. Permettez-moi de vous parler avec liberté : si vous voulez que nous vivions, envoyez-nous des subsistances ; si vous voulez que nous soyons vainqueurs, envoyez-nous des armes, des chevaux et des hommes. Les Romains nous ont reçus comme des amis et des libérateurs ; mais telle est notre détresse, que leur confiance les perdra, ou que nous serons les victimes de leur perfidie et de leur haine. Quant à moi, ma vie est dévouée à

_Délivrance de Rome._

───────────

(1) Procope rapporte cet acte de sacrilége malgré lui et en peu de mots (*Goth.*, l. 1, c. 25). La narration de Liberatus (*Breviarium*, c. 22) et d'Anastase (*de Vit. Pontif.*, page 39) est détaillée, mais remplie de passion. Écoutez les anathêmes du cardinal Baronius (A. D. 536, n° 123; A. D. 538, n°s 4-20) : *Portentum, facinus omni execratione dignum.*

votre service ; c'est à vous de voir si dans cette position ma mort contribuera à la gloire et à la prospérité de votre règne. » Ce règne aurait peut-être joui de la même prospérité, quand le paisible souverain de l'Orient se fût abstenu de la conquête de l'Afrique et de l'Italie ; mais comme Justinien aspirait à la renommée, il fit quelques faibles et languissans efforts pour secourir et sauver son général victorieux ; celui-ci reçut un renfort de seize cents Esclavons et Huns, conduits par Martin et Valérien ; ils s'étaient reposés durant tout l'hiver dans les havres de la Grèce ; en sorte que les hommes ni les chevaux ne se ressentaient nullement de la fatigue d'un voyage maritime, et que ces troupes se distinguèrent par leur valeur dans la première sortie contre les assiégeans. Vers le solstice d'été, Euthalius débarqua à Terracine avec de grandes sommes d'argent destinées à la solde des troupes. Il s'avança avec précaution le long de la voie Appienne ; et ce convoi entra à Rome par la porte Capène (1), tandis que Bélisaire tournait d'un autre côté l'attention des Goths par une escarmouche poussée avec vigueur et avec succès. Le général sut ménager habilement et ces secours arrivés si à propos et l'opinion que l'on pouvait en avoir. Il

---

(1) L'ancienne porte de Capène avait été reculée par Aurélien jusqu'à la porte moderne de Saint-Sébastien, ou près de là. (*Voyez* le plan de Nolli.) Ce remarquable emplacement avait été consacré par le bocage d'Égérie, le souvenir de Numa, des arcs de triomphe, les sépulcres des Scipions, des Métellus, etc.

ranima le courage ou du moins l'espoir des soldats et du peuple. L'historien Procope fut chargé de l'importante mission d'aller rassembler les troupes et les vivres que la Campanie pouvait fournir, ou qu'avait envoyés Constantinople : le secrétaire de Bélisaire fut bientôt suivi d'Antonina elle-même (1), qui traversa hardiment les postes de l'ennemi, et revint bientôt ramenant à son époux et à la ville assiégée les secours arrivés de l'Orient. Des navires qui portaient trois mille Isauriens, mouillèrent dans la baie de Naples et ensuite à Ostie. Plus de deux mille chevaux, dont une partie était de Thrace, débarquèrent à Tarente; et après avoir joint cinq cents soldats de la Campanie, et un convoi de voitures chargées de vin et de farine, ils suivirent la voie Appienne, depuis Capoue jusqu'aux environs de Rome. Les forces qui arrivaient par terre et par mer se réunirent à l'embouchure du Tibre. Antonina assembla un conseil de guerre; il y fut décidé qu'à force de voiles et de rames, on remonterait la rivière : les Goths ne voulurent point les attaquer, de peur de troubler la négociation à laquelle Bélisaire s'était artificieusement prêté. Ils se laissèrent persuader que ce qu'ils voyaient était seulement l'avant-garde d'une grande flotte et d'une grande armée qui couvraient déjà la mer Ionienne et les plaines de la Campanie,

---

(1) Les expressions de Procope présentent un sens défavorable : Τυχην εκ του ασφαλους την σφισι συμβησομενην καραδοκειν (*Goth.*, l. II, c. 4); cependant il parle d'une femme.

et leur erreur se fortifia par la fierté du général romain au moment où il donna audience aux envoyés de Vitigès. Après un discours spécieux, dans lequel ils soutinrent la justice de leur cause, ils dirent que, par amour de la paix, ils étaient disposés à renoncer à la Sicile. « L'empereur n'est pas moins généreux, leur répondit son lieutenant avec un sourire de dédain ; en reconnaissance de ce que vous cédez une chose que vous ne possédez plus, il vous offre une ancienne province de l'empire ; il abandonne aux Goths la souveraineté de l'île de la Bretagne. » Bélisaire rejeta avec la même fermeté et le même dédain le tribut qu'on lui offrit ; mais il permit aux ambassadeurs goths d'aller apprendre leur sort de la bouche de Justinien lui-même, et il consentit, avec une répugnance simulée, à une trêve de trois mois, depuis le solstice d'hiver jusqu'à l'équinoxe du printemps. Il y aurait eu de l'imprudence à trop compter sur les sermens ou les ôtages des Barbares ; mais la supériorité que se sentait Bélisaire se manifesta dans la manière dont il distribua ses troupes. Dès que la peur ou la faim eut déterminé les Goths à évacuer Alba, Porto et Centum-Cellæ, il y envoya tout de suite des garnisons : celles de Narni, de Spolette et de Pérouse, furent renforcées, et les sept camps de l'ennemi éprouvèrent bientôt toutes les misères d'un siége. Les prières et le pélerinage de Datius, évêque de Milan, ne furent pas sans effet, et il obtint mille Thraces ou Isauriens, qu'il envoya aux rebelles de la Ligurie, contre l'arien qui les tyrannisait. En même

*Bélisaire reprend plusieurs villes de l'Italie.*

temps, Jean le Sanguinaire (1), neveu de Vitalien, fut détaché avec deux mille cavaliers d'élite, d'abord à Alba, sur le lac Fucin, et ensuite vers les frontières du Picentin, sur la mer Adriatique. « C'est dans cette province, lui dit Bélisaire, que les Goths ont retiré leurs familles et leurs trésors, sans y mettre de garde et sans soupçonner le danger. Sans doute ils violeront la trève ; qu'ils sentent vos coups avant d'être instruits de vos mouvemens. Épargnez les Italiens ; ne laissez sur vos derrières aucune place fortifiée dont les dispositions nous soient défavorables ; et réservez fidèlement le butin, afin qu'il soit partagé d'une manière égale. Il ne serait pas raisonnable, ajouta-t-il en riant, que tandis que nous nous fatiguons à détruire les frelons, nos camarades, plus heureux, prissent tout le miel. »

Toute la nation des Ostrogoths, réunie pour le siége de Rome, s'y était presque entièrement consumée. S'il faut ajouter foi au rapport d'un témoin éclairé, un tiers au moins de cette immense armée fut détruit dans les combats multipliés qui se donnèrent sous les murs de la place. Il paraît qu'alors le déclin de l'agriculture et de la population contribuait déjà à la mauvaise qualité de l'air durant l'été, et que la licence des Barbares et les dispositions peu amicales des naturels du pays aggravaient les maux de la famine et de la peste. Tandis que Vitigès luttait

Les Goths lèvent le siége de Rome. A. D. 538, mars.

---

(1) Anastase (p. 40) a conservé cette épithète de *sanguinarius*, qui pourrait faire honneur à un tigre.

contre la fortune, tandis qu'il hésitait entre la honte et sa ruine totale, des alarmes personnelles vinrent hâter sa retraite. Des messagers tremblans vinrent lui apprendre que Jean le Sanguinaire répandait la dévastation, de l'Apennin à la mer Adriatique ; que la riche dépouille et les innombrables captifs du Picentin avaient été renfermés dans l'enceinte des fortifications de Rimini; que ce redoutable chef avait battu son oncle, insulté sa capitale, et corrompu, à l'aide d'une correspondance secrète, la fidélité de sa femme, l'impérieuse fille d'Amalasonthe. Toutefois, avant de s'éloigner de Rome, Vitigès fit un dernier effort pour s'en emparer, soit d'assaut ou par surprise. Il découvrit un secret passage dans un des aqueducs ; deux citoyens du Vatican, séduits par ses présens, promirent d'enivrer les gardes de la porte Aurélienne ; il médita une attaque contre les murs situés au-delà du Tibre, dans un endroit qui n'était pas défendu par des tours; et les Barbares s'avancèrent avec des torches et des échelles vers la porte Pincienne. Mais ses projets furent déjoués par l'intrépide vigilance de Bélisaire et de ses braves vétérans, qui, dans les momens les plus périlleux, ne donnèrent pas un regret à l'absence de leurs compagnons; et les Goths, n'ayant plus ni vivres ni espoir, demandèrent à grands cris qu'on les laissât partir avant que la trêve fût expirée et que la cavalerie romaine fût réunie. Une année et neuf jours après le commencement du siége, cette armée des Goths, peu de temps auparavant nombreuse et triomphante, brûla ses tentes et repassa en désordre le pont Milvius. Cette retraite fut pour eux l'occasion d'un nouveau désastre. Attaqués et pressés dans cet étroit passage, ils furent en foule précipités dans le Tibre, soit par leur frayeur ou par les coups de l'ennemi; et le général romain, sortant par la porte Pincienne, rendit la fuite honteuse et meurtrière. Cette troupe de malades et de soldats abattus s'éloigna lentement en se traînant sur la voie Flaminienne, d'où elle fut forcée de s'écarter quelquefois, de peur de tomber au milieu des garnisons qui défendaient le grand chemin de Rimini et de Ravenne. Au reste, cette armée en fuite était encore si redoutable, que Vitigès en détacha dix mille hommes pour la défense des villes qu'il avait le plus d'intérêt à conserver, et qu'il ordonna à Uraias, son neveu, d'aller avec le même nombre d'hommes châtier la ville rebelle de Milan; ensuite, à la tête du reste de ses troupes, il assiégea Rimini, qui n'était éloignée que de trente-trois milles de la capitale des Goths. Un faible rempart et un fossé peu profond, seules fortifications de cette place, furent défendus par l'habileté et la valeur de Jean le Sanguinaire, qui partagea le danger et la fatigue du dernier des soldats, et déploya, sur un théâtre moins éclatant, toutes les qualités militaires de son général. Il rendit inutiles les tours et les machines des Barbares; il repoussa leurs attaques; et le siége, converti en un blocus, réduisit la garnison aux dernières extrémités de la famine; mais il laissa aux forces romaines le temps de se réunir et d'arriver : une flotte qui avait surpris Ancône, longea la côte de l'Adriatique, et porta des secours à la ville assiégée. L'eunuque Narsès débarqua dans le Picentin avec deux mille Hérules et cinq mille hommes des plus braves troupes de l'Orient. On força les rochers de l'Apennin ; dix mille vétérans tournèrent les montagnes, sous les ordres de Bélisaire en personne; et une nouvelle armée brillante dans son camp d'une multitude de feux, apparut tout à coup s'avançant le long de la voie Flaminienne. Les Goths, saisis d'étonnement et de désespoir, levèrent le siége de Rimini; ils abandonnèrent leurs tentes, leurs drapeaux et leurs chefs; et Vitigès, qui donna ou suivit l'exemple de la fuite, ne s'arrêta que lorsqu'il se crut en sûreté dans les murs et les marais de Ravenne.

*Ils se retirent à Ravenne.*

*Jalousie des généraux romains.*
*A. D. 538.*

La monarchie des Goths était alors réduite à ces murs, et à quelques forteresses incapables de se soutenir mutuellement. Les provinces de l'Italie avaient embrassé le parti de l'empereur; et son armée, parvenue peu à peu au nombre de vingt mille hommes, aurait aisément et rapidement achevé ses conquêtes, si la mésintelligence des généraux n'eût affaibli ses forces invincibles. Avant la fin du siège de Rome, un ordre sanguinaire, imprudent et inexplicable, avait terni la noble réputation de Bélisaire. Presidius, Italien fidèle à l'empereur, fuyant de Ravenne à Rome, avait été brutalement arrêté par Constantin, gouverneur de Spolette, et dépouillé, dans une église où il s'était réfugié, de deux poignards enrichis d'or et de pierreries. Dès que les Goths eurent levé le siége, il se plaignit du vol et de l'insulte : on écouta sa plainte ; le coupable reçut ordre de rendre les deux poignards, et désobéit par fierté ou par avarice. Presidius, aigri par ce délai, ne craignit pas d'arrêter le cheval de Bélisaire au moment où il traversait la place publique, et réclama avec le courage d'un citoyen la protection des lois romaines. L'honneur du général était engagé : il assembla un conseil de guerre ; il y exposa la désobéissance d'un de ses officiers, et une réplique insolente de Constantin le détermina à appeler ses gardes. Celui-ci, les voyant entrer, jugea qu'il était perdu ; il tira son épée et se précipita sur Bélisaire ; qui par son agilité évita le coup, et fut ensuite protégé par ses amis : on désarma le forcené, on le traîna dans une chambre voisine, où il fut exécuté, ou plutôt assassiné, d'après l'ordre arbitraire du général (1). Cette violence fit oublier le crime de Constantin : on imputa secrètement à la vengeance d'Antonina le désespoir et la mort de ce brave officier ; et ses collègues, coupables des mêmes brigandages, commencèrent à redouter le même sort. L'épouvante causée

*Mort de Constantin.*

---

(1) Ce fait est raconté dans l'Histoire publique (*Goth.*, l. II, c. 8) avec bienveillance ou circonspection, et dans les *Anecdotes* (c. 7) avec malveillance ou avec plus de liberté. Marcellin, ou plutôt son continuateur (*in Chron.*), jette sur le meurtre de Constantin un soupçon de préméditation. Il avait rendu des services utiles à Rome et à Spolette. (Procope, *Goth.*, l. I, c. 7-14.) Aleman le confond avec Constantianus, *comes stabuli.*

par les Barbares, suspendit l'effet de leur jalousie et de leur mécontentement; mais, lorsqu'ils se virent sur le point de triompher des Goths, ils excitèrent un puissant rival à s'opposer au conquérant de Rome et de l'Afrique. L'eunuque Narsès, du service domestique du palais et de l'administration du revenu privé de l'empereur, était parvenu tout à coup au rang de général; et ses qualités héroïques, qui, pour le mérite et pour la gloire, l'égalèrent ensuite à Bélisaire, ne firent alors qu'embarrasser les opérations de la guerre des Goths. Les chefs de la faction des mécontens attribuèrent à ses conseils le salut de Rimini, et l'exhortèrent à prendre un commandement séparé et indépendant. La lettre de Justinien lui enjoignait, il est vrai, d'obéir au général; mais elle ajoutait: « Autant que cela pourra être avantageux au service public; » et cette dangereuse restriction laissait quelque liberté de jugement au favori prudent qui venait de quitter Constantinople, la présence *sacrée* et la conversation familière de son souverain. D'après ce droit incertain, Narsès se montra constamment d'une opinion opposée à celle de Bélisaire; et, après avoir consenti avec répugnance au siége d'Urbin, il abandonna son collègue pendant la nuit, et alla conquérir la province Émilienne. Les farouches et redoutables Hérules lui étaient dévoués (1);

L'eunuque Narsès.

---

(1) Ils refusèrent de servir après son départ; ils vendirent aux Goths les captifs et le bétail qu'ils possédaient, et ils jurèrent de ne jamais les combattre. Il y a dans Procope une

il entraîna sous ses bannières dix mille Romains ou soldats des peuples confédérés ; chaque mécontent saisit cette occasion de venger les offenses qu'il croyait avoir reçues, et les troupes qui restaient à Bélisaire se trouvaient dispersées depuis les garnisons de la Sicile jusqu'aux côtes de la mer Adriatique. Son habileté et sa constance triomphèrent de tous les obstacles ; il prit Urbin, il entreprit et suivit avec vigueur les sièges de Fésule, d'Orviète et d'Auximum ; et l'eunuque Narsès fut enfin rappelé aux fonctions domestiques du palais. Toutes les dissensions furent calmées, toutes les oppositions surmontées par la fermeté modérée d'un héros à qui ses ennemis ne pouvaient refuser leur estime, et Bélisaire pénétra son armée de cette salutaire vérité, que les forces de l'État doivent former un seul corps, et être animées d'un même esprit : mais ces momens de discorde laissèrent respirer les Goths ; on perdit une saison précieuse ; Milan fut détruit, et les Francs ravagèrent les provinces septentrionales de l'Italie. *Fermeté et autorité de Bélisaire.*

Lorsque Justinien avait formé le projet de la conquête de l'Italie, il avait envoyé des ambassadeurs aux rois des Francs, pour les sommer, au nom des traités et de leur commune religion, de se réunir à lui dans une sainte entreprise contre les ariens. Les Goths, plus pressés par le besoin de secours, vou- *Invasion de l'Italie par les Francs. A. D. 538-539.*

---

digression curieuse sur les mœurs et les aventures de cette nation errante, dont une partie se porta finalement dans Thulé et la Scandinavie. *Goth.*, l. II, c. 14, 15.

lurent employer des moyens de persuasion plus efficaces : ils essayèrent vainement, par des dons de terres et d'argent, de s'assurer l'amitié ou du moins la neutralité d'une nation légère et perfide (1) ; mais dès que les armes de Bélisaire et la révolte des Italiens eurent ébranlé la monarchie des Goths, Théodebert d'Austrasie, le plus puissant et le plus belliqueux des rois mérovingiens, consentit à les secourir indirectement dans leur détresse. Dix mille Bourguignons, qui depuis peu reconnaissaient ses lois, descendirent des Alpes, sans attendre l'aveu de leur souverain, et se joignirent aux troupes que Vitigès avait envoyées contre les rebelles de Milan. Après un siége opiniâtre, la capitale de la Ligurie fut réduite par la famine, et la retraite de la garnison romaine fut la seule capitulation qu'elle put obtenir. Datius, évêque orthodoxe, qui avait entraîné ses compatriotes dans la rebellion (2) et causé ainsi leur ruine, se sauva à la cour de Byzance, où il vécut dans le luxe et les honneurs (3); mais le clergé,

---

(1) Ce reproche de perfidie (Procope, *Goth.*, l. II, c. 25) blesse La Mothe-le-Vayer (t. VIII, p. 163-165). On dirait, d'après ses critiques, qu'il n'avait pas lu l'historien grec.

(2) Baronius loue la trahison de Datius, et justifie les évêques catholiques : *Qui ne sub heretico principe degant, omnem lapidem movent.* Précaution vraiment utile ! Muratori, plus raisonnable (*Ann. d'Italie*, t. V, 54), laisse entrevoir qu'il les regarde comme des parjures, et il blâme du moins l'*imprudence* de Datius.

(3) Saint Datius fut plus heureux contre les démons que

peut-être arien, de la ville de Milan, fut massacré au pied de ses autels par les défenseurs de la foi catholique. On dit que trois cent mille hommes furent égorgés (1); les femmes et les effets les plus précieux furent abandonnés aux Bourguignons, et l'on rasa les maisons ou seulement les murs de Milan. Les Goths, dans les derniers momens de leur existence, se vengèrent du moins en détruisant une ville qui, par sa grandeur et sa richesse, la splendeur de ses édifices et le nombre de ses habitans, ne le cédait qu'à Rome même ; et Bélisaire seul compatit à la destinée des amis fidèles qu'on l'avait forcé d'abandonner. Théodebert, enorgueilli par cette heureuse incursion, revint au printemps de l'année suivante, et fit une invasion dans les plaines de l'Italie, à la tête d'une armée de cent mille Barbares (2). Ce prince et des soldats d'élite qui lui servaient d'escorte, étaient

*Destruction de Milan.*

---

contre les Barbares. Il voyagea avec une suite nombreuse, et il occupa à Corinthe une grande maison. Baronius, A. D. 538, n° 89; A. D. 539, n° 20.

(1) Μυριαδες τριακοντα. (*Voyez* Procope, l. II, c. 7, 21.) Au reste, une population aussi nombreuse paraît incroyable. Milan, quoique la seconde ou la troisième ville de l'Italie, n'aura pas à se plaindre si nous retranchons un zéro du texte. Milan et Gênes se relevèrent en moins de trente ans. Paul-diacre; *de Gest. Langobard.*, l. II, c. 38.

(2) Outre Procope, trop disposé peut-être en faveur des Romains, *voyez* les *Chroniques* de Marius et de Marcellin; Jornandès, *in Success. reg. in* Muratori, t. I, p. 241; et saint Grégoire de Tours, l. III, c. 32, *in* t. II des *Historiens de France*. Saint Grégoire suppose que Bélisaire fut

seuls à cheval, et armés de lances : l'infanterie, sans arcs et sans piques, n'avait qu'un bouclier, une épée et une hache de bataille à deux tranchans, qui, entre leurs mains, portait des coups sûrs et mortels. L'invasion des Francs fit trembler l'Italie; le prince goth et Bélisaire, qui ignoraient leurs desseins, recherchèrent, chacun de leur côté, l'amitié de ces alliés dangereux. Le petit-fils de Clovis dissimula ses intentions jusqu'au moment où il se fut assuré du passage du Pô, sur le pont de Pavie; et il les manifesta, en attaquant, presque le même jour, les camps ennemis des Romains et des Goths. Les Goths et les Romains, au lieu de se réunir, s'enfuirent avec une égale précipitation; la fertile Ligurie et la province Émilienne furent abandonnées à une horde de Barbares indisciplinés, qui, ne songeant ni à s'y établir ni à y faire des conquêtes, se livraient à toute leur fureur. Parmi les villes qu'ils ruinèrent, on cite Gênes, qui n'était pas encore bâtie en marbre; et il paraît que la mort de plusieurs milliers d'hommes qui périrent selon les lois de la guerre, excita moins d'horreur que le sacrifice de quelques femmes et de quelques enfans impunément immolés aux dieux dans le camp du roi très-chrétien. Si par une triste destinée les maux les plus cruels ne tombaient pas en ces occasions sur les innocens et les malheureux sans appui, on pourrait se réjouir de la détresse des

---

battu; et Aimoin (*de Gest. Francor.*, l. II, c. 23, *in* t. II, p. 59) dit qu'il fut tué par les Francs.

vainqueurs, qui, au milieu des richesses du pays, manquèrent de pain et de vin, et furent réduits à boire l'eau du Pô, et à manger la chair des bêtes alors attaquées d'une maladie contagieuse. La dysenterie enleva un tiers de leur armée; et les clameurs des sujets de Théodebert, impatiens de repasser les Alpes, le disposèrent à écouter avec déférence les conseils remplis d'humanité que lui adressa Bélisaire. Les médailles de la Gaule perpétuèrent le souvenir de cette guerre si meurtrière et si peu glorieuse; et Justinien, sans avoir tiré l'épée, prit le titre de vainqueur des Francs. Le roi mérovingien fut blessé de la vanité de l'empereur; il montra de la pitié sur le malheur des Goths, et leur proposa insidieusement une confédération : la promesse ou la menace de descendre des Alpes à la tête de cinq cent mille hommes, donnait du poids à ses propositions. Ses plans de conquête étaient sans bornes, et peut-être chimériques : le roi d'Austrasie menaçait de châtier Justinien, et de se rendre aux portes de Constantinople (1); il fut renversé et tué (2) par un taureau

---

(1) Agathias, l. 1, p. 14, 15. Quand il serait venu à bout de séduire ou de subjuguer les Gépides ou les Lombards de la Pannonie, l'historien grec est persuadé qu'il aurait péri dans la Thrace.

(2) Théodebert ayant lancé sa pique au taureau, l'animal renversa un arbre sur la tête du roi : il mourut le même jour. Tel est le récit d'Agathias; mais les historiens originaux de France (t. II, p. 202, 403, 558, 667) disent qu'il mourut d'une fièvre.

sauvage (1), un jour qu'il chassait dans les forêts de la Belgique ou de la Germanie.

Bélisaire assiége Ravenne. Dès que Bélisaire fut délivré de ses ennemis étrangers et domestiques, il employa toutes ses forces à achever la réduction de l'Italie. Il aurait été percé d'un trait au siége d'Osimo, si un de ses gardes, qui perdit une main dans cette occasion, n'eût intercepté le coup mortel. Les quatre mille soldats goths qui défendaient Osimo, ceux de Fésule et des Alpes Cottiennes, furent des derniers qui soutinrent encore leur indépendance, et leur courageuse résistance mérita l'estime d'un vainqueur dont elle épuisa presque la patience. Il leur refusa prudemment le sauf-conduit qu'ils demandaient pour se rendre à Ravenne ; mais une capitulation honorable leur laissa au moins la moitié de leurs richesses, avec l'alternative de se retirer paisiblement dans leurs domaines ou de passer au service de l'empereur dans ses guerres contre les Perses. La multitude qui obéissait encore à Vitigès, surpassait le nombre des guerriers romains ; mais ni prières, ni défis, ni le danger de ses plus fidèles sujets, ne purent déterminer le roi des Goths à sortir des fortifications de Ravenne. L'artifice

---

(1) Sans me perdre dans la multitude des diverses espèces et des différens noms, l'auroch, l'urus, le bison, le bubalus, le bonasus, le buffle, etc. (Buffon, *Hist. nat.*, t. XI, et *Supplément*, t. III, VI), il est sûr qu'au sixième siècle on chassait dans les grandes forêts des Vosges et des Ardennes une espèce sauvage de bêtes à cornes d'une grande taille. Saint Grégoire de Tours, t. II, l. X, c. 10, p. 369.

ni la force ne pouvaient rien, à la vérité, contre ces fortifications; et lorsque Bélisaire eut investi cette capitale, il ne tarda pas à se convaincre que la famine était le seul moyen qui lui restât de dompter l'opiniâtreté des Barbares. Il fit garder soigneusement la mer, le côté de terre et les canaux du Pô; et sa moralité ne l'empêcha pas d'étendre les droits de la guerre jusqu'à celui d'empoisonner les eaux (1) et de mettre secrètement le feu aux magasins (2) d'une ville assiégée (3). Tandis qu'il pressait le blocus de Ravenne, il vit avec surprise deux ambassadeurs

---

(1) Durant le siége d'Auximum il s'efforça d'abord de détruire un vieil aqueduc, et il jeta ensuite dans les eaux 1° des cadavres, 2° des herbes malfaisantes, et 3° de la chaux vive, que les anciens nommaient τιτανος, dit Procope (l. 11, c. 29), et que les modernes appellent ασβεστος. Toutefois ces deux mots sont employés comme synonymes dans Galien, Dioscorides et Lucien. H. Étienne, *Thesaur. ling. græc.*, t. III, p. 748.

(2) Les Goths soupçonnèrent Mathasuintha d'avoir contribué à cet incendie, qui fut peut-être l'effet de la foudre.

(3) Dans la rigueur philosophique, il paraît contradictoire de borner les droits de la guerre. Grotius lui-même se perd dans la vaine distinction entre le *jus naturæ* et le *jus gentium*, entre le poison et l'infection. Il met d'un côté de la balance les passages d'Homère (*Odyss.*, A. D. 259, etc.) et de Florus (l. 11, c. 20, n° 7, *ult.*), de l'autre les exemples de Solon (Pausanias, l. x, o. 37) et de Bélisaire. *Voyez* son ouvrage (*de Jure belli et pacis*, l. III, c. 4, s. 15, 16, 17, et dans la version de Barbeyrac, t. II, p. 257, etc.). Au reste, je comprends les avantages et la validité d'une convention tacite ou expresse, qui interdirait réciproque-

arriver de Constantinople apportant un traité de paix que Justinien avait imprudemment signé, sans daigner consulter le général à qui il devait ses victoires. Ce traité, par un arrangement honteux et précaire, partageait l'Italie et le trésor des Goths, et laissait au successeur de Théodoric, avec le titre de roi, les provinces situées au-delà du Pô. Les ambassadeurs se hâtèrent avec ardeur d'accomplir une mission si salutaire : Vitigès, presque captif, reçut avec transport l'offre inattendue d'une couronne : les Goths se montrèrent moins sensibles à l'honneur qu'à la faim ; et les chefs romains, qui murmuraient de la durée de la guerre, exprimèrent la plus parfaite soumission aux ordres de l'empereur. Si Bélisaire n'avait eu que le courage d'un soldat, des conseils timides et jaloux auraient arraché le laurier de ses mains ; mais, dans cet instant décisif, il résolut, avec la grandeur d'âme d'un véritable homme d'État, de courir seul le danger et de recueillir seul la gloire d'une généreuse désobéissance. Ce fut après que chacun de ses officiers eut déclaré par écrit que le siége de Ravenne était impraticable, qu'il rejeta le traité de partage, et déclara sa résolution de conduire Vitigès, chargé de chaînes, aux pieds de Justinien. Les Goths se retirèrent pleins de trouble et de consternation : ce refus péremptoire les privait de la seule signature en laquelle ils pussent avoir quelque confiance, et

---

ment certaines méthodes d'hostilité. *Voyez* le serment amphictyonique dans Eschine, *de falsâ Legatione.*

leur fit craindre avec justice que leur habile ennemi n'eût découvert tous les embarras de leur déplorable situation. Ils comparèrent sa réputation et sa fortune avec la faiblesse de leur malheureux roi ; et cette comparaison leur suggéra un expédient extraordinaire, auquel Vitigès fut obligé de se soumettre avec une apparence de résignation. Le partage signé par l'empereur détruisait la force des Goths, et l'exil fléchissait leur honneur ; ils proposèrent d'abandonner leurs armes, leurs trésors et les fortifications de Ravenne, si Bélisaire voulait abjurer l'autorité de l'empereur, se rendre aux vœux de la nation, et accepter la couronne d'Italie qu'il avait si bien méritée. Quand l'éclat trompeur du diadême eût été capable de séduire la loyauté d'un sujet aussi fidèle, sa sagesse aurait prévu l'inconstance des Barbares, et son ambition raisonnable aurait préféré l'emploi sûr et glorieux qu'il exerçait au service de l'empereur. Il ne craignit même point les malveillantes interprétations que l'on pouvait donner à la tranquillité et à l'apparente satisfaction avec laquelle il reçut la proposition de trahir son maître. Le lieutenant de Justinien se rendait témoignage de la droiture de ses intentions ; la route obscure et tortueuse dans laquelle il se permit d'entrer, avait pour objet de conduire les Goths à se soumettre volontairement. Au moyen d'une politique adroite, sans s'obliger par aucun serment, ou même par aucune promesse, à l'accomplissement d'un traité qu'il abhorrait en secret, il sut leur persuader qu'il était disposé à se rendre à leurs désirs. Les envoyés des Goths fixèrent le jour où ils devaient livrer Ravenne. Des navires chargés de provisions furent reçus avec joie dans l'intérieur du port : on ouvrit les portes au prétendu roi d'Italie; et Bélisaire, sans rencontrer un seul ennemi, traversa en triomphe les rues de cette ville imprenable (1). Les Romains furent étonnés de leurs succès : ces Goths si nombreux, si robustes, et d'une si haute stature, furent eux-mêmes surpris de leur faiblesse; leurs femmes, animées d'un courage viril, crachaient au visage de leurs enfans et de leurs maris, en leur reprochant avec amertume de livrer leur empire et leur liberté à ces pygmées du Sud, méprisables par leur petit nombre et par l'exiguïté de leur taille. Avant que les Goths eussent pu revenir de leur première surprise et demander l'accomplissement de leurs douteuses espérances, Bélisaire avait déjà établi sa puissance dans Ravenne de manière à ne plus craindre leur repentir ou leur révolte. Vitigès, qui peut-être avait essayé de s'enfuir, fut gardé honorablement dans son palais (2). On choisit pour le service

*Il subjugue le royaume des Goths en Italie.*
*A. D. 539, décembre.*

*Captivité de Vitigès.*

---

(1) Bélisaire entra dans Ravenne, non pas en l'année 540, mais à la fin de 539. Pagi (t. II, 569) est rectifié sur ce point par Muratori (*Ann. d'Italia,* t. v, p. 62), qui prouve, d'après un acte original sur papyrus (*Antiq. Italiæ medii ævi,* tome II, *dissert.* 32, pag. 997-1009; Maffei, *Istoria diplom.,* pag. 155-160), qu'avant le 3 janvier 540, la paix et une libre communication étaient rétablies entre Ravenne et Faenza.

(2) Vitigès fut arrêté par Jean le Sanguinaire; mais on

de l'empereur la fleur des jeunes Goths ; les autres furent renvoyés dans leurs paisibles habitations des provinces méridionales, et une colonie d'Italiens vint remplir la ville dépeuplée. Le reste des villes et des villages de l'Italie n'attendirent pas, pour imiter l'exemple de la capitale, les armes ni même la présence des Romains ; les Goths indépendans qui restaient en armes à Pavie et à Vérone, n'aspiraient qu'à devenir les sujets de Bélisaire ; mais son inflexible fidélité n'accepta de sermens que ceux qu'on lui prêta comme au représentant de Justinien ; et il ne fut point offensé du discours de leurs députés, qui lui reprochèrent d'aimer mieux être esclave que roi.

Après la seconde victoire de Bélisaire, l'envie recommença à murmurer ; Justinien lui prêta l'oreille, et le héros fut rappelé. Le reste de la guerre des Goths n'était plus digne de sa présence ; un maître plein d'affection était impatient de récompenser ses services et de consulter sa sagesse ; il était le seul capable de défendre l'Orient contre les innombrables armées de la Perse. Bélisaire devina et feignit de ne pas apercevoir les soupçons cachés sous ces prétextes dont on colorait son rappel : il embarqua à Ravenne

<small>Rappel et gloire de Bélisaire. A. D 540, etc.</small>

---

lui fit dans la basilique de Julius le serment ou la promesse solennelle de respecter sa vie. (*Hist. Miscell.*, l. XVII, *in* Muratori, t. I, p. 107.) Le récit d'Anastase est obscur, mais vraisemblable (*in Vit. Pont.*, p. 40). Mascou (*Hist. des Germains*, XII, 21) parle, d'après Montfaucon, d'un bouclier votif qui représente la captivité de Vitigès, et qui est aujourd'hui dans le cabinet de M. Landi, à Rome.

ses trophées et le butin qu'il avait recueilli, et prouva, par sa prompte obéissance, que ce brusque rappel était aussi injuste qu'il aurait pu devenir imprudent. Justinien reçut d'une manière honorable Vitigès et son illustre compagnon; et comme le roi des Goths consentit à se soumettre au symbole de saint Athanase, il obtint de riches terres en Asie, et le rang de sénateur et de patrice (1). On put admirer sans danger la force et la stature des jeunes Barbares; ceux-ci adorèrent la majesté du trône, et promirent de verser leur sang au service de leur bienfaiteur. On déposa dans le palais de Byzance les trésors de la monarchie des Goths; un sénat adulateur obtint quelquefois la permission de jouir de ce magnifique spectacle, mais il fut soigneusement dérobé aux regards du public; et le conquérant de l'Italie renonça sans murmures, et peut-être sans regrets, aux honneurs bien mérités d'un second triomphe. Sa gloire, il est vrai, se trouvait élevée au-dessus d'une vaine cérémonie; et au milieu même d'un siècle de servitude, le respect et l'admiration de son pays suppléèrent aux faibles et perfides éloges de la cour. Quelque part qu'il se montrât, soit dans les rues ou les lieux publics de Constantinople, Bélisaire attirait

---

(1) Vitigès vécut deux ans à Constantinople, *et imperatoris in affectu convictus* (ou *conjunctus*), *rebus excessit humanis*. Mathasuintha, sa veuve, en épousant le patricien Germanus, de qui elle eut Germanus le Jeune, unit le sang de la famille Anicienne et de celle des Amali. Jornandès, c. 60, p. 221, *in* Muratori, t. 1.

et charmait tous les regards. Sa taille élevée et sa physionomie majestueuse remplissaient l'idée qu'on s'était formée d'un héros. Ses manières douces et gracieuses enhardissaient le dernier de ses concitoyens, et la troupe de guerriers qui accompagnait ses pas ne le rendait pas inabordable comme dans un jour de bataille. Il avait à sa solde sept mille cavaliers, d'une beauté et d'une valeur incomparables (1). Leur bravoure se distinguait dans les combats singuliers ou dans les premiers rangs le jour d'une action ; et les deux partis avouaient qu'au siége de Rome les gardes de Bélisaire avaient triomphé seuls de l'armée des Barbares. Les plus vaillans et les plus fidèles soldats de l'ennemi augmentaient sans cesse le nombre de sa troupe ; et les Vandales, les Maures et les Goths qui devenaient ses heureux captifs, le disputaient à ses guerriers domestiques en attachement pour leur maître. Tout à la fois libéral et juste, il fut aimé des soldats sans perdre l'affection du peuple. Il fournissait de l'argent et les secours de la médecine aux malades et aux blessés, et ses visites affectueuses contribuaient encore à leur guérison d'une manière plus efficace. La perte d'une arme ou d'un cheval était à

---

(1) Procope, *Goth.*, l. III, c. 1. Aimoin, moine français du onzième siècle, qui s'était procuré sur Bélisaire quelques détails authentiques qu'il a défigurés, parle en son nom de douze mille *pueri* ou esclaves, *quos propriis alimus stipendiis*, et en outre de dix-huit mille soldats. *Historiens de France*, t. III, *de Gest. Francor.*, l. II, c. 6, p. 48.

l'instant réparée par sa générosité : chaque action de valeur était récompensée par le riche et honorable don d'un bracelet ou d'un collier, rendu plus précieux par l'estime de Bélisaire, dont il était la preuve. Il jouissait de l'amour des cultivateurs, qui, à l'ombre de ses drapeaux, vivaient dans la tranquillité et l'abondance. La marche des armées romaines enrichissait un pays au lieu de l'appauvrir ; et telle était la discipline rigoureuse de son camp, qu'on ne dérobait pas une pomme de dessus l'arbre, et qu'on n'aurait pu découvrir un sentier formé dans un champ de blé. Bélisaire était chaste et sobre ; au milieu de la licence de la vie militaire, personne ne pouvait se vanter de l'avoir vu pris de vin : on lui offrit les plus belles captives de la race des Goths ou de celle des Vandales ; mais il détourna ses regards de leurs charmes, et on ne soupçonna jamais le mari d'Antonina d'avoir manqué à la foi conjugale. Le témoin et l'historien de ses exploits observe qu'au milieu des périls de la guerre, il avait de l'audace sans témérité, et de la lenteur ou de l'impétuosité, selon les besoins du moment ; qu'au dernier terme de la détresse, il savait conserver ou feindre l'espérance, et que dans la fortune la plus prospère, on le voyait simple et modeste. Il égala ou surpassa les anciens maîtres de l'art militaire : la victoire suivit ses armes sur terre et sur mer. Il subjugua l'Afrique, l'Italie et les îles adjacentes ; il conduisit captifs aux pieds de Justinien les successeurs de Genseric et de Théodoric ; il remplit Constantinople des dépouilles de leurs palais, et recouvra en six années la moitié des provinces de l'empire d'Occident. Sa célébrité et son mérite, sa fortune et sa puissance, le rendirent incontestablement le premier des sujets de l'empire romain ; l'envie seule put supposer sa grandeur dangereuse, et l'empereur dut s'applaudir de l'esprit de discernement qui lui avait fait découvrir et employer le génie de Bélisaire.

*Histoire secrète de sa femme.*

Dans les triomphes des Romains, un esclave se plaçait derrière le vainqueur, pour le faire souvenir de l'instabilité de la fortune et des faiblesses de la nature humaine. Procope s'est chargé, dans ses Anecdotes, de cette basse et désagréable fonction. Le lecteur généreux peut être tenté de jeter le libelle ; mais l'évidence des faits les fixe dans sa mémoire : il avoue à regret que la réputation et même la vertu de Bélisaire furent souillées par les débauches et la cruauté de sa femme, et que le héros méritait une dénomination qui ne doit pas se trouver sous la plume d'un historien décent. La mère d'Antonina était une prostituée de théâtre (1); et son père et son grand-père exerçaient, à Thessalonique et à Constantinople, la vile mais lucrative profession de conducteurs des

---

(1) Aleman, avec tous ses soins, a ajouté peu de chose aux quatre premiers chapitres des Anecdotes, qui sont les plus curieux. Une partie de ces étranges Anecdotes peut être vraie, parce qu'elle est probable : une autre partie est peut-être vraie, parce qu'elle est improbable. Procope a dû savoir les premières par lui-même, et les dernières sont telles, qu'on a peine à concevoir qu'il ait pu les *inventer.*

chars. Elle fut tour à tour, selon les diverses situations de sa fortune, la compagne, l'ennemie, la complaisante et la favorite de l'impératrice Théodora. Les mêmes plaisirs avaient réuni ces deux femmes libertines et ambitieuses. La jalousie du vice les divisa, et enfin des crimes communs les réconcilièrent. Avant son union avec Bélisaire, Antonina avait eu déjà un mari et beaucoup d'amans : Photius, enfant de son premier mariage, se trouva assez âgé pour se distinguer au siége de Naples. Ce ne fut que dans l'automne de sa vie et au déclin de sa beauté (1), qu'elle se livra à un attachement scandaleux pour un jeune Thrace. Celui-ci, qu'on nommait Théodose, avait été élevé dans l'hérésie d'Eunomius : comme il fut le premier soldat qui s'embarqua pour l'Afrique, son baptême dans cette circonstance et son nom d'un augure favorable parurent en quelque sorte consacrer le voyage, et Bélisaire et Antonina, ses parens spirituels, adoptèrent et reçurent dans leur famille le nouveau prosélyte (2). Avant d'aborder à la côte d'Afrique, cette sainte alliance avait dégénéré en un

*Théodose, son amant.*

---

(1) Procope insinue (*Anecdot.*, c. 4) que lorsque Bélisaire revint en Italie (A. D. 543), Antonina avait soixante ans. Ne peut-on pas, par une interprétation forcée, mais plus polie, rapporter cet âge de soixante ans à l'époque où Procope écrivait, en 559, qui s'accorderait encore avec la virilité de Photius (*Goth.*, l. 1, c. 10), en 536 ?

(2) Rapprochez la guerre des Vandales (l. 1, c. 12) des Anecdotes (c. 1) et d'Aleman (p. 2, 3). Léon le Philosophe fit revivre cette adoption baptismale.

amour sensuel ; et Antonina ayant passé bientôt les bornes de la modestie et de la circonspection, le général romain fut le seul à ignorer son déshonneur. Durant son séjour à Carthage, il surprit les deux amans dans une chambre souterraine, seuls, animés et presque nus ; la colère éclata dans ses regards. « Je veux, lui dit l'effrontée Antonina, soustraire à la connaissance de l'empereur nos effets les plus précieux, et ce jeune homme m'aidait à les cacher ici. » Théodose reprit ses vêtemens, et le facile mari consentit à récuser le témoignage de ses propres yeux. Macédonia vint le tirer à Syracuse de cette illusion qu'il se plaisait peut-être à nourrir. Cette femme, qui était au service d'Antonina, après avoir exigé que Bélisaire promît par serment de la protéger, amena deux autres femmes d'Antonina, qui, comme elle, avaient été souvent témoins de ses adultères. Théodose, par sa fuite précipitée en Asie, échappa à la justice d'un mari offensé qui avait déjà donné à un de ses gardes l'ordre de faire périr le coupable ; mais les larmes d'Antonina et ses séductions artificieuses trompèrent la crédulité du héros, et il la crut innocente. Au mépris de son serment, au mépris de sa propre raison, il eut la faiblesse d'abandonner les domestiques fidèles qui avaient osé accuser ou révoquer en doute la vertu de sa femme. La vengeance d'une femme coupable est inflexible et sanguinaire : le ministre de ses cruautés arrêta secrètement l'infortunée Macédonia et les deux autres témoins ; on leur coupa la langue, leur corps fut haché en mille morceaux et jeté dans la mer de Syracuse. Constantin s'avisa de dire qu'*il aurait puni une femme adultère plutôt que le jeune homme.* Antonina n'oublia jamais ce mot imprudent autant que juste ; et deux ans après, lorsque le désespoir eut armé cet officier contre son général, ce fut elle qui conseilla et hâta sa mort. Elle ne pardonna pas même à l'indignation de Photius son fils ; elle prépara par l'exil de ce fils le rappel de son amant, et Théodose daigna se rendre aux humbles et pressantes invitations du vainqueur de l'Italie. Le jeune favori, gouvernant la maison de Bélisaire, et ayant obtenu des commissions importantes dans la paix et dans la guerre (1), acquit bientôt une fortune de quatre cent mille livres sterling ; et après son retour à Constantinople, la passion d'Antonina conserva la même vivacité. La crainte, la dévotion, peut-être la satiété, inspirèrent à Théodose des pensées plus sérieuses ; il craignit les propos de la capitale, et l'indiscrète ardeur de la femme de Bélisaire : pour éviter ses caresses, il se retira à Éphèse, y fit couper sa chevelure, et embrassa la vie monastique. La nouvelle Ariane montra un désespoir que la mort de son mari aurait à peine justifié. Elle versa des larmes, elle s'arracha les cheveux, elle remplit le palais de ses cris ; elle ne cessait de répéter « qu'elle

---

(1) Au mois de novembre 537, Photius arrêta le pape. (*Liberat. Brev.*, c. 22; Pagi, t. II, p. 562.) Vers la fin de l'année 539, Bélisaire donna à Théodose, τον τη οικια τη αυτου εφεστωτα, une commission importante et lucrative à Ravenne.

avait perdu le plus cher de ses amis, un ami tendre, fidèle, laborieux. » Ses ardentes sollicitations, aidées des prières de Bélisaire, ne purent arracher le moine de sa solitude d'Éphèse. Ce ne fut qu'au départ de ce général pour la guerre de Perse, que Théodose se laissa persuader de revenir à Constantinople, et le court espace qui s'écoula jusqu'au départ d'Antonina pour suivre son mari, fut hardiment consacré à l'amour et au plaisir.

Un philosophe peut regarder en pitié et pardonner dans une femme des faiblesses dont il ne reçoit aucun dommage réel ; mais on doit mépriser le mari qui ressent les débauches de son épouse et qui les endure. Antonina avait pour son fils une haine implacable, et jusque dans le camp situé au-delà du Tigre, le brave Photius (1) était exposé à des persécutions secrètes. Poussé à bout par ses injures personnelles et par le déshonneur de sa famille, il oublia à son tour les sentimens de la nature, et révéla à Bélisaire la turpitude d'une femme qui manquait à tous ses devoirs de mère et d'épouse. La surprise et l'indignation que témoigna le général romain semblent prouver qu'il avait été de bonne foi jusqu'alors : il embrassa les genoux du fils d'Antonina ; il le conjura de se souvenir de ses devoirs plutôt que de sa naissance, et ils jurèrent sur les autels de se venger et

<small>Ressentiment de Bélisaire et de Photius, fils d'Antonina.</small>

––––––––––

(1) Théophane (*Chronograph.*, p. 204) lui donne le nom de *Photinus*, beau-fils de Bélisaire ; et il est copié par l'*Historia Miscella* et par Anastase.

de se soutenir mutuellement. L'absence ébranlait l'empire d'Antonina sur l'esprit de son époux, et lorsqu'elle se présenta devant lui à son retour des confins de la Perse, celui-ci, dans les premiers mouvemens d'une colère passagère, la fit arrêter et menaça sa vie. Photius était plus déterminé à punir, et naturellement moins prompt à pardonner : il se réfugia à Éphèse ; il arracha d'un eunuque qui avait la confiance de sa mère l'aveu complet de ses débauches ; il fit saisir Théodose et ses richesses dans l'église de Saint-Jean l'apôtre, et, bien décidé à le faire mourir, il le relégua dans une forteresse isolée de la Cilicie. Un pareil attentat contre la justice publique ne pouvait demeurer impuni. La cause d'Antonina fut embrassée par l'impératrice, dont elle avait mérité la faveur en perdant un préfet, et en faisant exiler et assassiner un pape. Bélisaire fut rappelé à la fin de la campagne, et, selon son usage, il obéit à l'ordre de l'empereur. Son esprit n'était point disposé à la rebellion ; si son obéissance était contraire aux inspirations de l'honneur, elle se trouvait analogue au vœu de son cœur ; et lorsqu'il embrassa sa femme par l'ordre et peut-être sous les yeux de l'impératrice, ce tendre époux ne voulait plus que pardonner ou obtenir son pardon. La bonté de Théodora réservait à son ancienne compagne une faveur encore plus précieuse. « J'ai trouvé, lui dit-elle, ma chère patricienne, une perle d'un prix inestimable : aucun mortel jusqu'ici ne l'a vue ; mais je réserve à mon amie la vue et la possession de ce joyau précieux. »

Dès qu'elle eut excité la curiosité et l'impatience d'Antonina, la porte d'une chambre à coucher s'ouvrit, et la femme de Bélisaire y vit son amant, dont les soins des eunuques avaient découvert la prison. Muette d'abord de plaisir et d'étonnement, elle fit éclater ensuite par des exclamations passionnées sa reconnaissance et sa joie ; elle s'écria que Théodora était sa bienfaitrice et son sauveur. Le moine d'Éphèse goûta dans le palais toutes les délices du plaisir et de l'ambition ; mais au lieu de prendre, comme on le lui avait promis, le commandement des armées, il expira dans les premières fatigues d'une entrevue amoureuse. Les douleurs d'Antonina ne purent être adoucies que par les souffrances de son fils. Un jeune homme d'un rang consulaire, et d'une constitution faible, fut puni sans être entendu, comme un malfaiteur et un esclave ; mais telle fut son intrépidité, que, sous le fer des bourreaux et pendant la torture, il ne viola point la foi qu'il avait jurée à Bélisaire. Après cette infructueuse cruauté, Photius fut traîné dans les prisons souterraines d'Antonina, où, tandis que sa mère se réjouissait avec l'impératrice, il était absolument privé de la clarté du jour. Il se sauva deux fois, et les deux églises les plus respectées de Constantinople, celles de Sainte-Sophie et de la Vierge, lui servirent d'asiles ; mais ses tyrans étaient aussi insensibles à la religion qu'à la pitié, et l'infortuné jeune homme fut arraché deux fois du pied des autels, au milieu des cris du clergé et du peuple, et reconduit dans son cachot. Sa troisième tentative

*Antonina persécute son fils.*

réussit mieux. Après trois ans de captivité, le prophète Zacharie, ou quelque protecteur terrestre, lui indiqua les moyens de se sauver : il échappa aux espions et aux gardes de l'impératrice, atteignit le Saint-Sépulcre de Jérusalem, où il se fit moine ; et après la mort de Justinien, l'abbé Photius fut employé à réconcilier et à régler les Églises de l'Égypte. Le fils d'Antonina souffrit tout ce que peut inventer la haine d'un ennemi, et son patient époux s'imposa à lui-même le tourment plus cruel encore de violer sa promesse et d'abandonner son ami.

*Disgrâce et soumission de Bélisaire.*
La campagne suivante, il fut encore chargé de la guerre contre les Perses. Il sauva l'Orient, mais il offensa Théodora, et peut-être l'empereur lui-même. La maladie de Justinien avait donné lieu au bruit de sa mort, et le général romain, croyant que l'empereur ne vivait plus, parla avec la liberté d'un citoyen et d'un soldat. Buzès, son collègue, qui partageait ses sentimens, perdit ses emplois, sa liberté et sa santé, par suite des persécutions de l'impératrice. Si la disgrâce de Bélisaire fut moins éclatante, il le dut au respect qu'il inspirait, et au crédit de sa femme, qui pouvait vouloir humilier son mari, mais non pas perdre entièrement le compagnon de sa fortune. On chercha même un prétexte à son rappel ; on prétendait que, dans l'état fâcheux où se trouvaient les affaires de l'Italie, il suffisait, pour les rétablir, de la seule présence de son vainqueur ; mais dès qu'il fut aux portes de Constantinople seul et sans défense, on dépêcha dans l'Orient des commissaires qui eu-

rent ordre de saisir ses trésors, et de chercher les moyens de le montrer criminel. On distribua à différens chefs de l'armée les gardes et les vétérans attachés à sa personne ; les eunuques eux-mêmes osèrent entrer en partage de ses guerriers. Lorsqu'il traversa les rues de la capitale avec une suite peu nombreuse et de peu d'apparence, cet état d'abandon excita l'étonnement et la compassion du peuple. Justinien et Théodora le reçurent avec une froide ingratitude, les serviles courtisans avec insolence et avec mépris ; et le soir il regagna en tremblant son palais désert. Une indisposition feinte ou véritable retenait Antonina dans son appartement ; elle se retira avec un dédaigneux silence sous le portique voisin de sa chambre, tandis que Bélisaire se jeta sur son lit, où, dans une agonie de douleur et de crainte, il attendit la mort qu'il avait si souvent bravée sous les murs de Rome. Long-temps après le coucher du soleil, on lui annonça un message de l'impératrice. Il ouvrit avec frayeur la lettre qui contenait son arrêt. « Vous ne pouvez ignorer, lui écrivait Théodora, combien vous avez mérité mon déplaisir. Je suis sensible aux services que m'a rendus Antonina. C'est en considération de son mérite et de ses sollicitations que je vous accorde la vie, et que je vous permets de garder une partie de vos trésors, qu'il serait juste de confisquer au profit de l'État : témoignez de la reconnaissance à qui vous en devez, et qu'elle ne se montre pas par de vaines paroles, mais dans toute la conduite du reste de votre vie. »

Pourrai-je croire, pourrai-je décrire ce qu'on rapporte des transports du héros au moment où il reçut cet ignominieux pardon ? On dit qu'il se prosterna devant sa femme, qu'il baisa les pieds de son sauveur, et jura d'être à jamais l'esclave soumis et reconnaissant d'Antonina. On leva sur sa fortune une amende de cent vingt mille livres sterling, et il accepta le commandement de la guerre d'Italie, avec le titre de comte ou de maître des écuries du prince. A son départ de Constantinople, ses amis et même le peuple furent persuadés qu'une fois en liberté il ferait éclater ses véritables sentimens, et qu'il sacrifierait à sa juste vengeance sa femme, Théodora, et peut-être l'empereur. On se trompait dans ces conjectures, et sa patience, sa loyauté infatigables, parurent toujours *au-dessous ou au-dessus* du caractère d'un HOMME (1).

---

(1) Le continuateur de la Chronique de Marcellin donne en peu de mots décens la substance des Anecdotes : *Belisarius de Oriente evocatus, in offensam periculumque incurrens grave, et invidiæ subjacens, rursus remittitur in Italiam* (page 54).

FIN DU TOME SEPTIÈME.

# TABLE DES CHAPITRES

## CONTENUS DANS LE SEPTIÈME VOLUME.

Pages

Chap. XXXVIII. Règne et conversion de Clovis. Ses victoires sur les Allemands, les Bourguignons et les Visigoths. Établissement de la monarchie française dans la Gaule. Lois des Barbares. Situation des Romains. Les Visigoths d'Espagne. Conquête de la Grande-Bretagne par les Saxons. . . . . . . . . . . . 1

Observations générales sur la chute de l'empire romain dans l'Occident. . . . . . . . . . . . . . . . . 114

Avertissement. . . . . . . . . . . . . . . . . 132

Post-scriptum. . . . . . . . . . . . . . . . . 137

Chap. XXXIX. Zénon et Anastase, empereurs d'Orient. Naissance, éducation et premiers exploits de Théodoric, prince de la nation des Ostrogoths. Invasion et conquête de l'Italie. Royaume des Goths en Italie. État de l'Occident. Gouvernement civil et militaire. Le sénateur Boëce. Dernières actions et mort de Théodoric. . . . . . . . . . . . . . . . . . . 139

Chap. XL. Avénement de Justin l'Ancien. Règne de Justinien. I. L'impératrice Théodora. II. Factions du cirque, et sédition de Constantinople. III. Commerce et manufactures de soie. IV. Finances et impôts. V. Édifices de Justinien. Église de Sainte-Sophie. Fortifications et frontières de l'empire d'Orient. Abolition des écoles d'Athènes et du consulat de Rome. . . . . . . . . . . . . . . . . . . . 202

Chap. XLI. Conquêtes de Justinien en Occident. Caractère et premières campagnes de Bélisaire. Il entre dans le royaume des Vandales, en Afrique, et le soumet. Son triomphe. Guerre des Goths. Il recouvre la Sicile, Naples et Rome. Siége de Rome par les Goths. Leur retraite et leurs pertes. Prise de Ravenne. Gloire de Bélisaire. Sa honte et ses chagrins domestiques. . . . . . . . . . . . . . . . . . . . . . 322

FIN DE LA TABLE DES CHAPITRES.

# TABLE DES MATIÈRES

## CONTENUES DANS CE VOLUME.

| | Pages | | Pages |
|---|---|---|---|
| Révolution de la Gaule. | 1 | Domaines et bénéfices des Mérovingiens. | 57 |
| Euric, roi des Visigoths. A. D. 476-485. | 4 | Usurpations particulières. | 60 |
| Clovis, roi des Francs. A. D. 481-511. | 5 | Servitude personnelle. | 61 |
| | | Exemple de l'Auvergne. | 65 |
| Sa victoire sur Syagrius. A. D. 486. | 8 | Histoire d'Attale. | 69 |
| | | Priviléges des Romains dans la Gaule. | 73 |
| Défaite et soumission des Allemands. A. D. 496. | 11 | Anarchie des Francs. | 77 |
| Conversion de Clovis. A. D. 496. | 14 | Les Visigoths de l'Espagne. | 79 |
| | | Assemblée législative de l'Espagne. | 80 |
| Soumission des provinces armoriques et des troupes romaines. A. D. 497. | 19 | Code des Visigoths. | 83 |
| | | Révolution de la Bretagne. | 84 |
| Guerre des Bourguignons. A. D. 499. | 21 | Descente des Saxons. A. D. 449. | 85 |
| Victoire de Clovis. A. D. 500. | 23 | Établissement de l'heptarchie saxonne. A. D. 455-582. | 88 |
| Conquête définitive de la Bourgogne par les Francs. | 26 | État des Bretons. | 91 |
| | | Leur résistance. | 92 |
| Guerre contre les Goths. A. D. 507. | 28 | Leur fuite. | 94 |
| Victoire de Clovis. A. D. 507. | 31 | Renommée du prince Arthur. | 96 |
| Conquête de l'Aquitaine par les Francs. A. D. 508. | 34 | Désolation de la Bretagne. | 99 |
| | | Servitude. | 102 |
| | | Mœurs des Bretons. | 105 |
| Consulat de Clovis. A. D. 510. | 36 | État obscur et fabuleux de la Bretagne. | 108 |
| Établissement de la monarchie française dans la Gaule. A. D. 536. | 38 | Chute de l'empire romain d'Occident. | 112 |
| | | Naissance et éducation de Théodoric. | 139 |
| Controverse politique. | 41 | Règne de Zénon. A. D. 474-491. | 142 |
| Lois des Barbares. | 43 | D'Anastase. A. D. 491-518. | 145 |
| L'homicide expié par une amende pécuniaire. | 47 | Services et révolte de Théodoric. A. D. 475-488. | Ibid. |
| Jugemens de Dieu. | 50 | Sa marche. | 150 |
| Combats singuliers. | 52 | Les trois défaites d'Odoacre. A. D. 489-490. | 152 |
| Partage des terres entre les Barbares. | 55 | | |

|   |   |
|---|---|
| Sa capitulation et sa mort. A. D. 493. | 154 |
| Règne de Théodoric, roi d'Italie. A. D. 493-526. | 156 |
| Partage des terres. | 158 |
| Séparation des Goths et des Italiens. | 159 |
| Système de Théodoric à l'égard des puissances étrangères. | 161 |
| Ses guerres défensives. | 165 |
| Son armement naval. A. D. 509. | 166 |
| Gouvernement civil de l'Italie d'après les lois romaines. | 168 |
| Prospérité de Rome. | 172 |
| Théodoric va à Rome. A. D. 500. | 173 |
| État florissant de l'Italie. | 177 |
| Théodoric était arien. | 180 |
| Il tolère les catholiques. | 181 |
| Défauts de son gouvernement. | 183 |
| On provoque sa colère, et il persécute les catholiques. | 185 |
| Caractère, études et dignités de Boëce. | 188 |
| Son patriotisme. | 192 |
| Il est accusé de trahison. | 193 |
| Son emprisonnement et sa mort. A. D. 524. | 195 |
| Mort de Symmaque. A. D. 525. | 197 |
| Remords et mort de Théodoric. | 198 |
| Naissance de l'empereur Justinien. A. D. 482. | 202 |
| Avénement au trône et règne de son oncle Justin. A. D. 518-527. | 204 |
| Adoption de Justinien, qui monte sur le trône après Justin. | 205 |
| Règne de Justinien. A. D. 527-565. | 209 |
| Caractère et écrits de Procope. | 210 |
| Division du règne de Justinien. | 214 |
| Naissance et vices de l'impératrice Théodora. | 214 |
| Elle épouse Justinien. | 218 |
| Sa tyrannie. | 222 |
| Ses vertus. | 224 |
| Sa mort. A. D. 548. | 226 |
| Les factions du cirque. | 227 |
| A Rome. | 229 |
| Elles divisent Constantinople et l'Orient. | 230 |
| Justinien favorise les Bleus. | 231 |
| Sédition de Constantinople, à laquelle on a donné le nom de *Nika*. A. D. 532. | 234 |
| Détresse de Justinien. | 238 |
| Fermeté de Théodora. | 239 |
| La sédition est réprimée. | 241 |
| Agriculture et manufactures de l'empire d'Orient. | 242 |
| Importation des soies de la Chine par terre et par mer. | 248 |
| Les vers à soie s'introduisent dans la Grèce. | 253 |
| Revenus de l'empire d'Orient. | 257 |
| Avarice et profusion de Justinien. | 259 |
| Funestes économies. | 261 |
| Remises. | Ibid. |
| Monopoles. | 264 |
| Vénalité. | 265 |
| Testamens. | 266 |
| Des ministres de Justinien. | 267 |
| Jean de Cappadoce. | 268 |
| Ses édifices et ses architectes. | 271 |
| Reconstruction de l'église de Sainte-Sophie. | 276 |
| Description de Sainte-Sophie. | 278 |
| Marbres. | 280 |
| Richesses. | 282 |
| Églises et palais. | Ibid. |
| Fortifications d'Europe. | 286 |
| Sécurité de l'Asie après la conquête de l'Isaurie. | 292 |
| Fortifications de l'empire depuis l'Euxin jusqu'à la frontière de la Perse. | 295 |

# TABLE DES MATIÈRES.

| | Pages |
|---|---|
| Mort de Perozes, roi de Perse. A. D. 488. | 300 |
| Guerre de Perse. A. D. 502-505. | 302 |
| Fortifications de Dara. | 303 |
| Les portes Caspiennes ou les portes d'Ibérie. | 305 |
| Les écoles d'Athènes. | 308 |
| Elles sont supprimées par Justinien. | 314 |
| Proclus. | 315 |
| Ses successeurs. A. D. 485-529. | 316 |
| Les derniers philosophes. | 318 |
| Le consulat de Rome anéanti par Justinien. A. D. 541. | Ibid. |
| Justinien se décide à envahir l'Afrique. | 322 |
| Situation des Vandales. Hilderic. A. D. 523-530. | 324 |
| Gelimer. | 325 |
| Discussion sur les guerres d'Afrique. | 326 |
| Caractère de Bélisaire. | 329 |
| Ses services dans la guerre de Perse. A. D. 529-533. | 330 |
| Préparatifs de la guerre d'Afrique. A. D. 533. | 332 |
| Départ de la flotte. A. D. 533. | 336 |
| Bélisaire débarque sur la côte d'Afrique. | 340 |
| Il défait les Vandales dans une première bataille. | 344 |
| Réduction de Carthage. A. D. 533. | 346 |
| Défaite totale de Gelimer et des Vandales. A. D. 533. | 351 |
| Conquête d'Afrique par Bélisaire. A. D. 534. | 356 |
| Misère et captivité de Gelimer. A. D. 534. | 360 |
| Retour et triomphe de Bélisaire. A. D. 534. | 364 |
| Bélisaire est seul consul. A. D. 535. | 367 |
| Gelimer et les Vandales disparaissent. | Ibid. |
| Neutralité des Visigoths. | 375 |
| Conquêtes des Romains en Espagne. | 376 |
| Bélisaire menace les Ostrogoths de l'Italie. A. D. 534. | 377 |
| Gouvernement d'Amalasonthe, reine d'Italie. A. D. 522-534. | 379 |
| Son exil et sa mort. A. D. 535. | 384 |
| Bélisaire envahit et subjugue la Sicile. A. D. 535. | Ibid. |
| Règne et faiblesse de Théodat, roi goth de l'Italie. A. D. 534-536. | 388 |
| Bélisaire envahit l'Italie et réduit Naples. A. D. 537. | 392 |
| Vitigès, roi d'Italie. A. D. 536-540. | 396 |
| Bélisaire entre dans Rome. A. D. 536. | 399 |
| Siége de Rome par les Goths. A. D. 537. | 400 |
| Valeur de Bélisaire. | 403 |
| Il se défend dans les murs de Rome. | Ibid. |
| Bélisaire repousse un assaut général des Goths. | 408 |
| Ses sorties. | 410 |
| Détresse de la ville. | 412 |
| Exil du pape Silvère. A. D. 537. | 415 |
| Délivrance de Rome. | 417 |
| Bélisaire reprend plusieurs villes de l'Italie. | 420 |
| Les Goths lèvent le siége de Rome. A. D. 538. | 421 |
| Ils se retirent à Ravenne. | 424 |
| Jalousie des généraux romains. A. D. 538. | Ibid. |
| Mort de Constantin. | 425 |
| L'eunuque Narsès. | 426 |
| Fermeté et autorité de Bélisaire. | 427 |
| Invasion de l'Italie par les Francs. A. D. 538-539. | Ibid. |
| Destruction de Milan. | 429 |
| Bélisaire assiége Ravenne. | 432 |
| Il subjugue le royaume des Goths en Italie. A. D. 539. | 436 |
| Captivité de Vitigès. | Ibid. |

| | Pages | | Pages |
|---|---|---|---|
| Rappel et gloire de Bélisaire. A. D. 540.. | 437 | de Photius, fils d'Antonina. | 445 |
| Histoire secrète de sa femme. | 441 | Antonina persécute son fils. | 447 |
| Théodose, son amant. | 442 | Disgrâce et soumission de Bélisaire.. | 448 |
| Ressentiment de Bélisaire et | | | |

FIN DE LA TABLE DES MATIÈRES.